資治通鑑

第十四册

唐高宗永徽六年乙卯十月起
唐玄宗開元二十一年癸酉止

卷二百至二百十三

中華書局

資治通鑑卷第二百

端明殿學士兼翰林侍讀學士太中大夫提舉西京嵩山崇福宮上柱國河內郡開國公食邑二千二百戶食實封九百戶賜紫金魚袋臣　司馬光　奉敕編集

後　學　天　台　胡三省　音　註

唐紀十六起旃蒙單閼（乙卯）十月，盡玄黓閹茂（壬戌）七月，凡六年有奇。

高宗天皇大聖大弘孝皇帝上之下

永徽六年（乙卯、六五五）

1 冬，十月，己酉，下詔稱：「王皇后、蕭淑妃謀行鴆毒，廢爲庶人，母及兄弟，並除名，流嶺南。」許敬宗奏：「故特進贈司空王仁祐告身尚存，使逆亂餘孽猶得爲蔭，唐制：凡受官者皆給以符，謂之告身。司空，正一品。凡三品以上，蔭及曾孫。並請除削。」從之。

乙卯，百官上表請立中宮，上，時掌翻；下同。乃下詔曰：「武氏門著勳庸，地華纓黻，往以才行選入後庭，行，下孟翻。譽重椒闈，德光蘭掖。朕昔在儲貳，特荷先慈，常得侍從，弗離朝夕，荷，下可翻。從，才用翻。離，力智翻。宮壼之內，恆自飭躬，恆，戶登翻。嬪嬙之間，未嘗迕目，嬙，慈良翻，婦官也。迕，五故翻。逆而視之，謂之迕目。聖情鑒悉，每垂賞歎，遂以武氏賜朕，事同政君，政君，事見二十七卷漢宣帝甘露三年。可立爲皇后。」

丁巳，赦天下。是日，皇后上表稱：「陛下前以妾爲宸妃，韓瑗、來濟面折庭爭，事見上卷上年。瑗，于眷翻。折，之舌翻。爭，讀曰諍。此既事之極難，豈非深情爲國，爲，于僞翻。乞加褒賞。」上以表示瑗等，瑗等彌憂懼，屢請去位，上不許。

十一月，丁卯朔，臨軒命司空李勣齎璽綬册皇后武氏。璽，斯氏翻。綬，音受。是日，百官朝皇后於肅義門。

故后王氏、故淑妃蕭氏，並囚於別院，上嘗念之，間行至其所，間，古莧翻。見其室封閉極密，惟竅壁以通食器，惻然傷之，呼曰：「皇后、淑妃安在？」王氏泣對曰：「妾等得罪爲宮婢，何得更有尊稱！」稱，尺證翻。又曰：「至尊若念疇昔，使妾等再見日月，乞名此院爲回心院。」上曰：「朕卽有處置。」處，昌呂翻。武后聞之，大怒，遣人杖王氏及蕭氏各一百，斷去手足，捉【章：十二行本「捉」作「投」；乙十一行本同；孔本同；張校同。】酒甕中，曰：「令二嫗骨醉！」斷，丁管翻。去，羌呂翻。嫗，威遇翻。數日而死，又斬之。王氏初聞宣敕，再拜曰：「願大家萬歲！昭儀承恩，死自吾分。」淑妃罵曰：「阿武妖猾，乃至於此！願他生我爲貓，阿武爲鼠，生生扼其喉。」由是宮中不畜貓。分，扶問翻。妖，於喬翻。畜，吁玉翻。尋又改王氏姓爲蟒氏，蟒，莫朗翻。蛇最大者曰蟒。蕭氏爲梟氏。梟，古堯翻。武后數見王、蕭爲祟，被髮瀝血如死時狀。後徙居蓬萊宮，復見之，數，所角翻。祟，雖遂翻。復，扶又翻。大明宮接西內，宮城之東北曰東內，本永安宮，貞觀八年置，九月，更名大明宮，以備太上皇清暑。後高宗以風痹，厭西內湫濕，龍朔三年始大興葺，曰蓬萊宮。故多在洛陽，終身不歸長安。

己巳，許敬宗奏曰：「永徽爰始，國本未生，權引彗星，越升明兩。易離卦大象曰：明兩作離，大人以繼明照四方。彗，祥歲翻。近者元妃載誕，正胤降神，言代王弘，武后之子，當立。重光日融，爝暉宜息。崔豹古今注曰：漢文（？）帝爲太子，樂人歌四章以贊太子之德：一曰日重光，二曰月重輪，三曰星重暉，四曰海重潤。莊子曰：日月出矣而爝火不息，其於光也不亦難乎！重，直龍翻。爝，卽略翻。安可反植枝幹，久易位於天庭；倒襲裳衣，使違方於震位！震，長子也，以守社稷宗廟，爲祭主也。又，父子之際，人所難言，漢武帝語田千秋之辭。事或犯鱗，必嬰嚴憲，驪龍頷下有逆鱗徑尺，嬰之則死；諭人主之威不可犯也。煎膏染鼎，臣亦甘心。」上召見，問之，對曰：「皇太子，國之本也，本猶未正，萬國無所係心。且在東宮者，所出本微，今知國家已有正嫡，必不自安。竊位而懷自疑，恐非宗廟之福，願陛下熟計之。」上曰：「忠已自讓。」對曰：「能爲太伯，願速從之。」

2 西突厥頡苾達度設數遣使請兵討沙鉢羅可汗。厥，九勿翻。數，所角翻。使，疏吏翻。可，從刊入聲。汗，音寒。甲戌，遣豐州都督元禮臣册拜頡苾達度設爲可汗。禮臣至碎葉城，自弓月城過思渾川，渡伊麗河至碎葉界，又西行千里至碎葉城，屬焉耆都督府界。沙鉢羅發兵拒之，不得前。頡苾達度設部落多爲沙鉢羅所併，餘衆寡弱，不爲諸姓所附，禮臣竟不册拜而歸。

3中書侍郎李義府參知政事。義府容貌溫恭，與人語，必嬉怡微笑，而狡險忌克，故時人謂義府笑中有刀；又以其柔而害物，謂之李貓。

顯慶元年（丙辰、六五六）

1春，正月，辛未，以皇太子忠爲梁王、梁州刺史；立皇后子代王弘爲皇太子，生四年矣。忠既廢，官屬皆懼罪亡匿，無敢見者；右庶子李安仁獨候忠，泣涕拜辭而去。安仁，綱之孫也。李綱著節於隋、唐之間。

2壬申，赦天下，改元。

3二月，辛亥，贈武士彠司徒，賜爵周國公。彠，一虢翻。

4三月，以度支侍郎杜正倫爲黃門侍郎、同三品。顯慶元年，改戶部爲度支。度，徒洛翻。

5夏，四月，壬子，矩州人謝無靈舉兵反，矩州諸蠻亦東謝蠻之種落。武德四年置矩州。黔州都督李子和討平之。黔，音琴。

6己未，上謂侍臣曰：「朕思養人之道，未得其要，公等爲朕陳之！」爲，于僞翻。來濟對曰：「昔齊桓公出游，見老而飢寒者，命賜之食，老人曰：『願賜一國之飢者。』賜之衣，曰：

『願賜一國之寒者。』公曰：『寡人之廩府安足以周一國之飢寒！』老人曰：『君不奪農時，則國人皆有餘食矣；不奪蠶要，則國人皆有餘衣矣！』故人君之養人，在省其征役而已。今山東役丁，歲別數萬，役之則人大勞，取庸則人大費。臣願陛下量公家所須外，餘悉免之。」量，音良。上從之。

7六月，辛亥，禮官奏停太祖、世祖配祀，高祖受禪，追尊祖虎曰景皇帝，廟號太祖；考昺曰元皇帝，廟號世祖。以高祖配昊天於圜丘，太宗配五帝於明堂；武德初，立圜丘壇於明德門外道東二里，壇制四成，各廣八尺一寸，下成廣二十丈，再成廣十五丈，三成廣十丈，四成廣五丈。每祀，則昊天上帝及配帝設位于平座，藉用藁秸，器用陶匏，五方上帝、日月、內官、中官、外官及衆星，並皆從祀。其五方帝及日月七座，在壇之第二等內；五星已下官五十五座，在壇之第三等；二十八宿已下官一百三十五座，在壇之第四等；外官一百二十二座，在壇下外壝之內；衆星三百六十座，在外壝之外。以景帝配圜丘，元帝配明堂。從之。

8秋，七月，乙丑，西洱蠻酋長楊棟附、顯和蠻酋長王郎【章：十二行本「郎」作「羅」；乙十一行本同。】祁、郎・昆・黎・盤四州酋長王伽衝等帥衆內附。黎州本西寧州，武德七年，分南寧州二縣置，貞觀八年，更名黎州。其地北接昆州，晉梁水郡地也。盤州本西平州，武德四年置，貞觀八年，更名，晉興古郡地也。洱，乃吏翻。酋，慈由翻。帥，讀曰率。

9癸未，以中書令崔敦禮爲太子少師、同中書門下三品。

八月，丙申，固安昭公崔敦禮薨。謚法：容儀恭美曰昭；昭德有勞曰昭。

10 辛丑，葱山道行軍總管程知節擊西突厥，與歌邏、【章：十二行本「邏」下有「祿」字；乙十一行本同；孔本同；退齋校同。】處月二部戰於榆慕谷，處月、處密、姑蘇、歌邏祿、弩失畢五姓之衆，賀魯爲葉護時所統也。據新書，歌邏祿卽葛邏祿也。「榆慕谷」，舊書本紀作「榆幕谷」。大破之，斬首千餘級。副總管周智度攻突騎施、處木昆等部於咽城，拔之，西突厥咄陸五啜，處木昆、突騎施皆一啜也。據新書，咽城卽處木昆所居。處，昌呂翻。斬首三萬級。

11 乙巳，龜茲王布失畢入朝。龜茲，音丘慈。朝，直遙翻。

12 李義府恃寵用事。洛州婦人淳于氏，美色，繫大理獄，義府屬大理寺丞畢正義枉法出之，屬，之欲翻。將納爲妾，大理卿段寶玄疑而奏之。上命給事中劉仁軌等鞫之，義府恐事洩，逼正義自縊於獄中。縊，於計翻。上知之，原義府罪不問。侍御史漣水王義方欲奏彈之，漣水，舊曰襄賁，置東海郡。東魏改曰海安郡。隋開皇初，廢郡，改襄賁曰漣水，屬海州，唐屬泗水。漣，音連。先白其母曰：「義方爲御史，視姦臣不糾則不忠，糾之則身危而憂及於親爲不孝，二者不能自決，柰何？」母曰：「昔王陵之母，殺身以成子之名。事見九卷漢高帝元年。汝能盡忠以事君，吾死不恨！」義方乃奏：「義府於輦轂之下，擅殺六品寺丞；唐六典：大理寺丞，從六品上。就云正義自殺，亦由畏義府威，殺身以滅口。如此，則生殺之威，不由上出，漸不可長，請更加勘當！」長，知兩翻。當，丁浪翻。於是對仗，叱義府令下；義府顧望不退。義方三叱，上既無言，義府始趨出，義方乃讀彈文。上釋義府不問，而謂義方毀辱大臣，言辭不遜，貶萊州司戶。

13九月，【章：十二行本「月」下有「庚辰」二字；乙十一行本同。】括州暴風，海溢，溺四千餘家。新志：處州本括州永嘉郡，時兼有永嘉之地，上元元年，始析置溫州。

14冬，十一月，丙寅，生羌酋長浪我利波等帥衆內附，以其地置柘、栱二州。柘州，蓬山郡。栱州，以鉢南伏浪恐部置，皆屬松州都督府。宋白曰：柘州以開拓爲稱，音達各翻。

15十二月，程知節引軍至鷹娑川，遇西突厥二萬騎，別部鼠尼施等二萬餘騎繼至，鼠尼施，咄陸五啜之一也，居鷹娑川，後置鷹娑都督府。娑，素何翻。前軍總管蘇定方帥五百騎馳往擊之，西突厥大敗，追奔二十里，殺獲千五百餘人，獲馬及器械，綿亙山野，不可勝計。勝，音升。副大總管王文度害其功，言於知節曰：「今茲雖云破賊，官軍亦有死傷，乘危輕脫，乃成敗之法耳，何急而爲此！自今常結方陳，置輜重在內，陳，讀曰陣。重，直用翻。遇賊則戰，此萬全策也。」又矯稱別得旨，以知節恃勇輕敵，委文度爲之節制，遂收軍不許深入。士卒終日跨馬，被甲結陳，不勝疲頓，被，皮義翻；下同。陳，讀曰陣。勝，音升。馬多瘦死。定方言於知節曰：「出師欲以討賊，今乃自守，坐自困敝，若遇賊必敗；懦怯如此，何以立功！且主上以公爲大將，將，卽亮翻。豈可更遣軍副專其號令，事必不然。請囚文度，飛表以聞。」知節不從。

至恆篤城，新書作「恒篤城」。有羣胡歸附，文度曰：「此屬伺我旋師，還復爲賊，伺，相吏翻。復，扶又翻。不如盡殺之，取其資財。」定方曰：「如此乃自爲賊耳，何名伐叛！」文度竟殺之，分其財，獨定方不受。師旋，文度坐矯詔當死，特除名；知節亦坐逗遛追賊不及，減死免官。

16是歲，以太常卿駙馬都尉高履行爲益州長史。高履行尚太宗女東陽公主。

17韓瑗上疏，爲褚遂良訟冤曰：上，時掌翻。爲，于僞翻。「遂良體國忘家，捐身徇物，風霜其操，鐵石其心，社稷之舊臣，陛下之賢佐。無聞罪狀，斥去朝廷，內外甿黎，咸嗟舉措。論語：孔子曰：「舉直錯諸枉則民服，舉枉錯諸直則民不服。」臣聞晉武弘裕，不貽劉毅之誅；事見八十一卷太康三年。漢祖深仁，無恚周昌之直。註已見前。恚，於避翻。而遂良被遷，已經寒暑，違忤陛下，其罰塞焉。忤，五故翻。塞，悉則翻。伏願緬鑒無辜，緬，遠也。稍寬非罪，俯矜微款，以順人情。」上謂瑗曰：「遂良之情，朕亦知之。然其悖戾好犯上，悖，蒲內翻，又蒲沒翻。好，呼到翻。故以此責之，卿何言之深也！」對曰：「遂良社稷忠臣，爲讒諛所毀。昔微子去而殷國以亡，殷紂暴虐日甚，微子抱樂器以奔周。武王乃告諸侯曰：「殷有重罪，不可不伐。」遂伐紂，滅之。張華存而綱紀不亂。事見八十二卷至八十三卷。陛下無故棄逐舊臣，恐非國家之福！」上不納。瑗以言不用，乞歸田里；上不許。

18劉洎之子訟其父冤，稱貞觀之末，爲褚遂良所譖而死，事見一百九十八卷貞觀十九年。洎，其冀翻。李義府復助之。復，扶又翻。上以問近臣，衆希義府之旨，皆言其枉。給事中長安樂彥瑋獨曰：「劉洎大臣，人主暫有不豫，豈得遽自比伊、霍！今雪洎之罪，謂先帝用刑不當乎？」當，丁浪翻。上然其言，遂寢其事。

二年（丁巳、六五七）

1 春，正月，癸巳，分哥邏祿部置陰山、大漠二都督府。以謀落部置陰山府，以熾俟部置大漠府，俱屬北庭都護府。邏，郎佐翻。

2 閏月，壬寅，上行幸洛陽。

3 庚戌，以左屯衞將軍蘇定方爲伊麗道行軍總管，伊麗河，一名帝帝河。帥燕然都護渭南任雅相、燕然都護府在黃河北，北至陰山七十里，至回紇界七百里，去京師二千七百里；龍朔三年改曰瀚海都督府，總章二年，改爲安北大都護府。杜佑曰：後爲中受降城，南去朔方千三百餘里。後魏於渭南置渭南郡，隋廢爲縣，屬京兆。帥，讀曰率。燕，因肩翻。任，音壬。相，息亮翻。副都護蕭嗣業發回紇等兵，自北道討西突厥沙鉢羅可汗。嗣業，鉅之子也。蕭鉅見一百八十一卷隋煬帝大業六年。

初，右衞大將軍阿史那彌射及族兄左屯衞大將軍步眞，皆西突厥酋長，酋，慈由翻。長，知兩翻。太宗之世，帥衆來降；彌射，室點密可汗五世孫，世爲莫賀咄葉護，貞觀中，遣使立爲可汗。族兄步眞謀殺彌射而自立，彌射不能國，即入朝，步眞遂自立爲咄陸葉護，衆不厭，去之，因亦與族人入朝。帥，讀曰率。降，户江翻，至是，詔以彌射、步眞爲流沙安撫大使，考異曰：舊西突厥咄陸傳：「咄陸可汗泥熟，父莫賀設，貞觀七年，遣鴻臚少卿劉善因册爲吞阿妻狀奚利苾咄陸可汗。明年，泥熟卒，弟同娥設立，爲咥利失可汗。」彌射傳云：「彌射者，室點密可汗五代孫也，世統十姓部落，在本蕃爲莫賀咄葉護，貞觀六年，詔遣鴻臚少卿劉善因就蕃立爲奚利邲咄陸可汗。其族兄步眞欲自立，謀殺彌射，彌射既與步眞有隙，以貞觀十三年，率所部處月、處密部落入朝。其後步眞遂自立爲咄陸葉護，部落不服，步眞復攜家屬入朝。彌射後從太宗征高麗有功，封平襄縣伯，顯慶二年，轉右武衛大將軍。」新傳略同。今欲以咄陸、彌射爲二人，則事多相類；以爲一人，則事又相違，疑不能明，故但云西突厥酋長。余按彌射爲咄陸可汗，唐所册也；步眞爲咄陸葉護，自稱也。咄陸之號雖同，而可汗、葉護，位之尊卑有異，不必泥咄陸之號而傳疑，而彌射、步眞實二人也。余前註所引者新傳也，其辭略，考異所引者舊傳也，其辭詳，大略同也。又參考新、舊書，劉善因册可汗事，與通鑑有六年、七年之差，而新、舊書可汗號有「婁拔」、「妻狀」之差，舊書又多一「奚」字，而貞觀中立彌射爲奚利邲咄陸可汗，則新、舊書同。詳而考之，劉善因册泥孰爲奚利邲咄陸可汗，明年而泥孰死，弟同娥設立，爲沙鉢羅咥利失可汗，又三年而咥利失不爲衆所歸，西部又立欲谷設爲乙毗咄陸可汗。二可汗兵爭，咥利失、乙毗相繼走死他國，而射匱實承之。太宗崩，賀魯反，而射匱爲賀魯所併。西突厥世次，曉然可考。而新、舊書於彌射傳皆云：貞觀中，遣劉善因立彌射爲奚利邲咄陸可汗。以泥孰傳觀之，則善因所立者，泥孰也。以彌射傳觀之，則善因所立者，彌射也。考異所疑，當以此耳。自南道招集舊衆。

4 二月，辛酉，車駕至洛陽宮。

5 庚午，立皇子顯爲周王。壬申，徙雍王素節爲郇王。雍，於用翻。郇，音荀。

6 三月，甲辰，以潭州都督褚遂良爲桂州都督。桂州至京師，水陸路四千七百六十里。

7癸丑，以李義府兼中書令。

8夏，五月，丙申，上幸明德宮避暑。上自卽位，每日視事；庚子，宰相奏天下無虞，請隔日視事；許之。

9秋，七月，丁亥朔，上還洛陽宮。

10王玄策之破天竺也，見上卷貞觀二十二年。得方士那羅邇娑婆寐以歸，娑，素何翻。自言有長生之術，太宗頗信之，深加禮敬，使合長生藥。太宗令娑婆寐於金飆門合延年藥。合，音閤。發使四方求奇藥異石，又發使詣婆羅門諸國采藥。使，疏吏翻。其言率皆迂誕無實，苟欲以延歲月，藥竟不就，乃放還。上卽位，復詣長安，復，扶又翻。又遣歸。玄策時爲道王友，道王元慶，高祖之子。唐諸王府置友一人，從五品下，掌陪侍規諷。辛亥，奏言：「此婆羅門實能合長年藥，自詭必成，今遣歸，可惜失之。」玄策退，上謂侍臣曰：「自古安有神仙！秦始皇、漢武帝求之，疲弊生民，卒無所成，卒，子恤翻。果有不死之人，今皆安在！」李勣對曰：「誠如聖言。此婆羅門今茲再來，容髮衰白，已改於前，何能長生！陛下遣之，內外皆喜。」娑婆寐竟死於長安。

11許敬宗、李義府希皇后旨，誣奏侍中韓瑗、中書令來濟與褚遂良潛謀不軌，以桂州用武之地，授遂良桂州都督，欲以爲外援。八月，丁卯，瑗坐貶振州刺史，濟貶台州刺史，終身不聽朝覲。台州，漢回浦縣地，光武改回浦爲章安縣。吳孫亮分會稽東部都尉爲臨海郡，治章安，江左皆因之。隋平陳，廢爲臨海縣，屬永嘉郡。唐武德四年，分置台州。諸州刺史有朝集，故禁絕二人，不得至京師。振州至京師八千六百六里。台州在京師東南四千一百七十七里。朝，直遙翻。又貶褚遂良爲愛州刺史，榮州刺史柳奭爲象州刺史。榮州至京師二千九百七十三里。象州至京師四千九百八十九里。考異曰：唐曆：「三月甲辰，貶遂良爲桂州都督，奭愛州刺史。」據實錄，「奭坐韓瑗又貶象州。」新舊書、唐曆皆云愛州，誤也。今從實錄。

遂良至愛州，上表自陳：上，時掌翻。「往者濮王、承乾交爭之際，臣不顧死亡，歸心陛下。時岑文本、劉洎奏稱『承乾惡狀已彰，身在別所，其於東宮，不可少時虛曠，少，詩沼翻。請且遣濮王往居東宮。』臣又抗言固爭，皆陛下所見。卒與無忌等四人共定大策。事見一百九十七卷貞觀十七年。卒，子恤翻。及先朝大漸，獨臣與無忌同受遺詔。見上卷貞觀二十三年。朝，直遙翻。陛下在草土之辰，不勝哀慟，臣以社稷寬譬，陛下手抱臣頸。臣與無忌區處衆事，咸無廢闕，數日之間，內外寧謐。力小任重，動罹愆過，螻蟻餘齒，乞陛下哀憐。」表奏，不省。勝，音升。處，昌呂翻。省，悉景翻。

12 己巳，禮官奏：「四郊迎氣，存太微五帝之祀；南郊明堂，廢緯書六天之義。其方丘祭地之外，別有神州，亦請合爲一祀。」從之。歐陽修曰：禮曰，以禋祀祀昊天上帝。此天也，鄭玄以爲天皇大帝者，北辰耀魄寶也。又曰：兆五帝於四郊，此五行精氣之神也，玄以爲青帝靈威仰，赤帝赤熛怒，黃帝含樞紐，白帝白招矩，黑帝叶光紀者，五天也。由是有六天之說。唐初貞觀禮，冬至祀昊天上帝於圓丘，正月辛日，祀感生帝靈威仰於南郊以祈穀，而孟夏雩於南郊，季春大享於明堂，皆祀五天帝。至高宗時，禮官以謂太史圓丘圖，昊天上帝在壇上，而耀魄寶在壇第一等，則昊天上帝非耀魄寶可知。許敬宗與禮官議曰：六天出於緯書，而南郊、圜丘一也，玄以爲二物。郊及明堂，本以祭天，而玄皆以爲祭太微五帝。傳曰：凡祀，啓蟄而郊，郊而後耕。故郊祀后稷以祈農事。而玄謂周祭感帝靈威仰，配以后稷，因而祈穀，皆繆說也。由是盡黜玄說。又武德中，冬至及孟夏雩祭皇地祇於方丘，神州地祇於北郊，今亦合爲一祀。

13 辛未，以禮部尚書許敬宗爲侍中，兼度支尚書杜正倫爲兼中書令。

14 冬，十月，戊戌，上行幸許州。許州，漢潁川郡地，東魏立南鄭州，後周改許州，因古許國以名州也。至京師一千二百里，至東都四百里。乙巳，畋于滍水之南。壬子，至氾水曲。滍，直几翻。氾水曲在鄭州新鄭縣界。師古曰：氾，舊音凡，今俗讀爲祀。十二月，乙卯朔，車駕還洛陽宮。

15 蘇定方擊西突厥沙鉢羅可汗，厥，九勿翻。可，從刊入聲。汗，音寒。至金山北，先擊處木昆部，大破之，其俟斤嬾獨祿等帥萬餘帳來降，俟，渠之翻。帥，讀曰率；下同。降，户江翻。定方撫之，發其千騎與俱。

右領軍郎將薛仁貴上言：「泥孰部素不伏賀魯，泥孰部，弩失畢五俟斤之一也。騎，奇寄翻；下同。將，卽亮翻；下同。上，時掌翻。爲賀魯所破，虜其妻子。今唐兵有破賀魯諸部得泥孰妻子者，宜歸之，仍加賜賚，使彼明知賀魯爲賊而大唐爲之父母，則人致其死，不遺力矣。」上從之。泥孰喜，請從軍共擊賀魯。

定方至曳咥河西，曳咥河在伊麗河東。沙鉢羅帥十姓兵且十萬，來拒戰。咄陸五啜、弩失畢五俟斤，是爲西突厥十姓。定方將唐兵及回紇萬餘人擊之。沙鉢羅輕定方兵少，直進圍之。紇，下沒翻。少，詩沼翻。定方令步兵據南原，攢矟外向，矟，色角翻。自將騎兵陳於北原。陳，讀曰陣；下布陳同。沙鉢羅先攻步軍，三衝不動，定方引騎兵擊之，沙鉢羅大敗，追奔三十里，斬獲數萬人；明日，勒兵復進。復，扶又翻；下可復同。於是胡祿屋等五弩失畢悉衆來降，沙鉢羅獨與處木昆屈律啜數百騎西走。降，戶江翻。處，昌呂翻。啜，陟劣翻。騎，奇寄翻。時阿史那步真出南道，五咄陸部落聞沙鉢羅敗，皆詣步真降。定方乃命蕭嗣業、回紇婆閏將胡兵趨邪羅斯川，舊書：賀魯居多邏斯川，在西州直北一千五百里。此邪羅斯川當在伊麗水之西。咄，當沒翻。嗣，祥吏翻。紇，下沒翻。趨，讀曰趣，音七喻翻。邪，讀曰耶。追沙鉢羅，定方與任雅相將新附之衆繼之。任，音壬。相，息亮翻。將，即亮翻，又音如字。會大雪，平地二尺，軍中咸請俟晴而行，定方曰：「虜恃雪深，謂我不能進，必休息士馬，亟追之可及，若緩之，彼遁逃浸遠，不可復追，省日兼功，在此時矣！」乃蹋雪晝夜兼行。所過收其部衆，至雙河，與彌射、步真合，去沙鉢羅所居二百里，布陳長驅，徑至其牙帳。賀魯牙帳在金牙山，直石國東北。復，扶又翻。陳，讀曰陣。沙鉢羅與其徒將獵，定方掩其不備，縱兵擊之，斬獲數萬人，得其鼓纛，纛，徒到翻，又徒沃翻。沙鉢羅與其子咥運、壻閻啜等脫走，趣石國。咥，徒結翻。啜，陟劣翻。趣，七喻翻。定方於是息兵，諸部各歸所居，通道路，置郵驛，掩骸骨，問疾苦，畫疆埸，復生業，凡爲沙鉢羅所掠者，悉括還之，十姓安堵如故。乃命蕭嗣業將兵追沙鉢羅，定方引軍還。埸，音亦。嗣，祥吏翻。還，從宣翻，又音如字。沙鉢羅至石國西北蘇咄城，咄，當沒翻。人馬飢乏，遣人齎珍寶入城市馬，城主伊沮達官沮，子余翻。詐以酒食出迎，誘之入，誘，音酉。閉門執之，送于石國。蕭嗣業至石國，石國人以沙鉢羅授之。

乙丑，分西突厥地置濛池、崑陵二都護府，濛池都護府居碎葉川西，崑陵都護府居碎葉川東。考異曰：舊書賀魯傳云：「定方行至曳咥河西，賀魯率胡祿居闕啜等二萬餘騎，列陳而待。定方率任雅相等與之交戰，賊衆大敗，斬大首領都搭達官等二百餘人，賀魯及闕啜輕騎奔竄，渡伊西麗河，兵馬溺死者甚衆。彌射進軍至伊麗水，處月、處密等部各帥衆來降。彌射又進次雙河，賀魯先使步失達官鳩集散卒，據柵拒戰，彌射、步真攻之，大潰，又與蘇定方攻賀魯於碎葉水，大破之。」舊書本紀：「三年二月，定方平賀魯；甲寅，西域平，以其地置濛池、崑陵二都督府。」據實錄，擒賀魯置二都督皆在此月。本紀又非奏到月日。今從實錄。以阿史那彌射爲左衛大將軍、崑陵都護、興昔亡可汗，押五咄陸部落；阿史那步真爲右衛大將軍、濛池都護、繼往絕可汗，押五弩失畢部落。遣光祿卿盧承慶持節册命，仍命彌射、步真與承慶據諸姓降者，準其部落大小，位望高下，授刺史以下官。

16 丁卯，以洛陽宮爲東都，唐六典：洛陽宮在東都皇城之北，東西四里一百八十步，南北二里八十五步，周回十三里二百四十一步。洛州官吏員品並如雍州。雍，於用翻。

17是歲，詔：「自今僧尼不得受父母及尊者禮拜，尼，女夷翻。所司明有法制禁斷。」有，當作爲。斷，音短。

18以吏部侍郎劉祥道爲黃門侍郎，仍知吏部選事。選，須絹翻；下同。祥道以爲：「今選司取士傷濫，每年入流之數，過一千四百，雜色入流，曾不銓簡。雜色補官者，謂之流外官；入流內敍品，謂之入流。即日內外文武官一品至九品，凡萬三千四百六十五員，約準三十年，則萬三千餘人略盡矣。即日者，即今日也。若年別入流者五百人，別，彼列翻。足充所須之數。望有釐革。」既而杜正倫亦言入流人太多。上命正倫與祥道詳議，而大臣憚於改作，事遂寢。祥道，林甫之子也。劉林甫貞觀初爲吏部侍郎，請四時聽選。

三年（戊午、六五八）

1春，正月，戊子，長孫無忌等上所脩新禮；詔中外行之。上，時掌翻。先是，議者謂貞觀禮節文未備，先，悉薦翻。故命無忌等脩之。時許敬宗、李義府用事，所損益多希旨，學者非之。太常博士蕭楚材等以爲豫備凶事，非臣子所宜言；敬宗、義府深然之，遂焚國恤一篇，由是凶禮遂闕。唐制：太常博士從七品上，掌六禮之儀式，本先王之法制，適變隨時而損益焉。六禮既闕凶禮，遂爲五禮焉。

2 初，龜茲王布失畢妻阿史那氏與其相那利私通，布失畢不能禁，布失畢歸國，見上卷永徽元年。龜茲，音丘慈，又音屈佳。由是君臣猜阻，各有黨與，互來告難。難，乃旦翻。上兩召之，既至，囚那利，遣左領軍郎將雷文成送布失畢歸國。十四衞郎將，正五品上。至龜茲東境泥師城，龜茲大將羯獵顛發衆拒之，仍遣使降於西突厥沙鉢羅可汗。使，疏吏翻。布失畢據城自守，不敢進。詔左屯衞大將軍楊胄發兵討之。會布失畢病卒，胄與羯獵顛戰，大破之，擒羯獵顛及其黨，盡誅之，乃以其地爲龜茲都督府。戊申，立布失畢之子素稽爲龜茲王兼都督。

3 二月，丁巳，上發東都；甲戌，至京師。

4 夏，五月，癸未，徙安西都護府於龜茲，以舊安西復爲西州都督府，鎮高昌故地。貞觀十四年平高昌，置安西都護府於交河城，今徙於龜茲。

5 六月，營州都督兼東夷都護程名振、右領軍中郎將薛仁貴將兵攻高麗之赤烽鎮，拔之，斬首四百餘級，捕虜百餘人。高麗遣其大將豆方婁帥衆三萬拒之，名振以契丹逆擊，大破之，斬首二千五百級。考異曰：舊書仁貴傳云：「顯慶二年，副程名振經略遼東，破高麗於貴端城，斬首三千級。」今從實錄。

6 秋，八月，甲寅，播羅哀獠酋長多胡桑等帥衆內附。播羅哀，羅賓生獠部落之名。獠，魯皓翻。酋，慈由翻。長，知兩翻。

7 冬，十月，庚申，吐蕃贊普來請婚。

8 中書令李義府有寵於上，諸子孩抱者並列清貴。而義府貪冒無厭，冒，莫北翻。厭，於鹽翻。母、妻及諸子、女壻，賣官鬻獄，其門如市，多樹朋黨，傾動朝野。朝，直遙翻。中書令杜正倫每以先進自處，處，昌呂翻。義府恃恩，不爲之下，由是有隙，與義府訟於上前。上以大臣不和，兩責之。十一月，乙酉，貶正倫橫州刺史，義府普州刺史。正倫尋卒於橫州。橫州，漢廣鬱高梁之地。晉武帝太康七年，置寧浦郡，梁分置簡陽郡。隋置簡州，大業廢爲寧浦縣，屬鬱林郡。唐武德初，復置南簡州，貞觀八年，更名橫州。至京師五千五百三十九里，至東都四千七百五里。普州，漢牛鞞、墊江、資中三縣地。後周置安岳縣，并置普州。隋廢州，以縣屬資陽郡。唐武德二年，復置普州。至京師二千三百六十里，至東都三千二百三里。卒，子恤翻。

9 阿史那賀魯既被擒，謂蕭嗣業曰：「我本亡虜，爲先帝所存，事見上卷貞觀二十二年。被，皮義翻。先帝遇我厚而我負之，今日之敗，天所怒也。吾聞中國刑人必於市，願刑我於昭陵之前以謝先帝。」上聞而憐之。賀魯至京師，甲午，獻于昭陵。敕免其死，分其種落爲六都督府，以處木昆部爲匐延都督府，突騎施索葛莫賀部爲嗢鹿都督府，胡祿屋闕部爲鹽泊都督府，攝舍提暾部爲雙河都督府，鼠尼施處半部爲鷹娑都督府。突騎施阿利施部爲潔山都督府。種，章勇翻。其所役屬諸國皆置州府，西盡波斯，並隸安西都護府。四鎮都督府，州三十四；西域都督府十六，州七十二。賀魯尋死，葬於頡利墓側。

10 戊戌，以許敬宗爲中書令，大理卿辛茂將爲兼侍中。

11 開府儀同三司鄂忠武公尉遲敬德薨。尉，紆勿翻。敬德晚年閒居，學延年術，修飾池臺，奏清商樂以自奉養，不交通賓客，凡十六年，年七十四，以病終，朝廷恩禮甚厚。

12 是歲，愛州刺史褚遂良卒。

13 雍州司士許禕與來濟善，唐雍州士曹，司士參軍事，正七品下，掌津梁舟車舍宅工藝。雍，於用翻。禕，吁韋翻。侍御史張倫與李義府有怨，吏部尚書唐臨奏以禕爲江南道巡察使，倫爲劍南道巡察使。使，疏吏翻。是時義府雖在外，皇后常保護之，以臨爲挾私選授。

四年（己未、六五九）

1 春，二月，乙丑，免臨官。

2 三月，壬午，西突厥興昔亡可汗與眞珠葉護戰于雙河，斬眞珠葉護。眞珠葉護事始上卷永徽四年。

3 夏，四月，丙辰，以于志寧爲太子太師、同中書門下三品；乙丑，以黃門侍郎許圉師參知政事。考異曰：舊傳云：「二年，同中書門下三品。」新傳無年。今從實錄。按考異所謂舊傳、新傳，皆許圉師傳也。

4 武后以太尉趙公長孫無忌受重賜而不助己，事見上卷永徽五年。深怨之。及議廢王后，燕公于志寧中立不言，事見上卷永徽六年。燕，因肩翻。武后亦不悅。許敬宗屢以利害說無忌，無忌每面折之，敬宗亦怨。說，輸芮翻。折，之舌翻。武后既立，無忌內不自安，后令敬宗伺其隙而陷之。伺，相吏翻。

會洛陽人李奉節告太子洗馬韋季方、監察御史李巢朋黨事，洗，悉薦翻。監，古銜翻。敕敬宗與辛茂將鞫之。敬宗按之急，季方自刺，不死，刺，七亦翻。敬宗因誣奏季方欲與無忌構陷忠臣近戚，使權歸無忌，伺隙謀反，今事覺，故自殺。上驚曰：「豈有此邪！舅爲小人所間，間，古莧翻。小生疑阻則有之，何至於反！」敬宗曰：「臣始末推究，反狀已露，陛下猶以爲疑，恐非社稷之福。」考異曰：實錄：「洛陽人李奉節上封事告太子洗馬韋季方、監察御史李巢交通朝貴，有朋黨之事。詔敬宗與侍中辛茂將鞫之，敬宗按之甚急，季方事迫，自刺，不死。又搜奉節，得私書，有題與趙師者，遂奏言：『趙師，卽無忌也。陰爲隱語，欲陷忠良，伺隙謀反。』上驚曰：『豈當有此，或容惡人間搆，小生疑阻，至於卽反，猶恐不然。』敬宗奏曰：『臣始末推勘，自奉節有趙師之言，又得僞書，是季方所作，卽疑無忌欲反。使其潛行構間，斥除忠臣近戚，此計若行，自然權歸無忌。蹤跡已露，陛下猶有所疑，恐非社稷之福。』」舊無忌傳云：「敬宗使人上封事，稱監察御史李巢與無忌交通謀反，詔敬宗與茂將鞫之。」唐曆、統紀與實錄略同。按奉節乃告事之人，推鞫者豈得反搜奉節之家。且與趙師者誰之私書，若是季方書，安得在奉節家！若在奉節家，奉節當執以興訟，何待搜而後得！又既云趙師是無忌，乃是實與無忌書，何得謂之僞書！實錄敘此事殊鹵莽，首尾差舛，不可知其詳實，故略取大意而已。舊傳所云，雖爲簡徑，然高宗初無疑無忌之心，故李弘泰告無忌反，高宗立斬之，何至奉節而獨令敬宗鞫之也。且實録在前而詳，列傳在後而略，故亦未可據也。上泣曰：「我家不幸，親戚間屢有異志，往年高陽公主與房遺愛謀反，事見上卷永徽三年。今元舅復然，復，扶又翻。使朕慚見天下之人。兹事若實，如之何？」對曰：「遺愛乳臭兒，與一女子謀反，勢何所成！無忌與先帝謀取天下，天下服其智；爲宰相三十年，無忌自貞觀初爲相，至是三十餘年。天下畏其威；若一旦竊發，陛下遣誰當之！今賴宗廟之靈，皇天疾惡，因按小事，乃得大姦，實天下之慶也。臣竊恐無忌知季方自刺，窘急發謀，攘袂一呼，呼，火故翻。同惡雲集，必爲宗廟之憂。臣昔見宇文化及父述爲煬帝所親任，結以婚姻，委以朝政；述卒，化及復典禁兵，卒，子恤翻。復，扶又翻；下宗復同。一夕於江都作亂，先殺不附己者，臣家亦豫其禍，於是大臣蘇威、裴矩之徒，皆舞蹈馬首，唯恐不及，黎明遂傾隋室。事見一百八十六卷高祖武德元年。前事不遠，願陛下速決之！」上命敬宗更加審察。明日，敬宗復奏曰：「昨夜季方已承與無忌同反，臣又問季方：『無忌與國至親，累朝寵任，何恨而反？』季方答云：『韓瑗嘗語無忌云：語，牛倨翻。「柳奭、褚遂良勸公立梁王爲太子，今梁王既廢，上亦疑公，故出高履行於外。」履行，無忌舅子也，去年出爲益州長史。自此無忌憂恐，漸爲自安之計。後見長孫祥又出，韓瑗得罪，日夜與季方等謀反。』臣參驗辭狀，咸相符合，請收捕準法。」上又泣曰：「舅若果爾，朕決不忍殺之，【章：

十二行本「之」下有「若殺之」三字；乙十一行本同；張校同，云無註本亦無。】天下將謂朕何，後世將謂朕何！」敬宗對曰：「薄昭，漢文帝之舅也，文帝從代來，昭亦有功，所坐止於殺人，文帝使百官素服哭而殺之，事見漢文帝紀。至今天下以文帝爲明主。今無忌忘兩朝之大恩，謀移社稷，其罪與薄昭不可同年而語也。幸而姦狀自發，逆徒引服，陛下何疑，猶不早決！古人有言：『當斷不斷，反受其亂。』道家之言。斷，丁亂翻。安危之機，間不容髮。無忌今之姦雄，王莽、司馬懿之流也；陛下少更遷延，少，詩沼翻。臣恐變生肘腋，悔無及矣！」上以爲然，竟不引問無忌。戊辰，下詔削無忌太尉及封邑，以爲揚州都督，於黔州安置，準一品供給。唐六典，膳部郎中：一品食料，每日細白米二升，粳米、粱米各一斗五升，粉一升，油五升，鹽一升半，醋三升，蜜三合，粟一斗，梨七顆，蘇一合，乾棗一升，木橦十根，炭十斤，葱韭豉蒜薑椒之類各有差。每月給羊二十口，猪肉六十斤，魚三十頭各一尺，酒九斗。黔，音琴。祥，無忌之從父兄子也，從，才用翻。前此自工部尚書出爲荆州長史，故敬宗以此誣之。

敬宗又奏：「無忌謀逆，由褚遂良、柳奭、韓瑗構扇而成；奭仍潛通宮掖，謀行鴆毒，于志寧亦黨附無忌。」於是詔追削遂良官爵，除奭、瑗名，免志寧官。于志寧欲以緘默免禍而卒不免，不若褚遂良無愧於昭陵也。遣使發道次兵援送無忌詣黔州。使，疏吏翻。無忌子祕書監駙馬都尉沖等皆除名，流嶺表。長孫沖尚太宗女長樂公主。遂良子彥甫、彥沖流愛州，於道殺之。益州長史高履行累貶洪州都督。自大都督府長史爲遠州都督爲貶。益州，在京師西南二千三百七十九里，至東都三千二百一十六里。洪州在京師東南三千九十里，至東都二千二百一十一里。考異曰：舊傳云三年，誤也。今從唐曆。

5 五月，丙申，兵部尚書任雅相、度支尚書盧承慶並參知政事。承慶，思道之孫也。盧思道仕於高齊，以文稱。任，音壬。相，息亮翻。度，徒洛翻。

6 涼州刺史趙持滿，多力善射，喜任俠，喜，許記翻。其從母爲韓瑗妻，從，才用翻；下之從同。其舅駙馬都尉長孫銓，無忌之族弟也，銓坐無忌，流巂州。巂，音髓。許敬宗恐持滿作難，難，乃旦翻。誣云無忌同反，「誣云」之下，恐脫「與」字。驛召至京師，下獄，訊掠備至，終無異辭，曰：「身可殺也，辭不可更！」下，遐嫁翻。掠，音亮。更，工衡翻。吏無如之何，乃代爲獄辭結奏。結奏，結其罪而奏之。戊戌，誅之，尸於城西，親戚莫敢視。友人王方翼歎曰：「欒布哭彭越，義也；事見十二卷漢高帝十一年。文王葬枯骨，仁也。下不失義，上不失仁，不亦可乎！」乃收而葬之。上聞之，不罪也。方翼，廢后之從祖兄也。長孫銓至流所，縣令希旨杖殺之。

7 六月，丁卯，詔改氏族志爲姓氏錄。

初，太宗命高士廉等脩氏族志，事見一百九十五卷貞觀十二年。升降去取，時稱允當。當，丁浪翻。至是，許敬宗等以其書不敍武氏本望，奏請改之，乃命禮部郎中孔志約等比類升降，以后族爲第一等，其餘悉以仕唐官品高下爲準，凡九等。於是士卒以軍功致位五品，豫士流，時人謂之「勳格」。

8許敬宗議封禪儀，己巳，奏：「請以高祖、太宗俱配昊天上帝，太穆、文德二皇后俱配皇地祇。」從之。

9秋，七月，命御史往高州追長孫恩，象州追柳奭，振州追韓瑗，並枷鎖詣京師，仍命州縣簿錄其家。恩，無忌之族弟也。

壬寅，命李勣、許敬宗、辛茂將與任雅相、盧承慶更共覆按無忌事。考異曰：唐曆：是日以台州刺史來濟爲庭州刺史。按來濟與韓瑗事同一體，瑗方下獄，濟豈得移官。舊書云，五年徙庭州，近是。許敬宗又遣中書舍人袁公瑜等詣黔州，再鞫無忌反狀，黔，音琴。至則逼無忌令自縊。詔柳奭、韓瑗所至斬決。使者殺柳奭于象州。考異曰：舊傳云：「奭累貶愛州刺史，高宗就愛州殺之。」今從實錄。韓瑗已死，發驗而還。發棺而驗其尸。還，從宣翻，又如字。考異曰：舊瑗傳云：「四年卒官，明年，長孫無忌死，遣使殺之，使至，瑗已死。」褚遂良傳：「三年卒官，後二歲追削官爵。」實錄或因無忌徙黔州，終言之。然諸書多在此月，蓋因實錄、年代記云，七月辛未，遣使逼無忌自縊。按長曆，七月丙子朔，無辛未，不可據也。籍沒三家，近親皆流嶺南爲奴婢。常州刺史長孫祥坐與無忌通書，處絞。常州在京師東南二千八百四十三里，至東都一千九百八十三里。處，昌呂翻。長孫恩流檀州。檀州，漢漁陽郡虒奚縣地。後魏置安州，後周改曰玄州。隋開皇十六年改檀州，大業初，廢州爲安樂郡，唐復爲檀州。在京師東北二千五百六十七里，至東都一千八百四十四里。考異曰：唐統紀、唐曆皆云「長孫恩」，新書云「族弟恩」。統紀、唐曆，長孫銓流嶲州，縣令希旨殺之，在此下。實錄，「銓流嶲州，許敬宗懼其甥趙持滿作難，遂殺持滿。」是銓流嶲州在前，今從之。

10 八月，壬子，以普州刺史李義府兼吏部尚書、同中書門下三品。義府既貴，自言本出趙郡，與諸李敘昭穆；昭，市招翻。無賴之徒藉其權勢，拜伏爲兄叔者甚衆。給事中李崇德初與同譜，及義府出爲普州，卽除之。義府聞而銜之，及復爲相，復，扶又翻。使人誣構其罪，下獄，自殺。下，遐稼翻。

11 乙卯，長孫氏、柳氏緣無忌、奭貶降者十三人。高履行貶永州刺史。永州舊零陵郡，隋平陳，置永州，在京師南三千二百七十四里，至東都三千六百六十五里。于志寧貶榮州刺史，于氏貶者九人。自是政歸中宮矣。

12 九月，詔以石、米、史、大安、小安、曹、拔汗那、悒怛、疏勒、朱駒半等國置州縣府百二十七。米國，或曰彌末，或曰弭秣賀，北百里距康國；其王治鉢息德城。大安，一曰布豁，又曰捕喝，元魏謂忸密者，東北至小安四百里，西瀕烏滸河，治河謐城，卽康居小君長罽王故地。小安，一曰東安，曰喝汗，在那密水之陽，東距河二百里許，治喝汗城。曹亦有東、西、中國，東曹居波悉山之陰，漢貳師城地也，北至石，西至康，東北寧遠，皆四百里。西曹者，隋時曹國也，南接史及波覽，治瑟底痕城。中曹治迦底眞城。拔汗那，卽寧遠，或曰鏺汗，元魏所謂破洛那，去京師八千里，居西鞬城，在眞珠河之北，後分爲二：一治呼悶城，一治渴塞城。悒怛國，漢大月氏之種，大月氏爲烏孫所奪，西過大宛，擊大夏臣之，大夏即吐火羅也；嚈噠，王姓也，後世以姓爲國，訛爲挹怛。杜佑曰：嚈噠，或云高車之別種，或云大月氏之別種；挹怛亦大月氏別種。如佑所云，則嚈噠、挹怛似是兩國。疏勒，一名佉沙，距長安九千里而贏。挹，音邑。怛，當割翻。

13 冬，十月，丙午，太子加元服，赦天下。太子加元服，其儀備見於新書禮志。

14 初，太宗疾山東士人自矜門地，婚姻多責資財，命脩氏族志例降一等；王妃、主壻皆取勳臣家，不議山東之族。而魏徵、房玄齡、李勣家皆盛與爲婚，常左右之，左右，讀曰佐佑。由是舊望不減；或一姓之中，更分某房某眷，高下懸隔。李義府爲其子求婚不獲，恨之，爲，于僞翻。故以先帝之旨，勸上矯其弊。壬戌，詔後魏隴西李寶、太原王瓊、滎陽鄭溫、范陽盧子遷、盧渾、盧輔、清河崔宗伯、崔元孫、前燕博陵崔懿、晉趙郡李楷等子孫，不得自爲婚姻。燕，因肩翻。仍定天下嫁女受財之數，毋得受陪門財。陪門財者，女家門望未高，而議姻之家非耦，令其納財以陪門望。然族望爲時所尚，終不能禁，或載女竊送夫家，或女老不嫁，終不與異姓爲婚。其衰宗落譜，昭穆所不齒者，往往反自稱禁婚家，益增厚價。厚取陪門之財也。昭，市招翻。

15 閏月，戊寅，上發京師，令太子監國。太子思慕不已，人少則慕父母。上聞之，遽召赴行在。戊戌，車駕至東都。監，古銜翻。

16 十一月，丙午，以許圉師爲散騎常侍、檢校侍中。散，悉亶翻。騎，奇寄翻。

17 戊午，侍中兼左庶子辛茂將薨。

18 思結俟斤都曼帥疏勒、朱俱波、謁般陀三國反，新書作「喝盤陀」，或曰「漢陀」，曰「渴館檀」，亦謂「渴羅陀」；由疏勒西南入劍末谷不忍嶺六百里，則其國也；距瓜州四千五百里，直朱俱波西南，距懸度山。俟，渠之翻。帥，讀曰率。擊破于闐。癸亥，以左驍衛大將軍蘇定方爲安撫大使以討之。驍，堅堯翻。使，疏吏翻。

19 以盧承慶同中書門下三品。

20 右領軍中郎將薛仁貴等與高麗將溫沙門戰於橫山，破之。將，即亮翻。麗，力知翻。

21 蘇定方軍至業葉水，自庭州輪臺縣西行三百許里，至業葉河。思結保馬頭川。定方選精兵萬人、騎三千匹馳往襲之，一日一夜行三百里，詰旦，至城下，騎，奇寄翻。詰，去吉翻。都曼大驚。戰於城外，都曼敗，退保其城。及暮，諸軍繼至，遂圍之，都曼懼而出降。降，戶江翻。

五年（庚申、六六〇）

1 春，正月，定方獻俘於乾陽殿。乾陽殿在洛陽宮。法司請誅都曼。定方請曰：「臣許以不死，故都曼出降，願匄其餘生。」匄，古太翻。上曰：「朕屈法以全卿之信。」乃免之。

2 甲子，上發東都；二月，辛巳，至幷州。東都至幷州八百八里。三月，丙午，皇后宴親戚故舊鄰里於朝堂，婦人於內殿，班賜有差。武后，幷州文水縣人。天子行幸所至，皆有朝堂。太宗伐高麗，張受降幕於朝堂之側，是也。皇后所居爲內殿。朝，直遙翻。詔：「幷州婦人年八十以上，皆版授郡君。」郡君有正四品、從四品、正五品之差。

3 百濟恃高麗之援，數侵新羅；數，所角翻。新羅王春秋上表求救。辛亥，以左武衞大將軍蘇定方爲神丘道行軍大總管，新書作「神兵道」。帥左驍衞將軍劉伯英等帥，讀曰率。驍，堅堯翻。水陸十萬以伐百濟。考異曰：舊書定方傳、新羅傳皆云定方爲熊津道大總管。實錄定方傳亦同。今從此年實錄、新唐書本紀。又舊本紀、唐曆皆云，「四年十二月癸亥，以定方爲神丘道大總管，劉伯英爲嵎夷道行軍總管。」按定方時討都曼，未爲神丘道總管，舊書、唐曆皆誤。今從實錄。以春秋爲嵎夷道行軍總管，因堯典「宅嵎夷曰暘谷」而命之。將新羅之衆，與之合勢。將，卽亮翻。

4 夏，四月，丙【章：十二行本「丙」作「戊」；乙十一行本同。】寅，上發幷州；癸巳，至東都。五月，作合璧宮。時改八關宮爲合璧宮，在東都苑內。壬戌，上幸合璧宮。

5 戊辰，以定襄都督阿史德樞賓、左武候將軍延陀梯眞、梯眞，薛延陀之種，因以爲姓。居延州都督李合珠並爲冷岍道行軍總管，岍，與岍同，卽冷徑山。奚與契丹依阻此山以自固，其地在潢水之南，黃龍之北。各將所部兵以討叛奚，仍命尚書右丞崔餘慶充使總護三部兵，奚尋遣使降。將，卽亮翻；下同。使，疏吏翻。降，戶江翻。更以樞賓等爲沙磚道行軍總管，以討契丹，擒契丹松漠都督阿卜固送東都。磚，職緣翻。

6 六月，庚午朔，日有食之。

7 甲午，車駕還洛陽宮。

8 房州刺史梁王忠，年浸長，頗不自安，或私衣婦人服以備刺客；長，知兩翻。衣，於既翻。又數自占吉凶。數，所角翻。或告其事，秋，七月，乙巳，廢忠爲庶人，徙黔州，囚於承乾故宅。太宗貞觀十七年，徙太子承乾於黔州。黔，音琴。

9 丁卯，度支尚書、同中書門下三品盧承慶坐科調失所免官。度支尚書，凡傜賦職貢之方，經費賙給之算，藏貨贏縮之準，悉以咨之。今科調不得其所，爲不任其職，故免所居官。調，徒弔翻。

10 八月，吐蕃祿東贊遣其子起政將兵擊吐谷渾，以吐谷渾內附故也。吐，從暾入聲。谷，音浴。

11 蘇定方引兵自成山濟海，百濟據熊津江口以拒之。定方進擊破之，百濟死者數千人，餘皆潰走。定方水陸齊進，直趣其都城。北史：百濟都俱拔城，亦曰固麻城，其外更有五方，中方曰古沙城，東方曰得安城，南方曰久知下城，西方曰刀先城，北方曰熊津城。趣，七喻翻。未至二十餘里，百濟傾國來戰，大破之，殺萬餘人，追奔，入其郭。百濟王義慈及太子隆逃于北境，定方進圍其城；義慈次子泰自立爲王，帥衆固守。隆子文思曰：「王與太子皆在，而叔遽擁兵自王，帥，讀曰率；下同。王，于況翻。借使能卻唐兵，我父子必不全矣。」遂帥左右踰城來降，百姓皆從之，泰不能止。定方命軍士登城立幟，泰窘迫，開門請命。於是義慈、隆及諸城主皆降。

降，戶江翻。幟，昌志翻。百濟故有五部，分統三十七郡、二百城、七十六萬戶，詔以其地置熊津等五都督府，熊津、馬韓、東明、金連、德安五都督府。以其酋長爲都督、刺史。酋，慈由翻。長，知兩翻。

12 壬午，左武衛大將軍鄭仁泰將兵討思結、拔也固、僕骨、同羅四部，拔也固即拔野古。僕骨卽僕固。將，卽亮翻。三戰皆捷，追奔百餘里，斬其酋長而還。

13 冬，十月，上初苦風眩頭重，目不能視，百司奏事，上或使皇后決之。后性明敏，涉獵文史，處事皆稱旨。由是始委以政事，權與人主侔矣。史言后移唐祚，至是而勢成。處，昌呂翻。稱，尺證翻。

14 十一月，戊戌朔，上御則天門樓，唐六典：東都宮城南面三門，中曰應天，後以武后號則天，遂更曰則天也。受百濟俘，自其王義慈以下皆釋之。蘇定方前後滅三國，皆生擒其主。謂賀魯、都曼、義慈也。赦天下。

15 甲寅，上幸許州。十二月，辛未，畋於長社。長社，漢古縣，屬潁川郡，隋改長社曰潁川，唐復舊，帶許州。己卯，還東都。

16 壬午，以左驍衛大將軍契苾何力爲浿江道行軍大總管，浿水，在高麗國中。驍，堅堯翻。契，欺訖翻。浿，普蓋翻。左武衛大將軍蘇定方爲遼東道行軍大總管，左驍衛將軍劉伯英爲平壤道行軍大總管，蒲州刺史程名振爲鏤方道總管，將兵分道擊高麗。青州刺史劉仁軌坐督海運覆船，以白衣從軍自效。考異曰：舊傳云：「監統水軍征遼，以後期坐免官。」按仁軌從軍乃在百濟，非征遼也。今從張鷟朝野僉載。

龍朔元年（辛酉、六六一）

1春，正月，乙卯，募河南北、淮南六十七州兵，得四萬四千餘人，詣平壤、鏤方行營。戊午，以鴻臚卿蕭嗣業爲扶餘道行軍總管，帥回紇等諸部兵詣平壤。臚，陵如翻。帥，讀曰率。紇，下沒翻。

2二月，乙未晦，改元。

3三月，丙申朔，上與羣臣及外夷宴於洛城門，唐六典：洛陽宮城西北出曰洛城西門，其內曰德昌殿，德昌殿南出曰延慶門，又南曰韶暉門，西南曰洛城南門，其內曰洛城殿。觀屯營新教之舞，謂之一戎大定樂。取一戎衣天下大定之義。舞者，百四十人，被五采甲，持槊而舞。劉昫曰：大定樂出自破陳樂，自破陳舞以下，皆雷大鼓，雜以龜茲之樂，聲振百里，動蕩山谷。大定樂加金鉦，象平遼東而邊隅大定也。杜佑曰：大定樂歌云：「八紘同軌樂。」時上欲親征高麗，以象用武之勢也。

4初，蘇定方既平百濟，留郎將劉仁願鎮守百濟府城，又以左衛中郎將王文度爲熊津都督，撫其餘衆。文度濟海而卒，卒，子恤翻。百濟僧道琛、故將福信聚衆據周留城，將，卽亮翻。迎故王子豐於倭國而立之，倭，烏禾翻。引兵圍仁願於府城。詔起劉仁軌檢校帶方州刺史，帶方州置於百濟界，因古地名以名州。考異曰：僉載云：「劉仁願以仁軌檢校帶方州刺史。」今從本傳。將王文度之衆，便道發新羅兵以救仁願。將，卽亮翻。仁軌喜曰：「天將富貴此翁矣！」於州司請唐曆及廟諱以行，按劉仁軌自青州刺史白衣從軍，此蓋於青州州司請之也。曰：「吾欲掃平東夷，頒大唐正朔於海表！」仁軌御軍嚴整，轉鬭而前，所向皆下。百濟立兩柵於熊津江口，仁軌與新羅兵合擊，破之，殺溺死者萬餘人。溺，奴狄翻。道琛乃釋府城之圍，退保任存城；任存城在百濟西部任存山。考異曰：實錄或作「任孝城」，未知孰是。今從其多者。新羅糧盡，引還。道琛自稱領軍將軍，福信自稱霜岑將軍，招集徒衆，其勢益張。張，知亮翻。仁軌衆少，與仁願合軍，休息士卒。少，詩沼翻。上詔新羅出兵，新羅王春秋奉詔，遣其將金欽將兵救仁軌等，至古泗，福信邀擊，敗之。將，卽亮翻。敗，補邁翻。欽自葛嶺道遁還新羅，不敢復出。復，扶又翻。福信尋殺道琛，專總國兵。

5 夏，四月，丁卯，上幸合璧宮。

6 庚辰，以任雅相爲浿江道行軍總管，契苾何力爲遼東道行軍總管，蘇定方爲平壤道行軍總管，與蕭嗣業及諸胡兵凡三十五軍，水陸分道並進。上欲自將大軍繼之；癸巳，皇后抗表諫親征高麗；麗，力知翻。詔從之。

7 六月，癸未，以吐火羅、嚈噠、罽賓、波斯等十六國罽賓，隋漕國也，居葱嶺南，距長安萬二千里而羸。四國及訶達羅支國、解蘇國、骨咄施國、帆延國、石汗那國、護時犍國、怛沒國、烏拉喝國、多勒建國、俱蜜國、護蜜多國、久越得犍國，凡十六。嚈，益涉翻。噠，當割翻，又宅軋翻。罽，音計。置都督府八，州七十六，考異曰：唐曆云：「置州二十六」，今從統紀。今按新書地理志，時自于闐以西，波斯以東，凡十六國，各以其王都爲都督府。吐火羅國都爲月氏都督府，領州二十五。嚈噠國都爲大汗都督府，領州十五。訶達羅支國都爲條支都督府，領州九。解蘇國都爲天馬都督府，領州二。骨咄施國都爲高附都督府，領州二。罽賓國都爲脩鮮都督府，領州十。帆延國都爲寫鳳都督府，領州四。石汗那國都爲悅般州都督府，領州一。護時犍國都爲奇沙州都督府，領州二。怛沒國都爲姑墨州都督府，領州一。烏拉喝國都爲旅獒州都督府，多勒建國都爲崑墟州都督府，俱蜜國都爲至拔州都督府，護蜜多國都爲鳥飛州都督府，領州一；久越得犍國都爲王庭州都督府，波斯國都爲波斯都督府。通鑑言置都督府八者，蓋謂月氏、大汗、條支、天馬、高附、脩鮮、寫鳳、波斯八都督府，餘悅般等八州都督府不預也。新志所載領州七十二，其數亦與通鑑所引統紀不合。縣一百一十，軍府一百二十六，並隸安西都護府。

8 秋，七月，甲戌，蘇定方破高麗於浿江，屢戰皆捷，遂圍平壤城。

9 九月，癸巳朔，特進新羅王春秋卒；以其子法敏爲樂浪郡王、新羅王。卒，子恤翻。樂浪，音洛琅。

10 壬子，徙潞王賢爲沛王。賢聞王勃善屬文，屬，之欲翻。召爲修撰。撰，士免翻。勃，通之孫也。王通，隋末大儒，謚文中子。時諸王鬭雞，勃戲爲檄周王雞文。考異曰：舊傳云「檄英王雞」，按中宗爲英王時，沛王賢已爲太子，當云周王。上見之，怒曰：「此乃交構之漸。」斥勃出沛府。

11高麗蓋蘇文遣其子男生以精兵數萬守鴨綠水，諸軍不得渡。契苾何力至，值冰大合，何力引衆乘冰渡水，鼓譟而進，高麗大潰，追奔數十里，斬首三萬級，餘衆悉降，降，戶江翻。男生僅以身免。會有詔班師，乃還。

12冬，十月，丁卯，上畋于陸渾；陸渾，古伊川，春秋時，秦、晉遷陸渾戎於此。漢因以名縣，屬弘農郡。後魏置伊川郡，隋廢郡改縣，曰伏流。大業初，復曰陸渾，屬洛州。戊申，又畋于非山；癸酉，還宮。

13回紇酋長婆閏卒，姪比粟毒代領其衆，紇，下沒翻。酋，慈由翻。長，知兩翻。卒，子恤翻。考異曰：新書傳云：「婆閏卒，子比粟嗣。」今從舊傳。與同羅、僕固犯邊，詔左武衞大將軍鄭仁泰爲鐵勒道行軍大總管，燕然都護劉審禮、左武衞將軍薛仁貴爲副，燕，因肩翻。鴻臚卿蕭嗣業爲仙萼道行軍總管，磧北有仙萼河。右屯衞將軍孫仁師爲副，將兵討之。將，卽亮翻。審禮，德威之子也。劉德威見一百五十四卷太宗貞觀十一年。

二年（壬戌、六六二）

1春，正月，辛亥，立波斯都督卑路斯爲波斯王。

2二月，甲子，改百官名：以門下省爲東臺，中書省爲西臺，尚書省爲中臺；侍中爲左相，中書令爲右相，僕射爲匡政，左、右丞爲肅機，尚書爲太常伯，侍郎爲少常伯；其餘二十四司、御史臺、九寺、七監、十六衞，並以義訓更其名，而職任如故。改吏部爲司列，司動、司封如故，考功爲司績，戶部爲司元，度支爲司度，金部爲司珍，倉部爲司庾，禮部爲司禮，祠部爲司禋，主客爲司蕃，膳部爲司膳，兵部爲司戎，職方爲司城，駕部爲司輿，庫部爲司庫，刑部爲司刑，都官爲司僕，比部爲司計，司門爲司關，工部爲司平，屯田爲司田，虞部爲司虞，水部爲司川，凡二十四司；郎中皆改爲大夫。改御史臺曰憲臺，大夫曰大司憲，中丞曰司憲大夫。改太常寺曰奉常寺，光禄寺曰司宰寺，衞尉寺曰司衞寺，宗正寺曰司宗寺，太僕寺曰司馭寺，大理寺曰詳刑寺，鴻臚寺曰同文寺，司農寺曰司稼寺，太府寺曰外府寺，凡九寺；卿皆曰正卿，少卿皆曰大夫。改祕書省曰蘭臺監，監曰太史，少監曰侍郎，丞曰大夫。殿中省爲中御府監，監曰太監。國子監爲司成館，祭酒曰大司成，司業曰少司成。少府監爲內府監。將作監爲繕工監，大匠曰大監，少匠曰少監。都水監爲司津監。凡七監。左・右衞府、驍衞府、武衞府皆省「府」字，左、右威衞曰左、右武威衞，左、右領軍衞曰左、右戎衞，左、右候衞曰左、右金吾衞，左、右監門府曰左、右監門衞，左、右千牛府曰左、右奉宸衞，凡十六衞。

3 甲戌，浿江道大總管任雅相薨于軍。雅相爲將，浿，普大翻。任，音壬。相，息亮翻。將，卽亮翻。未嘗奏親戚故吏從軍，皆移所司補授，謂人曰：「官無大小，皆國家公器，豈可苟便其私！」由是軍中賞罰皆平，人服其公。

4 戊寅，左驍衞將軍白州刺史沃沮道總管龐孝泰白州，本漢合浦縣地，武德四年置南州，六年，改白州。沮，子余翻。與高麗戰於蛇水之上，軍敗，與其子十三人皆戰死。蘇定方圍平壤久不下，會大雪，解圍而還。

5 三月，鄭仁泰等敗鐵勒於天山。敗，補邁翻；下所敗同。

鐵勒九姓聞唐兵將至，合衆十餘萬以拒之，選驍健者數十人挑戰，薛仁貴發三矢，殺三人，餘皆下馬請降。仁貴悉阬之，度磧北，擊其餘衆，獲葉護兄弟三人而還。驍，堅堯翻。挑，徒了翻。降，戶江翻。磧，七亦翻。軍中歌之曰：「將軍三箭定天山，壯士長歌入漢關。」思結、多濫葛等部落先保天山，聞仁泰等將至，皆迎降；仁泰等縱兵擊之，掠其家以賞軍。虜相帥遠遁，帥，讀曰率。將軍楊志追之，爲虜所敗。候騎告仁泰：「虜輜重在近，往可取也。」騎，奇寄翻；下同。重，直用翻。仁泰將輕騎萬四千，倍道赴之，遂踰大磧，至仙萼河，新書：回鶻牙北六百里至仙娥河。不見虜，糧盡而還。值大雪，士卒飢凍，棄捐甲兵，殺馬食之，馬盡，人自相食，比入塞，比，必寐翻，及也。餘兵纔八百人。

軍還，司憲大夫楊德裔劾奏：「仁泰等漢御史臺有二丞，掌殿內祕書，謂之中丞。漢末改爲御史長史，後漢復爲中丞。後魏改爲中尉正，北齊復曰中丞，後周曰司憲中大夫。隋諱「中」，改爲治書御史，唐因之，貞觀末，避高宗名，改爲中丞。是年，改爲司憲大夫，正五品上，掌貳大司憲，持邦國憲章以肅正朝廷。劾，戶槪翻；又戶得翻。誅殺已降，降，戶江翻。使虜逃散，不撫士卒，不計資糧，遂使骸骨蔽野，棄甲資寇。自聖朝開創以來，未有如今日之喪敗者。仁貴於所監臨，貪淫自恣，雖矜所得，不補所喪。並請付法司推科。」喪，息浪翻。監，古銜翻。推科者，推問而科處其罪。詔以功贖罪，皆釋之。

以右驍衞大將軍契苾何力爲鐵勒道安撫使，左衞將軍姜恪副之，以安輯其餘衆。何力簡精騎五百，馳入九姓中，虜大驚，何力乃謂曰：「國家知汝皆脅從，赦汝之罪，罪在酋長，得之則已。」酋，慈由翻。其部落大喜，共執其葉護及設、特勒等二百餘人以授何力，何力數其罪而斬之，數，所具翻。九姓遂定。

6 甲午，車駕發東都；辛亥，幸蒲州；夏，四月，庚申朔，至京師。

7 辛巳，作蓬萊宮。蓬萊宮卽大明宮，亦曰東內。程大昌曰：大明宮地，本太極宮之後苑東北面射殿之地，在龍首山上。太宗初於其地營永安宮，以備太上皇清暑，雖嘗改名大明宮，而太上皇仍居大安宮，不曾徙入。龍朔二年，高宗苦風痹，惡太極宮卑下，故就脩大明宮，改名蓬萊宮，取殿後蓬萊池以爲名。作，營造也。

8 五月，丙申，以許圉師爲左相。相，息亮翻。

9 六月，乙丑，初令僧、尼、道士、女官致敬父母。尼，女夷翻。

10 秋，七月，戊子朔，赦天下。

11 丁巳，熊津都督劉仁願、帶方州刺史劉仁軌大破百濟於熊津之東，拔眞峴城。

初，仁願、仁軌等屯熊津城，考異曰：去歲道琛、福信圍仁願於百濟府城，今云尚在熊津城，或者共是一城。不則圍解之後，徙屯熊津城耳。上與之敕書，以「平壤軍回，一城不可獨固，宜拔就新羅。若金法敏藉卿留鎮，宜且停彼；若其不須，卽宜泛海還也。」將士咸欲西歸。仁軌曰：「人臣徇公家之利，有死無貳，豈得先念其私！主上欲滅高麗，故先誅百濟，留兵守之，制其心腹;雖餘寇充斥而守備甚嚴,宜礪兵秣馬,擊其不意,理無不克。既捷之後,士卒心安,然後分兵據險,開張形勢,飛表以聞,更求益兵。朝廷知其有成,必命將出師,聲援纔接,凶醜自殲。將,卽亮翻。殲,息廉翻。非直不棄成功,實亦永清海表。今平壤之軍既還,熊津又拔,拔,謂拔軍就新羅,或拔軍西還也。則百濟餘燼,不日更興,高麗逋寇,何時可滅!且今以一城之地居敵中央,苟或動足,卽爲擒虜,縱入新羅,亦爲羈客,脫不如意,悔不可追。況福信凶悖殘虐,君臣猜離,行相屠戮;正宜堅守觀變,乘便取之,不可動也。」衆從之。時百濟王豐與福信等以仁願等孤城無援,遣使謂之曰:「大使等何時西還,當遣相送。」使,疏吏翻;下同。仁願、仁軌知其無備,忽出擊之,拔其支羅城及尹城、大山、沙井等柵,殺獲甚衆,分兵守之。福信等以眞峴城險要,加兵守之。仁軌伺其稍懈,引新羅兵夜傅城下,攀草而上,比明,入據其城,伺,相吏翻。懈,古隘翻。傅,音附。上,時掌翻。比,必寐翻。遂通新羅運糧之路。仁願乃奏請益兵。詔發淄、靑、萊、海之兵七千人以赴熊津。史言劉仁軌能堅忍伺間,待援兵以盡平百濟。

福信專權,與百濟王豐浸相猜忌。福信稱疾,臥於窟室,欲俟豐問疾而殺之。豐知之,帥親信襲殺福信;果如劉仁軌所料。帥,讀曰率。遣使詣高麗、倭國乞師以拒唐兵。倭,烏禾翻。

王崇武標點容肇祖聶崇岐覆校

資治通鑑卷第二百一

端明殿學士兼翰林侍讀學士太中大夫提舉西京嵩山崇福宫上柱國河内郡開國公食邑二千二百户食實封九百户賜紫金魚袋臣**司馬光**奉敕編集

後學天台**胡三省**音註

唐紀十七 起玄黓閹茂(壬戌)八月,盡上章敦牂(庚午),凡八年有奇。

高宗天皇大聖大弘孝皇帝中之上

龍朔二年(壬戌、六六二)

1 八月,壬寅,以許敬宗爲太子少師、同東西臺三品、知西臺事。同中書門下三品、知中書事。

2 九月,戊寅,初令八品、九品衣碧。衣,於旣翻。

3 冬,十月,丁酉,上幸驪山温湯,太子監國;監,古銜翻。丁未,還宫。

4 庚戌,西臺侍郎陝人上官儀同東西臺三品。西臺侍郎,卽中書侍郎。陝,失冉翻。

5 癸丑,詔以四年正月有事於泰山,仍以來年二月幸東都。

6 左相許圉師之子奉輦直長自然,遊獵犯人田,奉輦直長,卽尚輦直長。殿中六局直長,正七品。

龍朔改尚輦局爲奉輦局。相，息亮翻。長，知兩翻。田主怒，自然以鳴鏑射之。射，而亦翻。圉師杖自然一百而不以聞。田主詣司憲訟之，司憲大夫楊德裔不爲治。治，直之翻。西臺舍人袁公瑜遣人易姓名上封事告之，西臺舍人，卽中書舍人。爲，于僞翻。上，時掌翻。上曰：「圉師爲宰相，侵陵百姓，匿而不言，豈非作威作福！」圉師謝曰：「臣備位樞軸，以直道事陛下，不能悉允衆心，故爲人所攻訐。訐，居謁翻。至於作威福者，或手握強兵，或身居重鎮；臣以文吏，奉事聖明，惟知閉門自守，何敢作威福！」上怒曰：「汝恨無兵邪！」許敬宗曰：「人臣如此，罪不容誅。」遽令引出。詔特免官。考異曰：舊本紀：「十一月辛未，圉師下獄。」新本紀：「十一月辛未，圉師貶虔州刺史。」今據實錄，辛未，免官，久之，貶虔州刺史。舊紀，貶虔州刺史在三年二月。新本紀誤。

7 癸酉，立皇子旭輪爲殷王。旭輪後改名旦，是爲睿宗。

8 十二月，戊申，詔以方討高麗、百濟，麗，力知翻。河北之民，勞於征役，其封泰山、幸東都並停。

9 䫻海道總管蘇海政䫻，越筆翻。受詔討龜茲，龜茲，音丘慈。敕興昔亡、繼往絕二可汗發兵與之俱。可，從刊入聲。汗，音寒。至興昔亡之境，繼往絕素與興昔亡有怨，事見上卷顯慶二年註。密謂海政曰：「彌射謀反，請誅之。」阿史那彌射是爲興昔亡可汗。時海政兵纔數千，集軍吏謀曰：「彌射若反，我輩無噍類，噍，才笑翻。不如先事誅之。」先，悉薦翻。乃矯稱敕，令大總管齎帛數萬段賜可汗及諸酋長，興昔亡帥其徒受賜，海政悉收斬之。其鼠尼施、拔塞幹兩部亡走，鼠尼施啜，咄陸五部之一也；拔塞幹俟斤，弩失畢五部之一也。酋，慈由翻。長，知兩翻。帥，讀曰率。尼，女夷翻。海政與繼往絕追討，平之。軍還，至疏勒南，弓月部復引吐蕃之衆來，欲與唐兵戰；海政以師老不敢戰，以軍資賂吐蕃，約和而還。由是諸部落皆以興昔亡爲寃，各有離心。繼往絕尋卒，復，扶又翻。卒，子恤翻。十姓無主，有阿史那都支及李遮匐收其餘衆附於吐蕃。爲都支、遮匐連兵反張本。

10 是歲，西突厥寇庭州，刺史來濟將兵拒之，厥，九勿翻。將，卽亮翻。謂其衆曰：「吾久當死，幸蒙存全以至今日，當以身報國。」遂不釋甲冑，赴敵而死。

三年（癸亥、六六三）

1 春，正月，左武衛大將軍鄭仁泰討鐵勒叛者餘種，悉平之。種，章勇翻。

2 乙酉，以李義府爲右相，右相，中書令也。仍知選事。選，須絹翻。

3 二月，徙燕然都護府於回紇，更名瀚海都護；徙故瀚海都護於雲中古城，更名雲中都護。燕然都護置於貞觀二十一年，見一百九十八卷。瀚海都護置於永徽元年，見一百九十九卷。燕，因肩翻。更，工衡翻。以磧爲境，磧北州府皆隸瀚海，磧南隸雲中。雲中都護府治金河，卽秦、漢雲中舊城，東北至朔州三百七十里，麟德元年，更名單于大都護府。杜佑曰：單于都護府南至榆林郡百二十里，東南到馬邑郡三百五十里。磧，七逆翻。

4 三月，許圉師再貶虔州刺史，虔州在京師東南四千一十七里，至東都三千四百里。楊德裔以阿黨流庭州，圉師子文思、自然並免官。

5 右相河間郡公李義府典選，選，須絹翻。恃中宮之勢，專以賣官爲事，銓綜無次，怨讟盈路，上頗聞之，從容謂義府曰：「卿子及壻頗不謹，多爲非法，我尚爲卿掩覆，卿宜戒之！」從，千容翻。爲，于僞翻。覆，敷又翻。義府勃然變色，頸、頰俱張，張，知亮翻。曰：「誰告陛下？」上曰：「但我言如是，何必就我索其所從得邪！」索，山客翻。義府殊不引咎，緩步而去。上由是不悅。

望氣者杜元紀謂義府所居第有獄氣，宜積錢二十萬緡以厭之，厭，於協翻。義府信之，聚斂尤急。斂，力贍翻。義府居母喪，朔望給哭假，假，古訝翻。輒微服與元紀出城東，登古冢，候望氣色，或告義府窺覘災眚，陰有異圖。覘，丑廉翻，又丑豔翻。眚，所景翻。又遣其子右司議郎津召長孫無忌之孫延，受其錢七百緡，除延司津監，唐東宮，司議郎四人，正六品上，掌啓奏記註。龍朔改司議郎爲左司議郎，太子舍人爲右司議郎。漢官有都水長，屬主爵，掌諸池沼，後改爲使者，後漢改爲河隄謁者。晉置都水臺，有使者一人，掌舟檝之事；梁改爲太舟卿；北齊亦曰都水臺；隋改爲都水監，唐因之，貞觀改爲使者，從六品；龍朔元年，改爲司津監，掌川澤津梁之政令。右金吾倉曹參軍楊行穎告之。夏，四月，乙丑，下義府獄，下，遐嫁翻。遣司刑太常伯劉祥道與御史、詳刑共鞫之，司刑太常伯，卽刑部尚書。詳刑，大理也。唐自永徽以後，大獄以尚書刑部、御史臺、大理寺官雜按，謂之三司。仍命司空李勣監焉。監，古銜翻。事皆有實。戊子，詔義府除名，流巂州；津除名，流振州；諸子及壻並除名，流庭州。朝野莫不稱慶。巂，音髓。朝，直遙翻。

或作河間道行軍元帥劉祥道破銅山大賊李義府露布，李義府，河間人，故云然。帥，所類翻。牓之通衢。義府多取人奴婢，及敗，各散歸其家，故其露布云：「混奴婢而亂放，各識家而競入。」此姑述時人快義府之得罪而有是，通鑑因采而誌之以爲世鑒。學者爲文類有所祖，漢高帝爲太上皇營新豐，後人誌其事，其辭云：「混雞犬而亂放，各識家而競入。」此語所祖，有自來矣。

6 乙未，置雞林大都督府於新羅國，以金法敏爲之。

7 丙午，蓬萊宮含元殿成，上始移仗居之，更命故宮曰西內。故宮，謂太極宮，自武德以來人主居之，自是以後，謂之西內。更，工衡翻。戊申，始御紫宸殿聽政。蓬萊宮正殿曰含元殿，含元之後曰宣政殿，宣政殿北曰紫宸門，內有紫宸殿，卽內衙之正殿。

8 五月，壬午，柳州蠻酋吳君解反；柳州，漢潭中縣地，隋置馬平縣，唐武德四年，置南昆州，貞觀八年改曰柳州。遣冀州長史劉伯英、右武衛將軍馮士翽發嶺南兵討之。翽，呼外翻。

9 吐蕃與吐谷渾互相攻，各遣使上表論曲直，更來求援；吐，從暾入聲。谷，音浴。使，疏吏翻。

上，時掌翻。更，工衡翻，迭也。上皆不許。

吐谷渾之臣素和貴有罪，逃奔吐蕃，具言吐谷渾虛實。吐蕃發兵擊吐谷渾，大破之，吐谷渾可汗曷鉢與弘化公主帥數千帳棄國走依涼州，請徙居內地。舊唐書曰：吐谷渾自永嘉之末，始西度洮水，建國於羣羌之故地，龍朔三年，爲吐蕃所滅，凡三百五十年。帥，讀曰率；下同。上以涼州都督鄭仁泰爲青海道行軍大總管，帥右武衞將軍獨孤卿雲、辛文陵等分屯涼、鄯二州，以備吐蕃。鄯，時戰翻。涼、鄯相去五百八十里。六月，戊申，又以左武衞大將軍蘇定方爲安集大使，節度諸軍，爲吐谷渾之援。

吐蕃祿東贊屯青海，遣使者論仲琮入見，吐蕃立國之初，有大論、小論以統國事，後因以爲貴姓。見，賢遍翻。表陳吐谷渾之罪，且請和親。上不許。遣左衞郎將劉文祥使于吐蕃，降璽書責讓之。將，卽亮翻。璽，斯氏翻。

10 秋，八月，戊申，上以海東累歲用兵，百姓困於征調，調，徒弔翻。士卒戰溺死者甚衆，溺，奴狄翻。詔罷三十六州所造船，遣司元太常伯竇德玄等司元太常伯，卽戶部尚書。分詣十道，問人疾苦，黜陟官吏。德玄，毅之曾孫也。竇毅，太穆皇后之父。

11 九月，戊午，熊津道行軍總管、右威衞將軍孫仁師等破百濟餘衆及倭兵於白江，拔其周留城。倭，烏禾翻。

初，劉仁願、劉仁軌既克眞峴城，克眞峴城，見上卷二年。詔孫仁師將兵，浮海助之。將，卽亮翻；下同。百濟王豐南引倭人以拒唐兵，仁師與仁願、仁軌合兵，勢大振。諸將以加林城水陸之衝，欲先攻之，仁軌曰：「加林險固，急攻則傷士卒，緩之則曠日持久。周留城，虜之巢穴，羣凶所聚，除惡務本，書泰誓之言。宜先攻之，若克周留，諸城自下。」於是仁師、仁願與新羅王法敏將陸軍以進，仁軌與別將杜爽、扶餘隆將水軍及糧船自熊津入白江，以會陸軍，同趣周留城。趣，七喻翻。遇倭兵於白江口，四戰皆捷，焚其舟四百艘，煙炎灼天，艘，蘇遭翻。炎，讀曰燄。海水皆赤。百濟王豐脫身奔高麗，王子忠勝、忠志等帥衆降，帥，讀曰率；下之帥、皆帥同。降，戶江翻；下同。百濟盡平，唯別帥遲受信據任存城，不下。帥，所類翻。尉，紆勿翻。

初，百濟西部人黑齒常之，長七尺餘，驍勇有謀略，長，直亮翻。驍，堅堯翻。仕百濟爲達率兼郡將，猶中國刺史也。新羅官有十六品，左平一品，達率二品。五方各有方領一人，以達率爲之；方有十郡，郡有將三人，以德率爲之；德率四品。百濟置官，蓋與新羅略同也。率，所類翻。蘇定方克百濟，常之帥所部隨衆降。定方縶其王及太子，縱兵劫掠，壯者多死。常之懼，與左右十餘人遁歸本部，收集亡散，保任存山，結柵以自固，旬月間歸附者三萬餘人。定方遣兵攻之，常之拒戰，唐兵不利；常之復取二百餘城，復，扶又翻。定方不能克而還。還，從宣翻，又如字。常之與別部將沙吒相如沙吒，夷人複姓。吒，陟加翻。各據險以應福信，百濟既敗，皆帥其衆降。劉仁軌使常之，相如自將其衆，取任存城，仍以糧仗助之。孫仁師曰：「此屬獸心，何可信也！」仁軌曰：「吾觀二人皆忠勇有謀，敦信重義；但曏者所託，未得其人，今正是其感激立效之時，不用疑也。」遂給其糧仗，分兵隨之，攻拔任存城，遲受信棄妻子，奔高麗。

詔劉仁軌將兵鎮百濟，召孫仁師、劉仁願還。百濟兵火之餘，比屋彫殘，比，毗必翻，又毗至翻。僵尸滿野，仁軌始命瘞骸骨，籍戶口，理村聚，署官長，通道塗，立橋梁，補隄堰，復陂塘，課耕桑，賑貧乏，養孤老，立唐社稷，頒正朔及廟諱，卒如仁軌之志，所謂有志者事竟成也。僵，居良翻。瘞，於計翻。長，知兩翻。賑，津忍翻。百濟大悅，闔境各安其業。然後脩屯田，儲糗糧，訓士卒，以圖高麗。糗，去九翻。

劉仁願至京師，上問之曰：「卿在海東，前後奏事，皆合機宜，復有文理。復，扶又翻。卿本武人，何能如是？」仁願曰：「此皆劉仁軌所爲，非臣所及也。」上悅，加仁軌六階，勳有級，官有階。正除帶方州刺史，爲築第長安，厚賜其妻子，遣使齎璽書勞勉之。爲，于僞翻。使，疏吏翻。勞，力到翻。上官儀曰：「仁軌遭黜削而能盡忠，黜削，謂白衣從軍自效也。仁願秉節制而能推賢，皆可謂君子矣！」

12 冬，十月，辛巳朔，詔太子每五日於光順門內視諸司奏事，唐六典：大明宮，紫宸殿內朝正殿也，殿之南面曰紫宸門，左曰崇明門，右曰光順門。其事之小者，皆委太子決之。

13 十二月，庚子，詔改來年元。

14 壬寅，以安西都護高賢爲行軍總管，將兵擊弓月以救于闐。

15 是歲，大食擊波斯、拂菻，破之；拂菻，古大秦國也，居西海上，一曰海西國，去京師四萬里，北直突厥可薩部，西瀕海，東南接波斯。杜佑曰：大秦，前漢犂靬國也。菻，力錦翻，又力鴆翻。類篇曰佛菻。南侵婆羅門，吞滅諸胡，勝兵四十餘萬。勝，音升。

麟德元年（甲子、六六四）去年絳州麟見，又含元殿前麟趾見，於是改元。

1 春，正月，甲子，改雲中都護府爲單于大都護府，以殷王旭輪爲單于大都護。單，音蟬。

初，李靖破突厥，見一百九十三卷太宗貞觀四年。厥，九勿翻。遷三百帳于雲中城，阿史德氏爲之長。長，知兩翻。至是，部落漸衆，阿史德氏詣闕，請如胡法立親王爲可汗以統之。上召見，謂曰：「今之可汗，古之單于也。」故更爲單于都護府，更，工衡翻，改也。而使殷王遥領之。

2 二月，戊子，上行幸萬年宮。永徽元年，改九成宮爲萬年宮。

3 夏，四月，壬子，衞州刺史道孝王元慶薨。

4 丙午，魏州刺史郇公孝協坐贓，賜死。司宗卿隴西王博乂奏孝協父叔良死王事，司宗卿，即宗正卿。叔良，太祖之孫。高祖時，叔良擊突厥，中流矢薨。郇，音荀。孝協無兄弟，恐絕嗣。上曰：「畫一之法，不以親疏異制，漢書云：蕭何爲法，講若畫一。註云：畫一，言整齊也。苟害百姓，雖皇太子亦所不赦。孝協有一子，何憂乏祀乎！」孝協竟自盡於第。

5 五月，戊申朔，遂州刺史許悼王孝薨。孝，上子也，後宮所生。

6 乙卯，於昆明之弄棟川置姚州都督府。劉昫曰：漢益州郡之雲南縣，古滇國，後漢屬永昌郡。蜀劉氏分永昌爲建寧郡，又分永昌、建寧置雲南郡，而治於弄棟。晉改爲晉寧郡，又置寧州。武德四年，安撫大使李英以此州人多姓姚，故置姚州。今陞置都督府，管州三十二。

7 秋，七月，丁未朔，詔以三年正月有事於岱宗。

8 八月，丙子，車駕還京師，幸舊宅，舊宅，帝爲晉王時所居也。留七日；壬午，還蓬萊宮。

9 丁亥，以司列太常伯劉祥道兼右相，司列太常伯，即吏部尚書。大司憲竇德玄爲司元太常伯、檢校左相。大司憲，即御史大夫。司元太常伯，即戶部尚書。左相，即侍中。

10 冬，十月，庚辰，檢校熊津都督劉仁軌上言：上，時掌翻。「臣伏覩所存戍兵，疲羸者多，勇健者少，羸，倫爲翻。少，詩沼翻。衣服貧敝，唯思西歸，無心展効。臣問以『往在海西，見百姓人人應募，爭欲從軍，或請自辦衣糧，謂之「義征」，何爲今日士卒如此？』咸言：『今日官府與曩時不同，人心亦殊。曩時東西征役，身沒王事，並蒙敕使弔祭，使，疏吏翻。追贈官爵，或以死者官爵回授子弟，凡渡遼海者，皆賜勳一轉。自顯慶五年以來，征人屢經渡海，官不記錄，其死者亦無人誰何。誰何，問也；問其爲誰，緣何而死也。州縣每發百姓爲兵，其壯而富者，行錢參逐，皆亡匿得免；謂州縣官發人爲兵，其吏卒之參陪隨逐者，富民行錢與之，相爲掩蔽，得以亡匿。按元和四年，御史臺奏：比來常參官入光範門及中書省，所將參從人數頗多。參從，猶參逐也。貧者身雖老弱，被發卽行。頃者破百濟及平壤苦戰，破百濟見上卷顯慶五年。平壤苦戰見龍朔二年。被，皮義翻。當時將帥號令，許以勳賞，無所不至；及達西岸，惟聞枷鎖推禁，奪賜破勳，州縣追呼，無以自存，公私困弊，不可悉言。以是昨發海西之日已有逃亡自殘者，非獨至海外而然也。又，本因征役勳級以爲榮寵；而比年出征，皆使勳官挽引，比，毗至翻；挽引，謂挽引舟車。勞苦與白丁無殊，百姓不願從軍，率皆由此。』臣又問：『曩日士卒留鎭五年，尚得支濟，今爾等始經一年，何爲如此單露？』咸言：『初發家日，惟令備一年資裝；今已二年，未有還期。』臣檢校軍士所留衣，今冬僅可充事，來秋以往，全無準擬。陛下留兵海外，欲殄滅高麗。百濟、高麗，舊相黨援，倭人雖遠，亦共爲影響，若無鎭兵，還成一國。今旣資戍守，又置屯田，所藉士卒同心同德，而衆有此議，何望成功！自非有所更張，厚加慰勞，董仲舒曰：琴瑟不調，必改而更張之。更，工衡翻。勞，力到翻。明賞重罰以起士心，若止如今日以前處置，恐師衆疲老，立效無日。逆耳之事，或無人爲陛下盡言，處，昌呂翻。爲，于僞翻。故臣披露肝膽，昧死奏陳。」

上深納其言，遣右威衞將軍劉仁願將兵渡海以代舊鎭之兵，將，卽亮翻。仍敕仁軌俱還。仁軌謂仁願曰：「國家懸軍海外，欲以經略高麗，其事非易。易，以豉翻。今收穫未畢，而軍吏與士卒一時代去，軍將又歸。將，卽亮翻；下軍將同。夷人新服，衆心未安，必將生變。不如且留舊兵，漸令收穫，辦具資糧，節級遣還；節級，猶今人言節次也。軍將且留鎮撫，未可還也。」仁願曰：「吾前還海西，大遭讒謗，云吾多留兵衆，謀據海東，幾不免禍。幾，居希翻。今日唯知准敕，准，與準同。本朝寇準爲相，省吏避其名，凡文書準字皆去「十」，後遂因而不改。豈敢擅有所爲！」仁軌曰：「人臣苟利於國，知無不爲，豈恤其私！」乃上表陳便宜，上，時掌翻。自請留鎮海東，上從之。仍以扶餘隆爲熊津都尉，考異曰：實錄作「熊津都督」。按時劉仁軌檢校熊津都督，豈可復以隆爲之！明年，實錄稱熊津都尉扶餘隆與金法敏盟。今從之。使招輯其餘衆。

11 初，武后能屈身忍辱，奉順上意，故上排羣議而立之；及得志，專作威福，上欲有所爲，動爲后所制，上不勝其忿。有道士郭行眞，出入禁中，嘗爲厭勝之術，勝，音升。厭，於協翻，又於琰翻。宦者王伏勝發之。上大怒，密召西臺侍郎、同東西臺三品上官儀議之。儀因言：「皇后專恣，海內所不與，請廢之。」上意亦以爲然，卽命儀草詔。

左右奔告于后，后遽詣上自訴。詔草猶在上所，上羞縮不忍，復待之如初；復，扶又翻。猶恐后怨怒，因紿之曰：「我初無此心，皆上官儀教我。」儀先爲陳王諮議，與王伏勝俱事故太子忠，忠自陳王立爲皇太子。王府諮議參軍，正五品上，掌訏謨左右。后於是使許敬宗誣奏儀、伏勝與忠謀大逆。十二月，丙戌，儀下獄，下，遐嫁翻。與其子庭芝、王伏勝皆死，籍沒其家。戊子，賜忠死于流所。顯慶五年，忠徙黔州。右相劉祥道坐與儀善，罷政事，爲司禮太常伯，司禮太常伯，即禮部尚書。左肅機鄭欽泰等左肅機，即尚書左丞。朝士流貶者甚衆，皆坐與儀交通故也。朝，直遙翻。

自是上每視事，則后垂簾於後，政無大小，皆與聞之。與，讀曰預。天下大權，悉歸中宮，黜陟、殺生，決於其口，天子拱手而已，中外謂之二聖。考異曰：唐曆：「羣臣朝謁，萬方表奏，皆呼爲二聖。帝坐于東間，后坐于西間。后隨其愛憎，生殺在口。」按武后雖悍戾，豈得高宗尚在，與高宗對坐受羣臣朝謁乎！恐不至此。今從實錄。

12 太子右中護・檢校西臺侍郎樂彥瑋、龍朔改左、右庶子爲左、右中護。西臺侍郎孫處約並同東西臺三品。

二年（乙丑、六六五）

1 春，正月，丁卯，吐蕃遣使入見，請復與吐谷渾和親，見，賢遍翻。復，扶又翻。仍求赤水地畜牧，即河源之赤水也，本吐谷渾地。畜，吁玉翻。上不許。

2 二月，壬午，車駕發京師；丁酉，至合璧宮。

3 上語及隋煬帝，謂侍臣曰：「煬帝拒諫而亡，朕常以爲戒，虛心求諫；而竟無諫者，何也？」李勣對曰：「陛下所爲盡善，羣臣無得而諫。」褚遂良、韓瑗之死，不唯拒諫，且殺諫者矣，羣臣誰敢復諫乎！李勣獻諛以苟祿利，而不知凶于其家。

4 三月，甲寅，以兼司戎太常伯姜恪同東西臺三品。恪，寶誼之子也。司戎太常伯，卽兵部尚書。姜寶誼從高祖起兵於太原。

5 辛未，東都乾元殿成。乾元殿，洛陽宮正殿也，武后垂拱四年，毁爲明堂。閏月，壬申朔，車駕至東都。

6 疏勒弓月引吐蕃侵于闐，敕西州都督崔知辯、左武衛將軍曹繼叔將兵救之。將，卽亮翻。考異曰：實錄作「西川都督」。按於時未有西川之名，必西州也。

7 夏，四月，戊辰，左侍極陸敦信龍朔改左、右散騎常侍爲左、右侍極。檢校右相；句斷。西臺侍郎孫處約、太子右中護・檢校西臺侍郎樂彥瑋並罷政事。處，昌呂翻。

8 祕閣郎中李淳風龍朔改太史局爲祕閣局，令爲郎中，丞爲郎。以傅仁均戊寅曆推步浸疏，乃增損劉焯皇極曆，戊寅曆始行，見一百八十七卷高祖武德二年。隋時，劉焯造甲子元曆，謂之皇極曆，爲張賓所擯，不得行。焯，之若翻。更撰麟德曆；五月，辛卯，行之。更，工衡翻。

9 秋，七月，己丑，兗州都督鄧康王元裕薨。

10 上命熊津都尉扶餘隆與新羅王法敏釋去舊怨；去，羌呂翻。八月，壬子，同盟于熊津城。劉仁軌以新羅、百濟、耽羅、倭國使者浮海西還，耽羅國，一曰儋羅，居新羅武州南島上，初附百濟，後附新羅。會祠泰山，高麗亦遣太子福男來侍祠。

11 冬，十月，癸丑，皇后表稱：「封禪舊儀，祭皇地祇，太后昭配，而令公卿行事，禮有未安，至日，妾請帥內外命婦奠獻。」內命婦，自三妃至采女，以備古者三夫人、九嬪、二十七世婦、八十一御妻。又有六尚、二十四司、二十四典、二十四掌。龍朔二年，又置贊德、宣議、承閨、承旨、衛仙、供奉、侍櫛、侍巾，亦分爲九品，皆內官也。外命婦，皇姑封大長公主，皇姊妹封長公主，皇女封公主，皇太子之女封郡主，王之女封縣主。王母妻爲妃，一品及國公母妻爲國夫人，三品以上母妻爲郡夫人，五品、勳官三品封母妻爲縣君；散官並同職事；勳官四品封母妻爲鄉君，其母並加太字，各視其夫、子之品。詔：「禪社首以皇后爲亞獻，兗州博城縣有社首山。越國太妃燕氏爲終獻。」燕氏，越王貞之母，蓋太宗妃嬪此時唯燕氏在也。燕，因肩翻。壬戌，詔：「封禪壇所設上帝、后土位，先用藁秸、陶匏等，秸，古黠翻。並宜改用茵褥、罍爵，其諸郊祀亦宜準此。」又詔：「自今郊廟享宴，文舞用功成慶善之樂，武舞用神功破陳之樂。」陳，讀曰陣。

丙寅，上發東都，從駕文武儀仗，數百里不絕。從，才用翻。列營置幕，彌亙原野。東自高麗，西至波斯、烏長諸國自吐火羅踰五種，至婆羅覩邏，北踰山，行六百里，得烏萇國。長，讀曰萇。朝會者，各帥其屬扈從，穹廬毳幕，牛羊駝馬，填咽道路。時比歲豐稔，朝，直遙翻。帥，讀曰率。從，才用翻。比，毗至翻。米斗至五錢，麥、豆不列于市。

十一月，戊子，上至濮陽，濮陽，顓頊之墟。春秋衛成公自楚丘徙此。漢爲濮陽縣，帶東郡，晉分爲濮陽郡，隋爲縣，屬滑州，唐屬濮州。濮，搏木翻。竇德玄騎從。騎，奇寄翻。從，才用翻。上問：「濮陽謂之帝丘，何也？」德玄不能對。許敬宗自後躍馬而前曰：「昔顓頊居此，故謂之帝丘。」上稱善。敬宗退，謂人曰：「大臣不可以無學；吾見德玄不能對，心實羞之。」德玄聞之曰：「人各有能有不能，吾不強對以所不知，此吾所能也。」強，其兩翻。李勣曰：「敬宗多聞，信美矣；德玄之言亦善也。」

壽張人張公藝九世同居，壽張縣，前漢曰壽良，屬東郡；光武改壽張，屬東平國；隋屬濟州，唐屬鄆州。齊、隋、唐皆旌表其門。上過壽張，幸其宅，問所以能共居之故，公藝書「忍」字百餘以進。上善之，賜以縑帛。

十二月，丙午，車駕至齊州，留十日。丙辰，發靈巖頓，至泰山下，有司於山南爲圓壇，山上爲登封壇，社首山上爲降禪方壇。

乾封元年（丙寅、六六六）

1 春，正月，戊辰朔，上祀昊天上帝于泰山南。己巳，登泰山，封玉牒，上帝册藏以玉匱，配帝册藏以金匱，皆纏以金繩，封以金泥，印以玉璽，藏以石䃭。璽，斯氏翻。䃭，古禫翻。庚午，降禪于社首，祭皇地祇。上初獻畢，執事者皆趨下。宦者執帷，皇后升壇亞獻，帷帟皆以錦繡爲之；周禮註，在旁曰帷，在上曰帟。帟，幄中座上承塵也。帟，音亦。酌酒，實俎豆，登歌，皆用宮人。壬申，上御朝覲壇，受朝賀；朝，直遥翻；下同。赦天下，改元。文武官三品已上賜爵一等，四品已下加一階。先是階無泛加，皆以勞考敍進，至五品三品，仍奏取進止，先，悉薦翻。至是始有泛階；比及末年，服緋者滿朝矣。比，必利翻。

時大赦，惟長流人不聽還，李義府憂憤發病卒。龍朔三年，李義府流巂州。自義府流竄，朝士日憂其復入，及聞其卒，衆心乃安。復，扶又翻。卒，子恤翻。

丙戌，車駕發泰山；辛卯，至曲阜，曲阜，魯侯伯禽所都。應劭云：曲阜在魯城中，委曲長七八里；隋始置曲阜縣，屬兗州。贈孔子太師，以少牢致祭。少，詩照翻。癸未，至亳州，謁老君廟，亳州谷陽縣，漢苦縣也，有老子祠，是年，改爲眞源縣。亳州至東都八百九十八里。上尊號曰太上玄元皇帝。丁丑，至東都，留六日；甲申，幸合璧宮；夏，四月，甲辰，至京師，東都至京師八百五十里。謁太廟。

2 庚戌，左侍極兼檢校右相陸敦信以老疾辭職，拜大司成，兼左侍極，罷政事。大司成，卽國子祭酒。

3 五月，庚寅，鑄乾封泉寶錢，一當十，俟期年盡廢舊錢。期，讀曰朞。

4 高麗泉蓋蘇文卒，長子男生代爲莫離支，卒，子恤翻。長，知兩翻。初知國政，出巡諸城，使其弟男建、男產知留後事。或謂二弟曰：「男生惡二弟之逼，惡，烏路翻。意欲除之，不如先爲計。」二弟初未之信。又有告男生者曰：「二弟恐兄還奪其權，欲拒兄不納。」男生潛遣所親往平壤伺之，伺，相吏翻。二弟收掩，得之，乃以王命召男生。男生懼，不敢歸；男建自爲莫離支，發兵討之。男生走保別城，使其子獻誠詣闕求救。六月，壬寅，以右驍衛大將軍契苾何力爲遼東道安撫大使，將兵救之；以獻誠爲右武衛將軍，使爲鄉導。驍，堅堯翻。契，欺訖翻。苾，毗必翻。大使，疏吏翻。將，即亮翻。鄉，讀曰嚮。又以右金吾衛將軍龐同善、營州都督高侃爲行軍總管，同討高麗。

5 秋，七月，乙丑朔，徙殷王旭輪爲豫王。

以大司憲兼檢校太子左中護劉仁軌爲右相。

初，仁軌爲給事中，按畢正義事，事見上卷顯慶元年。李義府怨之，出爲青州刺史。會討百濟，仁軌當浮海運糧，時未可行，海行非遇順風不可。義府督之，遭風失船，丁夫溺死甚衆，命監察御史袁異式往鞫之。溺，奴狄翻。監，古銜翻。義府謂異式曰：「君能辦事，不憂無官。」異式至，謂仁軌曰：「君與朝廷何人爲讎，宜早自爲計。」仁軌曰：「仁軌當官不職，國有常刑，公以法斃之，無所逃命。若使遽自引決以快讎人，竊所未甘！」乃具獄以聞。異式將行，仍自掣其鎖。恐鎖不入簧，行後得私開之也。掣，昌列翻。獄上，上，時掌翻。義府言於上曰：「不斬仁軌，無以謝百姓。」舍人源直心曰：「海風暴起，非人力所及。」上乃命除名，以白衣從軍自效。事見上卷顯慶五年。義府又諷劉仁願使害之，仁願不忍殺。及爲大司憲，異式懼，不自安，仁軌瀝觴告之曰：「仁軌若念疇昔之事，有如此觴！」仁軌既知政事，異式尋遷詹事丞；詹事丞，正六品上。時論紛然；仁軌聞之，遽薦爲司元大夫。司元大夫，卽戶部郎中。監察御史杜易簡謂人曰：易，以豉翻。「斯所謂矯枉過正矣！」

6 八月，辛丑，司元太常伯兼檢校左相竇德玄薨。

7 初，武士彠娶相里氏，彠，一虢翻。相，息亮翻。生男元慶、元爽；又娶楊氏，生三女，長適越王府法曹賀蘭越石，長，知兩翻。次皇后，次適郭孝愼。士彠卒，元慶、元爽及士彠兄子惟良、懷運皆不禮於楊氏，楊氏深銜之。越石、孝愼及孝愼妻並早卒，越石妻生敏之及一女而寡。后既立，楊氏號榮國夫人，越石妻號韓國夫人，唐制，國夫人，位一品。惟良自始州長史超遷司衞少卿，司衞少卿，卽衞尉少卿。懷運自瀛州長史遷淄州刺史，元慶自右衞郎將爲宗正少卿，此時已改宗正爲司宗。元爽自安州戶曹累遷少府少監。此時已改少府監爲內府監。榮國夫人嘗置酒，謂惟良等曰：「頗憶疇昔之事乎？今日之榮貴復何如？」對曰：「惟良等幸以功臣子弟，早登宦籍，揣分量才，不求貴達，豈意以皇后之故，曲荷朝恩，夙夜憂懼，不爲榮也。」復，扶又翻。分，扶問翻。荷，下可翻。朝，直遙翻。榮國不悅。皇后乃上疏，請出惟良等爲遠州刺史，上，時掌翻。外示謙抑，實惡之也。惡，烏路翻；下后惡同。於是以惟良檢校始州刺史，元慶爲龍州刺史，元爽爲濠州刺史。龍州，古江油，秦、漢、曹魏爲無人之地。鄧艾伐蜀，由陰平、景谷行無人之地七百里，始至江油。晉置陰平郡，於此置平武縣，至梁有楊、李二姓大豪，分據其地。後魏平蜀，置龍州。濠州，漢鍾離縣地，晉安帝分置鍾離郡，梁置北徐州，後齊曰西楚州，隋開皇二年，改曰豪州，唐曰濠州。始州至京師一千六百六十二里，至東都二千五百六十里。龍州至京師二千六百六十里，東都三千一百一十五里。豪州至京師二千一百五十里，東都一千三百一十三里。元慶至州，以憂卒。卒，子恤翻；下同。元爽坐事流振州而死。

韓國夫人及其女以后故出入禁中，皆得幸於上。韓國尋卒，其女賜號魏國夫人。上欲以魏國爲內職，心難后未決，后惡之。會惟良、懷運與諸州刺史詣泰山朝覲，從至京師，惟良等獻食。朝，直遙翻。從，才用翻。考異曰：舊傳云：「后諷上幸楊氏宅，惟良等獻食。」今從實錄。后密置毒醢中，使魏國食之，暴卒，因歸罪於惟良、懷運，丁未，誅之，改其姓爲蝮氏。懷運兄懷亮早卒，其妻善氏尤不禮於榮國，坐惟良等沒入掖庭，榮國令后以他事束棘鞭之，肉盡見骨而死。

8 九月，龐同善大破高麗兵，泉男生帥衆與同善合。詔以男生爲特進、遼東大都督，兼平壤道安撫大使，封玄菟郡公。帥，讀曰率。使，疏吏翻；下同。菟，同都翻。

9 戊子，金紫光祿大夫致仕廣平宣公劉祥道薨，子齊賢嗣。齊賢爲人方正，上甚重之，爲晉州司馬。將軍史興宗嘗從上獵苑中，因言晉州產佳鷂，劉齊賢今爲司馬，請使捕之。上曰：「劉齊賢豈捕鷂者邪！鷂，弋照翻。卿何以此待之！」

10冬，十二月，己酉，以李勣爲遼東道行軍大總管，【章：十二行本「管」下有「兼安撫大使」五字；乙十一行本同；孔本同；張校同；退齋校同。】以司列少常伯安陸郝處俊副之，安陸縣，漢屬江夏郡，宋分屬安陸郡，隋、唐屬安州。處，昌呂翻。以擊高麗。龐同善、契苾何力並爲遼東道行軍副大總管兼安撫大使如故；其水陸諸軍總管并運糧使竇義積、獨孤卿雲、郭待封等，並受勣處分。處，昌呂翻。分，扶問翻。河北諸州租賦悉詣遼東給軍用。待封，孝恪之子也。郭孝恪事太宗，戰死於龜茲。

勣欲與其壻京兆杜懷恭偕行，以求勳效。懷恭辭以貧，勣贍之；復辭以無奴馬，贍，昌豔翻；下同。復，扶又翻。又贍之。懷恭辭窮，乃亡匿岐陽山中，謂人曰：「公欲以我立法耳。」勣聞之，流涕曰：「杜郎疏放，今人猶呼壻爲郎。此或有之。」乃止。

二年（丁卯、六六七）

1春，正月，上耕藉田，有司進耒耜，加以彫飾。上曰：「耒耜農夫所執，豈宜如此之麗！」命易之。耒，盧對翻。既而耕之，九推乃止。耕藉之制，月令及鄭玄註周禮，皆云天子三推，盧植註禮記曰：天子耕藉，一發九推耒。此用盧說也。推，吐雷翻。

2自行乾封泉寶錢，穀帛踊貴，商賈不行；賈，音古。癸未，詔罷之。

3二月，丁酉，涪陵悼王愔薨。愔，上弟也。涪，音浮。愔，於今翻。

4 辛丑，復以萬年宮爲九成宮。永徽二年，改九成宮爲萬年宮。復，扶又翻，又如字。

5 生羌十二州爲吐蕃所破，三月，戊寅，悉罷之。

6 上屢責侍臣不進賢，衆莫敢對。司列少常伯李安期對曰：「天下未嘗無賢，亦非羣臣敢蔽賢也。司列少常伯，卽吏部侍郎。少，始照翻。比來公卿有所薦引，爲讒者已指爲朋黨，滯淹者未獲伸而在位者先獲罪，是以各務杜口耳！陛下果推至誠以待之，其誰不願舉所知！此在陛下，非在羣臣也。」上深以爲然。安期，百藥之子也。李百藥，德林之子。比，毗至翻。

7 夏，四月，乙卯，西臺侍郎楊弘武、戴至德、正諫大夫兼東臺侍郎李安期、東臺舍人昌樂張文瓘、司列少常伯兼正諫大夫河北趙仁本並同東西臺三品。龍朔改給事中爲東臺舍人，諫議大夫爲正諫大夫。樂，音洛。弘武，素之弟子；楊素仕隋貴顯。至德，胄之兄子也。戴胄相太宗。時造蓬萊、上陽、合璧等宮，上陽宮在洛陽宮城之西南隅，南臨洛水，西距穀水，東卽宮城，北連禁苑。宮內正門正殿皆東向，正門曰提象，正殿曰觀風，其內別殿亭觀九所。上陽之西，隔穀水，有西上陽宮，虹梁跨穀，行幸往來。頻征伐四夷，廐馬萬匹，倉庫漸虛，張文瓘諫曰：「隋鑒不遠，願勿使百姓生怨。」上納其言，減廐馬數千匹。

8 秋，八月，己丑朔，日有食之。

9 辛亥，東臺侍郎同東西臺三品李安期出爲荆州長史。荆州，京師東南一千七百三十里，至東都一千三百三十五里。宋白曰：荆州，秦南郡地，漢爲臨江國，江左置荆州以爲重鎮，擬周之分陜；唐爲大都督府。

10 九月，庚申，上以久疾，命太子弘監國。監，古銜翻。

11 辛未，李勣拔高麗之新城，使契苾何力守之。勣初度遼，謂諸將曰：「新城，高麗西邊要害，不先得之，餘城未易取也。」易，以豉翻。遂攻之，城人師夫仇等縛城主開門降。降，戶江翻。勣引兵進擊，一十六城皆下之。

龐同善、高侃尚在新城，泉男建遣兵襲其營，左武衛將軍薛仁貴擊破之。侃進至金山，與高麗戰，不利，高麗乘勝逐北，仁貴引兵横擊，大破之，斬首五萬餘級，新書作斬馘五千。拔南蘇、木底、蒼巖三城，三城後皆置爲州。與泉男生軍合。

郭待封以水軍自别道趣平壤，勣遣别將馮師本載糧仗以資之。趣，七喻翻。將，卽亮翻。師本船破，失期，待封軍中飢窘，欲作書與勣，恐爲虜所得，知其虛實，乃作離合詩以與勣。離合詩，離析字畫，合之成文，以見其意。勣怒曰：「軍事方急，何以詩爲？必斬之！」行軍管記通事舍人元【章：十二行本「元」上有「河南」二字；乙十一行本同；張校同，云無註本亦無。】萬頃爲釋其義，管記，掌軍中書檄。爲，于僞翻。勣乃更遣糧仗赴之。

萬頃作檄高麗文曰：「不知守鴨綠之險。」泉男建報曰：「謹聞命矣！」卽移兵據鴨綠津，唐兵不得渡。上聞之，流萬頃於嶺南。

郝處俊在高麗城下，未及成列，高麗奄至，軍中大駭，處俊據胡床，方食乾糒，胡床，即今之交床。乾，音干。糒，音備。潛簡精銳，擊敗之，敗，補邁翻。將士服其膽略。

12 冬，十二月，甲午，詔：「自今祀昊天上帝、五帝、皇地祇、神州地祇，並以高祖、太宗配，仍合祀昊天上帝、五帝於明堂。」此兼用貞觀、顯慶之禮。

13 是歲，海南獠陷瓊州。瓊州本隋朱崖郡之瓊山縣，貞觀五年置瓊州。獠，魯皓翻。

總章元年（戊辰、六六八）以將作明堂改元。是年三月方改元。

1 春，正月，壬子，以右相劉仁軌爲遼東道副大總管。

2 二月，壬午，李勣等拔高麗扶餘城。扶餘國之故墟，故城存其名。薛仁貴既破高麗於金山，乘勝將三千人將攻扶餘城，諸將以其兵少，止之。仁貴曰：「兵不在多，顧用之何如耳。」遂爲前鋒以進，與高麗戰，大破之，殺獲萬餘人，遂拔扶餘城。扶餘川中四十餘城皆望風請服。

侍御史洛陽賈言忠奉使自遼東還，使，疏吏翻。上問以軍事，言忠對曰：「高麗必平。」上曰：「卿何以知之？」對曰：「隋煬帝東征而不克者，人心離怨故也；事見隋煬帝紀。先帝東征而不克者，高麗未有釁也。事見太宗紀。釁，許覲翻。今高藏微弱，權臣擅命，蓋蘇文死，男建兄弟內相攻奪，男生傾心內附，爲我鄉導，鄉，讀曰嚮。彼之情僞，靡不知之。以陛下明聖，國家富強，將士盡力，以乘高麗之亂，其勢必克，不俟再舉矣。且高麗連年饑饉，妖異屢降，妖，於喬翻。人心危駭，其亡可翹足待也。」上又問：「遼東諸將孰賢？」謂征遼東之諸將也。對曰：「薛仁貴勇冠三軍；龐同善雖不善鬭，而持軍嚴整；高侃勤儉自處，忠果有謀；契苾何力沈毅能斷，雖頗忌前，冠，古玩翻。處，昌呂翻。沈，持林翻。斷，丁亂翻。忌前，忌人在己前也。而有統御之才；然夙夜小心，忘身憂國，皆莫及李勣也。」上深然其言。

泉男建復遣兵五萬人救扶餘城，復，扶又翻。與李勣等遇於薛賀水，新書作「薩賀水」。合戰，大破之，斬獲三萬餘人，進攻大行城，拔之。

3 朝廷議明堂制度略定，三月，庚寅，赦天下，改元。

4 戊寅，上幸九成宮。

5 夏，四月，丙辰，彗星見于五車。五車，五星，五帝車舍也，五帝坐也，主天子五兵；一曰：主五穀豐耗。西北大星曰天庫，主太白，主秦；次東北曰獄，主辰星，主燕、趙；次東星曰天倉，主歲星，主魯、衛；次東南曰司空，主塡星，主楚；次西南曰卿星，主熒惑，主魏。五星有變，皆以其所占之。據舊紀，五車在昴、畢間。見，賢遍翻；下同。彗，祥歲翻。上避正殿，減常膳，撤樂。許敬宗等奏請復常，曰：「彗見東北，高麗將滅之兆也。」上曰：「朕之不德，謫見于天，豈可歸咎小夷！且高麗百姓，亦朕之百姓也。」不許。戊辰，彗星滅。

6 辛巳，西臺侍郎、同東西臺三品楊弘武薨。

7 八月，辛酉，卑列道行軍總管、右威衛將軍劉仁願坐征高麗逗留，流姚州。

8 癸酉，車駕還京師。

9 九月，癸巳，李勣拔平壤。勣既克大行城，諸軍出他道者皆與勣會，進至鴨綠柵，高麗發兵拒戰，勣等奮擊，大破之，追奔二百餘里，拔辱夷城，諸城遁逃及降者相繼。降，戶江翻，下同。契苾何力先引兵至平壤城下，勣軍繼之，圍平壤月餘，高麗王藏遣泉男產帥首領九十八人，持白幡詣勣降，勣以禮接之。帥，讀曰率。泉男建猶閉門拒守，頻遣兵出戰，皆敗。男建以軍事委僧信誠，信誠密遣人詣勣，請爲內應。後五日，信誠開門，勣縱兵登城鼓譟，焚城四月，「月」，當作「角」，否則作「周」。男建自刺，不死，刺，七亦翻。遂擒之。高麗悉平。

10 冬，十月，戊午，以烏荼國婆羅門盧迦逸多爲懷化大將軍。烏荼國，一曰烏萇，直天竺南，東距勃律六百里，西罽賓四百里。婆羅門，僧也。唐置懷化大將軍，從三品，以授蕃官。逸多自言能合不死藥，合，音閤。上將餌之。東臺侍郎郝處俊諫曰：「脩短有命，非藥可延。貞觀之末，觀，古玩翻。先帝服那羅邇娑婆寐藥，竟無效；大漸之際，名醫不知所爲，議者歸罪娑婆寐，將加顯戮，恐取笑戎狄而止。娑婆寐事見上卷顯慶二年。前鑒不遠，願陛下深察。」上乃止。

11 李勣將至，上命先以高藏等獻于昭陵，具軍容，奏凱歌，入京師，獻于太廟。十二月，丁巳，上受俘于含元殿。東內正殿曰含元殿。唐六典曰：含元殿卽龍首山之東趾，階上高於平地四十餘尺，南去丹鳳門四百餘步，東西廣五百步，殿前玉階三級，每級引出一螭頭，其下爲龍尾道，委蛇屈曲，凡七轉。以高藏政非己出，赦以爲司平太常伯、員外同正。司平太常伯，卽工部尚書。按舊書，永徽五年，尚藥奉御蔣孝璋員外特置，仍同正員。員外同正，自此始。以泉男產爲司宰少卿，司宰少卿，卽光祿少卿。僧信誠爲銀青光祿大夫，泉男生爲右衞大將軍。李勣以下，封賞有差。泉男建流黔中，黔，音琴。扶餘豐流嶺南。分高麗五部、百七十六城、六十九萬餘戶，爲九都督府、四十二州、新城州、遼城州、哥勿州、衞樂州、舍利州、居素州、越喜州、去旦州、建安州，凡有九都督府。四十二州，存於志者，南蘇、蓋牟、代那、倉巖、磨米、積利、黎山、延津、木底、安市、諸北、識利、拂涅、拜漢十四州而已。百縣，置安東都護府於平壤以統之，擢其酋帥有功者爲都督、刺史、縣令，與華人參理。酋，慈由翻。帥，所類翻。理，猶治也，時避上名，以「治」爲「理」，通鑑因唐史成文。以右威衞大將軍薛仁貴檢校安東都護，總兵二萬人以鎭撫之。

丁卯，上祀南郊，告平高麗，以李勣爲亞獻。己巳，謁太廟。

12 渭南尉劉延祐，弱冠登進士第，渭南縣，屬雍州，後魏之渭南郡，後周廢爲縣。冠，古玩翻。政事爲畿縣最。唐雍州諸縣，萬年、長安爲赤縣，餘縣爲畿縣。六典曰：城內爲京縣，城外爲畿縣。李勣謂之曰：「足下春秋甫爾，遽擅大名，宜稍自貶抑，無爲獨出人右也。」史言李勣愛人以德。

13時有敕，征遼軍士逃亡，限內不首及首而更逃者，身斬，首，式又翻。妻子籍沒。太子上表，上，時掌翻。以爲：「如此之比，其數至多：或遇病不及隊伍，怖懼而逃；怖，普布翻。或因樵採爲賊所掠；或渡海漂沒；或深入賊庭，爲所傷殺。軍法嚴重，同隊恐并獲罪，卽舉以爲逃，軍旅之中，不暇勘當，當，丁浪翻。直據隊司通狀關移所屬，妻子沒官，情實可哀。書曰：『與其殺不辜，寧失不經。』書大禹謨之言。註云：經，常也。寧失不常之罪，不枉不辜之善。伏願逃亡之家，免其配沒。」從之。

14甲戌，司戎太常伯姜恪兼檢校左相，司平太常伯閻立本守右相。

15是歲，京師及山東、江、淮旱，饑。

二年（己巳、六六九）

1春，二月，辛酉，以張文瓘爲東臺侍郎，以右肅機、檢校太子中護譙人李敬玄爲西臺侍郎，譙縣帶亳州。並同東西臺三品。先是同三品不入銜，至是始入銜。先，悉薦翻。考異曰：陳〔統〕紀在乾封二年，文瓘始同三品時。今從舊本紀。「陳」字必誤。

2癸亥，以雍州長史盧承慶爲司刑太常伯。雍，於用翻。承慶常考內外官，有一官督運，遭風失米，承慶考之曰：「監運損糧，考中下。」監，古銜翻。其人容色自若，無言而退。承慶重其雅量，改註曰：「非力所及，考中中。」既無喜容，亦無愧詞。又改曰：「寵辱不驚，考中上。」

3 三月，丙戌，東臺侍郎郝處俊同東、西臺三品。

4 丁亥，詔定明堂制度：其基八觚，觚，攻乎翻，方稜也。其宇上圓，覆以淸陽玉葉，覆，敷又翻。時按淮南子，淸陽爲天，故覆明堂以淸陽之色。玉葉，非必以玉爲之，蓋亦瓦之類。謂之葉者，尚朴之意，猶茨之以茅也；曰玉者，示寶貴之耳。其門牆階級，窗櫺楣柱，枊楶枅栱，說文曰：在牆曰牖，在屋曰窗。釋名：窗，聰也，於內見外之聰明也。櫺，盧經翻，楯間子窗隔也。楣，屋梠。說文曰：楣，屋櫋。毛晃曰：棟下橫木曰楣。柱，楹也。枊，魚剛翻。斜桷謂之飛枊。楶，子結翻，梁上欂櫨。枅，堅奚翻，屋櫨，所以承桁。栱，居竦翻，大杙，又栱科。皆法天地陰陽律曆之數。詔下之後，衆議猶未決，又會饑饉，竟不果立。

5 夏，四月，己酉朔，上幸九成宮。

6 高麗之民多離叛者，敕徙高麗戶三萬八千二百於江、淮之南，及山南、京西諸州空曠之地，留其貧弱者，使守安東。

7 六月，戊申朔，日有食之。

8 秋，八月，丁未朔，詔以十月幸涼州。時隴右虛耗，議者多以爲未宜遊幸。上聞之，辛亥，御延福殿，九成宮中有延福殿。召五品已上謂曰：「自古帝王，莫不巡守，守，手又翻。故朕欲巡視遠俗。若果爲不可，何不面陳，而退有後言，何也？」自宰相以下莫敢對。詳刑大夫來公敏獨進曰：詳刑大夫，卽大理少卿。「巡守雖帝王常事，然高麗新平，餘寇尙多，西邊經略，亦未息兵。隴右戶口彫弊，鑾輿所至，供億百端，誠爲未易。易，以豉翻。外間實有竊議，但明制已行，故羣臣不敢陳論耳。」上善其言，爲之罷西巡。爲，于僞翻。未幾，擢公敏爲黃門侍郎。幾，居豈翻。

9 甲戌，改瀚海都護府爲安北都護府。瀚海都護府，見上龍朔三年。

10 九月，丁丑朔，詔徙吐谷渾部落就涼州南山。議者恐吐蕃侵暴，使不能自存，欲先發兵擊吐蕃。右相閻立本以爲去歲饑歉，未可興師。議久不決，竟不果徙。

11 庚寅，大風，海溢，漂永嘉、安固六千餘家。漢順帝永建四年，分章安東甌鄉立永寧縣，江左改曰永豐。隋平陳，改曰永嘉縣。又，孫吳立羅陽縣，孫晧改曰安陽縣。晉平吳，改曰安固縣，並屬永嘉郡。唐初，屬東嘉州，貞觀元年，州廢，二縣屬栝州。

12 冬，十月，丁巳，車駕還京師。

13 十一月，丁亥，徙豫王旭輪爲冀王，更名輪。更，工衡翻。

14 司空、太子太師、英貞武公李勣寢疾，英者，封國名；貞武，其謚也。上悉召其子弟在外者，使歸侍疾。上及太子所賜藥，勣則餌之；子弟爲之迎醫，爲，于僞翻；下親爲、非爲、久爲同。皆不聽進，曰：「吾本山東田夫，遭値聖明，致位三公，年將八十，考異曰：舊傳云「勣年七十六」，臨終語弟弼云：「年將八十」，新傳改云「年踰八十」。按新舊傳、實錄皆云，「大業末，翟讓聚衆爲盜，勣年十七，往從之。」自大業十三年至此五十二年。若據新傳年八十六，則年十七當在開皇時，不得云大業末也。總章元年，賈言忠對高宗云：「勣年登八十。」去此止一年。若據新傳，勣滅高麗時年已八十五，亦不得云年登八十。今從實錄。豈非命邪！脩短有期，豈能復就醫工求活！」復，扶又翻；下不復同。一旦，忽謂其弟司衞少卿弼曰：「吾今日少愈，可共置酒爲樂。」日少，詩沼翻。樂，音洛。於是子孫悉集，酒闌，謂弼曰：「吾自度必不起，度，徒洛翻。故欲與汝曹爲別耳。汝曹勿悲泣，聽我約束。我見房、杜平生勤苦，僅能立門戶，遭不肖子蕩覆無餘。謂房遺愛、杜荷也。吾有此子孫，今悉付汝。葬畢，汝卽遷入我堂，撫養孤幼，謹察視之。其有志氣不倫，交遊非類者，皆先撾殺，然後以聞。」以勣之智，蓋知敬業必爲變也，豈知敬業乃忠於唐室邪！撾，則瓜翻。自是不復更言。十二月，戊申，薨。上聞之悲泣，葬日，幸未央宮，登樓望轜車慟哭。起冢象陰山、鐵山、烏德鞬山，轜，音而。轜車，喪車也，所以載柩。烏德鞬山在回紇牙帳西南。以旌其破突厥、薛延陀之功。勣破突厥見一百九十三卷貞觀四年。破薛延陀見一百九十八卷二十年。厥，九勿翻。

勣爲將，有謀善斷；將，卽亮翻。斷，丁亂翻。與人議事，從善如流。戰勝則歸功於下，所得金帛，悉散之將士，故人思致死，所向克捷。臨事選將，必訾相其狀貌豐厚者遣之。訾，卽移翻。訾之爲言量也。相，息亮翻。或問其故，勣曰：「薄命之人，不足與成功名。」

閨門雍睦而嚴。其姊嘗病，勣已爲僕射，親爲之煑粥，風回，爇其須鬢。爇，如悅翻。姊曰：「僕妾幸多，何自苦如是！」勣曰：「非爲無人使令也，顧姊老，勣亦老，雖欲久爲姊煑粥，其可得乎！」

勣常謂人：「我年十二三時爲亡賴賊，亡，讀曰無。逢人則殺。十四五爲難當賊，有所不愜則殺人。愜，苦叶翻。十七八爲佳賊，臨陳乃殺之。陳，讀曰陣。二十爲大將，用兵以救人死。」

勣長子震早卒，長，知兩翻。卒，子恤翻。震子敬業襲爵。考異曰：劉餗小說云：「高宗時羣蠻爲寇，討之輒不利，乃除徐敬業爲刺史。發卒郊迎，敬業盡放令還，單騎至府。賊聞新刺史至，皆繕理以待，敬業一無所問，處置他事已畢，方曰『賊安在？』曰：『在南岸。』乃從二佐吏而往觀之，莫不駭愕。賊初持兵覘望，及見船中無人及兵仗，更閉營藏隱。敬業直入其營內，告云：『國家知汝等爲貪吏所害，非有他惡，可悉歸田，後去者爲賊。』唯召其帥，責以不早降之意，各杖數十而遣之，境內肅然。其祖英公壯其膽略，曰：『吾不辦此。然破我家必此兒也！』」按敬業，武后時舉兵，旋踵敗亡，若有智勇，何至如此！今不取。

時承平既久，選人益多，選，須絹翻；下同。是歲，司列少常伯裴行儉始與員外郎張仁禕唐制：尚書二十四司，各司有郎中二員，從五品上；員外郎二員，從六品上。禕，吁韋翻。設長名姓歷牓，引銓注之法。又定州縣升降、官資高下。其後遂爲永制，無能革之者。

大略唐之選法，取人以身、言、書、判，唐擇人之法有四：一曰身，取其體貌豐偉；二曰言，取其言辭辯正；三曰書，取其楷法遒美；四曰判，取其文理優長。計資量勞而擬官。始集而試，觀其書、判；已試而銓，察其身、言；已銓而注，詢其便利；已注而唱，集衆告之。然後類以爲甲，先簡僕射，乃上門下，給事中讀，侍郎省，侍中審之，不當者駁下。上，時掌翻。省，悉景翻。當，丁浪翻。駁，北角翻。既審，然後上聞，主者受旨奉行，各給以符，謂之告身。兵部武選亦然。武選，兵部主之。課試之法，以騎射及翹關、負米。翹關，長丈七尺，徑三寸半，凡十舉後，手持關距，出處無過一尺。負米者，負米五斛，行二十步，皆爲中第。騎，奇寄翻。人有格限未至，而能試文三篇，謂之宏詞，試判三條，謂之拔萃，入等者得不限而授。其黔中、嶺南、閩中州縣官，不由吏部，委都督選擇土人補授。黔，音琴。閩，眉巾翻。選，如字。凡居官以年爲考，六品以下，四考爲滿。

咸亨元年（庚午、六七〇）是年三月，始改元。

1 春，正月，丁丑，右相劉仁軌請致仕；許之。

2 三月，甲戌朔，以旱，赦天下，改元。

3 丁丑，改蓬萊宮爲含元宮。即含元殿，以爲宮名。

4 壬辰，太子少師許敬宗請致仕；許之。

5 敕突厥酋長子弟事東宮。酋，慈由翻。長，知兩翻。西臺舍人徐齊聃上疏，聃，他酣翻。上，時掌翻。以爲：「皇太子當引文學端良之士置左右，豈可使戎狄醜類入侍軒闥。」又奏：「齊獻公卽陛下外祖，雖子孫有犯，豈應上延祖禰！今周忠孝公廟甚修，而齊獻公廟毀廢，齊獻公，文德皇后父長孫晟也。周忠孝公，皇后父武士彠也。禰，乃禮翻。不審陛下何以垂示海內，彰孝理之風！」孝理卽孝治，避上名，改「治」爲「理」。上皆從之。齊聃，充容之弟也。齊聃姊入宮爲充容，列於九嬪。

6 夏，四月，吐蕃陷西域十八州，又與于闐襲龜茲撥換城，陷之。罷龜茲、于闐、焉耆、疏勒四鎮。闐，徒賢翻。龜茲，音丘慈。辛亥，以右威衛大將軍薛仁貴爲邏娑道行軍大總管，邏娑川，吐蕃贊普牙在焉，有邏些城。左衛員外大將軍阿史那道眞、左衛將軍郭待封副之，以討吐蕃，且援送吐谷渾還故地。

7 庚午，上幸九成宮。

8 高麗酋長劍牟岑反，立高藏外孫安舜爲主。以左監門大將軍高侃爲東州道行軍總管，高麗在東，時已列置州府，故曰東州道。監，古銜翻。發兵討之。安舜殺劍牟岑，奔新羅。

9 六月，壬寅朔，日有食之。

10 秋，八月，丁巳，車駕還京師。

11 郭待封先與薛仁貴並列，及征吐蕃，恥居其下，仁貴所言，待封多違之。軍至大非川，自鄯州鄯城縣西行三百餘里，至大非川。將趣烏海，烏海在漢哭山西，隋屬河源郡界。杜佑曰：吐蕃國出鄯城五百里，過烏海，暮春之月，山有積雪，地有冷瘴，令人氣急，不甚爲害。趣，七喻翻。仁貴曰：「烏海險遠，軍行甚難，輜重自隨，難以趨利；重，直用翻；下同。趨，七喻翻。宜留二萬人，爲兩柵於大非嶺上，輜重悉置柵內，吾屬帥輕銳，倍道兼行，掩其未備，破之必矣。」仁貴帥所部前行，擊吐蕃於河口，大破之，河口，積石河口也。帥，讀曰率。斬獲甚衆，進屯烏海以俟待封。待封不用仁貴策，將輜重徐進。未至烏海，遇吐蕃二十餘萬，待封軍大敗，還走，悉棄輜重。仁貴退屯大非川，吐蕃相論欽陵將兵四十餘萬就擊之，將，卽亮翻；下同。杜佑曰：祿東贊、論欽陵本姓薛氏，世爲大論，後遂以官爲氏。大論，吐蕃統理國事之官也。相，息亮翻。唐兵大敗，死傷略盡。仁貴、待封與阿史那道眞並脫身免，與欽陵約和而還。還，音旋，又如字。敕大司憲樂彥瑋卽軍按其敗狀，械送京師，三人皆免死除名。

欽陵，祿東贊之子也，祿東贊事始一百九十五卷太宗貞觀十四年。與弟贊婆、悉多于【張：「于」作「干」。】勃論皆有才略。祿東贊卒，卒，子恤翻；下氏卒同。欽陵代之，【章：十二行本「之」下有「秉政」二字；乙十一行本同；退齋校同；張校同，云無註本亦無。】三弟將兵居外，鄰國畏之。

12 關中旱，饑，九月，丁丑，詔以明年正月幸東都。

13 甲申，皇后母魯國忠烈夫人楊氏卒，敕文武九品以上及外命婦並詣宅弔哭。

14 閏月，癸卯，皇后以久旱，請避位，不許。

15 壬子，加贈司徒周忠孝公武士彠爲太尉、太原王，夫人爲王妃。

16 甲寅，以左相姜恪爲涼州道行軍大總管，以禦吐蕃。

17 冬，十月，乙未，太子右中護、同東西臺三品趙仁本爲左肅機，罷政事。龍朔二年，改左、右庶子爲左、右中護。

18 庚寅，詔官名皆復舊。改官名見上卷龍朔二年。按新書帝紀係十二月庚寅。

王崇武標點　容肇祖　聶崇岐覆校

資治通鑑卷第二百二

端明殿學士兼翰林侍讀學士太中大夫提舉西京嵩山崇福宮上柱國河内郡開國公食邑二千二百戶食實封九百戶賜紫金魚袋臣司馬光奉敕編集

後學天台胡三省音註

唐紀十八 起重光協洽（辛未），盡重光大荒落（辛巳），凡十一年。

高宗天皇大聖大弘孝皇帝中之下

咸亨二年（辛未、六七一）

1 春，正月，甲子，上幸東都。考異曰：舊本紀及太子弘傳，「正月乙巳，幸東都，留太子於京師監國。」明年十月己未，又云「皇太子監國。」新本紀、唐曆、統紀皆連歲言太子監國。按離長安時，已留太子監國，及自東都將還，豈得又令監國！按實錄此月無監國事，唯明年十月有之。今從之。

2 夏，四月，甲申，以西突厥阿史那都支爲左驍衞大將軍兼匐延都督，顯慶二年，平賀魯，以處木昆部爲匐延都督府。厥，九勿翻。驍，堅堯翻。匐，蒲北翻。以安集五咄陸之衆。咄，當沒翻。

3 初，武元慶等既死，事見上卷乾封元年。皇后奏以其姊子賀蘭敏之爲士彠之嗣，彠，一虢翻。襲爵周公，改姓武氏，累遷弘文館學士、左散騎常侍。太宗在藩，於秦府置文學館學士，其後弘文、崇

「歸文二館皆有學士。散，悉亶翻。騎，奇寄翻。魏國夫人之死也，亦見乾封元年。上見敏之，悲泣曰：「吾出視朝猶無恙，退朝已不救，何蒼猝如此！」朝，直遙翻。敏之號哭不對。后聞之，曰：「此兒疑我。」由是惡之。號，戶高翻。惡，烏路翻。敏之貌美，烝於太原王妃；及居妃喪，釋衰絰，奏妓。衰，倉回翻。妓，渠綺翻。司衞少卿楊思儉女，有殊色，上及后自選以爲太子妃，婚有日矣，敏之逼而淫之。后於是表言敏之前後罪惡，請加竄逐。六月，丙子，敕流雷州，復其本姓。至韶州，以馬韁絞死。雷州，漢徐聞縣地。梁置南合州，隋曰合州，仍置海康縣，大業廢州。唐武德五年，復置，貞觀八年改曰雷州。韶州，漢南野縣地。吳孫皓甘露元年，分立始興郡。唐武德初，置番州，貞觀元年，改韶州。舊志：雷州至京師六千五百四十七里，至東都五千八百三十六里。韶州至京師四千九百三十二里，至東都四千一百四十二里。韁，居良翻。朝士坐與敏之交遊，流嶺南者甚衆。朝，直遙翻。

4 秋，七月，乙未朔，高侃破高麗餘衆於安市城。麗，力知翻。

5 九月，丙申，潞州刺史徐王元禮薨。

6 冬，十一月，甲午朔，日有食之。

7 車駕自東都幸許、汝；十二月，癸酉，校獵於葉縣；舊志：東都至許州四百里，至汝州百八十里。葉縣舊屬南陽郡，後并省，後齊置襄州，後周廢州，置南襄城郡，隋廢郡爲葉縣，屬許州。葉，式涉翻。丙戌，還東都。

三年（壬申、六七二）

1 春，正月，辛丑，以太子左衛副率梁積壽爲姚州道行軍總管，太子十率府，各有副率，位四品。率，所律翻。將兵討叛蠻。將，即亮翻。

2 庚戌，昆明蠻十四姓二萬三千戶內附，置殷、敦、總三州。爨蠻西有昆明蠻，一曰昆彌蠻，以西洱河爲境，即葉榆河也，去長安九千里。殷州居戎州西北，總州居西南，敦州居南，遠不過五百餘里，近三百里。

3 二月，庚午，徙吐谷渾於鄯州浩亹水南。漢書地理志：浩亹水東至允吾入湟。允吾，唐爲鄯州龍支縣。水經註：浩亹河出允吾西北塞外，東逕浩亹縣故城南，又東流注于湟水，俗呼爲閤門河。吐，從暾入聲。谷，音浴。鄯，時戰翻。浩，音誥。亹，音門。吐谷渾畏吐蕃之強，不安其居，又鄯州地狹，尋徙靈州，以其部落置安樂州，時以靈州鳴沙縣地置安樂州。樂，音洛。以可汗諾曷鉢爲刺史。可，從刊入聲。汗，音寒。吐谷渾故地皆入於吐蕃。

4 己卯，侍中永安郡公姜恪薨。

5 夏，四月，庚午，上幸合璧宮。

6 吐蕃遣其大臣仲琮入貢，上問以吐蕃風俗，對曰：「吐蕃地薄氣寒，風俗朴魯；然法令嚴整，上下一心，議事常自下而起，因人所利而行之，斯所以能持久也。」上詰以吞滅吐谷渾、見上卷龍朔三年。詰，去吉翻。敗薛仁貴、見上卷咸亨元年。敗，補邁翻。寇逼涼州事，吐蕃既滅吐谷渾，又破西域，則寇逼涼州矣。」對曰：「臣受命貢獻而已，軍旅之事，非所聞也。」上厚賜而遣之。癸未，遣都水使者黃仁素使于吐蕃。使，疏吏翻。

7 秋，八月，壬午，特進高陽郡公許敬宗卒。卒，子恤翻。太常博士袁思古議：「敬宗棄長子於荒徼，徼，吉弔翻。嫁少女於夷貊。少，詩沼翻。貊，莫白翻。按謚法，『名與實爽曰繆，』請謚爲繆。」繆，靡幼翻。敬宗孫太子舍人彥伯訟思古與許氏有怨，請改謚。太常博士王福時議，時，音止。以爲：【章：十二行本「爲」下有「謚者」二字；乙十一行本同；孔本同；張校同。】「得失一朝，榮辱千載。太常博士擬謚，皆跡其功行爲之褒貶，大行大名之，小行小名之。載，子亥翻。若嫌隙有實，當據法推繩；如其不然，義不可奪。」戶部尚書戴至德謂福時曰：「高陽公任遇如是，何以謚之爲繆？」對曰：「昔晉司空何曾既忠且孝，徒以日食萬錢，秦秀謚之爲『繆』。見八十卷晉武帝咸寧四年。許敬宗忠孝不逮於曾，而飲食男女之累過之，累，力瑞翻。謚之曰『繆』，無負許氏矣。」詔集五品已上更議，禮部尚書陽思敬議：「按謚法，既過能改曰恭，請謚曰恭。」詔從之。敬宗嘗奏流其子昂于嶺南，又以女嫁蠻酋馮盎之子，多納其貨，酋，慈由翻。故思古議及之。福時，勃之父也。王勃，見二百卷龍朔元年。

8 九月，癸卯，徙沛王賢爲雍王。雍，於用翻。

9 冬，十月，己未，詔太子監國。監，古銜翻。

10 壬戌，車駕發東都。

11 十一月，戊子朔，日有食之。

12 甲辰，車駕至京師。

13 十二月，高侃與高麗餘衆戰于白水山，破之。新羅遣兵救高麗，侃擊破之。

14 癸卯，以左庶子劉仁軌同中書門下三品。

15 太子罕接宮臣，典膳丞全椒邢文偉輒減所供膳，東宮典膳局郎，正六品上；丞，正八品上：掌進膳嘗食。全椒縣時屬滁州。幷上書諫太子。太子復書，謝以多疾及入侍少暇，嘉納其意。上，時掌翻。頃之，右史缺，上曰：「邢文偉事吾子，能撤膳進諫，此直士也。」擢爲右史。起居舍人，從六品上，屬中書省，掌脩記言之史，錄天子之制誥德音，如記言之制，以紀時政之損益，季終，則授之於國史。龍朔改曰右史。

太子因宴集，命宮臣擲倒，唐散樂有舞盤伎、舞輪伎、長蹻伎、跳鈴伎、擲倒伎、跳劍伎、吞劍伎，皆梁之遺伎也。次至左奉裕率王及善，隋置太子內率府，擬上臺千牛衞，掌東宮千牛備身侍奉之事，龍朔改爲左、右奉裕率。率，所律翻。及善曰：「擲倒自有伶官，伶，盧經翻。臣若奉令，恐非所以羽翼殿下也。」太子謝之。上聞之，賜及善縑百匹，尋遷左千牛衞將軍。千牛刀，卽人主防身刀也，取莊子庖丁解數千牛，而芒刃不頓之義。後魏有千牛備身，掌宿衞侍從，隋煬帝置備身府，唐改千牛府。

四年（癸酉、六七三）

1 春，正月，丙辰，絳州刺史鄭惠王元懿薨。

2 三月，丙申，詔劉仁軌等改脩國史，以許敬宗等所記多不實故也。

3 夏，四月，丙子，車駕幸九成宮。

4 閏五月，燕山道總管、右領軍大將軍李謹行大破高麗叛者於瓠蘆河之西，胡嶠曰：黑車子之北，有牛蹄突厥，人身牛足。其地尤寒，水曰瓠𤫊河，夏秋冰厚二尺，秋冬冰徹底，常燒器銷冰，乃得飲。余按唐書劉仁軌傳，此瓠蘆河當在高麗南界，新羅七重城之北。燕，因肩翻；下同。俘獲數千人，餘衆皆奔新羅。時謹行妻劉氏留伐奴城，高麗引靺鞨攻之，劉氏擐甲帥衆守城，久之，虜退。靺鞨，音末曷。擐，音宦。帥，讀曰率。上嘉其功，封燕國夫人。謹行，靺鞨人突地稽之子也，突地稽見一百八十九卷高祖武德四年。武力絕人，爲衆夷所憚。

5 秋，七月，【章：十二行本「月」下有「辛巳」二字；乙十一行本同；孔本同；退齋校同。】婺州大水，溺死者五千人。婺，亡遇翻。溺，奴狄翻。

6 八月，辛丑，上以瘧疾，令太子於延福殿受諸司啓事。瘧，逆約翻。

7 冬，十月，壬午，中書令閻立本薨。

8 乙巳，車駕還京師。

9 十二月，丙午，弓月、疏勒二王來降。降，江戶翻；下同。西突厥興昔亡可汗之世，諸部離散，弓月及阿悉吉皆叛。阿悉吉卽阿悉結，弩失畢五俟斤之一也。蘇定方之西討也，見二百卷顯慶二年。擒阿悉吉以歸。弓月南結吐蕃，北招咽麪，咽麪，亦鐵勒種，居得嶷海。咽，於甸翻。麪，眠見翻。共攻疏勒，降之。上遣鴻臚卿蕭嗣業發兵討之。嗣業兵未至，弓月懼，與疏勒皆入朝；上赦其罪，遣歸國。臚，陵如翻。朝，直遙翻。

上元元年（甲戌、六七四）是年八月方改元。

1 春，正月，壬午，以左庶子、同中書門下三品劉仁軌爲雞林道大總管，帝以新羅國爲雞林州。衛尉卿李弼、右領軍大將軍李謹行副之，發兵討新羅。時新羅王法敏既納高麗叛衆，又據百濟故地，使人守之。上大怒，詔削法敏官爵；其弟右驍衛員外大將軍、臨海郡公仁問在京師，驍，堅堯翻。立以爲新羅王，使歸國。

2 三月，辛亥朔，日有食之。

3 賀蘭敏之既得罪，皇后奏召武元爽之子承嗣於嶺南，乾封元年，元爽流振州。襲爵周公，拜尚衣奉御；尚衣奉御，屬殿中省，掌衣服，詳其制度，辯其名數。夏，四月，辛卯，遷宗正卿。

4 秋，八月，壬辰，追尊宣簡公爲宣皇帝，妣張氏爲宣莊皇后；懿王爲光皇帝，妣賈氏爲光懿皇后；後魏金門鎮將熙，太祖虎之祖也，謚宣簡公；魏幢主天賜，太祖虎之父也，謚懿王。太武皇帝爲神堯皇帝，太穆皇后爲太穆神皇后；文皇帝爲太宗文武聖皇帝，文德皇后爲文德聖皇后。皇帝稱天皇，皇后稱天后，以避先帝、先后之稱。實欲自尊，而以避先帝、先后之稱爲言，武后之意也。之稱，尺證翻。改元，赦天下。

5 戊戌，敕：「文武官三品以上服紫，金玉帶；四品服深緋，金帶；五品服淺緋，金帶；六品服深綠，七品服淺綠，並銀帶；八品服深青，九品服淺青，並鍮石帶；鍮石似金而非金。鍮，託侯翻。庶人服黃，銅鐵帶。自非庶人，不聽服黃。」非庶人，謂工商雜戶。

6 九月，癸丑，詔追復長孫晟、長孫無忌官爵，以無忌曾孫翼襲爵趙公，聽無忌喪歸，陪葬昭陵。無忌削官爵而死，見二百卷顯慶四年。

7 甲寅，上御翔鸞閣，據舊書郝處俊傳，翔鸞閣在含元殿東。唐六典，含元殿翼以二閣，左曰翔鸞，右曰棲鳳，二閣之下，爲東西朝堂。觀大酺。酺，薄胡翻。分音樂爲東西朋，使雍王賢主東朋，周王顯主西朋，角勝爲樂。郝處俊諫曰：「二王春秋尚少，志趣未定，當推梨讓棗，梁元帝遺武陵王書有是言。樂，音洛。少，詩沼翻。推，吐雷翻。相親如一。今分二朋，遞相誇競，俳優小人，言辭無度，恐其交爭勝負，譏誚失禮，非所以崇禮義，勸敦睦也。」上瞿然曰：誚，才笑翻。瞿，九遇翻，驚視貌。「卿遠識，非衆人所及也。」遽止之。

是日，衛尉卿李弼暴卒于宴所，爲之廢酺一日。爲，于僞翻。

8 冬，十一月，丙午朔，車駕發京師；己酉，校獵華山之曲武原；華山在華州華陰縣南。曲武原在華山下。華，戶化翻。戊辰，至東都。

9 箕州錄事參軍張君澈等誣告刺史蔣王惲及其子汝南郡王煒謀反，惲，於粉翻。煒，于鬼翻。敕通事舍人薛思貞馳傳往按之。傳，張戀翻。十二月，癸未，惲惶懼，自縊死，縊，於計翻。上知其非罪，深痛惜之，斬君澈等四人。

10 戊子，于闐王伏闍雄來朝。闐，徒賢翻。闍，視遮翻。朝，直遙翻；下同。

11 辛卯，波斯王卑路斯來朝。

12 壬寅，天后上表，以爲：「國家聖緒，出自玄元皇帝，老子姓李名耳；唐祖之，乾封元年，尊爲玄元皇帝。上，時掌翻；下同。請令王公以下皆習老子，每歲明經，準孝經、論語策試。又請「自今父在，爲母服齊衰三年。古禮，父在，爲母服朞。爲，于僞翻。齊，音咨。衰，倉回翻。又，京官八品以上，宜量加俸祿。」京官，在京官也。量，音良。及其餘便宜，合十二條。詔書褒美，皆行之。

13 是歲，有劉曉者，上疏論選，選，須絹翻；下同。考異曰：會要作「劉嶢」。今從統紀。以爲：「今選曹以檢勘爲公道，檢勘者，謂考其功過，察其假名承僞，隱冒升降。書判爲得人，殊不知考其德行才能。況書判借人者衆矣。又，禮部取士，專用文章爲甲乙，故天下之士，皆捨德行而趨文藝，有朝登甲科而夕陷刑辟者，雖日誦萬言，何關理體！理體，卽治道。行，下孟翻。趨，七喩翻；

下同。辟，毗亦翻。文成七步，未足化人。況盡心卉木之間，極筆煙霞之際，以斯成俗，豈非大謬！夫人之慕名，如水趨下，上有所好，下必甚焉。陛下若取士以德行爲先，文藝爲末，則多士雷奔，四方風動矣！」趨，七喻翻。好，呼到翻；下憐好同。

二年（乙亥、六七五）

1 春，正月，丙寅，以于闐國爲毗沙都督府，分其境內爲十州，以于闐王尉遲伏闍雄爲毗沙都督。闐，徒賢翻，又徒見翻。尉，紆勿翻。闍，視遮翻。

2 辛未，吐蕃遣其大臣論吐渾彌來請和，且請與吐谷渾復脩鄰好；吐，從暾入聲；下同。復，扶又翻。谷，音浴。上不許。

3 二月，劉仁軌大破新羅之衆於七重城；重，直龍翻。又使靺鞨浮海，略新羅之南境，斬獲甚衆。仁軌引兵還。靺，音末。鞨，音曷。還，從宣翻，又音如字。詔以李謹行爲安東鎮撫大使，使，疏吏翻；下同。屯新羅之買肖城以經略之，三戰皆捷，新羅乃遣使入貢，且謝罪；上赦之，復新羅王法敏官爵。金仁問中道而還，使，疏吏翻。還，音旋，又如字。改封臨海郡公。

4 三月，丁巳，天后祀先蠶於邙山之陽；漢儀：三月桑始生，皇后親桑於苑中蠶室，養蠶千薄以上，祠以中牢羊豕。續漢志：三月，皇后帥公卿、諸侯夫人蠶，祠先蠶，禮以少牢。註云：今蠶神曰苑疏〔窳〕婦人，寓氏公主。唐制：皇后歲祀一，季春吉巳，享先蠶，遂以親桑。蜀註曰：通典：先蠶，天駟也。百官及朝集使皆陪位。朝，直遙翻；下同。

5 上苦風眩甚，議使天后攝知國政。中書侍郎同三品郝處俊曰：「天子理外，后理內，天之道也。記昏義曰：天子聽男教，后聽女順；天子理陽道，后治陰德；天子聽外治，后聽內職。教順成俗，外內和順，國家理治，此之謂盛德。昔魏文著令，雖有幼主，不許皇后臨朝，所以杜禍亂之萌也。事見六十九卷魏文帝黃初三年。陛下柰何以高祖、太宗之天下，不傳之子孫而委之天后乎！」中書侍郎昌樂李義琰曰：「處俊之言至忠，陛下宜聽之！」樂，音洛。上乃止。

6 天后多引文學之士著作郎元萬頃、唐著作郎，從五品上，掌脩撰碑誌、祝文、祭文，屬祕書省。左史劉禕之等，龍朔改起居郎爲左史。使之撰列女傳、臣軌、百僚新戒、樂書，凡千餘卷。撰，士免翻。朝廷奏議及百司表疏，時密令參決，以分宰相之權，疏，所去翻。時人謂之北門學士。不經南衙，於北門出入，故云然。禕之，子翼之子也。劉子翼仕隋，以學行著。

7 夏，四月，庚辰，以司農少卿韋弘機爲司農卿。弘機兼知東都營田，受詔完葺宮苑。有宦者於苑中犯法，弘機杖之，然後奏聞。上以爲能，賜絹數十匹，曰：「更有犯者，卿即杖之，不必奏也。」

8 初，左千牛將軍長安趙瓌尚高祖女常樂公主，生女爲周王顯妃。公主頗爲上所厚，天后惡之。樂，音洛。惡，烏路翻。辛巳，妃坐廢，幽閉於內侍省，食料給生者，防人候其突煙，已而數日煙不出，開視，死腐矣。環自定州刺史貶栝州刺史，令公主隨之官，仍絕其朝謁。朝，直遥翻。

9 太子弘仁孝謙謹，上甚愛之；禮接士大夫，中外屬心。屬，之欲翻。天后方逞其志，太子奏請，數迕旨，迕，逆也。數，所角翻。迕，五故翻。由是失愛於天后。義陽、宣城二公主，蕭淑妃之女也，坐母得罪，幽于掖庭，年踰三十不嫁。太子見之驚惻，遽奏請出降，上許之。天后怒，卽日以公主配當上翊衞權毅、王遂古。親、勳、翊三衞皆番上。上，時掌翻。己亥，太子薨于合璧宮，時人以爲天后酖之也。考異曰：新書本紀云：「己亥，天后殺皇太子。」新傳云：「后將逞志，弘奏請數怫旨，從幸合璧宮，遇酖薨。」唐曆云：「弘仁孝英果，深爲上所鍾愛。自升爲太子，敬禮大臣鴻儒之士，未嘗居有過之地。以請嫁二公主，失愛於天后，不以壽終。」實錄、舊傳皆不言弘遇酖。按李泌對肅宗云：「高宗有八子，睿宗最幼。天后所生四子，自爲行第，故睿宗第四。長曰孝敬皇帝，爲太子監國，仁明孝悌。天后方圖臨朝，乃酖殺孝敬，立雍王賢爲太子。」新書蓋據此及唐曆也。按弘之死，其事難明，今但云時人以爲天后酖之，疑以傳疑。

壬寅，車駕還洛陽宮。五月，戊申，下詔：「朕方欲禪位皇太子，而疾遽不起，宜申往命，加以尊名，可謚爲孝敬皇帝。」帝子謚皇帝始此。謚，神至翻。

六月，戊寅，立雍王賢爲皇太子，赦天下。雍，於用翻。

10 天后惡慈州刺史杞王上金，宋白曰：慈州，春秋廧咎如之國，漢爲北屈縣。隋爲汾州，唐武德元年，爲西汾州，五年，改南汾州；貞觀八年，改南汾州爲慈州，以州近慈烏戍，故名。孫愐曰：因慈氏縣名之。上金，帝後宮劉氏所生。惡，烏路翻。有司希旨奏其罪；秋，七月，上金坐解官，澧州安置。

11 八月，庚寅，葬孝敬皇帝于恭陵。恭陵，在洛州緱氏縣懊來山，改名太平山。

12 戊戌，以戴至德爲右僕射，庚子，以劉仁軌爲左僕射，並同中書門下三品如故。張文瓘爲侍中，郝處俊爲中書令；李敬玄爲吏部尚書兼左庶子，同中書門下三品如故。劉仁軌、戴至德更日受牒訴，尙，辰羊翻。更，工衡翻。仁軌常以美言許之，至德必據理難詰，難，乃旦翻。詰，去吉翻。未嘗與奪，實有冤結者，密爲奏辯。爲，于僞翻。由是時譽皆歸仁軌。或問其故，至德曰：「威福者人主之柄，人臣安得盜取之！」上聞，深重之。有老嫗欲詣仁軌陳牒，誤詣至德，至德覽之未終，嫗曰：「本謂是解事僕射，乃不解事僕射邪！」嫗，威遇翻。解，戶買翻。歸我牒！」至德笑而授之。時人稱其長者。長，知兩翻。文瓘時兼大理卿，囚聞改官，皆慟哭。文瓘性嚴正，諸司奏議，多所糾駁，上甚委之。駁，北角翻。

儀鳳元年（丙子、六七六）是年十一月，方改元。

1 春，正月，壬戌，徙冀王輪爲相王。

2 納州獠反，唐制，儀鳳二年開山洞置納州，屬瀘州都督府。獠，魯皓翻。敕黔州都督發兵討之。黔，音琴。

3 二月，甲戌，徙安東都護府於遼東故城；考異曰：實錄，咸亨元年，楊昉、高侃討安舜，始拔安東都護府，自平壤城移於遼東州。儀鳳元年二月甲戌，以高麗餘衆反叛，移安東都護府於遼東城。蓋咸亨元年言移府者，終言之也；儀鳳元年言高麗反者，本其所以移也。會要無咸亨元年移府事。此年云移於遼東故城，今從之。先是有華人任【章：十二行本「任」下有「安」字；乙十一行本同；孔本同；張校同。】東官者，悉罷之。先，悉薦翻。徙熊津都督府於建安故城；其百濟戶口先徙於徐、兗等州者，皆置於建安。

4 天后勸上封中嶽；癸未，詔以今冬有事于嵩山。中嶽嵩山，在河南陽城縣。

5 丁亥，上幸汝州之溫湯。汝州梁縣西南五十里有溫湯，可以熟米。又有黃女湯。帝置溫泉頓。

6 三月，癸卯，黃門侍郎來恆、中書侍郎薛元超並同中書門下三品。恆，濟之兄；元超，收之子也。來濟盡忠而又死於封疆。薛收事太宗於潛躍。恆，戶登翻。

7 甲辰，上還東都。還，從宣翻，又音如字。

8 閏月，吐蕃寇鄯、廓、河、芳等州，宋白曰：疊州常芬縣，舊爲吐谷渾所據，周武成三年，逐諸羌，始有其地，乃於三交築城，置甘松防，又爲三川縣，以隸常香郡。建德三年，改三川爲常芬縣，仍立芳州，以邑隸焉，取地多芳草以名州。隋廢州，唐復置。吐，從暾入聲。鄯，時戰翻。勑左監門衞中郎將令狐智通發興、鳳等州兵以禦之。興州，漢武都沮縣地。後魏改爲略陽縣，江左爲武興藩王國。後魏以爲武興郡，置興州，改略陽縣爲順政縣。鳳州，漢故道、河池縣地。晉爲仇池氏所據，後魏置梁泉縣，西魏廢帝置鳳州。鄯，時戰翻。監，古銜翻。將，即亮翻。己卯，詔以吐蕃犯塞，停封中嶽。乙酉，以洛州牧周王顯爲洮州道行軍元帥，將工部尚書劉審禮等十二總管，并州大都督相王輪爲涼州道行軍元帥，將左衛大將軍契苾何力等，以討吐蕃。洮，土刀翻。帥，所類翻。將，卽亮翻。并，卑經翻。契，欺訖翻。苾，毗必翻。二王皆不行。

9 庚寅，車駕西還。

10 甲寅，中書侍郎李義琰同中書門下三品。

11 戊午，車駕至九成宮。

12 六月，癸亥，黄門侍郎晉陵高智周同中書門下三品。

13 秋，八月，乙未，吐蕃寇疊州。

14 壬寅，敕：「桂、廣、交、黔等都督府，比來注擬土人，簡擇未精，自今每四年遣五品已上清正官充使，仍令御史同往注擬。」時人謂之南選。黔，音琴。比，毗至翻。使，疏吏翻。令，力丁翻。選，須絹翻。

15 九月，壬申，大理奏左威衛大將軍權善才、左監門中郎將范懷義誤斫昭陵柏，罪當除名；監，古銜翻。將，卽亮翻。上特命殺之。大理丞太原狄仁傑奏：「二人罪不當死。」太原，漢晉陽縣，隋改爲太原縣，而以後齊所置龍山縣爲晉陽縣，並帶并州。上曰：「善才等斫陵柏，我不殺則爲不孝。」仁傑固執不已，上作色，令出，仁傑曰：「犯顏直諫，自古以爲難。臣以爲遇桀、紂則難，遇堯、舜則易。易，以豉翻。今法不至死而陛下特殺之，是法不信於人也，人何所措其手足！

且張釋之有言：『設有盜長陵一抔土，陛下何以處之？』釋之言，見十四卷漢文帝三年。抔，薄侯翻。處，昌呂翻。今以一株柏殺二將軍，後代謂陛下爲何如矣！臣不敢奉詔者，恐陷陛下於不道，且羞見釋之於地下故也。」上怒稍解，二人除名，流嶺南。後數日，擢仁傑爲侍御史。

初，仁傑爲并州法曹，同僚鄭崇質當使絕域。使，疏吏翻。崇質母老且病，仁傑曰：「彼母如此，豈可使之有萬里之憂！」詣長史藺仁基，請代之行。長，知兩翻。藺，良刃翻。仁基素與司馬李孝廉不叶，因相謂曰：「吾輩豈可不自愧乎！」遂相與輯睦。

16 冬，十月，車駕還京師。還，從宣翻，又音如字。

17 丁酉，祫享太廟，用太學博士史璨議，禘後三年而祫，祫後二年而禘。歐陽修曰：禘祫，大祭也。祫以昭穆合食於太祖，而禘以審禘其尊卑，此禘祫之義。而爲禮者失之，至於年數不同，祖宗失位，議者莫知所從。禮曰：三年一祫，五年一禘。傳曰：五年再殷祭。高宗上元三年十月當祫，而有司議其年數。史璨等議，以爲新君喪畢而祫，明年而禘，自是之後，五年而再祭。蓋後禘去前禘五年，而祫常在禘後三年，禘常在祫後二年。魯宣公八年，禘僖公，蓋三年喪畢而祫，明年而禘，至八年而再禘。昭公二十年禘，至二十五年又禘，此可知也。時以其言有經據，遂從之。唐制：國子博士，正五品上，掌教文武官二品已上、國公子孫二品已上曾孫爲生者。太學博士，正六品上，掌教文武官五品已上、郡縣公子孫、從三品曾孫之爲生者。祫，胡夾翻。璨，倉按翻。禘，大計翻。

18 郇王素節，蕭淑妃之子也，郇，音荀。警敏好學。天后惡之，好，呼到翻。惡，烏路翻。自岐州刺史左遷申州刺史。申州，漢平氏、鄳縣地，晉分置義陽郡，南齊置司州，後魏改郢州，後周改申州，隋改義州，唐復曰申州。岐州在京師西三百一十五里，至東都一千一百七十里。申州至京師一千七百九十六里，東都九百四十三里。乾封初，敕曰：「素節既有舊疾，不須入朝。」朝，直遙翻。而素節實無疾，自以久不得入覲，乃著忠孝論。王府倉曹參軍張柬之因使潛封其論以進。后見之，誣以贓賄，丙午，降封鄱陽王，袁州安置。柬之封論以進，欲以感動帝心，豈知適所以速素節之罪乎！袁州在京師東南三千五百八十里，至東都二千一百六十一里。

19 十一月，壬申，改元，赦天下。

20 庚寅，以李敬玄爲中書令。

21 十二月，戊午，以來恆爲河南道大使，薛元超爲河北道大使，尚書左丞鄢陵崔知悌、國子司業鄭祖玄爲江南道大使，隋大業三年，始置國子司業，唐從四品下，所職與祭酒同。使，疏吏翻。鄢，謁晚翻，又於建翻，又音偃。分道巡撫。

二年（丁丑、六七七）

1 春，正月，乙亥，上耕藉田。

2 初，劉仁軌引兵自熊津還，見上卷麟德二年。扶餘隆畏新羅之逼，不敢留，尋亦還朝。朝，直遙翻。二月，丁巳，以工部尚書高藏爲遼東州都督，封朝鮮王，朝，音潮。鮮，音仙。遣歸遼東，安輯高麗餘衆；高麗先在諸州者，皆遣與藏俱歸。又以司農卿扶餘隆爲熊津都督，封帶方王，亦遣歸安輯百濟餘衆，仍移安東都護府於新城以統之。去年春，移安東都護府於遼東故城，今又移於新城。統，他綜翻。時百濟荒殘，命隆寓居高麗之境。藏至遼東，謀叛，潛與靺鞨通；召還，徙邛州而死，麗，力知翻。還，從宣翻，又音如字。靺鞨，音末曷。邛，渠容翻。散徙其人於河南、隴右諸州，貧者留安東城傍。高麗舊城沒於新羅，餘衆散入靺鞨及突厥，厥，九勿翻。隆亦竟不敢還故地，高氏、扶餘氏遂亡。

3 三月，癸亥朔，以郝處俊、高智周並爲左庶子，李義琰爲右庶子。郝，呼各翻。處，昌呂翻。唐制，東宮左、右庶子，各二員。

夏，四月，左庶子張大安同中書門下三品。大安，公謹之子也。張公謹，太宗朝功臣。

4 詔以河南、北旱，遣御史中丞崔謐等分道存問賑給。侍御史寧陵劉思立上疏，寧陵縣，漢屬陳留郡，曹魏至元魏，屬譙郡，後齊廢，隋開皇六年復置，屬宋州。賑，津忍翻。上，時掌翻。疏，所據翻。以爲：「今麥秀蠶老，農事方殷，敕使撫巡，人皆竦抃，忘其家業，冀此天恩，聚集參迎，妨廢不少。使，疏吏翻。少，詩沼翻。既緣賑給，須立簿書，本欲安存，更成煩擾。望且委州縣賑給，待秋務閒，出使褒貶。」疏奏，謐等遂不行。使，疏吏翻。

5 五月，吐蕃寇扶州之臨河鎮，擒鎮將杜孝昇，令齎書說松州都督武居寂使降，孝昇固執不從。吐蕃軍還，捨孝昇而去，孝昇復帥餘衆拒守。吐，從暾入聲。將，卽亮翻。說，輸芮翻。降，戶江翻。復，扶又翻。帥，讀曰率。詔以孝昇爲游擊將軍。晉官品令，游擊將軍第四品。唐從五品下。

6秋，八月，徙周王顯爲英王，更名哲。更，工衡翻。

7命劉仁軌鎮洮河軍。鄯州城內，有臨洮軍。洮，土刀翻。冬，十二月，乙卯，詔大發兵討吐蕃。

8詔以顯慶新禮，多不師古，顯慶三年行新禮，見二百卷。其五禮並依周禮行事。自是禮官益無憑守，每有大禮，臨時撰定。撰，士免翻。

三年（戊寅、六七八）

1春，正月，辛酉，百官及蠻夷酋長朝天后于光順門。酋，慈由翻。長，知兩翻。朝，直遙翻。

2劉仁軌鎮洮河，每有奏請，多爲李敬玄所抑，由是怨之。仁軌知敬玄非將帥才，欲中傷之，仁軌以私怨奏用敬玄，以至敗國殄民；矯情以容袁異式，挾怨以陷李敬玄，得爲賢乎！將，卽亮翻。帥，所類翻。中，竹仲翻。奏言：「西邊鎮守，非敬玄不可。」敬玄固辭。上曰：「仁軌須朕，朕亦自往，卿安得辭！」丙子，以敬玄代仁軌爲洮河道大總管兼安撫大使，仍檢校鄯州都督。使，疏吏翻。鄯，時戰翻。考異曰：實錄云：「與仁軌相知鎮守。」而敬玄之敗，仁軌不預」；新舊傳皆云「以代仁軌」，今從之。又命益州大都督府長史李孝逸等發劍南、山南兵以赴之。孝逸，神通之子也。淮安王神通。

癸未，遣金吾將軍曹懷舜等分往河南、北募猛士，不問布衣及仕宦。

3夏，四月，戊申，赦天下，改來年元爲通乾。

4 五月，壬戌，上幸九成宮。丙寅，山中雨，大寒，從兵有凍死者。從，才用翻。

5 秋，七月，李敬玄奏破吐蕃於龍支。龍支縣，屬鄯州，漢允吾縣地。後漢改爲龍耆縣，後魏改爲金城縣，又改爲龍支。積石山在今縣南。

6 上初卽位，不忍觀破陳樂，命撤之。辛酉，太常少卿韋萬石奏：「久寢不作，懼成廢缺。請自今大宴會復奏之。」上從之。陳，讀曰陣。少，詩照翻。復，扶又翻，又如字。

7 九月，辛酉，車駕還京師。

8 上將發兵討新羅，侍中張文瓘臥疾在家，自輿入見，見，賢遍翻。諫曰：「今吐蕃爲寇，方發兵西討；新羅雖云不順，未嘗犯邊，若又東征，臣恐公私不勝其弊。」上乃止。勝，音升。癸亥，文瓘薨。

9 丙寅，李敬玄將兵十八萬與吐蕃將論欽陵戰於青海之上，將，卽亮翻；下同。兵敗，工部尚書、右衛大將軍彭城僖公劉審禮爲吐蕃所虜。諡法：剛克曰僖；又，小心畏忌曰僖；又戴記，有伐有還曰僖。時審禮將前軍深入，頓于濠所，爲虜所攻，敬玄懦怯，按兵不救。聞審禮戰沒，狼狽還走，頓于承風嶺，杜佑曰：承風嶺在廓州廣威縣西南，東北去鄯州三百一十三里，故吐谷渾界。阻泥溝以自固，虜屯兵高岡以壓之。左領軍員外將軍黑齒常之，夜帥敢死之士五百人襲擊虜營，虜衆潰亂，其將跋地設引兵遁去，帥，讀曰率。將，卽亮翻。敬玄乃收餘衆還鄯州。考異曰：朝野僉載曰：「中書令李敬玄爲元帥，吐蕃至樹敦城，聞劉尚書沒蕃，著韡不得，狼狽而走，遺卻麥飯，首尾千里，地上尺餘。」言之太過，今不取。

審禮諸子自縛詣闕，請入吐蕃贖其父，敕聽次子易從詣吐蕃省之。比至，審禮已病卒，易，以豉翻。省，悉景翻。比，必利翻。卒，子恤翻。考異曰：新本紀：「審禮死之。」按舊傳，審禮永隆二年，卒于蕃中，新紀誤也。今終言之。易從晝夜號哭不絕聲；號，戶高翻。吐蕃哀之，還其尸，易從徒跣負之以歸。

上嘉黑齒常之之功，擢拜左武衞將軍，充河源軍副使。杜佑曰：河源軍在鄯州西一百二十里。使，疏吏翻；下同。

李敬玄之西征也，監察御史原武婁師德應猛士詔從軍，時詔募猛士以討吐蕃，師德應募從軍。監，古銜翻。及敗，敕師德收集散亡，軍乃復振。復，扶又翻，又如字。因命使于吐蕃，吐蕃將論贊婆迎之赤嶺。宋白曰：石堡城西三十里有山，土石皆赤，北接大山，南連小雪山，號曰赤嶺，去長安三千五百里。自鄯州鄯城縣西行二百里，至赤嶺。將，卽亮翻。師德宣導上意，諭以禍福，贊婆甚悅，爲之數年不犯邊。爲，于僞翻。師德遷殿中侍御史，充河源軍司馬，考異曰：御史臺記，「充河源軍使」。今從舊傳。兼知營田事。

上以吐蕃爲憂，悉召侍臣謀之，或欲和親以息民；或欲嚴設守備，俟公私富實而討之；或欲亟發兵擊之。議竟不決，賜食而遣之。

太學生宋城魏元忠上封事，宋城縣帶宋州，舊睢陽縣也，隋開皇十八年更名。上，時掌翻。言禦吐蕃之策，以爲：「理國之要，在文與武。今言文者則以辭華爲首而不及經綸，言武者則以騎射爲先而不及方略，騎，奇寄翻。是皆何益於理亂哉！故陸機著辨亡之論，無救河橋之敗，陸機痛吳之亡，著辨亡論，迹吳之所以興及其所以亡，其論甚悉。河橋之敗，見八十五卷晉惠帝太安二年。養由基射穿七札，不濟鄢陵之師，左傳：晉、楚遇於鄢陵，楚大夫養由基、潘黨蹲甲而射之，徹七札焉。以示楚共王曰：「君有二臣，何憂於戰。」王怒曰：「大辱國！詰朝，爾射，死藝。」及戰，楚師敗。杜預曰：濟，益也。此已然之明效也。古語有之：『人無常俗，政有理亂；兵無強弱，將有巧拙。』故選將當以智略爲本，勇力爲末。今朝廷用人，類取將門子弟及死事之家，將，卽亮翻；下同。彼皆庸人，豈足當閫外之任！李左車、陳湯、呂蒙、孟觀，皆出貧賤而立殊功，李左車見十卷漢高帝三年。陳湯見二十九卷元帝建昭三年。呂蒙見獻帝紀六十五卷至六十八卷。孟觀見八十三卷晉惠帝元康九年。未聞其家代爲將也。

夫賞罰者，軍國之切務，苟有功不賞，有罪不誅，雖堯、舜不能以致理。議者皆云：『近日征伐，虛有賞格而無事實。』蓋由小才之吏，不知大體，徒惜勳庸，恐虛倉庫。不知士不用命，所損幾何！黔首雖微，不可欺罔。豈得懸不信之令，設虛賞之科，而望其立功乎！自蘇定方征遼東，見二百卷龍朔元年、二年。李勣破平壤，見上卷總章元年。賞絕不行，勳仍淹滯，不聞斬一臺郎，戮一令史，以謝勳人。尙書諸曹郎，皆謂之臺郎。勳轉淹滯，則司勳之責耳。司勳令史三十三人。大非川之敗，薛仁貴、郭待封等不卽重誅，見上卷咸亨元年。卽，就也。曏使早誅仁貴等，則自餘諸將豈敢失利於後哉！臣恐吐蕃之平，非旦夕可冀也。

又，出師之要，全資馬力。臣請開畜馬之禁，使百姓皆得畜馬；畜，吁玉翻。若官軍大舉，委州縣長吏以官錢增價市之，則皆爲官有。彼胡虜恃馬力以爲強，若聽人間市而畜之，乃是損彼之強爲中國之利也。」先是禁百姓畜馬，長，知兩翻。畜，吁玉翻。先，悉薦翻。故元忠言之。上善其言，召見，令直中書省，仗內供奉。仗內供奉，朝會得隨百官入見。

10 冬，十月，丙午，徐州刺史密貞王元曉薨。

11 十一月，壬子，黃門侍郎、同中書門下三品來恒薨。恒，户登翻。

12 十二月，詔停來年通乾之號，以反語不善故也。通乾，反語爲天窮。

調露元年（己卯、六七九）按會要，是年六月十三日，方改元調露。

1 春，正月，己酉，上幸東都。

司農卿韋弘機作宿羽、高山、上陽等宮，按六典，宿羽、高山二宮，皆在東都禁苑中。制度壯麗。上陽宮臨洛水，爲長廊亙一里。宮成，上徙御之。侍御史狄仁傑劾奏弘機導上爲奢泰，弘機坐免官。劾，戶概翻，又戶得翻。考異曰：舊傳云：「儀鳳中，機坐家人犯盜，爲憲司所劾，免官。」狄仁傑傳云：「時司農卿韋機兼領將作少府，造宿羽、高山、上陽等宮，莫不壯麗。仁傑奏其太過，機竟坐免官。」統紀云：「駕幸東都，上遊韋弘機所造宿羽、高山等宮，乘高臨深，有登眺之美，乃敕弘機造高館，及成，臨幸，卽上陽宮也。」今據實錄，營宮在前。左司郎中王本立隋煬帝大業三年，尚書都司始置左、右司郎各一人，掌都省之職。唐置左、右司郎中，各掌付十有二司之事，以舉正稽違，省署符目。恃恩用事，朝廷畏之。仁傑奏其姦，請付法司，上特原之，仁傑曰：「國家雖乏英才，豈少本立輩！少，詩沼翻。陛下何惜罪人，以虧王法。必欲曲赦本立，請棄臣於無人之境，爲忠貞將來之戒！」本立竟得罪。考異曰：御史臺記曰：「狄仁傑以司農發太原運，句會欠米萬餘斛。高宗怒曰：『仁傑偷我米。』命殺之。吏部侍郎魏玄同曰：『仁傑健而疏，只是句當失所，臣委知不偷，請以官爵保明。』久之，高宗意解，仁傑不坐。」按仁傑傳未嘗爲司農，今不取。由是朝廷肅然。

2庚戌，右僕射、太子賓客道恭公戴至德薨。道，古國名，左傳之江、黃、道、柏是也。顯慶元年，始置太子賓客四員，正三品，掌侍從規諫，贊相禮儀。謚法：尊賢讓善曰恭。

3二月，壬戌，吐蕃贊普卒，子器弩悉弄立，生八年矣。時器弩悉弄與其舅麴薩若詣羊同發兵，羊同，西戎國名。宋祁載劉元鼎之言曰：黃河上流，由洪濟橋西南行二千里，水益狹，春可涉，秋夏乃勝舟。其南三百里，三山中高而四下，曰紫山，直大羊同國，古所謂崑崙者也，虜曰悶摩黎山，東距長安五千里，河源出其間。唐會要曰：大羊同國，東接吐蕃，西接小羊同，北直于闐，東西千里。薩，桑割翻。有弟生六年，在論欽陵軍中。國人畏欽陵之強，欲立之，欽陵不可，與薩若共立器弩悉弄。上聞贊普卒，【章：十二行本「卒」下有「嗣主未定」四字；乙十一行本同；孔本同；張校同。】命裴行儉乘間圖之，卒，子恤翻。間，古莧翻。行儉曰：「欽陵爲政，大臣輯睦，未可圖也。」乃止。

4 夏，四月，辛酉，郝處俊爲侍中。

5 偃師人明崇儼，以符呪幻術爲上及天后所重，呪，職救翻。幻，戶辦翻。官至正諫大夫。五月，壬午，崇儼爲盜所殺，求賊，竟不得。考異曰：御史臺記：「鄭仁恭，本滎陽人也，自監察累遷刑部郎中。儀鳳中，明崇儼以奇術承恩寵，夜遇刺客，敕三司亟推鞫，妄承引，連坐者甚衆。高宗怒，促有司行刑。仁恭奏曰：『此輩必死之囚，願假其數日之命。』高宗曰：『卿以爲枉邪？』仁恭曰：『臣識慮淺短，非的以爲枉，恐萬一非實，則怨氣生。』遂緩之。旬餘，果獲賊矣。朝廷稱之。」今從實錄。贈崇儼侍中。

6 丙戌，命太子監國。監，古銜翻。太子處事明審，處，昌呂翻。時人稱之。

7 戊戌，作紫桂宮於澠池之西。紫桂宮在澠池之西五里。澠，彌兗翻。

8 六月，辛亥，赦天下，改元。

9 初，西突厥十姓可汗阿史那都支及其別帥李遮匐與吐蕃連和，侵逼安西，帥，所類翻。匐，蒲北翻。朝議欲發兵討之。吏部侍郎裴行儉曰：「吐蕃爲寇，審禮覆沒，干戈未息，豈可復出師西方！今波斯王卒，其子泥洹師爲質在京師，波斯爲大食所滅，其王卑路斯入朝，授武衞將軍而死，其子爲質在京師。朝，直遥翻。復，扶又翻。卒，子恤翻。洹，戶官翻。質，音致。考異曰：實錄作「泥浬師師」，舊傳作「泥湼師師」，唐曆作「泥洹師」。今從統紀。宜遣使者送歸國，使，疏吏翻；下同。道過二虜，以便宜取之，可不血刃而擒也。」上從之，命行儉册立波斯王，過，工禾翻。考異曰：唐紀云，「波斯王卑路斯入朝未還，請遣使送歸。」今從實錄、唐曆、統紀、舊傳。仍爲安撫大食使。行儉奏肅州刺史王方翼以爲己副，仍令檢校安西都護。使，疏吏翻。令，力丁翻。

10 秋，七月，己卯朔，詔以今年冬至有事于嵩山。

11 初，裴行儉嘗爲西州長史，見一百九十九卷永徽五年。長，知兩翻。及奉使過西州，吏人郊迎，行儉悉召其豪傑子弟千餘人自隨，且揚言天時方熱，未可涉遠，須稍涼乃西上。上，時掌翻。阿史那都支覘知之，遂不設備。覘，丑廉翻，又丑豔翻。行儉徐召四鎭諸胡酋長四鎭，龜茲、毗沙、焉耆、疏勒四都督府也。酋，慈由翻。謂曰：「昔在西州，縱獵甚樂，樂，音洛。今欲尋舊賞，誰能從吾獵者？」諸胡子弟爭請從行，近得萬人。行儉陽爲畋獵，校勒部伍，校，古劾翻。數日，遂倍道西進。去都支部落十餘里，先遣都支所親問其安否，外示閒暇，似非討襲，續使促召相見。都支先與李遮匐約，秋中拒漢使，漢家威加四夷，故夷人率謂中國人爲漢人，猶漢時匈奴謂漢人爲秦人也。使，疏吏翻；下同。猝聞軍至，計無所出，帥其子弟迎謁，遂擒之。帥，讀曰率。因傳其契箭，悉召諸部酋長，夷狄無符信，以箭爲契信。西突厥沙鉢咥利失可汗分其國爲十部，部以一人統之，人授一箭，號十設，亦曰十箭，左五咄陸部，置五大啜，居碎葉東，右五弩失畢部，置五大俟斤，居碎葉西。執送碎葉城。簡其精騎，輕齎，晝夜進掩遮匐，途中，獲都支還使與遮匐使者同來；行儉釋遮匐使者，使先往諭遮匐以都支已就擒，遮匐亦降。騎，奇寄翻。齎，則兮翻。匐，蒲北翻。降，戶江翻。於是因都支、遮匐以歸，遣波斯王自還其國，留王方翼於安西，使築碎葉城。碎葉城，焉耆都督府治所也。方翼築四面十二門，爲屈曲隱出伏沒之狀。

12 冬，十月，單于大都護府突厥阿史德溫傅、奉職二部俱反，阿史德，姓也，溫傅其名。奉職，亦一部酋長之名。單，音蟬。厥，九勿翻。立阿史那泥熟匐爲可汗，二十四州酋長皆叛應之，衆數十萬，置二十四州，見一百九十九卷永徽元年。遣鴻臚卿單于大都護府長史蕭嗣業、右領軍衛將軍花大智、何承天姓苑有花姓。臚，陵如翻。單，音蟬。長，知兩翻。嗣，祥吏翻。右千牛衛將軍李景嘉等將兵討之。將兵，卽亮翻，又音如字。嗣業等先戰屢捷，因不設備；會大雪，突厥夜襲其營，嗣業狼狽拔營走，衆遂大亂，爲虜所敗，死者不可勝數。厥，九勿翻。敗，補邁翻。勝，音升。大智、景嘉引步兵且行且戰，得入單于都護府。嗣業減死，流桂州，大智、景嘉並免官。

突厥寇定州，刺史霍王元軌命開門偃旗，虜疑有伏，懼而宵遁。州人李嘉運與虜通謀，事洩，洩，息列翻。上令元軌窮其黨與，元軌曰：「強寇在境，人心不安，若多所逮繫，是驅之使叛也。」乃獨殺嘉運，餘無所問，因自劾違制。上覽表大喜，謂使者曰：「朕亦悔之，向無王，失定州矣。」劾，戶概翻，又戶得翻。使，疏吏翻。自是朝廷有大事，上多密敕問之。朝，直遙翻。

13 壬子，遣左金吾衞將軍曹懷舜屯井陘，井陘縣，漢、晉、後魏皆屬常山郡，唐屬恆州。陘，音刑。右武衞將軍崔獻屯龍門，以備突厥。突厥扇誘奚、契丹侵掠營州，誘，羊久翻。契，欺訖翻，又音喫。都督周道務遣戶曹始平唐休璟將兵擊破之。曹魏置始平縣，晉武帝置始平郡，後魏廢郡，以縣屬扶風，隋、唐屬雍州。

14 庚申，詔以突厥背誕，罷封嵩山。背，蒲妹翻。

15 癸亥，吐蕃文成公主遣其大臣論塞調傍來告喪，并請和親，上遣郎將宋令文詣吐蕃會贊普之葬。將，卽亮翻；下管將同。

16 十一月，戊寅朔，以太子左庶子、同中書門下三品高智周爲御史大夫，罷知政事。

17 癸未，上宴裴行儉，謂之曰：「卿有文武兼資，今授卿二職。」乃除禮部尚書兼檢校右衞大將軍。甲辰，以行儉爲定襄道行軍大總管，將兵十八萬，并西軍檢校豐州都督程務挺、東軍幽州都督李文暕暕，古限翻。總三十餘萬以討突厥，並受行儉節度。務挺，名振之子也。程名振爲將，著功名於貞觀、永徽之間。

永隆元年（庚辰、六八〇）按會要，是年八月二十三日，改元永隆。

1 春，二月，癸丑，上幸汝州之溫湯；戊午，幸嵩山處士三原田遊巖所居；處，昌呂翻。己未，幸道士宗城潘師正所居，考異曰：舊傳，「師正，趙州贊皇人。」今從實錄。上及天后、太子皆拜之。史言帝崇信異端。乙丑，還東都。

2 三月，裴行儉大破突厥於黑山，黑山一名殺胡山，在豐州中受降城正北，如東八十里，亦謂之呼延谷。擒其酋長奉職；句絕。可汗泥熟匐爲其下所殺，以其首來降。降，戶江翻。

初，行儉行至朔川，考異曰：舊傳作「朔州」。今依實錄及統紀。余按唐朔州治善陽縣，漢定襄縣地。單于府治金河縣，漢雲中郡城也。自朔州至單于府三百五十七里。以裴行儉軍行次舍考之，先至朔州而後至單于府北，則舊傳朔州爲是。謂其下曰：「用兵之道，撫士貴誠，制敵貴詐。前日蕭嗣業糧運爲突厥所掠，士卒凍餒，故敗。今突厥必復爲此謀，復，扶又翻；下復爲、可復同。宜有以詐之。」乃詐爲糧車三百乘，每車伏壯士五人，各持陌刀、勁弩，陌刀，大刀也；一舉刀可殺數人。唐六典曰：陌刀，長刀也，步兵所持，蓋古之斬馬劍。釋名曰：弩，怒也，有怒勢也。其柄曰臂，似人臂也。鉤弦者曰牙，似牙齒也。牙外曰郭，爲牙之規郭也。合名之曰機，言如機之巧也；亦言如門戶樞機，開闔有節也。乘，繩證翻。以羸兵數百爲之援，羸，倫爲翻。且伏精兵於險要以待之。虜果至，羸兵棄車散走。虜驅車就水草，解鞍牧馬，欲取糧，壯士自車中躍出，擊之，虜驚走，復爲伏兵所邀，殺獲殆盡，自是糧運行者，虜莫敢近。近，其靳翻。

軍至單于府北，抵暮，下營，掘塹已周，掘，其月翻。塹，七豔翻。行儉遽命移就高岡；諸將皆言士卒已安堵，不可復動，行儉不從，趣使移。趣，讀曰促。是夜，風雨暴至，前所營地，水深丈餘，深，式禁翻。諸將驚服，問其故，行儉笑曰：「自今但從我命，不必問其所由知也。」奉職既就擒，餘黨走保狼山。狼山，歌邏祿右廂部落所居也。永徽元年，置狼山州，屬雲中都護府。詔戶部尚書崔知悌馳傳詣定襄宣慰將士，且區處餘寇，傳，知戀翻。處，昌呂翻。行儉引軍還。

3 夏，四月，乙丑，上幸紫桂宮。

4 戊辰，黃門侍郎聞喜裴炎、崔知溫、聞喜縣，漢屬河東郡。隋以漢聞喜縣爲絳縣，以漢絳縣爲曲沃縣，以桐鄉置聞喜縣，尋改爲桐鄉縣；武德元年復曰聞喜，屬絳州。中書侍郎京兆王德眞並同中書門下三品。知溫，知悌之弟也。

5 秋，七月，吐蕃寇河源，左武衛將軍黑齒常之擊卻之。考異曰：實錄：「吐蕃大將贊婆及素和貴等帥衆三萬進寇河源，屯兵于良非川。辛巳，河西鎮撫大使、中書令李敬玄統衆與賊戰于湟川，官軍敗績。副使、左武衛將軍黑齒常之帥精騎三千，夜襲賊營，殺獲二千餘級，贊婆等遂退。擢常之爲河源軍經略大使，詔敬玄留鎮鄯州以爲之援。」按儀鳳三年九月，敬玄已與吐蕃戰敗于青海，常之夜襲賊營，賊乃退，與此事頗相類。舊書敬玄傳，止一敗，無再敗。常之傳：「儀鳳中，從敬玄擊吐蕃，走跋地設，充河源軍副使。時贊婆等屯良非川，常之夜襲賊營，走之，擢爲大使。」事似同時。新書敬玄傳，戰青海，又戰湟川，凡再敗。常之傳：儀鳳三年，襲跋地設。調露中，襲贊婆。唐曆、統紀皆無今年敬玄敗事。又實錄，今年八月丁巳，敬玄貶衡州刺史。辛巳至丁巳，纔三十七日。賈耽皇華四達記，自長安至鄯州約一千七百餘里。時高宗又在東都，若敬玄敗後，累表稱疾，得報乃來，至東都，必數日乃貶，非三十七日之內所能容也。今略去敬玄湟川敗事，但云吐蕃寇河源，常之擊卻之而已。今按劉昫唐書地理志，鄯州在京師西一千九百一十三里。擢常之爲河源軍經略大使。常之以河源衝要，欲加兵戍之，而轉輸險遠，乃廣置烽戍七十餘所，開屯田五千餘頃，歲收五百餘萬石，由是戰守有備焉。

先是，劍南募兵，於茂州西南築安戎城，以斷吐蕃通蠻之路。宋白曰：茂州本冉駹之國，漢開爲汶山郡。華陽國志云：宣帝地節三年，武都白馬羌反，使駱武平定之。汶山吏民詣武自訟，一歲再度更賦至重，邊人貧苦，無以供給，求省郡，遂省汶山郡，復置都尉。今州即漢蜀郡汶江縣，梁普通三年，置繩州，取桃關之路以繩作橋以名州。後周爲汶州，置汶山縣。唐改茂州，取界內茂滋山而名。吐蕃以生羌爲鄉導，先，悉薦翻。斷，丁管翻。鄉，讀曰嚮。攻陷其城，以兵據之，由是西洱諸蠻皆降於吐蕃。洱，而志翻。降，戶江翻。吐蕃盡據羊同、党項及諸羌之地，東接涼、松、茂、巂等州，南鄰天竺，西陷龜茲、疏勒等四鎮，党，底朗翻。巂，音髓。龜茲，音丘慈。北抵突厥，地方萬餘里，諸胡之盛，莫與爲比。

6 丙申，鄭州刺史江王元祥薨。鄭州，漢滎陽縣地。漢滎陽屬河南郡，晉分爲滎陽郡，後魏屬北豫州，後置鄭州，隋開皇十六年改曰管州，大業初，復曰鄭州。

7 突厥餘衆圍雲州，雲州，漢平城縣地。後魏爲代都，北齊及後周爲恆安鎮，貞觀七年，置雲州及定襄縣。代州都督竇懷悊、悊，與哲同。右領軍中郎將程務挺將兵擊破之。將，卽亮翻。

8 八月，丁未，上還東都。

9 中書令、檢校鄯州都督李敬玄，軍既敗，屢稱疾請還；上許之。既至，無疾，詣中書視事；上怒，丁巳，貶衡州刺史。衡州，漢酃縣、烝陽、耒陽、茶陵縣地。吳置湘東郡，梁、陳置衡山郡。隋平陳，置衡州。京師東南三千四百三里，至東都二千七百六十里。

10 太子賢聞宮中竊議，以賢爲天后姊韓國夫人所生，內自疑懼。明崇儼以厭勝之術爲天后所信，厭，於葉翻。常密稱「太子不堪承繼，英王貌類太宗」，又言「相王相最貴」。相，悉亮翻。天后嘗命北門學士撰少陽正範顏延之曲水詩序曰：正體毓德於少陽。註云：東宮，少陽位也。少，詩照翻。及孝子傳以賜太子，傳，直戀翻。又數作書誚讓之，數，所角翻。誚，才笑翻。太子愈不自安。及崇儼死，賊不得，天后疑太子所爲。太子頗好聲色，與戶奴趙道生等狎昵，好，呼到翻。昵，尼質翻。多賜之金帛，司議郎韋承慶上書諫，不聽。上，時掌翻。天后使人告其事。詔薛元超、裴炎與御史大夫高智周等雜鞫之，於東宮馬坊搜得皂甲數百領，以爲反具；道生又款稱太子使道生殺崇儼。上素愛太子，遲回欲宥之，天后曰：「爲人子懷逆謀，天地所不容；大義滅親，何可赦也！」甲子，廢太子賢爲庶人，遣右監門中郎將令狐智通等送賢詣京師，監，古銜翻。將，卽亮翻。幽於別所，黨與皆伏誅，仍焚其甲於天津橋南以示士民。劉昫曰：東都，周之王城，平王東遷所都也。故城在今苑內東北隅。自赧王以後，及東漢、魏文、晉武皆都於今故洛城。隋大業元年，自故洛城西移十八里，置新都，今都城是也。北據邙山，南對伊闕，洛水貫都，有河漢之象，跨洛爲橋，曰天津橋。唐世人主，往來東都、西京，而寔都長安，以長安爲京師。承慶，思謙之子也。韋思謙見一百九十九卷永徽元年。

乙丑，立左衞大將軍、雍州牧英王哲爲皇太子，雍，於用翻。改元，赦天下。

太子洗馬劉訥言常撰俳諧集以獻賢，賢敗，搜得之，上怒曰：「以六經教人，猶恐不化，乃進俳諧鄙說，豈輔導之義邪！」流訥言於振州。舊志：振州與崖州同在大海洲中，至京師八千六百六里，至東都七千七百九十七里。洗，悉薦翻。撰，士免翻。俳，蒲皆翻。考異曰：新傳云：「除名爲民，復坐事流死振州。」今從實錄。

左衞將軍高眞行之子政爲太子典膳丞，事與賢連，上以付其父，使自訓責。政入門，眞行以佩刀刺其喉，眞行兄戶部侍郎審行又刺其腹，眞行兄子琁斷其首，棄之道中。刺，七亦翻。琁，從宣翻。斷，丁管翻。上聞之，不悅，貶眞行爲睦州刺史，審行爲渝州刺史。眞行，士廉之子也。舊志：睦州，京師東南三千六百五十九里，至東都二千八百二十一里。渝州，漢末之巴東郡，隋置渝州；京師西南二千七百四十八里，至東都三千四百三十里。高士廉，長孫無忌之舅。

左庶子、中【章：十二行本「中」上有「同」字；乙十一行本同；孔本同。】書門下三品張大安坐阿附太子，左遷普州刺史。舊志：普州，至京師二千三百六十里，至東都三千二百三里。其餘宮僚，上皆釋其罪，使復位，左庶子薛元超等皆舞蹈拜恩；右庶子李義琰獨引咎涕泣，時論美之。

11 九月，甲申，以中書侍郎、同中書門下三品王德眞爲相王府長史，罷政事。唐制，王府置長史、司馬。長史，從四品上。司馬，從四品下。長史、司馬統領府僚，紀綱職務。相，悉亮翻。

12 冬，十月，壬寅，蘇州刺史曹王明，蘇州，古吳國，東漢爲吳郡；隋置蘇州，因姑蘇山而名。沂州刺史嗣蔣王煒，沂州，漢琅邪國，後魏置北徐州；後周改沂州，以沂水名；隋爲琅邪郡，唐復以琅邪郡置沂州。煒，于鬼翻。皆坐故太子賢之黨，明降封零陵郡王，黔州安置；煒除名，道州安置。道州，漢零陵郡泠道、馮乘之地。隋以零陵郡置永州，武德四年，分置營州，貞觀八年，改曰道州。舊志：黔州，京師南三千一百九十三里，至東都二千二百七十七里。

13 丙午，文成公主薨于吐蕃。

14 己酉，車駕西還。

15 十一月，壬申朔，日有食之。

開耀元年（辛巳、六八一）是年十月方改元，新書作九月。

1 春，正月，突厥寇原、慶等州。乙亥，遣右衛將軍李知十等屯涇、慶二州以備突厥。

2 庚辰，以初立太子，敕宴百官及命婦於宣政殿，西京東內正殿曰含元，後殿曰宣政。引九部伎及散樂自宣政門入。杜佑曰：散樂，卽百戲也。伎，渠綺翻。散，悉亶翻。太常博士袁利貞上疏，以爲：「正寢非命婦宴會之地，路門非倡優進御之所，上，時掌翻。倡，音昌。請命婦會於別殿，九部伎自東西門入，其散樂伏望停省。」上乃更命置宴於麟德殿；麟德殿，麟德中所作也。閣本大明宮圖：翰林院密邇麟德殿。韋執誼曰：翰林院在右銀臺門內，麟德殿在西重廊之後。更，工衡翻。宴日，賜利貞帛百段。利貞，昂之曾孫也。

利貞族孫誼爲蘇州刺史，自以其先自宋太尉淑以來，盡忠帝室，袁淑死於宋元凶之難，袁顗以死奉子勛，袁昂盡節於齊室，袁憲盡忠於陳後主。謂琅邪王氏雖奕世台鼎，而爲歷代佐命，琅邪王氏股肱晉室，而王弘爲宋室佐命，王儉爲齊室佐命，梁室之興，侯景之篡，王亮、王克爲勸進之首。恥與爲比，嘗曰：「所貴於名家者，爲其世篤忠貞，才行相繼故也。爲，于僞翻。行，下孟翻。彼鬻婚姻求祿利者，又烏足貴乎！」時人是其言。因袁利貞併著袁誼之言，以其有益於名教也。

3 裴行儉軍既還，突厥阿史那伏念復自立爲可汗，復，扶又翻。杜佑曰：伏念，頡利從兄之子。與阿史德溫傅連兵爲寇。癸巳，以行儉爲定襄道大總管，以右武衛將軍曹懷舜、幽州都督李文暕爲副，將兵討之。暕，古限翻。將，卽亮翻。

4 二月，天后表請赦杞王上金、鄱陽王素節之罪；以上金爲沔州刺史，沔州，漢安陸之地。晉置沔陽縣，江左爲魯山鎭。隋開皇十七年，置漢陽縣，屬復州，復州治沔陽；大業初，改復州曰沔州。唐復以沔州爲復州，分漢陽置沔州。素節爲岳州刺史，岳州，漢下雋縣地。吳置巴陵縣，晉置建昌郡，梁置巴州。隋改曰岳州，因天岳山以名州。大業初，改羅州，唐復曰岳州。舊志：岳州，京師東南二千二百三十七里，至東都一千八百一十六里。仍不聽朝集。朝，直遙翻。

5 三月，辛卯，以劉仁軌兼太子少傅，餘如故。仁軌先爲尚書左僕射、同中書門下三品。以侍中郝處俊爲太子少保，罷政事。

少府監裴匪舒，善營利，少，詩照翻。奏賣苑中馬糞，歲得錢二十萬緡。上以問劉仁軌，對曰：「利則厚矣，恐後代稱唐家賣馬糞，非嘉名也。」乃止。匪舒又爲上造鏡殿，成，爲，于僞翻。上與仁軌觀之，仁軌驚趨下殿。上問其故，對曰：「天無二日，土無二王，孟子載孔子之言。適視四壁有數天子，不祥孰甚焉！」上遽令剔去。去，羌呂翻。

6 曹懷舜與裨將竇義昭將前軍擊突厥。將，卽亮翻；下同，又音如字。或告「阿史那伏念與阿史德溫傅在黑沙，【章：十二行本「沙」下有「北」字；乙十一行本同；孔本同。】黑沙城，後突厥默啜以爲南庭。左右纔二十騎以下，可徑往取也。」騎，奇寄翻。懷舜等信之，留老弱於瓠蘆泊，水白爲泊。帥輕銳倍道進，至黑沙，無所見，人馬疲頓，乃引兵還。

會薛延陀部落欲西詣伏念，遇懷舜軍，因請降。帥，讀曰率。降，戶江翻。懷舜等引兵徐還，至長城北，遇溫傅，小戰，各引去。至橫水，橫水去金河一百四十許里。遇伏念，懷舜、義昭與李文暕及裨將劉敬同四軍合爲方陳，陳，讀曰陣。且戰且行；經一日，伏念乘便風擊之，軍中擾亂，懷舜等棄軍走，軍遂大敗，死者不可勝數。勝，音升。懷舜等收散卒，斂金帛以賂伏念，與之約和，殺牛爲盟。伏念北去，懷舜等乃得還。還，從宣翻，又音如字。

夏，五月，丙戌，懷舜免死，流嶺南。

7 己丑，河源道經略大使黑齒常之將兵擊吐蕃論贊婆於良非川，破之，收其糧畜而還。畜，許救翻。常之在軍七年，吐蕃深畏之，不敢犯邊。

8 初，太原王妃之薨也，武士彠封太原王，妃從其爵，咸亨元年薨。天后請以太平公主爲女官以追福。公主，天后女也。及吐蕃求和親，請尚太平公主，上乃爲立太平觀，以公主爲觀主以拒之。爲，于僞翻。觀，古玩翻。至是，始選光祿卿汾陰薛曜之子紹尚焉。紹母，太宗女城陽公主也。據會要，城陽公主先降杜荷，荷誅，降薛瓘。新書亦然。

秋，七月，公主適薛氏，自興安門南至宣陽坊西，燎炬相屬，自興安門而南，歷三坊至宣陽坊，萬年縣治在焉。屬，之欲翻。夾路槐木多死。紹兄顗以公主寵盛，深憂之，顗，魚豈翻。以問族祖戶部郎中克構，唐戶部郎，掌分理戶口、井田之事，凡天下十道，任土所出，爲貢賦之差。克構曰：「帝甥尚主，國家故事，苟以恭慎行之，亦何傷！然諺曰：『娶婦得公主，無事取官府。』不得不爲之懼也。」

天后以顗妻蕭氏及顗弟緒妻成氏非貴族，欲出之，曰：「我女豈可使與田舍女爲妯娌邪！」爲，于僞翻。妯，直六翻。娌，兩耳翻。妯娌，娣姒婦也。或曰：「蕭氏，瑀之姪孫，國家舊姻。」蕭瑀子銳尚太宗女襄城公主。乃止。

9 夏州羣牧使安元壽奏：「自調露元年九月以來，喪馬一十八萬餘匹，監牧吏卒爲虜所殺掠者八百餘人。」夏，戶雅翻。使，疏吏翻。喪，息浪翻。唐諸牧監，掌羣牧孳課之事。凡諸羣牧，立南、北、東、西四使以分統之，其馬皆印，每歲終，監牧使巡按孳數，以功過相除，爲之考課。此止夏州所喪失之數。

10 薛延陀達渾等五州四萬餘帳來降。達渾都督領姑衍州、步訖若州、嵠彈州、鶻州、低粟州。降，戶江翻。

11 甲午，左僕射兼太子少傅、同中書門下三品劉仁軌固請解僕射，許之。

12 閏七月，丁未，裴炎爲侍中，崔知溫、薛元超並守中書令。

13 上徵田遊巖爲太子洗馬，在東宮無所規益。右衞副率蔣儼右衞副率，從四品上。洗，悉薦翻。率，所律翻。以書責之曰：「足下負巢、由之俊節，傲唐、虞之聖主，聲出區宇，名流海內。主上屈萬乘之重，申三顧之榮，三顧，用諸葛亮事。上幸嵩山，嘗至遊巖所居，故云然。乘，繩證翻。遇子以商山之客，漢四皓隱於商山。待子以不臣之禮，將以輔導儲貳，漸染芝蘭耳。漸，子廉翻。皇太子春秋鼎盛，聖道未周，僕以不才，猶參庭諍，足下受調護之寄，漢高帝謂四皓曰：「煩公卒調護太子。」是可言之秋，唯唯而無一談，悠悠以卒年歲。唯，于癸翻。卒，子恤翻。向使不餐周粟，夷、齊採薇西山，不食周粟。餐，千安翻。僕何敢言！祿及親矣，以何酬塞？遊巖有母。塞，悉則翻。想爲不達，謹書起予。」孔子謂子夏曰：「起予者商也。」爲，于僞翻。遊巖竟不能答。

14 庚申，上以服餌，令太子監國。監，古銜翻。

15 裴行儉軍于代州之陘口，即鴈門之陘嶺關口。陘，音刑。多縱反間，由是阿史那伏念與阿史德溫傅浸相猜貳。伏念留妻子輜重於金牙山，突厥之初，建牙於金山，其後分爲東、西突厥，凡建牙之地，率謂之金牙山。蘇定方直抵金牙山擒賀魯，此西突厥可汗所居之金牙山也。裴行儉遣程務挺等掩金牙山，取伏念妻子，此東突厥可汗所居之金牙山也。可汗所居，謂之金帳，故亦以金牙言之。間，古莧翻；下同。重，直龍翻；下同。以輕騎襲曹懷舜。行儉遣裨將何迦密自通漠道，程務挺自石地道掩取之。騎，奇寄翻。將，即亮翻；下同。迦，居牙翻，又居伽翻。伏念與曹懷舜約和而還，比至金牙山，還，從宣翻。比，必利翻。失其妻子輜重，士卒多疾疫，乃引兵北走細沙，行儉又使副總管劉敬同、程務挺等將單于府兵追躡之。伏念請執溫傅以自效，然尚猶豫，又自恃道遠，唐兵必不能至，不復設備。走，音奏。躡，泥輒翻。復，扶又翻。單，音蟬。敬同等軍到，伏念狼狽，不能整其衆，遂執溫傅，從間道詣行儉降。候騎告以塵埃漲天而至，將士皆震恐，行儉曰：「此乃伏念執溫傅來降，非他盜也。然受降如受敵，不可無備。」乃命嚴備，遣單使迎前勞之。少選，間，古莧翻。降，戶江翻；下同。騎，奇寄翻。使，疏吏翻。勞，力到翻。少選，猶言少頃也。伏念果帥酋長縛溫傅詣軍門請罪。帥，讀曰率。酋，慈由翻。長，知兩翻。行儉盡平突厥餘黨，以伏念、溫傅歸京師。厥，九勿翻。

16 冬，十月，丙寅朔，日有食之。

17 壬戌，裴行儉等獻定襄之俘。乙丑，改元。改元開耀。丙寅，斬阿史那伏念、阿史德温傅等五十四人於都市。既書十月丙寅朔日食，方書壬戌裴行儉獻俘，乙丑改元，又書丙寅斬阿史那伏念等，是十月一月内有二丙寅矣。此舊史之誤，通鑑因之，失於檢點也。新書是年九月乙丑改元，蓋壬戌獻俘，亦九月事，前年命行儉爲定襄道行軍大總管以討突厥，故曰獻定襄之俘。

初，行儉許伏念以不死，故降。裴炎疾行儉之功，奏言：「伏念爲副將張虔勗、程務挺所逼，又回紇等自磧北南向逼之，窮窘而降耳。」紇，下沒翻。磧，七迹翻。遂誅之。行儉歎曰：「渾、濬爭功，事見八十一卷晉武帝太康元年。言若爭伏念之死，則是與張虔勗、程務挺爭功。古今所恥。但恐殺降，無復來者。」復，扶又翻。因稱疾不出。

18 丁亥，新羅王法敏卒，卒，子恤翻。遣使立其子政明。

19 十一月，癸卯，徙故太子賢於巴州。舊志：巴州至京師二千三百六十里，東都二千五百八十二里。

王崇武標點容肇祖聶崇岐覆校

資治通鑑卷第二百三

端明殿學士兼翰林侍讀學士太中大夫提舉西京嵩山崇福宮上柱
國河内郡開國公食邑二千二百戶食實封九百戶賜紫金魚袋臣　司馬光　奉敕編集
後學天台　胡三省　音註

唐紀十九

起玄黓敦牂（壬午），盡柔兆閹茂（丙戌），凡五年。

高宗天皇大聖大弘孝皇帝下

永淳元年（壬午、六八二）時以皇孫重照生改元。

1春，二月，作萬泉宮於藍田。藍田縣，漢屬京兆，後魏置藍田郡；隋廢郡爲縣，復屬京兆。

2癸未，改元，赦天下。

3戊午，立皇孫重照爲皇太孫。上欲令開府置官屬，問吏部郎中王方慶，吏部掌考天下之文吏之班秩階品。對曰：「晉及齊皆嘗立太孫，晉惠帝立太孫臧，齊武帝立太孫昭業。其太子官屬卽爲太孫官屬，未聞太子在東宮而更立太孫者也。」上曰：「自我作古，可乎？」對曰：「三王不相襲禮，叔孫通之言。何爲不可！」乃奏置師傅等官。既而上疑其非法，竟不補授。方慶，裒之曾孫也。方慶，梁王褒之曾孫，江陵陷，褒徙入關，遂爲咸陽人。裒，當作褒。名綝，以字行。綝，丑林翻。

4 西突厥阿史那車薄帥十姓反。厥，九勿翻。帥，讀曰率；下同。

5 夏，四月，甲子朔，日有食之。

6 上以關中饑饉，米斗三百，將幸東都；丙寅，發京師，留太子監國，監，古銜翻；下同。使劉仁軌、裴炎、薛元超輔之。時出幸倉猝，扈從之士有餓死於中道者。從，才用翻；下以從同。上慮道路多草竊，命監察御史魏元忠檢校車駕前後。元忠受詔，卽閱視赤縣獄，西京以長安萬年爲赤縣。得盜一人，神采語言異於衆；命釋桎梏，桎，職日翻。梏，工沃翻。襲冠帶，乘驛以從，從，才用翻。與之共食宿，既與之共食，又與之共宿。託以詰盜，詰，去吉翻。其人笑許諾。比及東都，比，必利翻。士馬萬數，不亡一錢。

7 辛未，以禮部尚書聞喜憲公裴行儉爲金牙道行軍大總管，此指西突厥之金牙山也。帥右金吾將軍閻懷旦等三總管分道討西突厥。師未行，行儉薨。

行儉有知人之鑒，初爲吏部侍郎，前進士王勮、勮，其據翻。咸陽尉欒城蘇味道劉昫曰：欒城，漢開縣；後魏於漢開縣古城置欒城縣，屬趙州。余考漢書地理志，常山郡有關縣；又考宋白續通典，鎭州欒城縣本漢關縣，魏太和十一年，於關縣故城置欒城縣；則劉昫誤作開縣明矣。皆未知名，行儉一見謂之曰：「二君後當相次掌銓衡，僕有弱息，願以爲託。」弱息，弱子也。是時勮弟勃與華陰楊炯、范陽盧照鄰、范陽，漢涿縣地，魏文帝改爲范陽郡；至隋廢郡，復爲涿縣，屬幽州；唐武德七年，改爲范陽縣。華，戶化翻。烱，古迥翻。義烏駱賓王義烏，漢烏傷縣地。後漢分烏傷，置長山縣；晉以長山爲東陽郡治所，烏傷別爲縣；武德七年，改烏傷爲義烏縣，屬婺州。皆以文章有盛名，司列少常伯李敬玄尤重之，少，詩照翻。以爲必顯達。行儉曰：「士之致遠，當先器識而後才藝。勃等雖有文華，而浮躁淺露，豈享爵祿之器邪！楊子稍沈靜，躁，則到翻。沈，持林翻。應至令長；餘得令終幸矣。」既而勃度海墮水，烱終於盈川令，黔州彭水縣，漢酉陽縣地；武德二年，分彭水，於巴江西置盈隆縣；先天元年，避太子名，改曰盈川；非此也。衢州龍丘縣，武后如意元年，分置盈川縣。縣西有刑溪，陳時，土人留異惡「刑」字，改曰盈川，因爲縣名。長，知兩翻。照鄰惡疾不愈，赴水死，賓王反誅，謂同徐敬業反。勮、味道皆典選，如行儉言。選，須絹翻。行儉爲將帥，所引偏裨如程務挺、張虔勗、王方翼、劉敬同、李多祚、黑齒常之，後多爲名將。將，卽亮翻；下同。帥，所類翻。裨，賓彌翻。

行儉常命左右取犀角、麝香而失之。又敕賜馬及鞍，令史輒馳驟，馬倒，鞍破。此禮部令史也。二人皆逃去，行儉使人召還，謂曰：「爾曹皆誤耳，何相輕之甚邪！」謂懼罪責而逃，是以常人見待，相輕之甚也。待之如故。破阿史那都支，見上卷調露元年。得馬腦盤，廣二尺餘，馬腦，文石也，瑑以爲盤。廣，古曠翻。以示將士，軍吏王休烈捧盤升階，跌而碎之，跌，徒結翻。惶恐，叩頭流血。行儉笑曰：「爾非故爲，何至於是！」不復有追惜之色。詔賜都支等資產金器三千餘物，雜畜稱是，復，扶又翻。畜，許救翻。稱，尺證翻。並分給親故及偏裨，數日而盡。

8 阿史那車薄圍弓月城，安西都護王方翼引軍救之，破虜衆於伊麗水，自弓月城過思渾川、蟄失蜜城，渡伊麗河至碎葉界。斬首千餘級。俄而三姓咽麪與車薄合兵拒方翼，方翼與戰於熱海，碎葉城東有熱海，地寒不凍。咽，於甸翻。麪，眠見翻。流矢貫方翼臂，方翼以佩刀截之，左右不知。所將胡兵謀執方翼以應車薄，方翼知之，悉召會議，陽出軍資賜之，以次引出斬之，會大風，方翼振金鼓以亂其聲，誅七十餘人，其徒莫之覺。既而分遣裨將襲車薄、咽麪，大破之，擒其酋長三百人，酋，慈由翻。長，知兩翻。西突厥遂平。閻懷旦竟不行。方翼尋遷夏州都督，徵入，議邊事。上見方翼衣有血漬，夏，戶雅翻。漬，疾智翻。問之，方翼具對熱海苦戰之狀，上視瘡歎息；竟以廢后近屬，不得用而歸。廢后，方翼從祖女弟也。歸者，復歸夏州。

9 乙酉，車駕至東都。

10 丁亥，以黃門侍郎潁川郭待舉、隋改長社爲潁川縣，武德四年復曰長社，屬許州。兵部侍郎岑長倩、祕書員外少監・檢校中書侍郎鼓城郭正一、吏部侍郎鼓城魏玄同鼓城，漢臨平、下曲陽兩縣之地，屬鉅鹿郡。隋分槀城，於下曲陽故城東五里置昔陽縣，尋改爲鼓城，時屬定州。並與中書門下同承受進止平章事。上欲用待舉等，謂韋【章：十二行本「韋」作「崔」；乙十一行本同；孔本同。】知溫曰：「待舉等資任尚淺，且令預聞政事，未可與卿等同名。」自是外司四品已下知政事者，始以平章事爲名。長倩，文本之兄子也。岑文本輔太宗。

先是，玄同爲吏部侍郎，先，悉薦翻。上言銓選之弊，上，時掌翻。以爲：「人君之體，當委任而責成功，所委者當，則所用者自精矣。者當，丁浪翻。故周穆王命伯冏爲太僕正，曰：『慎簡乃僚。』見書冏命。是使羣司各求其小者，而天子命其大者也。乃至漢氏，得人皆自州縣補署，五府辟召，然後升於天朝，見後漢紀。朝，直遥翻。自魏、晉以來，始專委選部。選，須絹翻。夫以天下之大，士人之衆，而委之數人之手，用刀筆以量才，按簿書而察行，量，音良。行，下孟翻。借使平如權衡，明如水鏡，猶力有所極，照有所窮，況所委非人而有愚闇阿私之弊乎！願略依周、漢之規以救魏、晉之失。」疏奏，不納。

11 五月，【章：十二行本「月」下有「丙午」二字；乙十一行本同；孔本同；張校同。】東都霖雨。乙卯，洛水溢，溺民居千餘家。關中先水後旱、蝗，繼以疾疫，米斗四百，兩京間死者相枕於路，枕，之任翻。人相食。

12 上既封泰山，欲遍封□□，【章：十二行本空格作「五嶽」二字；乙十一行本同；孔本同。】秋，七月，作奉天宮於嵩山南。奉天宮，在洛州嵩陽縣。監察御史裏行李善感諫曰：裏行者，資序未至，未正除監察御史，令於監察御史班裏行也。監，古銜翻。「陛下封泰山，告太平，致羣瑞，與三皇、五帝比隆矣。數年以來，菽粟不稔，餓殍相望，四夷交侵，兵車歲駕；陛下宜恭默思道以禳災譴，禳，如羊翻。乃更廣營宮室，勞役不休，天下莫不失望。臣忝備國家耳目，竊以此爲憂！」上雖不納，亦優容之。自褚遂良、韓瑗之死，見二百卷顯慶三年、四年。瑗，于眷翻。中外以言爲諱，無敢逆意直諫，幾二十年；及善感始諫，天下皆喜，謂之「鳳鳴朝陽」。詩卷阿曰：鳳皇鳴矣，于彼高岡；梧桐生矣，于彼朝陽。註云：梧桐，柔木也。山東曰朝陽。梧桐不生山岡，太平而後生朝陽。幾，居依翻。

13 上遣宦者緣江徙異竹，欲植苑中。宦者科舟載竹，所在縱暴；過荆州，荆州長史蘇良嗣囚之，上疏切諫，上，時掌翻；下同。以爲：「致遠方異物，煩擾道路，恐非聖人愛人之意。又，小人竊弄威福，虧損皇明。」上謂天后曰：「吾約束不嚴，果爲良嗣所怪。」手詔慰諭良嗣，令棄竹江中。良嗣，世長之子也。蘇世長見一百八十八卷高祖武德四年。

14 黔州都督謝祐希天后意，逼零陵王明令自殺，明徙黔州見上卷永隆元年。黔，音琴。上深惜之，黔府官屬皆坐免官。祐後寢於平閣，與婢妾十餘人共處，處，昌呂翻。夜，失其首。垂拱中，明子零陵王俊、黎國公傑爲天后所殺，有司籍其家，得祐首，漆爲穢器，題云謝祐，乃知明子使刺客取之也。

15 太子留守京師，頗事遊畋，薛元超上疏規諫；上聞之，遣使者慰勞元超，使，疏吏翻。勞，力到翻。仍召赴東都。

16 吐蕃將論欽陵寇柘、松、翼等州。顯慶三年，開置柘州蓬山郡，屬松州都督府。宋白作「拓」，曰「以開拓爲稱」。今按新、舊書皆作「柘」。翼州本漢蠶陵縣地，故城在州西，有蠶陵山；隋爲翼斜縣，唐武德元年，置翼州。隋縣名，唐州，取州南翼水爲名。詔左驍衞郎將李孝逸、右衞郎將衞蒲山發秦、渭等州兵分道禦之。驍，堅堯翻。將，卽亮翻。

17 冬，十月，丙寅，黃門侍郎劉景先同中書門下平章事。

18 是歲，突厥餘黨阿史那骨篤祿、骨篤祿亦曰骨咄祿，頡利族人也，雲中都督舍利元英之部酋，世襲吐屯。阿史德元珍等招集亡散，據黑沙城反，杜佑曰：阿史德元珍，習知中國風俗，邊塞虛實，在單于府檢校降戶部落，坐事爲單于長史王本立所拘縶。會骨咄祿入寇，元珍請依舊檢校部落，本立許之，因便投骨咄祿。骨咄祿得之甚喜，以爲阿波大達干，令專統兵馬事。入寇并州及單于府之北境，單，音蟬。殺嵐州刺史王德茂。右領軍衞將軍、檢校代州都督薛仁貴將兵擊元珍於雲州，虜問唐大將爲誰，應之曰：「薛仁貴」。虜曰：「吾聞仁貴流象州，仁貴以大非川之敗除名，起爲雞林道總管，復坐事貶象州。死久矣，何以紿我！」紿，蕩亥翻。仁貴免冑示之面，虜相顧失色，下馬列拜，稍稍引去。仁貴因奮擊，大破之，斬首萬餘級，捕虜二萬餘人。

19 吐蕃入寇河源軍，軍使婁師德將兵擊之於白水澗，白水澗有白水軍，註見後。使，疏吏翻；下同。將，卽亮翻；下同。八戰八捷。上以師德爲比部員外郎、左驍衞郎將、河源軍經略副使，曰：「卿有文武材，勿辭也！」比，音毗。驍，堅堯翻。

弘道元年（癸未、六八三）是年十二月改元。

1春，正月，甲午朔，上行幸奉天宮。

2二月，庚午，突厥寇定州，刺史霍王元軌擊卻之。乙亥，復寇嬀州。復，扶又翻；下可復同。嬀，居爲翻。三月，庚寅，阿史那骨篤祿、阿史德元珍圍單于都護府，執司馬張行師，殺之。遣勝州都督王本立、夏州都督李崇義將兵分道救之。

3太子右庶子、同中書門下三品李義琰改葬父母，使其舅氏遷舊墓；上聞之，怒曰：「義琰倚勢，乃陵其舅家，不可復知政事！」義琰聞之，不自安，以足疾乞骸骨，庚子，以義琰爲銀青光祿大夫，致仕。

4癸丑，守中書令崔知溫薨。舊制：凡九品已上職事官，皆帶散位，謂之本品。職事則隨才敍用，或去閒入劇，或去高就卑，遷徙出入，參差不定。散位則一切以門蔭結品，然後以勞考進敍。武德令職事解散官，欠一階不至爲兼，職事卑者不解散官。貞觀令以職事高者爲守，職事卑者爲行，仍帶散位，其欠一階仍舊爲兼，或帶散官，或爲守，參而用之。其兩職事亦爲兼，頗相錯亂。咸亨二年，始一切爲守。其欠一階之兼，古念翻；其兩職事之兼，古恬翻；字同音異耳。

5夏，四月，己未，車駕還東都。

6綏州步落稽白鐵余，步落稽，稽胡也。埋銅佛於地中，久之，草生其上，紿其鄉人曰：「吾於此數見佛光。」紿，蕩亥翻。數，所角翻。擇日集衆掘地，果得之，因曰：「得見聖佛者，百疾皆愈。」遠近赴之。鐵余以雜色囊盛之數十重，得厚施，乃去一囊。盛，時征翻。重，直龍翻。施，式豉翻。去，羌呂翻。數年間，歸信者衆，遂謀作亂。據城平縣，自稱光明聖皇帝，置百官，進攻綏德、大斌二縣，城平及二縣，皆屬綏州，西魏所置也。宋白曰：二縣皆漢膚施縣地，魏神龜元年，置城中縣，隋避諱，改爲城平。大斌縣，時理城平縣界魏平故城。綏德縣，亦膚施地，魏大統十二年，分上郡南界丘尼谷置縣。歐陽修曰：大斌者，取稽胡懷化，文武雜半以爲名。殺官吏，焚民居。遣右武衛將軍程務挺與夏州都督王方翼討之，甲申，攻拔其城，擒鐵余，餘黨悉平。考異曰：僉載云「延州稽胡」，又云「自號月光王」，又云「儀鳳中務挺斬平之」，蓋誤也。今從實錄。

7 五月，庚寅，上幸芳桂宮，儀鳳二年，營紫桂宮於澠池縣西五里，調露二年改曰避暑宮，永淳元年又改曰芳桂宮。至合璧宮，遇大雨而還。

8 乙巳，突厥阿史那骨篤祿等寇蔚州，殺刺史李思儉，蔚州時爲忠順軍節度。豐州都督崔智辯將兵邀之於朝那山北，朝，丁度集韻音與邾同。牛頭朝那山在豐州河北。兵敗，爲虜所擒。朝議欲廢豐州，遷其百姓於靈、夏。豐州司馬唐休璟都督府司馬也。唐制，下都督府長史、司馬，從五品上。上言，以爲：「豐州阻河爲固，居賊衝要，自秦、漢已來，列爲郡縣；土宜耕牧。隋季喪亂，上，時掌翻。喪，息浪翻。遷百姓於寧、慶二州，致胡虜深侵，以靈、夏爲邊境；貞觀之末，募人實之，西北始安。今廢之則河濱之地復爲賊有，復，扶又翻，又音如字。靈、夏等州人不安業，非國家之利也！」乃止。

9 六月，突厥別部寇掠嵐州，偏將楊玄基擊走之。厥，九勿翻。將，卽亮翻。

10 秋，七月，己丑，立皇孫重福爲唐昌王。重，直龍翻。

11 庚【嚴：「庚」改「壬」。】辰，詔以今年十月有事於嵩山；尋以上不豫，改用來年正月。

12 甲辰，徙相王輪爲豫王，更名旦。相，息亮翻。更，工衡翻。

13 中書令兼太子左庶子薛元超病瘖，乞骸骨，許之。瘖，於今翻。

14 八月，己丑，以將封嵩山，召太子赴東都；留唐昌王重福守京師，以劉仁軌爲之副。冬，十月，己卯，太子至東都。

15 癸亥，車駕幸奉天宮。

16 十一月，丙戌，詔罷來年封嵩山，上疾甚故也。上苦頭重，不能視，召侍醫秦鳴鶴診之，殿中省尙藥局有侍御醫四人，從六品上。診，止忍翻。鳴鶴請刺頭出血，可愈。刺，七亦翻。天后在簾中，不欲上疾愈，怒曰：「此可斬也，乃欲於天子頭刺血！」鳴鶴叩頭請命。上曰：「但刺之，未必不佳。」乃刺百會、腦戶二穴。鍼灸經：百會，一名三陽五會，在前頂後寸半，頂中央旋毛中，可容豆鍼二分，得氣卽瀉。腦戶，一名合顱，在枕骨上強後寸半，禁鍼，鍼令人瘂。舊傳：鳴鶴鍼微出血，頭疼立止。上曰：「吾目似明矣。」后舉手加額曰：「天賜也！」自負綵百匹以賜鳴鶴。

17 戊戌，以右武衛將軍程務挺爲單于道安撫大使，招討阿史那骨篤祿等。

18 詔太子監國，監，古銜翻。以裴炎、劉景先、郭正一同東宮平章事。

19 上自奉天宮疾甚，宰相皆不得見。丁未，還東都，百官見於天津橋南。見，賢遍翻。

20 十二月，丁巳，改元，赦天下。上欲御則天門樓宣赦，氣逆不能乘馬，乃召百姓入殿前宣之。是夜，召裴炎入，受遺詔輔政，上崩於貞觀殿。年五十六。觀，古玩翻。遺詔太子柩前卽位，柩，音舊。軍國大事有不決者，兼取天后進止。廢萬泉、芳桂、奉天等宮。

庚申，裴炎奏太子未卽位，未應宣敕，有要速處分，處，昌呂翻。分，扶問翻。望宣天后令於中書、門下施行。甲子，中宗卽位，尊天后爲皇太后，政事咸取決焉。太后以澤州刺史韓王元嘉等，地尊望重，澤州，漢高都、端氏、泫氏之地。西燕慕容永置建興郡，後魏置建州，隋改澤州；大業廢州爲長平郡，唐復曰澤州。宋白曰：取濩澤爲名。恐其爲變，並加三公等官以慰其心。

21 甲戌，以劉仁軌爲左僕射，裴炎爲中書令；戊寅，以劉景先爲侍中。

故事，宰相於門下省議事，謂之政事堂，故長孫無忌爲司空，房玄齡爲僕射，魏徵爲太子太師，皆知門下省事。及裴炎遷中書令，始遷政事堂於中書省。

22 壬午，遣左威衛將軍王果、左監門將軍令狐智通、右金吾將軍楊玄儉、右千牛將軍郭齊宗分往并・益・荆・揚四大都督府，與府司相知鎭守。以國有大故，備不虞也。監，古銜翻。并，卑經翻。

23 中書侍郎同平章事郭正一爲國子祭酒，罷政事。

則天順聖皇后上之上后姓武氏，諱曌，并州文水人。后自製「曌」字，讀與照同，音之笑翻。天寶八載，追上尊號曰則天順聖皇后。

光宅元年（甲申、六八四）是年九月，改元光宅。

1 春，正月，甲申朔，改元嗣聖，此太子卽位踰年所改之元也。赦天下。

2 立太子妃韋氏爲皇后；擢后父玄貞自普州參軍爲豫州刺史。此豫州，本春秋沈、蔡二國之地，漢爲汝南郡，宋文帝立司州，治懸瓠城，以爲重鎭，魏改豫州，唐因之，後避代宗諱，改爲蔡州。

3 癸巳，以左散騎常侍杜陵韋弘敏爲太府卿、同中書門下三品。自漢宣帝起杜陵邑，至後魏爲縣，屬京兆；隋遷京城，始并杜陵入大興縣，唐改大興曰萬年。散，悉亶翻。騎，奇寄翻。

4 中宗欲以韋玄貞爲侍中，又欲授乳母之子五品官；裴炎固爭，中宗怒曰：「我以天下與韋玄貞何不可！而惜侍中邪！」炎懼，白太后，密謀廢立。二月，戊午，太后集百官於乾元殿，裴炎與中書侍郎劉禕之、羽林將軍程務挺、張虔勗漢置南北軍，掌衞京師。南軍若唐諸衞也，北軍若唐羽林軍也。漢武帝名羽林曰建章營騎，屬光祿勳，後更名羽林騎，取六郡良家子及死事之孤爲之。後漢置羽林監，南朝因之。後魏、周曰羽林率；隋左、右屯衞所領兵名曰羽林。貞觀中，置北衙七營兵，選才力驍勇者充，龍朔二年曰左、右羽林軍，置大將軍各一員，將軍各二員，品同諸衞，統領北衙禁兵之法令，而督攝左右廂飛騎之儀仗，以統諸曹之職。取府兵、越騎、步射，以爲羽林軍士，大朝會，則執仗以衞階陛，行幸則夾馳道爲內仗。邪，音耶。禕，吁韋翻。勒兵入宮，宣太后令，廢中宗爲廬陵王，扶下殿。下，遐嫁翻。中宗曰：「我何罪？」太后曰：「汝欲以天下與韋玄貞，何得無罪！」乃幽于別所。

己未，立雍州牧豫王旦爲皇帝。雍，於用翻。政事決於太后，居睿宗於別殿，不得有所預。立豫王妃劉氏爲皇后。后，德威之孫也。劉德威，審禮之父。有飛騎十餘人飲於坊曲，置飛騎見一百九十五卷貞觀十二年。騎，奇寄翻。一人言：「曏知別無勳賞，不若奉廬陵。」一人起，出詣北門告之。北門，玄武門也。座未散，皆捕得，繫羽林獄。言者斬，餘以知反不告皆絞；告者除五品官。告密之端自此興矣。

壬子，以永平郡王成器爲皇太子，睿宗之長子也。赦天下，改元文明。改嗣聖爲文明。

庚申，廢皇太孫重照爲庶人，命劉仁軌專知西京留守事。流韋玄貞於欽州。舊志：欽州至京師五千二百五十一里。

太后與劉仁軌書曰：「昔漢以關中事委蕭何，見漢高帝紀。今託公亦猶是矣。」仁軌上疏，辭以衰老不堪居守，守，式又翻。因陳呂后禍敗事以申規戒。呂氏禍敗事見漢高后紀。太后使祕書監武承嗣齎璽書慰諭之曰：「今以皇帝諒闇不言，璽，斯氏翻。闇，音陰。眇身且代親政；遠勞勸戒，復辭衰疾。復，扶又翻。又云『呂氏見嗤於後代，祿、產貽禍於漢朝』，朝，直遙翻；下同。引喻良深，愧慰交集。公忠貞之操，終始不渝，勁直之風，古今罕比。初聞此語，能不罔然；靜而思之，是爲龜鏡。況公先朝舊德，遐邇具瞻，願以匡救爲懷，無以暮年致請。」

6 辛酉，太后命左金吾將軍丘神勣詣巴州，檢校故太子賢宅以備外虞，其實風使殺之。風，讀曰諷。神勣，行恭之子也。丘行恭爲將，歷事高祖、太宗。

7 甲子，太后御武成殿，唐六典：洛陽宮南三門：中曰應天，左曰興教，右曰光政。光政之內曰廣運，其北曰明福，明福之東曰武成門，其內曰武成殿。皇帝帥王公以下上尊號。帥，讀曰率。上，時掌翻。丁卯，太后臨軒，遣禮部尚書武承嗣册嗣皇帝。自是太后常御紫宸殿，唐六典，洛陽宮不載紫宸殿。以西京大明宮準之，紫宸殿內朝也，其位置當在乾元殿後。施慘紫帳以視朝。紫色之淺者爲慘紫。朝，直遙翻。

8 丁丑，以太常卿、檢校豫王府長史王德眞爲侍中；句斷。中書侍郎、檢校豫王府司馬劉禕之同中書門下三品。

9 三月，丁亥，徙杞王上金爲畢王，鄱陽王素節爲葛王。

10 丘神勣至巴州，幽故太子賢於別室，逼令自殺。考異曰：則天實錄，賢死在二月丘神勣往巴州下。舊本紀在三月。唐曆，遣神勣、舉哀、追封皆有日。今從之。太后乃歸罪於神勣，戊戌，舉哀於顯福門，顯福門，意即明福門，六典避中宗諱，改「顯」爲「明」耳。貶神勣爲疊州刺史。己亥，追封賢爲雍王。雍，於用翻。神勣尋復入爲左金吾將軍。復，扶又翻。

11 夏，四月，開府儀同三司、梁州都督滕王元嬰薨。

12 辛酉，徙畢王上金爲澤王，拜蘇州刺史；葛王素節爲許王，拜絳州刺史。

13 癸酉，遷廬陵王于房州；丁丑，又遷于均州故濮王宅。即貞觀末濮王泰遷均州所居故宅。濮，博木翻。

14 五月，丙申，高宗靈駕西還。

15 閏月，以禮部尚書武承嗣爲太常卿、同中書門下三品。

16 秋，七月，戊午，廣州都督路元叡爲崑崙所殺。崑崙國在林邑南，去交趾海行三百餘日，習俗文字與婆羅門同。崙，盧昆翻。元叡闇懦，僚屬恣横。横，戶孟翻。有商舶至，舶，音白。僚屬侵漁不已，商胡訴於元叡；元叡索枷，欲繫治之。索，山客翻。枷，音加。羣胡怒，有崑崙袖劍直登聽事，聽，讀曰廳。殺元叡及左右十餘人而去，無敢近者，近，其靳翻。登舟入海，追之不及。

17 溫州大水，後漢分章安之東甌鄉置永寧縣，屬會稽郡。晉分爲永嘉郡，隋廢郡爲永嘉縣，屬栝州。武德五年，復於永嘉置嘉州；貞觀五年，廢嘉州，以縣屬栝州。上元二年，分置溫州。流四千餘家。

18 突厥阿史那骨篤祿等寇朔州。

19 八月，庚寅，葬天皇大帝于乾陵，乾陵在奉天縣北五里梁山。廟號高宗。

20 初，尚書左丞馮元常爲高宗所委，高宗晚年多疾，【章：十二行本「疾」下有「百司奏事」四字；乙十一行本同；孔本同；張校同。】每曰：「朕體中不佳，可與元常平章以聞。」元常嘗密言「中宮威權太重，宜稍抑損」。高宗雖不能用，深以其言爲然。及太后稱制，四方爭言符瑞；嵩陽令樊文獻瑞石，太后命於朝堂示百官，朝，直遥翻。元常奏：「狀涉諂詐，不可誣罔天下。」太后不悅，出爲隴州刺史。舊志：隴州，京師西四百九十六里，至東都一千一百三十二里。元常，子琮之曾孫也。馮子琮仕於高齊。

21 丙午，太常卿、同中書門下三品武承嗣罷爲禮部尚書。

22 栝州大水，流二千餘家。

23 九月，甲寅，赦天下，改元。改元光宅。旗幟皆從金色。幟，昌志翻。八品以下，舊服青者更服碧。青色之深者爲碧。更，工衡翻。改東都爲神都，宮名太初。又改尚書省爲文昌臺，左、右僕射爲左、右相，六曹爲天、地、四時六官；門下省爲鸞臺，中書省爲鳳閣，侍中爲納言，中書令爲內史；御史臺爲左肅政臺，增置右肅政臺；左臺專知京師百官及監諸軍旅并承詔出使，右臺專知諸州按察。杜佑曰：武后置左、右肅政臺，左以察朝廷，右以澄郡縣。後廢右臺，以其官隸左臺。左臺本御史臺也。右臺地，今太僕寺是也。其餘省、寺、監、率之名，祕書、殿中二省，九卿寺，少府、將作、國子、軍器等監，東宮十率。悉以義類改之。

24 以左武衛大將軍程務挺爲單于道安撫大使，單，音蟬。使，疏吏翻。以備突厥。

25 武承嗣請太后追王其祖，王，于況翻。立武氏七廟，太后從之。裴炎諫曰：「太后母臨天下，當示至公，不可私於所親。獨不見呂氏之敗乎！」太后曰：「呂后以權委生者，故及於敗。今吾追尊亡者，何傷乎！」對曰：「事當防微杜漸，不可長耳！」長，知兩翻。太后不從。己巳，追尊太后五代祖克己爲魯靖公，妣爲夫人；高祖居常爲太尉、北平恭肅王，曾祖儉爲太尉、金城義康王，祖華爲太尉、太原安成王，考士彠爲太師、魏定王；彠，一虢翻。祖妣皆爲妃。裴炎由是得罪。又作五代祠堂於文水。文水縣，舊受陽，隋開皇十一年更名，屬并州。

時諸武用事，唐宗室人人自危，衆心憤惋。惋，烏貫翻。會眉州刺史英公李敬業及弟盩厔令敬猷、漢武帝置盩厔縣，屬扶風；後漢、晉省，後魏復置，後周置周南郡；隋廢郡，以盩厔縣屬京兆；唐置岐州。盩厔，音舟窒。給事中唐之奇、長安主簿駱賓王、唐赤縣主簿，從八品上。詹事司直杜求仁唐詹事司直，正九品上，掌彈劾宮僚，糾舉職事。皆坐事，敬業貶柳州司馬，敬猷免官，之奇貶栝蒼令，漢會稽回浦縣，後漢更名章安；光武分章安縣之南鄉，置松陽縣；隋分松陽之東界，置栝蒼縣，帶栝州，以栝蒼山名縣。賓王貶臨海丞，吳分章安，置臨海縣，屬臨海郡；隋廢郡，以縣屬栝州；唐分帶台州。求仁貶黟令。黟縣，漢屬丹楊郡，吳分屬新安郡，隋、唐屬歙州。黟，師古音伊，劉昫音翳。求仁，正倫之姪也。杜正倫事太宗、高宗。盩厔尉魏思溫嘗爲御史，復被黜。復，扶又翻。皆會於揚州，舊志：揚州，京師東南二千七百五十三里，至東都一千七百四十九里。各自以失職怨望，乃謀作亂，以匡復廬陵王爲辭。

思溫爲之謀主，使其黨監察御史薛仲璋求奉使江都，江都縣帶揚州。監，古銜翻。使，疏吏翻。令雍州人韋超詣仲璋告變，云「揚州長史陳敬之謀反」。仲璋收敬之繫獄。居數日，敬業乘傳而至，雍，於用翻。傳，知戀翻。矯稱揚州司馬來之官，云「奉密旨，以高州酋長馮子猷謀反，酋，慈由翻。長，知兩翻。發兵討之。」於是開府庫，令士曹參軍李宗臣就錢坊，驅囚徒、工匠【章：十二行本「匠」下有「數百」二字；乙十一行本同。】授以甲。斬敬之於繫所；考異曰：實錄作「薛璋」。御史臺記云：「薛仲璋矯使揚府，與徐敬業等謀反，夜，與江都令韋知止子茂道計議。倉曹參軍閻識微發之，長史陳敬之不察，抑識微，令遜謝。仲璋佯事竟，還出郭門，羣官畢從。其黨韋超遮道告密，復留繫問，遂斬敬之。」今事從實錄，仲璋從臺記。錄事參軍孫處行拒之，亦斬以徇，處，昌呂翻。僚吏無敢動者。遂起一州之兵，復稱嗣聖元年。復，扶又翻，又如字。開三府：一曰匡復府，二曰英公府，三曰揚州大都督府。敬業自稱匡復府上將，領揚州大都督。將，卽亮翻。以之奇、求仁爲左、右長史，宗臣、仲璋爲左、右司馬，思溫爲軍師，賓王爲記室，旬日間得勝兵十餘萬。勝，音升。

移檄州縣，略曰：「僞臨朝武氏者，朝，直遙翻。人非溫順，地實寒微。昔充太宗下陳，陳，列也。戰國策曰：美人充下陳。嘗以更衣入侍，衛子夫以更衣得幸漢武帝，賓王用此事。更，工衡翻。洎乎晚節，穢亂春宮。東宮，亦謂之春宮。洎，其冀翻。密隱先帝之私，陰圖後庭之嬖，踐元后於翬翟，翬翟，后服也。翬，音暉。陷吾君於聚麀。」記曰：夫惟禽獸無禮，故父子聚麀。麀，於求翻。又曰：「殺姊屠兄，姊，謂韓國夫人；兄謂元爽、元慶；事見二百一卷高宗乾封元年。弑君鴆母，此以高宗晏駕及太原王妃之死爲后罪。人神之所同嫉，天地之所不容。」又曰：「包藏禍心，竊窺神器。君之愛子，幽之於別宮；謂居睿宗於別殿。賊之宗盟，委之以重任。」謂用武承嗣等。又曰：「一抔之土未乾，抔，蒲侯翻。乾，音干。六尺之孤安在！」又曰：「試觀今日之域中，竟是誰家之天下！」太后見檄，問曰：「誰所爲？」或對曰：「駱賓王。」太后曰：「宰相之過也。人有如此才，而使之流落不偶乎！」

敬業求得人貌類故太子賢者，紿衆云：「賢不死，亡在此城中，令吾屬舉兵。」紿，蕩亥翻。因奉以號令。

楚州司馬李崇福帥所部三縣應敬業。楚州，本漢射陽、鹽瀆縣地，晉置山陽郡，隋開皇初罷郡，十二年，置楚州，大業初，州廢，唐初復置。帥，讀曰率。所部三縣：山陽、鹽城、安宜也。盱眙人劉行舉獨據縣不從，敬業遣其將尉遲昭攻盱眙。盱眙縣，漢屬臨淮郡，後漢屬下邳國，晉安帝分置盱眙郡，陳置北譙州，隋廢爲縣，屬江都郡，唐屬楚州。盱眙，音吁貽。其將，卽亮翻。尉，紆勿翻。詔【章：十二行本「詔」上有「行舉拒卻之」五字；乙十一行本同；孔本同；張校同；退齋校同。】以行舉爲遊擊將軍，以其弟行實爲楚州刺史。

甲申，以左玉鈐衛大將軍李孝逸爲揚州道大總管，是年，改左、右領軍衛爲左、右玉鈐衛。將兵三十萬，以將軍李知十、馬敬臣爲之副，以討李敬業。

26 武承嗣與其從父弟右衛將軍三思以韓王元嘉、魯王靈夔屬尊位重，從，才用翻。二王皆高祖子。屢勸太后因事誅之。太后謀於執政，劉禕之、韋思謙皆無言；禕，吁韋翻。內史裴炎獨固爭，太后愈不悅。三思，元慶之子也。

及李敬業舉兵，薛仲璋，炎之甥也，炎欲示閒暇，不汲汲議誅討。太后問計於炎，對曰：「皇帝年長，長，知兩翻。不親政事，故豎子得以爲辭。若太后返政，則不討自平矣。」監察御史藍田崔詧聞之，上言：監，古銜翻。上，時掌翻。「炎受顧託，大權在己，若無異圖，何故請太后歸政？」太后命左肅政大夫金城騫味道、左肅政大夫，左御史大夫也。蘭州五泉縣，本漢金城縣，隋更名，高宗咸亨二年，復爲金城縣。風俗通：騫姓，閔子騫後。侍御史櫟陽魚承曄鞫之，漢高帝改櫟陽縣爲萬年縣，後世因之，至隋並屬京兆。唐改隋大興縣曰萬年，以漢萬年縣復曰櫟陽，屬華州。櫟，音藥。收炎下獄。下，遐嫁翻。考異曰：新傳云：「炎謀乘太后出遊龍門，以兵執之，還政天子；會久雨，太后不出而止。」若炎實有此謀，則太后殺之宜矣。且炎爲此謀，必有同黨；當炎下獄，崔詧、李景諶輩，無事猶欲陷之，況有此迹，其同黨能不首告乎！又朝野僉載：「裴炎爲中書令，時徐敬業欲反，令駱賓王畫計取裴炎同起事。賓王足踏壁，靜思食頃，乃爲謠曰：『一片火，兩片火，緋衣小兒當殿坐。』教炎莊上小兒誦之，并都下童子皆唱。炎乃訪學者令解之，召賓王，數啖以寶物錦綺，皆不言，又賂以音樂妓女駿馬，亦不語；乃將古忠臣烈士圖共觀之，見司馬宣王，賓王欻然起曰：『此英雄丈夫也！』即說自古大臣執政，多移社稷。炎大喜。賓王曰：『但不知謠讖何如耳。』炎告以謠言片火緋衣之事，賓王卽下，北面而拜曰：『此眞人矣！』遂與敬業等合謀。揚州兵起，炎從內應，書與敬業等合謀，唯有『青鵝』字。人有告者，朝臣莫之能解。則天曰：『此青字者十二月，鵝字者，我自與也。』遂誅炎。」此皆當時構陷炎者所言耳，非其實也。炎被收，辭氣不屈。或勸炎遜辭以免，炎曰：「宰相下獄，安有全理！」下，遐嫁翻；下同。

鳳閣舍人李景諶證炎必反。鳳閣舍人，中書舍人也。諶，氏壬翻。劉景先及鳳閣侍郎義陽胡元範義陽，舊曰平陽，隋開皇初，改曰義陽。劉昫曰：義陽，漢平氏縣之義陽鄉也，魏分南陽置義陽郡，晉自石城徙居仁順，今申州理所是也。皆曰：「炎社稷元臣，有功於國，悉心奉上，天下所知，臣敢明其不反。」太后曰：「炎反有端，顧卿不知耳。」對曰：「若裴炎爲反，則臣等亦反也。」太后曰：「朕知裴炎反，知卿等不反。」文武間證炎不反者甚衆，太后皆不聽。俄并景先、元範下獄。

丁亥，以騫味道檢校內史同鳳閣鸞臺三品，李景諶同鳳閣鸞臺平章事。

27 魏思溫說李敬業曰：說，輸芮翻。「明公以匡復爲辭，宜帥大衆鼓行而進，直指洛陽，帥，讀曰率。則天下知公志在勤王，四面響應矣。」薛仲璋曰：「金陵有王氣，且大江天險，足以爲固，不如先取常、潤，潤州，江左爲京口重鎮，隋爲延陵縣，屬江都郡。唐武德三年，置潤州，取潤浦以爲州名。爲定霸之基，然後北向以圖中原，進無不利，退有所歸，此良策也！」思溫曰：「山東豪傑以武氏專制，憤惋不平，惋，烏貫翻。聞公舉事，皆自蒸麥飯爲糧，伸鋤爲兵，以俟南軍之至。不乘此勢以立大功，乃更蓄縮自謀巢穴，遠近聞之，其誰不解體！」敬業不從，使唐之奇守江都，將兵渡江攻潤州。按舊志，揚州至潤州四十八里。潤州古朱方之地，漢爲丹徒縣，吳爲京口，置京督以鎮，又爲徐陵督。爾雅，絕高曰京。其城因山爲壘，緣江爲境，因謂之京口。晉爲南徐州。隋置潤州，取州東潤浦爲名，尋廢州，唐復置。思溫謂杜求仁曰：「兵勢合則強，分則弱，敬業不幷力渡淮，收山東之衆以取洛陽，敗在眼中矣！」

壬辰，敬業陷潤州，執刺史李思文，考異曰：唐紀云：「李思文拒守四十餘日而陷。」按敬業九月丁丑起兵，十一月庚申敗，纔四十四日耳。今不取。以李宗臣代之。思文，敬業之叔父也，知敬業之謀，先遣使間道上變，使，疏吏翻。間，古莧翻。上，時掌翻。爲敬業所攻，拒守久之，力屈而陷。思溫請斬以徇，敬業不許，謂思文曰：「叔黨於武氏，宜改姓武。」潤州司馬劉延嗣不降，降，戶江翻。敬業將斬之，思溫救之，得免，與思文皆囚於獄。劉延嗣，審禮從父弟也。劉審禮戰沒於青海。從，才用翻。曲阿令河間尹元貞引兵救潤州，曲阿縣，本雲陽，秦始皇改曰曲阿。前漢屬會稽郡，後漢屬吳郡，晉屬晉陵郡，隋屬江都郡，唐屬潤州。河間，漢州鄉縣地，屬涿郡，隋爲河間縣，屬瀛州。戰敗，爲敬業所擒，臨以白刃，不屈而死。

28 丙申，斬裴炎于都亭。洛陽都亭。炎將死，顧兄弟曰：「兄弟官皆自致，炎無分毫之力，今坐炎流竄，不亦悲乎！」籍沒其家，無甔石之儲。甔，都濫翻。劉景先貶普州刺史，【章：十二行本「史」下有「又貶辰州刺史」六字；乙十一行本同；孔本同；張校同；退齋校同。】胡元範流瓊州而死。舊志，瓊州至兩京，與崖州道里相類。裴炎弟子太僕寺丞伷先，伷，直又翻。年十七，上封事請見言事。見，賢遍翻。太后召見，詰之曰：「汝伯父謀反，尚何言？」伷先曰：「臣爲陛下畫計耳，上，時掌翻。詰，去吉翻。爲，于僞翻。安敢訴冤！陛下爲李氏婦，先帝棄天下，遽攬朝政，朝，直遙翻。變易嗣子，疏斥李氏，封崇諸武。臣伯父忠於社稷，反誣以罪，戮及子孫。陛下所爲如是，臣實惜之！陛下早宜復子明辟，高枕深居，則宗族可全；不然，天下一變，不可復救矣！」枕，之任翻。復，扶又翻。太后怒曰：「胡白，胡，何也；白，陳也；言何等陳白也。小子敢發此言！」命引出，伷先反顧曰：「今用臣言，猶未晚。」如是者三。太后命於朝堂杖之一百，長流瀼州。舊志曰：瀼州本漢交趾郡，南方之裔。貞觀十二年，李弘節遣欽州首領甯師古尋劉方故道，行達交趾，開拓夷、獠，置瀼州，取瀼水以名州也。瀼州無兩京地里，北至容州二百八十二里；容州至京師五千九百一十里，至東都五千四百八十五里。瀼，而章翻。

炎之下獄也，郎將姜嗣宗使至長安，劉仁軌問以東都事，嗣宗曰：「嗣宗覺裴炎有異於常久矣。」仁軌曰：「使人覺之邪？」嗣宗曰：「然。」仁軌曰：「仁軌有奏事，願附使人以聞。」下，遐嫁翻。將，卽亮翻。使，疏吏翻。邪，音耶。嗣宗曰：「諾。」明日，受仁軌表而還，表言「嗣宗知裴炎反不言」。太后覽之，命拉嗣宗於殿庭，絞於都亭。先拉其幹，而後絞殺之。還，從宣翻，又音如字。拉，盧合翻。

29 丁酉，追削李敬業祖考官爵，發冢斲棺，復姓徐氏。

30 李景諶罷爲司賓少卿，是年改鴻臚爲司賓。諶，氏壬翻。少，始照翻。以右史武康沈君諒、著作郎崔詧爲正諫大夫、同平章事。

31 徐敬業聞李孝逸將至，自潤州回軍拒之，屯高郵之下阿溪；高郵縣，漢屬廣陵國，魏省，晉武帝復置；梁置廣業郡，隋廢郡，以高郵縣屬江都郡，唐屬揚州。九域志：在州西北一百里。宋白曰：揚州天長縣，本廣陵縣地，唐開元二十九年於下阿置千秋縣，天寶五年改天長；梁曾於石梁置涇州。以此言之，蓋下阿溪卽今石梁河也。使徐敬猷逼淮陰，淮陰縣，漢屬臨淮郡，晉屬廣陵郡，後魏置淮陰郡；隋廢入山陽縣，乾封元年分山陽復置，屬楚州。別將韋超、尉遲昭屯都梁山。盱眙縣有都梁山。將，卽亮翻；下同。尉，紆勿翻。

李孝逸軍至臨淮，臨淮，泗州。偏將雷仁智與敬業戰不利，孝逸懼，按兵不進。【章：十二行本「進」下有「監軍」二字；乙十一行本同；孔本同；張校同。】殿中侍御史魏元忠謂孝逸曰：「天下安危，在茲一舉。四方承平日久，忽聞狂狡，注心傾耳以俟其誅。今大軍久留不進，遠近失望，萬一朝廷更命他將以代將軍，將，卽亮翻。更，工衡翻。將軍何辭以逃逗撓之罪乎！」逗，音豆。撓，奴教翻。孝逸乃引軍而前。壬寅，馬敬臣擊斬尉遲昭於都梁山。

十一月，辛亥，以左鷹揚大將軍黑齒常之爲江南道大總管，討敬業。是年，改左、右武衛爲左、右鷹揚衛。

韋超擁衆據都梁山，諸將皆曰：「超憑險自固，士無所施其勇，騎無所展其足；且窮寇死戰，攻之多殺士卒，不如分兵守之，大軍直趣江都，覆其巢穴。」支度使薛克楊【章：十二行本「楊」作「構」；乙十一行本同；孔本同；張校同。】曰：唐制，凡天下邊軍有支度使，以計軍資糧仗之用，所費皆申度支會計，以長行旨爲準。趣，七喻翻。使，疏吏翻。「超雖據險，其衆非多。今多留兵則前軍勢分，少留兵則終爲後患，少，詩沼翻。不如先擊之，其勢必舉，舉都梁，則淮陰、高郵望風瓦解矣！」魏元忠請先擊徐敬猷，諸將曰：「不如先攻敬業，敬業敗，則敬猷不戰自擒矣。若擊敬猷，則敬業引兵救之，是腹背受敵也。」元忠曰：「不然。賊之精兵，盡在下阿，烏合而來，利在一決，萬一失利，大事去矣！敬猷出於博徒，不習軍事，其衆單弱，人情易搖，易，以豉翻。大軍臨之，駐馬可克。敬業雖欲救之，計程必不能及。我克敬猷，乘勝而進，雖有韓、白不能當其鋒矣！今不先取弱者而遽攻其強，非計也。」孝逸從之，引兵擊超，超夜遁，進擊敬猷，敬猷脫身走。

庚申，敬業勒兵阻溪拒守，後軍總管蘇孝祥夜將五千人，以小舟渡溪先擊之，兵敗，孝祥死，士卒赴溪溺死者過半。將，卽亮翻。溺，奴狄翻。過，古禾翻。左豹韜衛果毅漁陽成三朗爲敬業所擒，是年，改左、右威衛爲左、右豹韜衛。唐制，諸府各有果毅都尉：上府，從五品下；中府，正六品上；下府，從六品下。唐之奇給其衆曰：給，蕩亥翻。「此李孝逸也！」將斬之，三朗大呼曰：呼，火故翻。「我果毅成三朗，非李將軍也。官軍今大至矣，爾曹破在朝夕。我死，妻子受榮，爾死，妻子籍沒，爾終不及我也！」遂斬之。

孝逸等諸軍繼至，戰數不利。孝逸懼，欲引退，魏元忠與行軍管記劉知柔言於孝逸曰：「風順荻乾，數，所角翻。乾，音干。此火攻之利。」固請決戰。敬業置陳既久，士卒多疲倦顧望，陳不能整；孝逸進擊之，因風縱火，敬業大敗，斬首七千級，溺死者不可勝紀。陳，讀曰陣。勝，音升。敬業等輕騎走入江都，挈妻子奔潤州，將入海奔高麗；麗，力知翻。孝逸進屯江都，分遣諸將追之。乙丑，敬業至海陵界，阻風，海陵縣，漢屬臨淮，後漢、晉屬廣陵；梁置海陵郡，隋廢郡爲縣，屬江都郡，唐屬揚州，今爲泰州。九域志：揚州東至海陵界九十八里，又自海陵東至海一百七里。其將王那相斬敬業、敬猷及駱賓王首來降。考異曰：唐紀：「初，官軍逆風不利，俄而風回甚勁，孝逸縱火，賊懼燒而潰。敬業、猷、之奇、求仁、賓王走歸江都，焚簿書，攜妻子潛算山下，手書召宗臣。敬業初與宗臣木契爲約，時亡其契，宗臣疑而不赴，或云宗臣已歸順。敬業入海，欲奔東夷，至海陵界，阻風，僞將王那相斬之來降，餘黨赴水死。」今從實錄、唐統紀。餘黨唐之奇、魏思溫皆捕得，傳首神都，揚、潤、楚三州平。

陳嶽論曰：敬業苟能用魏思溫之策，直指河、洛，專以匡復爲事，縱軍敗身戮，亦忠義在焉。而妄希金陵王氣，是眞爲叛逆，不敗何待！

敬業之起也，使敬猷將兵五千，循江西上，將，卽亮翻。上，時掌翻。略地和州。前弘文館學士歷陽高子貢帥鄉里數百人拒之，敬猷不能西。以功拜朝散大夫、成均助教。歷陽縣，漢屬九江郡，晉置歷陽郡。曁至北齊與梁通和，置和州，隋、唐因之。后改國子監爲成均監。按唐六典：弘文館，以五品以上爲學士。國子助教則從六品上耳，掌佐博士分經以教授。朝散大夫，從五品下。帥，讀曰率。朝，直遙翻。散，悉亶翻。

32 丁卯，郭待舉罷爲左庶子；以鸞臺侍郎韋方質爲鳳閣侍郎、同平章事。方質，雲起之孫也。韋雲起仕隋、唐之間。

33 十二月，劉景先又貶吉州員外長史，郭待舉貶岳州刺史。岳州，京師東南二千二百三十七里，至東都一千八百一十六里。

初，裴炎下獄，單于道安撫大使、左武衛大將軍程務挺密表申理，由是忤旨。下，遐嫁翻。單，音蟬。使，疏吏翻。忤，五故翻。務挺素與唐之奇、杜求仁善，或譖之曰：「務挺與裴炎、徐敬業通謀。」癸卯，遣左鷹揚將軍裴紹業卽軍中斬之，考異曰：唐統紀曰：「既而太后震怒，召羣臣謂曰：『朕於天下無負，羣臣皆知之乎？』羣臣曰：『唯。』太后曰：『朕事先帝二十餘年，憂天下至矣！公卿富貴，皆朕與之；天下安樂，朕長養之。及先帝棄羣臣，以天下託顧於朕，不愛身而愛百姓。今爲戎首，皆出於將相，羣臣何負朕之深也！且卿輩有受遺老臣，倔強難制過裴炎者乎？有將門貴種，能糾合亡命過徐敬業者乎？有握兵宿將，攻戰必勝過程務挺者乎？此三人者，人望也，不利於朕，朕能戮之。卿等有能過此三者，當卽爲之；不然，須革心事朕，無爲天下笑。』羣臣頓首，不敢仰視，曰：『唯太后所使。』」恐武后亦不至輕淺如此。今不取。籍沒其家。突厥聞務挺死，所在宴飲相慶；又爲務挺立祠，爲，于僞翻。每出師，必禱之。

太后以夏州都督王方翼與務挺連職，素相親善，且廢后近屬，徵下獄，夏，戶雅翻。下，遐嫁翻。流崖州而死。舊志：崖州至京師七千四百六十里，至東都六千三百里。

垂拱元年（乙酉、六八五）

1春，正月，丁未朔，赦天下，改元。

2太后以徐思文爲忠，特免緣坐，拜司僕少卿。緣坐者，緣親黨而坐罪也。光宅改太僕爲司僕。謂曰：「敬業改卿姓武，朕今不復奪也。」復，扶又翻。考異曰：實錄云：「思文表請改姓武，許之。」蓋太后有此言，思文因請之也。今從唐紀。

3庚戌，以騫味道守內史。內史，中書令。

4戊辰，文昌左相、同鳳閣鸞臺三品樂城文獻公劉仁軌薨。文昌左相，卽尙書左僕射。

5二月，癸未，制：「朝堂所置登聞鼓及肺石，登聞鼓在西朝堂，肺石在東朝堂。朝，直遙翻。不須防守，有撾鼓立石者，令御史受狀以聞。」撾，則瓜翻。

6乙巳，以春官尙書武承嗣、秋官尙書裴居道、光宅以禮部爲春官，刑部爲秋官。尙，辰羊翻。嗣，祥吏翻。右肅政大夫韋思謙右肅政大夫，右御史大夫。並同鳳閣鸞臺三品。

7 突厥阿史那骨篤祿等數寇邊，以左玉鈐衞中郎將淳于處平爲陽曲道行軍總管，擊之。厥，九勿翻。數，所角翻。鈐，其廉翻。將，卽亮翻。處，昌呂翻。陽曲縣自漢以來屬太原郡，隋惡其名，改曰陽直。武德三年，分置汾陽縣，七年，省陽直縣，改汾陽爲陽曲縣，仍移治陽直。

8 正諫大夫、同平章事沈君諒罷。

9 三月，正諫大夫、同平章事崔詧罷。

10 丙辰，遷廬陵王于房州。舊志：房州，京師南一千一百九十五里，至東都一千一百八十五里。杜佑曰：房州，古麇、庸二國之地，春秋楚子敗麇師於房渚，卽此。曹魏爲新城郡竹山縣。則古庸國，秦、漢之上庸縣也。

11 辛酉，武承嗣罷。

12 辛未，頒垂拱格。

13 朝士有左遷詣宰相自訴者，內史騫味道曰：「此太后處分。」朝，直遙翻。處，昌呂翻。分，扶問翻。同中書門下三品劉禕之曰：「緣坐改官，由臣下奏請。」太后聞之，夏，四月，丙子，貶味道爲青州刺史，加禕之太中大夫。太中大夫，從四品上。劉禕之本職豫王府司馬。王府司馬，從四品下。謂侍臣曰：「君臣同體，豈得歸惡於君，引善自取乎！」

14 癸未，突厥寇代州，淳于處平引兵救之，至忻州，爲突厥所敗，敗，補邁翻。死者五千餘人。

15 丙【章：十二行本「丙」上有「五月」二字；乙十一行本同；孔本同；張校同。】午，以裴居道爲內史。納言王德眞流象州。象州至京師四千九百八十九里。

16 己酉，以冬官尚書蘇良嗣爲納言。光宅改工部爲冬官。

17 壬戌，制內外九品以上及百姓，咸令自舉。令有才者咸得自言以求進用。令，力丁翻。

18 壬申，韋方質同鳳閣鸞臺三品。

19 六月，天官尚書韋待價同鳳閣鸞臺三品。光宅改吏部爲天官。待價，萬石之兄也。

20 同羅、僕固等諸部叛，遣左豹韜衞將軍劉敬同發河西騎士出居延海以討之，甘州刪丹縣北渡張掖河，西北行，出合黎山峽口，傍河東壖，屈曲東北行千里，有寧寇軍，軍東北有居延海。騎，奇寄翻。同羅、僕固等皆敗散。敕僑置安北都護府於同城以納降者。同城，卽刪丹之同城守捉，天寶二載改爲寧寇軍。降，戶江翻。

21 秋，七月，己酉，以文昌左丞魏玄同爲鸞臺侍郎、同鳳閣鸞臺三品。文昌左丞，卽尚書左丞。

22 詔自今祀天地，高祖、太宗、高宗皆配坐；坐，徂臥翻。用鳳閣舍人元萬頃等之議也。

23 九月，丁卯，廣州都督王果討反獠，平之。獠，魯皓翻。

24 冬，十一月，癸卯，命天官尚書韋待價爲燕然道行軍大總管以討吐蕃。【嚴：「吐番」改「突厥」】燕，因肩翻。吐，從暾入聲。初，西突厥興昔亡、繼往絕可汗既死，十姓無主，部落多散亡，太后乃擢興昔亡之子左豹韜衞翊府中郎將元慶唐諸衞皆有翊府中郎將、郎將。將，卽亮翻。爲左玉鈐衞將軍，兼崐陵都護，襲興昔亡可汗押五咄陸部落。鈐，其廉翻。可，從刊入聲。汗，音寒。咄，當沒翻。

25麟臺正字射洪陳子昂光宅改祕書省爲麟臺。正字，正九品下，掌刊正文字。射洪縣，屬梓州，漢郪縣地，後魏分置射江縣，以婁縷灘東六里有射江；西魏訛爲射洪。上疏，以爲：「朝廷遣使巡察四方，不可任非其人，上，時掌翻。使，疏吏翻；下同。及刺史、縣令，不可不擇。比年百姓疲於軍旅，不可不安。」比，毗至翻。其略曰：「夫使不擇人，則黜陟不明，刑罰不中，夫，音扶。中，竹仲翻。朋黨者進，貞直者退；徒使百姓脩飾道路，送往迎來，無所益也。諺曰：『欲知其人，觀其所使。』不可不慎也。」又曰：「宰相，陛下之腹心；刺史、縣令，陛下之手足；未有無腹心手足而能獨理者也！」又曰：「天下有危機，禍福因之而生，機靜則有福，機動則有禍，百姓是也。百姓安則樂其生，樂，音洛。不安則輕其死，輕其死則無所不至，祅逆乘釁，天下亂矣！」祅，於喬翻。又曰：「隋煬帝不知天下有危機，而信貪佞之臣，冀收夷狄之利，卒以滅亡，卒，子恤翻。其爲殷鑒，豈不大哉！」

26太后修故白馬寺，以僧懷義爲寺主。姚思廉曰：漢明帝時，西域以白馬負佛經送洛，因立白馬寺。魏收曰：漢立白馬寺於洛城雍關西。按此故洛城也；唐之洛城，乃隋所遷。懷義，鄠人，鄠，音戶。本姓馮，名小寶，賣藥洛陽市，因千金公主以進，千金公主，高祖女。得幸於太后；太后欲令出入禁中，乃度爲僧，名懷義。又以其家寒微，令與駙馬都尉薛紹合族，命紹以季父事之。薛紹尚后女太平公主。出入乘御馬，宦者十餘人侍從；從，才用翻。士民遇之者皆奔避，有近之者，近，其靳翻。輒撾其首流血，撾，其瓜翻。委之而去，任其生死。見道士則極意毆之，仍髡其髮而去。朝貴皆匍匐禮謁，毆，烏口翻。朝，直遙翻。匍，薄乎翻。匐，蒲北翻。武承嗣、武三思皆執僮僕之禮以事之，爲之執轡，爲，于僞翻。懷義視之若無人。多聚無賴少年，度爲僧，縱橫犯法，少，詩照翻。橫，下孟翻。人莫敢言。右臺御史馮思勗屢以法繩之，右臺，右肅政臺也。懷義遇思勗於途，令從者毆之，幾死。幾，居依翻。

二年（丙戌、六八六）

1春，正月，太后下詔復政於皇帝。睿宗知太后非誠心，奉表固讓；太后復臨朝稱制。復，扶又翻。朝，直遙翻。辛酉，赦天下。

2二月，辛未朔，日有食之。

3右衛大將軍李孝逸既克徐敬業，聲望甚重；武承嗣等惡之，數譖於太后，左遷施州刺史。惡，烏路翻。數，所角翻。施州，漢巫縣地；吳分巫，立沙渠縣；後周於縣置施州，隋廢州爲清江郡，唐復置施州。在京師南二千七百九里，至東都二千八百一十里。

4三月，戊申，太后命鑄銅爲匭：【章：十二行本「匭」下有「置之朝堂以受天下表疏銘」十一字；乙十一行本同；孔本同；張校同；退齋校同。】匭，居洧翻。其東曰「延恩」，獻賦頌、求仕進者投之；南曰

「招諫」，言朝政得失者投之；西曰「伸冤」，有冤抑者投之；北曰「通玄」，言天象災變及軍機祕計者投之。四匭，各依其方色。命正諫、補闕、拾遺一人掌之，正諫，卽諫議大夫也。垂拱元年，置左、右補闕各一人，從七品上；左、右拾遺各二人，從八品上；掌供奉諷諫，行立次左、右史之下；左屬門下省，右屬中書省。先責識官，識官，猶今之保識。乃聽投表疏。疏，所去翻。

徐敬業之反也，侍御史魚承曄之子保家教敬業作刀車及弩，敬業敗，僅得免。太后欲周知人間事，保家上書，請鑄銅爲匭以受天下密奏。上，時掌翻。其器共爲一室，中有四隔，上各有竅，以受表疏，可入不可出。太后善之。考異曰：統紀、唐曆皆云八月作銅匭。今從實錄、舊本紀。又朝野僉載作「魚思咺」，云「上欲作匭，召工匠，無人作得者。思咺應制爲之，甚合規矩，遂用之。」今從御史臺記。未幾，其怨家投匭怨，於元翻。幾，居豈翻。告保家爲敬業作兵器，殺傷官軍甚衆，遂伏誅。爲，于僞翻。

太后自徐敬業之反，疑天下人多圖己，又自以久專國事，且內行不正，行，下孟翻。知宗室大臣怨望，心不服，欲大誅殺以威之。乃盛開告密之門，有告密者，臣下不得問，皆給驛馬，唐制：乘傳日四驛，乘驛日六驛。凡給馬者，一品八匹，二品六匹，三品五匹，四品、五品四匹，六品三匹，七品以下二匹。給傳乘者，一品十馬，二品九馬，三品八馬，四品、五品四馬，六品、七品二馬，八品、九品一馬。三品已上敕召者，給四馬，五品三馬，六品已下有差。一驛，三十里。供五品食，唐六典：四品、五品，常食料七盤，每日細米二升，麪二升三合，酒一升半，羊肉三分，瓜兩顆，鹽、豉、葱、薑、葵、韭之屬各有差。新唐志：五品食料，雜用錢月六百。使詣行在。雖農夫樵人，皆得召見，廩於客館，客館，屬鴻臚寺典客令。廩者，廩給之。見，賢遍翻。所言或稱旨，則不次除官，稱，尺證翻。無實者不問。於是四方告密者蜂起，人皆重足屏息。重，直龍翻。屏，必郢翻。

有胡人索元禮，索，蘇各翻。知太后意，因告密召見，擢爲游擊將軍，令案制獄。見，賢遍翻。令，力丁翻。元禮性殘忍，推一人必令引數十百人，太后數召見賞賜以張其權。數，所角翻。張，知亮翻。於是尚書都事長安周興、唐尚書都省有都事，管諸司主事、令史。尚，辰羊翻。萬年人來俊臣之徒效之，紛紛繼起。興累遷至秋官侍郎，俊臣累遷至御史中丞，相與私畜無賴數百人，畜，吁玉翻。專以告密爲事；欲陷一人，輒令數處俱告，事狀如一。俊臣與司刑評事洛陽萬國俊光宅改大理爲司刑評事，從八品，掌出使推劾。共撰羅織經數千言，教其徒網羅無辜，織成反狀，構造布置，皆有支節。太后得告密者，輒令元禮等推之，競爲訊囚酷法，【章：十二行本「法」下有「作大枷」三字；乙十一行本同；孔本同；張校同。】有「定百脈」、「突地吼」、「死豬愁」、「求破家」、「反是實」等名號。或以椽關手足而轉之，謂之「鳳皇曬翅」；或以物絆其腰，引枷向前，謂之「驢駒拔撅」；椽，重緣翻。曬，所賣翻。絆，博慢翻。撅，其月翻。或使跪捧枷，累甓其上，謂之「仙人獻果」；或使立高木，【章：十二行本「木」下有「之上」二字；乙十一行本同；孔本同。】引枷尾向後，謂之「玉女登梯」；或倒懸石縋其首，或以醋灌鼻，或以鐵圈轂其首而加楔，枷，音加。甓，扶歷翻。䋎，馳僞翻。圈，丘員翻。轂，呼角翻，急束也。楔，先結翻。至有腦裂髓出者。每得囚，輒先陳其械具以示之，皆戰栗流汗，望風自誣。每有赦令，俊臣輒令獄卒先殺重囚，然後宣示。太后以爲忠，益寵任之。中外畏此數人，甚於虎狼。

麟臺正字陳子昂上疏，上，時掌翻。疏，所據翻。以爲：「執事者疾徐敬業首亂唱禍，將息姦源，窮其黨與，遂使陛下大開詔獄，重設嚴刑，有迹涉嫌疑，辭相逮引，莫不窮捕考按。至有姦人熒惑，乘險相誣，糾告疑似，冀圖爵賞，恐非伐罪弔人之意也。臣竊觀當今天下，百姓思安久矣，故揚州構逆，殆有五旬，而海內晏然，纖塵不動。陛下不務玄默以救疲人，而反任威刑以失其望，臣愚暗昧，竊有大惑。伏見諸方告密，囚累百千輩，及其窮竟，百無一實。陛下仁恕，又屈法容之，遂使姦惡之黨快意相讎，睚眦之嫌即稱有密，一人被訟，被，皮義翻。百人滿獄，使者推捕，冠蓋如市。或謂陛下愛一人而害百人，天下喁喁，喁，魚容翻。莫知寧所。臣聞隋之末代，天下猶平，楊玄感作亂，不踰月而敗。天下之弊，未至土崩，蒸人之心，猶望樂業。蒸人，猶蒸民也，避太宗諱，改「民」爲「人」。樂，音洛。煬帝不悟，遂使兵部尚書樊子蓋專行屠戮，大窮黨與，海內豪士，無不罹殃；遂至殺人如麻，流血成澤，事見一百八十二卷大業九年。天下靡然，始思爲亂，於是雄傑並起而隋族亡矣。夫大獄一起，不能無濫，冤人吁嗟，感傷和氣，羣生癘疫，水旱隨之，人既失業，則禍亂之心怵然而生矣。古者明王重愼刑法，蓋懼此也。昔漢武帝時巫蠱獄起，使太子奔走，兵交宮闕，無辜被害者以千萬數，宗廟幾覆；賴武帝得壺關三老書，廓然感悟，夷江充三族，事見二十二卷漢武帝征和二年、三年。幾，居依翻。餘獄不論，天下以安爾。古人云：『前事之不忘，後事之師。』史記太史公之言。伏願陛下念之！」太后不聽。

5夏，四月，太后鑄大儀，置北闕。北闕蓋在玄武門外。

6以岑長倩爲內史。六月，辛未，以蘇良嗣爲左相，同鳳閣鸞臺三品韋待價爲右相。己卯，以韋思謙爲納言。

蘇良嗣遇僧懷義於朝堂，懷義偃蹇不爲禮；良嗣大怒，命左右捽曳，批其頰數十。捽，昨沒翻。批，蒲列翻，擊也，又匹迷翻。懷義訴於太后，太后曰：「阿師當於北門出入，阿，烏葛翻。南牙宰相所往來，勿犯也。」

太后託言懷義有巧思，思，相吏翻。故使入禁中營造。補闕長社王求禮上表，長社，漢縣，隋改曰潁川，武德四年復舊，帶許州。上，時掌翻。以爲：「太宗時，有羅黑黑善彈琵琶，太宗閹爲給使，使教宮人。陛下若以懷義有巧性，欲宮中驅使者，臣請閹之，庶不亂宮闈。」表寢不出。

7秋，九月，丁未，以西突厥繼往絕可汗之子斛瑟羅爲右玉鈐衞將軍，襲繼往絕可汗押五弩失畢部落。

8己巳，雍州言新豐縣東南有山踴出，雍，於用翻。考異曰：統紀在十二月，今從實錄。程大昌曰：武后改新豐爲慶山縣，其說曰：時因雷雨踊出一山，故取以爲名。而其何以輒踊也，不言其以也，此卽在位小人共加傅會也。至兩京道里志則言其詳矣，曰：慶山踊出，初時六、七尺，漸高至三百尺，則非一旦驟爲三百尺也。自六、七尺，日日纍增至三百尺，是積力爲之，非一夜雷雨頓能突兀如許也。此爲人力所成，大不難見。改新豐爲慶山縣。新豐自漢以來屬京兆。四方畢賀。江陵人俞文俊上書：江陵縣帶荆州。「天氣不和而寒暑併，人氣不和而疣贅生，地氣不和而䭔阜出。疣，音尤。贅，之芮翻。䭔，都回翻。今陛下以女主處陽位，反易剛柔，故地氣塞隔塞，悉則翻。處，昌呂翻。而山變爲災。陛下謂之『慶山』，臣以爲非慶也。臣愚以爲宜側身脩德以答天譴；不然，殃禍至矣！」太后怒，流於嶺外，後爲六道使所殺。六道使見後二百五卷長壽二年。使，疏吏翻。

9突厥入寇，左鷹揚衞大將軍黑齒常之拒之；至兩井，遇突厥三千餘人，見唐兵，皆下馬擐甲，常之以二百餘騎衝之，擐，音宦。騎，奇寄翻。皆棄甲走。日暮，突厥大至，常之令營中然火，東南又有火起，虜疑有兵相應，遂夜遁。

10狄仁傑爲寧州刺史。右臺監察御史晉陵郭翰巡察隴右，所至多所按劾。監，古銜翻。劾，戶概翻，又戶得翻。入寧州境，耆老歌刺史德美者盈路；翰薦之於朝，朝，直遙翻。徵爲冬官侍郎。

王崇武標點容肇祖聶崇岐覆校

資治通鑑卷第二百四

端明殿學士兼翰林侍讀學士太中大夫提舉西京嵩山崇福宮上柱國河內郡開國公食邑二千二百戶食實封九百戶賜紫金魚袋臣　司馬光　奉敕編集

後學天台　胡三省　音註

唐紀二十

起強圉大淵獻（丁亥），盡重光單閼（辛卯），凡五年。

則天順聖皇后上之下

垂拱三年（丁亥、六八七）

1春，閏正月，丁卯，封皇子成美爲恆王，睿宗時爲帝，故成美等皆爲皇子。恆，戶登翻。考異曰：唐曆、舊本紀、新傳皆作「成義」。今從實錄。隆基爲楚王，隆範爲衞王，隆業爲趙王。

2二月，丙辰，突厥骨篤祿等寇昌平，昌平，後漢縣，屬廣陽國，隋屬涿郡，唐屬幽州。命左鷹揚大將軍黑齒常之帥諸軍討之。帥，讀曰率。

3三月，乙丑，納言韋思謙以太中大夫致仕。

4夏，四月，命蘇良嗣留守西京。守，式又翻。考異曰：實錄、新舊本紀、統紀，皆無良嗣出守西京年月。

今據唐曆。時尚方監裴匪躬檢校京苑，光宅改少府監爲尚方監。京苑，西京之苑。將鬻苑中蔬果以收其利。良嗣曰：「昔公儀休相魯，猶能拔葵、去織婦，董仲舒曰：公儀休相魯，之其家，見織帛，怒而出。其妻食於舍而茹葵，慍而拔其葵。曰：「吾已食祿，又奪園夫紅女利乎！」相，息亮翻。去，羌呂翻。未聞萬乘之主鬻蔬果也。」乘，繩證翻。乃止。

5 壬戌，裴居道爲納言。五月，丙寅，夏官侍郎京兆張光輔爲鳳閣侍郎、同平章事。考異曰：舊本紀在四月，傳在平越王貞後，今從實錄。

6 鳳閣侍郎、同鳳閣鸞臺三品劉禕之竊謂鳳閣舍人永年賈大隱曰：永年，本漢曲梁縣。魏爲廣平郡治所，隋廢郡爲廣平縣，後改爲鷄澤；仁壽元年改曰永元〔年〕，避太子廣諱也；唐帶洺州。「太后既廢昏立明，安用臨朝稱制！朝，直遙翻。不如返正【章：十二行本「正」作「政」；乙十一行本同；退齋校同。】以安天下之心。」大隱密奏之，太后不悅，謂左右曰：「禕之我所引，劉禕之自北門學士至爲相，故云然。乃復叛我！」或誣禕之受歸誠州都督孫萬榮金，貞觀二十二年，以契丹別部置歸誠州，屬松漠都督府。復，扶又翻。又與許敬宗妾有私，太后命肅州刺史王本立推之。本立宣敕示之，禕之曰：「不經鳳閣鸞臺，何名爲敕！」太后大怒，以爲拒捍制使；使，疏吏翻。庚午，賜死于家。禕之初下獄，睿宗爲之上疏申理，下，遐嫁翻。爲，于僞翻。上，時掌翻。親友皆賀之，禕之曰：「此乃所以速吾死也。」臨刑，沐浴，神色自若，自草謝表，立成數紙。麟臺郎郭翰、光宅改秘書郎爲麟臺郎。太子文學周思鈞太子宮司經局有太子文學一人，正六品，掌侍奉文章。稱歎其文。太后聞之，左遷翰巫州司法，思鈞播州司倉。貞觀八年，以辰州龍標縣置巫州；九年，以隋牂柯郡牂柯縣置播州。舊志：巫州，京師南四千一百九十七里，東都三千九百里。播州，京師南四千四百五十里，東都四千九百六十里。

7 秋，七月，壬辰，魏玄同檢校納言。

8 嶺南俚戶舊輸半課，交趾都護劉延祐使之全輸，俚戶不從，延祐誅其魁首。其黨李思慎等作亂，攻破安南府城，高宗調露元年，改交州都督府爲安南都護府。俚，音里。殺延祐。桂州司馬曹玄靜將兵討思慎等，斬之。將，卽亮翻。考異曰：舊書馮元常傳云：「元常自眉州刺史轉廣州都督。屬安南首領李嗣仙殺都督劉延祐，剽陷州縣，敕元常誅之，帥士卒濟南海，先馳檄示以威恩，喻以禍福，嗣仙徒黨多相帥歸降，因縱兵誅其魁首，安慰居人而旋。」今從實錄。

9 突厥骨篤祿、元珍寇朔州，遣燕然道大總管黑齒常之擊之，燕，因肩翻。以左鷹揚大將軍李多祚爲之副，大破突厥於黄花堆，意卽黄瓜堆。按朔州有黄花堆，在神武川。追奔四十餘里，突厥皆散走磧北。走，音奏。磧，七迹翻。多祚世爲靺鞨酋長，靺鞨，音末曷。酋，慈由翻。長，知兩翻。以軍功得入宿衞。黑齒常之每得賞賜，皆分將士；有善馬爲軍士所損，官屬請笞之，常之曰：「柰何以私馬笞官兵乎！」卒不問。卒，子恤翻。

10 九月，己卯，虢州人楊初成詐稱郎將，將，卽亮翻；下同。矯制於都市募人迎廬陵王於房州；事覺，伏誅。

11冬，十月，庚子，右監門衛中郎將爨寶璧與突厥骨篤祿、元珍戰，全軍皆沒，寶璧輕騎遁歸。監，古銜翻。騎，奇寄翻。

寶璧見黑齒常之有功，表請窮追餘寇。詔與常之計議，遥爲聲援。寶璧欲專其功，不待常之，引精卒萬三千人先行，出塞二千餘里，掩擊其部落；既至，又先遣人告之，使得嚴備，與戰，遂敗。太后誅寶璧；改骨篤祿曰不卒祿。卒，子恤翻。

12命魏玄同留守西京。守，手又翻。

13武承嗣又使人誣李孝逸自云「名中有兔，兔，月中物，當有天分。」謂有分爲天子。分，扶問翻。太后以孝逸有功，十一月，戊寅，減死除名，流儋州而卒。儋州，舊儋耳縣，武德五年置儋州。舊志：儋州至京師七千四百四十二里。儋，徒甘翻。卒，子恤翻。考異曰：新紀：「天授元年五月己亥，殺梁郡公李孝逸。」孝逸初封梁郡公，以平徐敬業功，改封吳國公；垂拱三年，減死除名，配流儋州，當削爵矣。新傳云：「流儋州薨。」紀、傳自相違。唐曆云：「四月十一日誅益州長史李孝逸。」亦舊任也。統紀：「誅李孝逸并其黨崔元昉、裴安期。」唐曆：「并其黨崔知賢、董元昉、裴安期等。」今從實錄及舊傳。

14太后欲遣韋待價將兵擊吐蕃，考異曰：實錄，「十二月壬辰，命待價爲安息道大總管，督三十六總管以討吐蕃。」不言師出勝敗如何。至永昌元年五月，又云「命待價擊吐蕃，七月敗於寅識迦河。」按本傳不云兩曾將兵，今刪此事。鳳閣侍郎韋方質奏，請如舊制遣御史監軍，監，古銜翻。太后曰：「古者明君遣將，閫外之事悉以委之。比聞御史監軍，比，毗至翻。軍中事無大小皆須承稟。以下制上，非令典也；且何以責其有功！」遂罷之。

15 是歲，天下大饑，山東、關內尤甚。

四年（戊子、六八八）

1 春，正月，甲子，於神都立高祖、太宗、高宗三廟，四時享祀如西廟之儀。西廟，西京宗廟也。又立崇先廟以享武氏祖考。太后命有司議崇先廟室數，司禮博士周悰請爲七室，光宅改太常曰司禮。史言周悰之請，希旨迎合。又減唐太廟爲五室。春官侍郎賈大隱奏：「禮，天子七廟，諸侯五廟，百王不易之義。今周悰別引浮議，廣述異聞，直崇臨朝權儀，朝，直遙翻。不依國家常度。皇太后親承顧託，光顯大猷，其崇先廟室應如諸侯之數，國家宗廟不應輒有變移。」太后乃止。

2 太宗、高宗之世，屢欲立明堂，諸儒議其制度，不決而止。及太后稱制，獨與北門學士議其制，不問諸儒。諸儒以爲明堂當在國陽丙巳之地，三里之外，七里之內。太后以爲去宮太遠。二月，庚午，毀乾元殿，於其地作明堂，以僧懷義爲之使，使，疏吏翻。凡役數萬人。

3 夏，四月，戊戌，殺太子通事舍人郝象賢。唐制，太子通事舍人正七品下，掌導引宮臣辭見及勞問之事。象賢，處俊之孫也。

初，太后有憾於處俊，謂上元二年諫高宗也。會奴誣告象賢反，太后命周興鞫之，致象賢族罪。象賢家人詣朝堂，訟冤於監察御史樂安任玄殖。樂安郡，棣州。朝，直遥翻。監，古銜翻。玄殖奏象賢無反狀，玄殖坐免官。象賢臨刑，極口罵太后，發揚宮中隱慝，奪市人柴以擊刑者；金吾兵共格殺之。太后命支解其尸，發其父祖墳，毁棺焚尸。自是終太后之世，法官每刑人，先以木丸塞其口。塞，悉則翻。

4 武承嗣使鑿白石爲文曰：「聖母臨人，永昌帝業。」末紫石雜藥物填之。庚午，使雍州人唐同泰奉表獻之，隋京兆郡，武德元年改曰雍州。雍，於用翻。稱獲之於洛水。太后喜，命其石曰「寶圖」。擢同泰爲遊擊將軍。五月，戊辰，詔當親拜洛，受「寶圖」；有事南郊，告謝昊天；禮畢，御明堂，朝羣臣。朝，直遥翻。命諸州都督、刺史及宗室、外戚以拜洛前十日集神都。乙亥，太后加尊號爲聖母神皇。

5 六月，丁亥朔，日有食之。

6 壬寅，作神皇三璽。璽，斯氏翻。

7 東陽大長公主削封邑，并二子徙巫州。公主，太宗之女。長，知兩翻。公主適高履行，太后以高氏長孫無忌之舅族，故惡之。惡，烏路翻。

8江南道巡撫大使、冬官侍郎狄仁傑以吳、楚多淫祠，奏焚其一千七百餘所，獨留夏禹、吳太伯、季札、伍員四祠。員，音云。

9秋，七月，丁巳，赦天下。更命「寶圖」爲「天授聖圖」；洛水爲永昌洛水，更，工衡翻。封其神爲顯聖侯，加特進，禁漁釣，祭祀比四瀆。唐制，嶽瀆爲中祀。名圖所出曰「聖圖泉」，泉側置永昌縣。又改嵩山爲神嶽，封其神爲天中王，拜太師、使持節、神嶽大都督，禁芻牧。使，疏吏翻。又以先於汜水得瑞石，改汜水爲廣武。汜水，漢之成皋縣，屬河南郡；後魏爲成皋郡，置東中府；隋開皇十八年改成皋爲汜水，屬鄭州。縣界有廣武，楚、漢對壘處。后改縣名以協其姓。汜，音祀。

太后潛謀革命，稍除宗室。絳州刺史韓王元嘉、青州刺史霍王元軌、邢州刺史魯王靈夔、豫州刺史越王貞豫州，漢汝南郡地，後魏置豫州，唐因之；然唐之豫州非能盡得漢汝南郡之地。及元嘉子通州刺史黃公譔、譔，士免翻，又音銓。元軌子金州刺史江都王緒、虢王鳳子申州刺史東莞公融、靈夔子范陽王藹、貞子博州刺史琅邪王沖，在宗室中皆以才行有美名，行，下孟翻。太后尤忌之。元嘉等內不自安，密有匡復之志。考異曰：舊傳，「垂拱三年七月」，誤也。今從實錄。

譔謬爲書與貞云：「內人病浸重，當速療之，若至今冬，恐成痼疾。」及太后召宗室朝明堂，朝，直遙翻。諸王因遞相驚曰：「神皇欲於大饗之際，使人告密，盡收宗室，誅之無遺。」譔詐爲皇帝璽書與沖云：「朕遭幽縶，諸王宜各發兵救我。」沖又詐爲皇帝璽書云：「神皇欲移李氏社稷以授武氏。」璽，斯氏翻。八月，壬寅，沖召長史蕭德琮等令募兵，考異曰：實錄作丙午，蓋據奏到之日也。舊傳、本紀作壬寅。按沖以戊申死，而實錄又云「沖起兵七日而敗」，然則壬寅是也，今從之。分告韓、霍、魯、越及貝州刺史紀王慎，令各起兵共趣神都。趣，七喻翻。太后聞之，以左金吾將軍丘神勣爲清平道行軍大總管以討之。博州有清平縣，漢貝丘縣也，隋更名。

沖募兵得五千餘人，欲渡河取濟州；先擊武水，武水，漢東郡陽平縣地；隋改爲清邑，又分清邑置武水縣，唐屬博州。濟，子禮翻。武水令郭務悌詣魏州求救。莘令馬玄素莘，亦漢陽平縣地。後齊改曰樂平，隋開皇六年復曰陽平，八年改曰清邑，十六年置莘州；大業初，州廢爲莘縣；唐屬魏州。將兵千七百人中道邀沖，恐力不敵，入武水，閉門拒守。沖推草車塞其南門，推，吐雷翻。塞，悉則翻。因風縱火焚之，欲乘火突入；火作而風回，沖軍不得進，由是氣沮。堂邑董玄寂堂邑，漢縣，後魏廢，隋分清陽縣復置，屬博州。爲沖將兵擊武水，爲，于僞翻。謂人曰：「琅邪王與國家交戰，此乃反也。」沖聞之，斬玄寂以徇，衆懼而散入草澤，不可禁止，惟家僮左右數十人在。沖還走博州，走，音奏。戊申，至城門，爲守門者所殺，考異曰：丘神勣傳云：「爲勳官吳希智、白丁孟青棒所殺」。今從實錄及沖傳。凡起兵七日而敗。丘神勣至博州，官吏素服出迎，神勣盡【章：十二行本「盡」上有「揮刃」二字；乙十一行本同；孔本同；張校同，云「盡」下脫「揮刀」二字。按十二行本「刀」作「刃」，二字在「盡」上，兩校微異。】殺之，凡破千餘家。

越王貞聞沖起，亦舉兵於豫州，遣兵陷上蔡。上蔡縣，漢屬汝南郡。後魏曰臨汝，隋開皇初改曰武津，大業初曰上蔡，唐屬豫州。九域志，在州北五十五里。九月，丙辰，命左豹韜大將軍麴崇裕爲中軍大總管，岑長倩爲後軍大總管，將兵十萬以討之，將，卽亮翻；下同。又命張光輔爲諸軍節度。削【章：十二行本「削」下有「貞」字；乙十一行本同；張校同，云無註本亦無。】沖屬籍，更姓虺氏。更，工衡翻；下更其同。貞聞沖敗，欲自鎖詣闕謝罪，會所署新蔡令傅延慶新蔡縣，自漢以來屬汝南郡，唐屬豫州。九域志，在州東一百六十里。募得勇士二千餘人，貞乃宣言於衆曰：「琅邪已破魏、相數州，相，息亮翻。有兵二十萬，朝夕至矣。」發屬縣兵共得五千，分爲五營，使汝南縣丞裴守德等將之，汝南縣，舊曰上蔡，隋大業初改曰汝陽，帶豫州。署九品以上官五百餘人。所署官皆受迫脅，莫有鬬志，惟守德與之同謀，貞以其女妻之，妻，七細翻。署大將軍，委以腹心。貞使道士及僧誦經以求事成，左右及戰士皆帶辟兵符。麴崇裕等軍至豫州城東四十里，貞遣少子規及裴守德拒戰，兵潰而歸。貞大懼，閉閤自守。崇裕等至城下，左右謂貞曰：「王豈可坐待戮辱！」貞、規、守德及其妻皆自殺。少，詩照翻。考異曰：實錄，「庚戌，貞舉兵，九月，丙寅，豫州平。」又云，「舉兵二十日而敗。」庚戌至丙寅纔十七日，蓋皆據奏到之日耳。與沖皆梟首東都闕下。梟，堅堯翻。

初，范陽王藹遣使語貞及沖曰：使，疏吏翻。語，牛倨翻；下我語同。「若四方諸王一時並起，事無不濟。」諸王往來相約結，未定而沖先發，惟貞狼狽應之，諸王皆不敢發，故敗。

貞之將起兵也，遣使告壽州刺史趙瓌，瓌妻常樂長公主常樂公主，高祖女。使，疏吏翻；下同。樂，音洛。長，知兩翻。謂使者曰：「爲我語越王：爲，于僞翻；下似爲同。語，牛倨翻。昔隋文帝將篡周室，尉遲迥，周之甥也，猶能舉兵匡救社稷，事見一百七十四卷陳宣帝太建十四年。尉，紆勿翻。功雖不成，威震海內，足爲忠烈。況汝諸王，先帝之子，豈得不以社稷爲心！今李氏危若朝露，汝諸王不捨生取義，尚猶豫不發，欲何須邪！須，待也。禍且至矣，大丈夫當爲忠義鬼，無爲徒死也。」

及貞敗，太后欲悉誅韓、魯等諸王，命監察御史藍田蘇珦按其密狀。監，古銜翻；下同。珦，式亮翻。珦訊問，皆無明驗，或告珦與韓、魯通謀，太后召珦詰之，珦抗論不回。詰，去吉翻。太后曰：「卿大雅之士，朕當別有任使，此獄不必卿也。」乃命珦於河西監軍，更使周興等按之，更，工衡翻；下同。於是收韓王元嘉、魯王靈夔、黃公譔、常樂公主於東都，迫脅皆自殺，考異曰：舊傳：「靈夔流振州，自縊死。」今從實錄。更其姓曰「虺」，親黨皆誅。

以文昌左丞狄仁傑爲豫州刺史。光宅改尚書左丞爲文昌左丞。時治越王貞黨與，治，直之翻。當坐者六七百家，籍沒者五千口，司刑趣使行刑。司刑寺卽大理寺。趣，讀曰促。仁傑密奏：「彼皆詿誤，詿，戶卦翻。臣欲顯奏，似爲逆人申理；知而不言，恐乖陛下仁恤之旨。」太后特原之，皆流豐州。道過寧州，寧州父老迎勞之曰：「我狄使君活汝邪？」勞，力到翻。仁傑刺寧州，見上卷垂拱二年。相攜哭於德政碑下，設齋三日而後行。

時張光輔尚在豫州，將士恃功，多所求取，仁傑不之應。光輔怒曰：「州將輕元帥邪？」將，卽亮翻。帥，所類翻。仁傑曰：「亂河南者一越王貞耳，河南，當作汝南。今一貞死，萬貞生！」光輔詰其語，仁傑曰：「明公總兵三十萬，所誅者止於越王貞。城中聞官軍至，踰城出降者四面成蹊，降，戶江翻。明公縱將士暴掠，殺已降以爲功，流血丹野，非萬貞而何！恨不得尚方斬馬劍，加於明公之頸，雖死如歸耳！」光輔不能詰，歸，奏仁傑不遜，左遷復州刺史。自緊州左遷上州，且自近州遷遠州也。舊志：豫州，去京師一千五百四十里，至東都六百七十里；復州，京師東南一千八百里，至東都一千五百二十八里。

10 丁卯，左肅政大夫騫味道、夏官侍郎王本立並同平章事。

11 太后之召宗室朝明堂也，東莞公融密遣使問成均助教高子貢，朝，直遙翻。莞，音官。使，疏吏翻；下同。子貢曰：「來必死。」融乃稱疾不赴。越王貞起兵，遣使約融，融蒼猝不能應，爲官屬所逼，執使者以聞，擢拜右贊善大夫。唐東宮左、右贊善大夫，正五品上，掌傳令、諷過失、贊禮儀，以經教授諸郡王。未幾，爲支黨所引，幾，居豈翻。冬，十月，己亥，戮於市，籍沒其家。高子貢亦坐誅。

濟州刺史薛顗、顗弟緒、緒弟駙馬都尉紹，皆與琅邪王沖通謀。濟，子禮翻。顗，魚豈翻。顗聞沖起兵，作兵器，募人；沖敗，殺錄事參軍高纂以滅口。唐武德初改州主簿爲錄事參軍，掌正違失，涖符印。十一月，辛酉，顗、緒伏誅，紹以太平公主故，杖一百，餓死於獄。紹以主壻免殊死。

十二月，乙酉，司徒、青州刺史霍王元軌坐與越王連謀，廢徙黔州，舊志：黔州，京師南三千一百九十三里，至東都三千二百七十七里。黔，音琴。載以檻車，行至陳倉而死。江都王緒、殿中監郕公裴承先皆戮於市。承先，寂之孫也。裴寂，武德開國功臣。

12 命裴居道留守西京。守，式又翻。

13 左肅政大夫、同平章事騫味道素不禮於殿中侍御史周矩，屢言其不能了事。會有羅告味道者，敕矩按之。矩謂味道曰：「公常責矩不了事，今日爲公了之。」爲，于僞翻。乙亥，味道及其子辭玉皆伏誅。考異曰：御史臺記：「味道陷周興獄。」今從粲傳。

14 己酉，太后拜洛受圖，受唐同泰所獻僞石也。皇帝、皇太子皆從，從，才用翻。內外文武百官、蠻夷【章：十二行本「夷」下有「酋長」二字；乙十一行本同；張校同，云無註本亦無。】各依方敍立，珍禽、奇獸、雜寶列於壇前，文物鹵簿之盛，唐興以來未之有也。

15 辛亥，明堂成，高二百九十四尺，方三百尺。凡三層：下層法四時，各隨方色；中層法十二辰；上爲圓蓋，九龍捧之。上【章：十二行本「上」上有「上層法二十四氣，亦爲圓蓋」十一字；乙十一行本同；孔本同；退齋校同。】施鐵鳳，高一丈，高，居傲翻。飾以黃金。中有巨木十圍，上下通貫，栭櫨橕檐藉以爲本。栭，音而，梁上柱，說文曰：屋枅上標。櫨，音盧，柱上柎曰欂櫨，廣韻，枅也，又曰柱也。

欂，抽庚翻，斜柱也。桅，婢脂翻，屋梠也。下施鐵渠，爲辟雍之象。以鐵爲渠以通水。號曰萬象神宮。宴賜羣臣，赦天下，縱民入觀。改河南爲合宮縣。又於明堂北起天堂五級以貯大像；懷義所作夾紵大像也。貯，丁呂翻。至三級，則俯視明堂矣。考異曰：舊薛懷義傳云：「明堂大屋凡三層，計高三百尺；又於明堂北起天堂，廣袤亞明堂。」今從小說及通典。僧懷義以功拜左威衞大將軍、梁國公。考異曰：實錄云：「懷義監造明堂，以功擢授左武衞大將軍，固辭不拜。時有右玉鈐衞將軍王慈徵、長上果毅元肅然，請與懷義爲兒，既而陰有異圖，欲奉之爲主，懷義密奏其狀；由是慈徵等坐斬，進拜懷義輔國大將軍，封盧國公，賜物三千段；又表辭不受。」今從舊傳。

侍御史王求禮上書曰：「古之明堂，茅茨不翦，采椽不斲。今者飾以珠玉，塗以丹青，鐵鷟入雲，上，時掌翻。鷟，士角翻。鸑鷟者，鳳也。金龍隱霧，昔殷辛瓊臺，夏癸瑤室，無以加也。」殷辛，紂也；夏癸，桀也。太后不報。

16 太后欲發梁、鳳、巴蜑，蜑，徒旱翻。自雅州開山通道，出擊生羌，因襲吐蕃。貞觀五年，太宗置西雅州以處生羌；八年，去「西」字。吐，從暾入聲。正字陳子昂上書，上，時掌翻。以爲：「雅州邊羌，自國初以來未嘗爲盜。今一旦無罪戮之，其怨必甚；且懼誅滅，必蜂起爲盜。西山盜起，西山在成都西。松、茂二州都督府所統諸州，皆西山羌也。則蜀之邊邑不得不連兵備守，兵久不解，臣愚以爲西蜀之禍，自此結矣。臣聞吐蕃愛蜀富饒，欲盜之久矣，徒以山川阻絕，障隘不通，勢不能動。今國家乃亂邊羌，開隘道，使其收奔亡之種，爲鄉導以攻邊，是借寇兵爲賊除道，舉全蜀以遺之也。種，章勇翻。鄉，讀曰嚮。爲賊，于僞翻。遺，于季翻。蜀者國家之寶庫，可以兼濟中國。今執事者乃圖僥幸之利以事西羌，僥，工堯翻。得其地不足以稼穡，財不足以富國，徒爲糜費，無益聖德，況其成敗未可知哉！夫蜀之所恃者險也，夫，音扶。人之所以安者無役也；今國家乃開其險，役其人，險開則便寇，人役則傷財，臣恐未見羌戎，已有姦盜在其中矣。且蜀人尪劣，尪，烏黃翻，弱也。不習兵戰，山川阻曠，去中夏遠，夏，戶雅翻。今無故生西羌、吐蕃之患，臣見其不及百年，蜀爲戎矣。國家近廢安北，拔單于，棄龜茲，放疏勒，廢安北，拔單于，以突厥畔援也；棄龜茲，放疏勒，以吐蕃侵逼也。單，音蟬。龜茲，音丘慈，又音屈佳。天下翕然謂之盛德者，蓋以陛下務在養人，不在廣地也。今山東饑，關、隴弊，而徇貪夫之議，謀動甲兵，興大役，自古國亡家敗，未嘗不由黷兵，願陛下熟計之。」既而役不果興。

永昌元年（己丑、六八九）

1春，正月，乙卯朔，大饗萬象神宮，太后服衮冕，搢大圭，執鎮圭爲初獻，周禮註：大圭長三尺，杼上，終葵首，天子服之。鎮圭尺有二寸，天子守之。鎮圭飾四鎮山，象其高；圭中約以組，防其墜。齊人謂椎爲終葵。圭首六寸爲椎，以下殺之。皇帝爲亞獻，太子爲終獻。先詣昊天上帝座，次高祖、太宗、高宗，次魏國先王，魏國先王，武士彠也。次五方帝座。太后御則天門，赦天下，改元。丁巳，太后御明堂，受朝賀。朝，直遥翻。戊午，布政于明堂，頒九條以訓百官。己未，御明堂，饗羣臣。

2 二月，丁酉，尊魏忠孝王曰周忠孝太皇，妣曰忠孝太后，文水陵曰章德陵，咸陽陵曰明義陵。武氏之先葬文水，士彠及其妻葬咸陽。置崇先府官。戊戌，尊魯公曰太原靖王，北平王曰趙肅恭王，金城王曰魏義康王，太原王曰周安成王。

3 三月，甲子，張光輔守納言。

4 壬申，太后問正字陳子昂，當今爲政之要。子昂退，上疏，上，時掌翻。以爲「宜緩刑崇德，息兵革，省賦役，撫慰宗室，各使自安。」辭婉意切，其論甚美，凡三千言。

5 癸酉，以天官尚書武承嗣爲納言，張光輔守內史。

6 夏，四月，甲辰，殺辰州别駕汝南王煒、連州别駕鄱陽公諲等宗室十二人，徙其家於巂州。煒，惲之子；諲，元慶之子也。蔣王惲，太宗子；道王元慶，高祖子也。煒，于鬼翻。諲，音因。惲，於粉翻。己酉，殺天官侍郎藍田鄧玄挺。玄挺女爲諲妻，又與煒善。諲謀迎中宗於廬陵，以問玄挺；煒又嘗謂玄挺曰：「欲爲急計，何如？」玄挺皆不應。故坐知反不告，同誅。

7 五月，丙辰，命文昌右相韋待價爲安息道行軍大總管，擊吐蕃。

8 浪穹州蠻酋傍時昔等二十五部，先附吐蕃，至是來降；酋，慈由翻。降，戶江翻。以傍時昔爲浪穹州刺史，令統其衆。南詔六部號爲六詔，浪穹詔其一也。

9 己巳，以僧懷義爲新平軍大總管，考異曰：舊傳：「爲清平道大總管。」今從實錄。余按：新平，豳州。軍出豳州而北伐也。北討突厥。行至紫河，隋志，定襄郡大利縣有陰山，有紫河，卽太宗遣思摩建牙之地。杜佑曰：勝州榆林縣有金河、紫河，自馬邑郡善陽縣界流入。不見虜，於單于臺刻石紀功而還。還，從宣翻，又如字。

10 諸王之起兵也，貝州刺史紀王慎獨不預謀，亦坐繫獄；秋七月，丁巳，檻車徙巴州，更姓虺氏，行及蒲州而卒。紀王慎徙巴州，蓋令取道相、衞，自河北路西上，不得至東都，歷絳至蒲而卒。更，工衡翻。卒，子恤翻。八男徐州刺史東平王續等，相繼被誅，被，皮義翻。考異曰：舊傳云：「愼長子和州刺史東平王續，最知名，早卒。」今從實錄。家徙嶺南。

女東光縣主楚媛，幼以孝謹稱，適司議郎裴仲將，相敬如賓；姑有疾，親嘗藥膳；接遇娣姒，皆得歡心。杜預曰：兄弟之妻相謂曰姒。蓋妯娌相呼，以身年長少爲名，年長爲姒，少爲娣，不以夫之長幼也。俗以兄之妻爲姒，弟爲娣，非也。爾雅曰：長婦謂稚婦爲娣婦，娣婦謂長婦爲姒婦。媛，于眷翻。時宗室諸女皆以驕奢相尚，誚楚媛獨儉素，曰：「所貴於富貴者，得適志也；今獨守勤苦，將以何求？」楚媛曰：「幼而好禮，今而行之，非適志歟！觀自古女子，皆以恭儉爲美，縱侈爲惡。辱親是懼，何所求乎；富貴儻來之物，何足驕人！」衆皆慙服。及愼凶問至，楚媛號慟，嘔血數升；好，呼到翻。號，戶高翻。免喪，不御膏沐者垂二十年。

11 韋待價軍至寅識迦河，據舊書待價傳，寅識迦河當在弓月西南。與吐蕃戰，大敗。【章：十二行本

「敗」下有「會大雪，糧運不繼」七字；乙十一行本同；孔本同；退齋校同。】待價既無將領之才，將，即亮翻。狼狽失據，士卒凍餒，死亡甚衆，乃引軍還。太后大怒，丙子，待價除名，流繡州，繡州，漢阿林縣地，至隋猶屬鬱林郡；唐武德四年分置林州，六年改曰繡州；去長安六千九十里，至東都五千五百里。斬副大總管安西大都護閻溫古。安西副都護唐休璟收其餘衆，撫安西土，璟，俱永翻。太后以休璟爲西州都督。

12 戊寅，以王本立同鳳閣鸞臺三品。

13 徐敬業之敗也，事見上卷光宅元年。弟敬眞流繡州，逃歸，將奔突厥。過洛陽，厥，九勿翻。洛州司馬弓嗣業、孫愐曰：弓，姓也。洛陽令張嗣明資遣之；至定州，爲吏所獲，嗣業縊死。縊，於計翻。嗣明、敬眞多引海內知識，云有異圖，冀以免死；於是朝野之士爲所連引坐死者甚衆。朝，直遙翻。嗣明誣內史張光輔，云「征豫州日，私論圖讖、天文，陰懷兩端。」謂征越王貞時。八月，甲申，光輔與敬眞、嗣明等同誅，籍沒其家。

乙未，秋官尚書太原張楚金、陝州刺史郭正一、鳳閣侍郎元萬頃、洛陽令魏元忠，並免死流嶺南。陝，失冉翻。楚金等皆爲敬眞所引，云與敬業通謀。臨刑，太后使鳳閣舍人王隱客馳騎傳聲赦之。聲達於市，當刑者皆喜躍讙呼，騎，奇寄翻。讙，讀如諠。宛轉不已；元忠獨安坐自如，或使之起，元忠曰：「虛實未知。」隱客至，又使起，元忠曰：「俟宣敕已。」既宣敕，乃徐起，舞蹈再拜，竟無憂喜之色。是日，陰雲四塞，既釋楚金等，天氣晴霽。塞，悉則翻。考異曰：唐曆：「七月二十四日，張楚金絞死；八月二十一日，郭正一絞死。」年代紀：「七月甲戌，楚金絞死；八月辛亥，郭正一絞死。」新書紀：『八月辛丑，殺郭正一。』今據實錄，楚金等皆流配未死。舊書楚金、正一、萬頃傳，皆云流嶺南。御史臺記云：「元忠將刑，至于市，神色自若。則天以揚楚功免死流放，復敍授御史中丞。復陷來俊臣獄，復至市，將刑，神色如初；其傍諸王子戮者三十餘尸，重疊委積，元忠顧視曰：『大丈夫少選居此積矣。』曾不介懷。會鳳閣舍人王隱客馳騎傳呼，敕罷刑，復放嶺南。」又云「前後坐棄市、流放者四」。舊傳云「前後三被流」。今從舊傳。

14 九月，壬子，以僧懷義爲新平道行軍大總管，將兵二十萬討突厥骨篤祿。將，卽亮翻。

15 初，高宗之世，周興以河陽令召見，河陽縣，自漢以來屬河內郡，唐屬懷州，又屬孟州。見，賢遍翻。上欲加擢用，或奏以爲非淸流，罷之。周興發身於尚書都事，流外官也。興不知，數於朝堂俟命。數，所角翻。朝，直遙翻。諸相皆無言，相，息亮翻。地官尚書、檢校納言魏玄同，時同平章事，光宅改戶部爲地官。謂之曰：「周明府可去矣。」唐人呼縣令爲明府。興以爲玄同沮己，銜之。玄同素與裴炎善，時人以其終始不渝，謂之耐久朋。周興奏誣玄同言：「太后老矣，不若奉嗣君爲耐久。」爲，于僞翻；下爲長同。太后怒，閏月，甲午，賜死于家。監刑御史房濟謂玄同曰：「丈人何不告密，冀得召見，可以自直！」見，賢遍翻。玄同歎曰：「人殺鬼殺，亦復何殊，復，扶又翻。豈能作告密人邪！」乃就死。又殺夏官侍郞崔詧於隱處。光宅改兵部爲夏官。自餘內外大臣坐死及流貶者甚衆。

彭州長史劉易從　彭州，漢繁縣之地，宋置晉壽郡，故城在州北三里；梁置東益州，後魏置天水郡，仍改繁縣爲九隴縣，仍置濛州；隋省，唐武德初復置，尋省併益州，垂拱二年復分置彭州。易，以豉翻。亦爲徐敬眞所引；戊申，就州誅之。易從爲人，仁孝忠謹，將刑於市，吏民憐其無辜，遠近奔赴，競解衣投地曰：「爲長史求冥福。」爲，于僞翻。有司平準，直十餘萬。周興等誣右武衞大將軍燕公黑齒常之謀反，徵下獄。燕，因肩翻。下，遐嫁翻。冬，十月，戊午，常之縊死。縊，於計翻。

己未，殺宗室鄂州刺史嗣鄭王璥等六人。鄂州，春秋夏汭之地。江夏記云：一名夏口，一名魯口。吳始築郡城，晉末始立郢州；隋平陳，改爲鄂州，因鄂渚爲名。璥，居影翻。璥，鄭王元懿之子。考異曰：唐曆云「撫州別駕」，舊傳「璥」作「敬」。今從新本紀。庚申，嗣滕王脩琦等六人免死，流嶺南。考異曰：統紀云：「元嬰男脩瑤等五人免死配流。」今從舊傳。

16丁卯，春官尚書范履冰、鳳閣侍郎邢文偉並同平章事。

17己卯，詔太穆神皇后、文德聖皇后宜配皇地祇，忠孝太后從配。太后尊其母爲忠孝太后。從，才用翻。

18右衞冑曹參軍陳子昂唐諸衞府皆有冑曹參軍，掌戎仗、器械及公廨興造、決罰之事。上疏，以爲：「周頌成、康，漢稱文、景，皆以能措刑故也。上，時掌翻。今陛下之政，雖盡善矣，然太平之朝，上下樂化，不宜有亂臣賊子，日犯天誅。比者大獄增多，逆徒滋廣，朝，直遥翻。樂，音洛。比，毗至翻。愚臣頑昧，初謂皆實，乃去月十五日，陛下特察繫囚李珍等無罪，百僚慶悦，皆賀聖明，臣乃知亦有無罪之人挂於疏網者。陛下務在寬典，獄官務在急刑，以傷陛下之仁，以誣太平之政，臣竊恨之。又，九月二十一日敕免楚金等死，初有風雨，變爲景雲。臣聞陰慘者刑也，陽舒者德也；聖人法天，天亦助聖，天意如此，陛下豈可不承順之哉！今又陰雨，臣恐過在獄官。凡繫獄之囚，多在極法，道路之議，或是或非，陛下何不悉召見之，自詰其罪！詰，去吉翻。罪有實者顯示明刑，濫者嚴懲獄吏，使天下咸服，人知政刑，豈非至德克明哉！」

天授元年（庚寅、六九〇）是年九月方改元天授。

1 十一月，庚辰朔，日南至。太后享萬象神宫，赦天下。始用周正，改永昌元年十一月爲載初元年正月，以十二月爲臘月，夏正月爲一月。以周、漢之後爲二王後，舜、禹、成湯之後爲三恪，古者建國，有賓有恪，二王之後，賓也，待以客禮。師古曰：恪，敬也，待之加敬，亦如賓也。鄭玄以二王、三恪通爲五代，後人多祖其説。唐本以後周及隋後爲二王後，今改之。周、隋之嗣同列國。此周謂後周。

2 鳳閣侍郎河東宗秦客，河東，蒲州。改造「天」「地」等十二字以獻，十二字：「照」爲「曌」，「天」爲「𠀑」，「地」爲「埊」，「日」爲「𡆠」，「月」爲「囝」，「星」爲「〇」，「君」爲「𠺞」，「臣」爲「𢘑」，「人」爲「𤯔」，「載」爲「𡕀」，「年」爲「𠡦」，「正」爲「𠙺」。又有「證」爲「𨤲」，「聖」爲「𨲢」二字。丁亥，行之。太后自名「曌」，改詔曰制。

避后名也。秦客，太后從父姊之子也。從，才用翻。

3 乙未，司刑少卿周興奏除唐親屬籍。

4 臘月，辛未，以僧懷義爲右衞大將軍，賜爵鄂國公。

5 春，一月，戊子，武承嗣遷文昌左相，岑長倩遷文昌右相、同鳳閣鸞臺三品，鳳閣侍郎武攸寧爲納言，邢文偉守内史，左肅政大夫、同鳳閣鸞臺三品王本立罷爲地官尚書。攸寧，士彠之兄孫也。彠，一號翻。

時武承嗣、三思用事，宰相皆下之。下，遐嫁翻。地官尚書、同鳳閣鸞臺三品韋方質有疾，承嗣、三思往問之，方質據牀不爲禮。或諫之，方質曰：「死生有命，大丈夫安能曲事近戚以求苟免乎！」尋爲周興等所搆，甲午，流儋州，籍沒其家。儋，都甘翻。

6 二月，辛酉，太后策貢士於洛城殿。六典，洛城南門之西有麗景夾城，自此潛通上陽宮；洛城南門之内有洛城殿。貢士殿試自此始。

7 丁卯，地官尚書王本立薨。考異曰：新紀：「丁卯，殺王本立。」御史臺記：「本立爲周興所誅。」今從實錄。

8 三月，丁亥，特進、同鳳閣鸞臺三品蘇良嗣薨。

9 夏，四月，丁巳，春官尚書、同平章事范履冰坐嘗舉犯逆者下獄死。考異曰：新紀「五月，戊子，殺范履冰。」今從實錄、唐曆。

10 醴泉人侯思止，醴泉，漢池陽、谷口之地。後魏置寧夷縣，隋開皇十八年改曰醴泉，屬雍州。始以賣餅爲業，後事游擊將軍高元禮爲僕，素詭譎無賴。恆州刺史裴貞杖一判司，唐謂州曹諸司參軍爲判司，韓愈詩所謂「判司卑官不堪說，未免箠楚塵埃間」是也。恆，戶登翻。判司使思止告貞與舒王元名謀反，秋，七月，辛巳，元名坐廢，徙和州，舊志：和州，京師東南二千六百八十三里，至東都一千八百一十里。壬午，殺其子豫章王亶；貞亦族滅。擢思止爲游擊將軍。時，告密者往往得五品，思止求爲御史，太后曰：「卿不識字，豈堪御史！」對曰：「獬豸何嘗識字，但能觸邪耳。」異物志：東北荒中有獸名獬豸，一角，性忠直，見人鬭，則觸不直者，聞人論，則咋不直者。獬，胡買翻。豸，宅買翻。太后悅，卽以爲朝散大夫、侍御史。朝，直遙翻。散，悉亶翻。他日，太后以先所籍沒宅賜之，思止不受，曰：「臣惡反逆之人，惡，烏路翻。不願居其宅。」太后益賞之。

衡水人王弘義，素無行，行，下孟翻。嘗從鄰舍乞瓜，不與，乃告縣官，瓜田中有白兔；縣官使人搜捕，蹂踐瓜田立盡。蹂，人九翻。踐，息淺翻。又遊趙、貝，見閭里耆老作邑齋，遂告以謀反，殺二百餘人。擢授游擊將軍，俄遷殿中侍御史。或告勝州都督王安仁謀反，敕弘義按之。安仁不服，弘義卽於枷上刎其首；又捕其子，適至，亦刎其首，函之以歸。道過汾州，司馬毛公與之對食，須臾，叱毛公下階，下，遐嫁翻。斬之，槍揭其首入洛，見者無不震栗。揭，其謁翻。

時置制獄於麗景門內，唐六典曰：洛城南門之西有麗景夾城，自此潛通於上陽宮。又曰：洛陽皇城西面二門，南曰麗景，北曰宣耀。入是獄者，非死不出，弘義戲呼曰「例竟門」。竟，盡也，言入此門者，例盡其命也。劉昫曰：言入此門者，例皆竟也。朝士人人自危，相見莫敢交言，道路以目。或因入朝密遭掩捕，每朝，輒與家人訣曰：「未知復相見否？」朝，直遥翻。復，扶又翻。

時法官競爲深酷，唯司刑丞徐有功、杜景儉司刑丞，即大理丞。考異曰：實錄及新紀、表、傳，皆作「景佺」，蓋實錄以草書致誤，新書因承之耳。今從舊紀傳。獨存平恕，被告者皆曰：「遇來、侯必死，遇徐、杜必生。」

有功，文遠之孫也，徐文遠見一百八十五卷高祖武德元年。名弘敏，以字行。初爲蒲州司法，唐制：法曹司法參軍，掌鞫獄、麗法、督盜賊、知贓賄沒入。以寬爲治，治，直吏翻。不施敲朴。吏相約有犯徐司法杖者，衆共斥之。迨官滿，不杖一人，職事亦脩。累遷司刑丞，酷吏所誣構者，有功皆爲直之，爲，于僞翻；下右爲同。前後所活數十百家。嘗廷爭獄事，太后厲色詰之，詰，去吉翻。左右爲戰栗，有功神色不撓，撓，奴教翻。爭之彌切。太后雖好殺，好，呼到翻。知有功正直，甚敬憚之。景儉，武邑人也。武邑，漢縣，屬信都郡，後漢、晉屬安平郡，後魏屬武邑郡，隋、唐屬冀州。

司刑丞滎陽李日知亦尚平恕。少卿胡元禮欲殺一囚，日知以爲不可，往復數四，元禮怒曰：「元禮不離刑曹，此囚終無生理！」日知曰：「日知不離刑曹，此囚終無死法！」竟以兩狀列上，離，力智翻。上，時掌翻；下同。日知果直。

11 東魏國寺僧法明等撰大雲經四卷，表上之，撰，士免翻。言太后乃彌勒佛下生，當代唐爲閻浮提主，釋氏以人世爲閻浮提。制頒於天下。

12 武承嗣使周興羅告隋州刺史澤王上金、隋州，春秋隨子之國，漢爲隨縣，屬南陽郡，後魏置隨州。舊志：隋州，京師東南一千三百八十八里，至東都一千八里。舒州刺史許王素節謀反，徵詣行在。舊志：舒州，京師東南二千六百二十六里，至東都一千八百九十三里。素節發舒州，聞遭喪哭者，歎曰：「病死何可得，乃更哭邪！」丁亥，至龍門，龍門山，在洛州河南縣界。縊殺之。縊，於計翻。上金自殺。悉誅其諸子及支黨。

13 太后欲以太平公主妻其伯父士讓之孫攸暨，垂拱四年誅薛紹，太平公主寡居。妻，七細翻；下而妻同。攸暨時爲右衛中郎將，將，卽亮翻。太后潛使人殺其妻而妻之。公主方額廣頤，多權略，太后以爲類己，寵愛特厚，常與密議天下事。舊制，食邑，諸王不過千戶，公主不過三百五十戶；太平食邑獨累加至三千戶。此食實戶也。若唐制以品爲差，則異於是。劉昫曰：唐制，公主食封三百戶，長公主加五百戶，有至六百戶。高宗以太平公主武后所生，逾於舊制，垂拱中，太平公主至一千二百戶，聖曆初至三千户，景雲初增至五千戶。

14 八月，甲寅，殺太子少保、納言裴居道；癸亥，殺尚書左丞張行廉。辛未，殺南安王潁等宗室十二人，又鞭殺故太子賢二子，唐之宗室於是殆盡矣，其幼弱存者亦流嶺南，又誅其親黨數百家。考異曰：實錄作數千家。今從舊本紀。惟千金長公主以巧媚得全，自請爲太后女，仍改姓武氏；太后愛之，更號延安大長公主。長，知兩翻；下同。更，工衡翻。

九月，丙子，侍御史汲人傅遊藝汲縣，漢屬河內郡，晉以來帶汲郡，東魏置義州，隋廢爲汲縣，貞觀初，移衞州治焉。帥關中百姓九百餘人詣闕上表，帥，讀曰率。上，時掌翻；下同。請改國號曰周，賜皇帝姓武氏。太后不許；擢遊藝爲給事中。於是百官及帝室宗戚、遠近百姓、四夷酋長、沙門、道士合六萬餘人，酋，慈由翻。俱上表如遊藝所請，皇帝亦上表自請賜姓武氏。戊寅，羣臣上言：有鳳皇自明堂飛入上陽宮，還集左臺梧桐之上，左臺，左肅政臺也。久之，飛東南去；及赤雀數萬集朝堂。朝，直遙翻。

庚辰，太后可皇帝及羣臣之請。壬午，御則天樓，則天門樓也。赦天下，以唐爲周，改元。改元天授。乙酉，上尊號曰聖神皇帝，以皇帝爲皇嗣，賜姓武氏；以皇太子爲皇孫。

丙戌，立武氏七廟于神都，追尊周文王曰始祖文皇帝，妣姒氏曰文定皇后；姒，太姒也，姓譜：姒受姓自鯀。平王少子武曰睿祖康皇帝，妣姜氏曰康睿【章：十二行本「睿」作「惠」；乙十一行本同。】皇后；后遠祖姬周，誣神甚矣，文王其肯饗非鬼之祭乎！太原靖王曰嚴祖成皇帝，妣曰成莊皇后；趙肅恭王曰肅祖章敬皇帝，魏義康王曰烈祖昭安皇帝，周安成王曰顯祖文穆皇帝，忠孝太皇曰太祖孝明高皇帝，妣皆如考謚，稱皇后。立武承嗣爲魏王，三思爲梁王，攸寧爲建昌王，士彠兄孫攸歸、重規、載德、攸暨、懿宗、嗣宗、攸宜、攸望、攸緒、攸止皆爲郡王，諸姑姊皆爲長公主。彠，一號翻。長，知兩翻。

又以司賓卿溧陽史務滋爲納言，光宅改鴻臚爲司賓。溧陽縣，漢屬丹楊郡，江左因之，隋平陳，廢丹楊郡，以溧陽縣屬宣州。溧，音栗。鳳閣侍郎宗秦客檢校內史，給事中傅遊藝爲鸞臺侍郎、平章事。遊藝與岑長倩、右玉鈐衞大將軍張虔勗、左金吾大將軍丘神勣、侍御史來子珣等並賜姓武。秦客潛勸太后革命，故首爲內史。遊藝朞年之中歷衣青、綠、朱、紫，一年之間，自九品歷至三品。衣，於既翻。時人謂之四時仕宦。

敕改州爲郡；或謂太后曰：「陛下始革命而廢州，不祥。」以州、周同音也。太后遽追止之。命史務滋等十人巡【章：十二行本「巡」作「存」；乙十一行本同。】撫諸道。【章：十二行本「道」下有「癸卯」二字；乙十一行本同；孔本同；張校同；退齋校同。】太后立兄孫延基等六人爲郡王。

16 冬，十月，甲子，檢校內史宗秦客坐贓貶遵化尉，遵化縣屬欽州，隋開皇二十年置。弟楚客亦【章：十二行本「亦」上有「晉卿」二字；乙十一行本同。】以姦贓流嶺外。

17 丁卯，殺流人韋方質。考異曰：舊傳云：「配流儋州，尋卒。」今從統紀、新本紀。

18 辛未，內史邢文偉坐附會宗秦客貶珍州刺史。珍州，漢夜郎郡地。貞觀十六年開山洞，以舊播州城置珍州及夜郎縣，以縣界有隆珍山，因名。舊志：珍州至京師四千一百里，東都三千七百里。頃之，有制使至州，以奉制出使，故謂之制使，猶言詔使也。使，疏吏翻。文偉以爲誅已，遽自縊死。縊，於計翻。

19 壬申，敕兩京諸州各置大雲寺一區，藏大雲經，使僧升高座講解，其撰疏僧雲宣等九人皆賜爵縣公，撰，士免翻。疏，所去翻。仍賜紫袈裟、銀龜袋。西域胡僧衣毛衣，謂之袈裟；流入中國，以繒帛爲之。常僧皆衣緇，惟賜紫者乃得衣紫。袈，音加；裟，音沙。唐制，給品官以隨身魚符，以明貴賤，應徵召。高宗給五品以上以隨身銀魚袋，以防召命之詐，出內必合之；三品以上金飾袋。垂拱中，都督、刺史始賜魚。天授二年，改佩魚皆佩龜。其後三品已上，龜袋飾以金，四品以銀，五品以銅。中宗初罷龜袋，復給以魚。

20 制天下武氏咸蠲課役。

21 西突厥十姓，自垂拱以來爲東突厥所侵掠，東突厥，謂骨篤祿等。散亡略盡。濛池都護繼往絕可汗斛瑟羅收其餘衆六七萬人入居內地，拜右衛大將軍，改號竭忠事主可汗。可，從刊入聲。汗，音寒。

22 道州刺史李行褒兄弟爲酷吏所陷，當族，秋官郎中徐有功固爭不能得。秋官侍郎周興奏有功出【章：十二行本「出」上有「故」字；乙十一行本同；孔本同；張校同。】反囚，當斬，考異曰：新、舊傳，有功爭行褒，皆在爭裴行本下。按行本得罪在長壽元年一月，時周興已貶死矣。行褒坐謀復李氏，必在革命後。今置此年之末。太后雖不許，亦免有功官；然太后雅重有功，久之，復起爲侍御史。復，扶又

翻；下摩復同。有功伏地流涕固辭曰：「臣聞鹿走山林而命懸庖廚，勢使之然也。陛下以臣
爲法官，臣不敢枉陛下法，必死是官矣。」太后固授之，遠近聞者相賀。
23 是歲，以右衛大將軍泉獻誠爲左衛大將軍。太后出金寶，命選南北牙善射者五人賭
之，獻誠第一，以讓右玉鈐衛大將軍薛咄摩，咄摩復讓獻誠。咄，當沒翻。獻誠乃奏言：「陛
下令選善射者，今多非漢官，竊恐四夷輕漢，泉獻誠，高麗泉男生之子。薛咄摩，薛延陀之種，故云然。
請停此射。」太后善而從之。

二年（辛卯、六九一）

1 正月，癸酉朔，太后始受尊號於萬象神宮，漢哀帝自稱陳聖劉太平皇帝，尊號蓋昉於此。太后以女
主而受尊號，尤爲非古。是後玄宗自先天三年至天寶十三載，五十年間，六受徽號，人主遂視爲故常矣。旗幟尚
赤。幟，昌志翻。甲戌，改置社稷於神都。辛巳，納武氏神主于太廟；唐太廟之在長安者，更
命曰享德廟。更，工衡翻。考異曰：按實錄，此年三月己卯改唐太廟爲享德廟。據此已祔武氏七廟主，不當至
三月方改唐廟。新本紀，「元年十月辛未，改唐太廟爲享德廟，以武氏七廟爲太廟。」今從唐統紀。四時唯享高祖
已下，餘【章：十二行本「餘」上有「三廟」二字；乙十一行本同；孔本作「四廟」；張校云，「餘」上脫「四廟」二字。】
四室皆閉不享。四室：宣帝、元帝、光帝、景帝也。又改長安崇先廟爲崇尊廟。垂拱四年，立崇先廟。
乙酉，日南至，大享明堂，祀昊天上帝，百神從祀，從，才用翻。武氏祖宗配饗，唐三帝亦同配。

2御史中丞知大夫事李嗣眞以酷吏縱橫，橫，戶孟翻。上疏，以爲：「今告事紛紜，虚多實少，上，時掌翻。少，詩沼翻。恐有凶慝陰謀離間陛下君臣。間，古莧翻。古者獄成，公卿參聽，王必三宥，然後行刑。記王制：成獄辭，史以獄成告于正，正聽之；正以獄成告于大司寇，大司寇聽之于棘木之下；大司寇以獄之成告于王，王命三公參聽之；三公以獄之成告于王，王三宥，然後制刑。比日獄官單車奉使，推鞫既定，法家依斷，不令重推；比，毗至翻。斷，丁亂翻。重，直龍翻。或臨時專決，不復聞奏。如此，則權由臣下，非審愼之法，儻有冤濫，何由可知！況以九品之官專命推覆，操殺生之柄，竊人主之威，按覆既不在秋官，省審復不由門下，復，扶又翻。操，七刀翻。省，悉景翻。國之利器，輕以假人，恐爲社稷之禍。」太后不聽。

3饒陽尉姚貞亮等數百人表請上尊號曰上聖大神皇帝，不許。

4侍御史來子珣誣尚衣奉御劉行感兄弟謀反，皆坐誅。

5春，一月，地官尚書武思文及朝集使二千八百人，表請封中嶽。中嶽，嵩山。朝，直遥翻。

6己亥，廢唐興寧、永康、隱陵署官，元帝陵曰興寧，景帝陵曰永康。興寧陵在咸陽，永康陵在三原北十八里。唐諸陵有署令一人，從五品上；府二人，史四人，主衣四人，主輦四人，主藥四人，典事三人，掌固二人。又有陵令一人，掌山陵，率陵戶守衛之；丞爲之貳。唯量置守戶。量，音良。

7左金吾大將軍丘神勣以罪誅。

8 納言史務滋與來俊臣同鞫劉行感獄，俊臣奏務滋與行感親密，意欲寢其反狀。太后命俊臣并推之。【章：十二行本「之」下有「庚子」二字；乙十一行本同；張校同，云無註本亦無。】務滋恐懼自殺。

9 或告文昌右丞周興與丘神勣通謀，太后命來俊臣鞫之，俊臣與興方推事對食，謂興曰：「囚多不承，當爲何法？」興曰：「此甚易耳！易，以豉翻。取大甕，以炭四周炙之，令囚入中，何事不承！」俊臣乃索大甕，索，山客翻。火圍如興法，因起謂興曰：「有內狀推兄，請兄入此甕！」興惶恐叩頭伏罪。法當死，太后原之，二月，流興嶺南，在道，爲仇家所殺。興與索元禮、來俊臣競爲暴刻，索，昔各翻。興、元禮所殺各數千人，俊臣所破千餘家。元禮殘酷尤甚，太后亦殺之以慰人望。

10 徙左衞大將軍千乘王武攸暨爲定王。乘，繩證翻。

11 立故太子賢之子光順爲義豐王。考異曰：舊傳爲安樂王。今從唐曆、統紀。

12 甲子，太后命始祖墓曰德陵，睿祖墓曰喬陵，嚴祖墓曰節陵，肅祖墓曰簡陵，烈祖墓曰靖陵，顯祖墓曰永陵，改章德陵爲昊陵，顯義陵爲順陵。

13 追復李君羨官爵。君羨誅見一百九十九卷太宗貞觀二十二年。

14 夏，四月，壬寅朔，日有食之。

15 癸卯，制以釋教開革命之階，謂大雲經也。升於道教之上。

16命建安王攸宜留守長安。守，手又翻。

17丙辰，鑄大鍾，置北闕。

18五月，以岑長倩爲武威道行軍大總管，擊吐蕃，中道召還，軍竟不出。

19六月，以左肅政大夫格輔元爲地官尚書，姓譜：格姓，允格之後；東觀漢記有侍御史東平相格班。與鸞臺侍郎樂思晦、鳳閣侍郎任知古並同平章事。思晦，彥暐之子也。樂彥暐見二百卷高宗顯慶元年。

20秋，七月，徙關內戶數十萬以實洛陽。

21八月，戊申，納言武攸寧罷爲左羽林大將軍；夏官尚書歐陽通爲司禮卿光宅改太常爲司禮。兼判納言事。

22庚申，殺玉鈐衞大將軍張虔勗。來俊臣鞫虔勗獄，虔勗自訟於徐有功；俊臣怒，命衞士以刀亂斫殺之，梟首于市。鈐，其廉翻。梟，堅堯翻。

23義豐王光順、嗣雍王守禮、永安王守義、長信縣主等皆賜姓武氏，唐制：嗣王、郡王從一品。光順兄弟皆章懷太子賢之子。嗣，祥吏翻。雍，於用翻。與睿宗諸子皆幽閉宮中，不出門庭者十餘年。守禮、守義，光順之弟也。

24或告地官尚書武思文初與徐敬業通謀；甲子，流思文於嶺南，復姓徐氏。思文改姓見上卷光宅元年。

25 九月，乙亥，殺岐州刺史雲弘嗣。來俊臣鞫之，不問一款，獄辭之出於囚口者爲款。款，誠也，言所吐者皆誠實也。先斷其首，乃僞立案奏之，斷，都管翻。案，考也，據也。獄辭之成者曰案，言可考據也。凡官文書可考據者皆曰案。其殺張虔勗亦然。敕旨皆依，海內鉗口。鉗，其廉翻。

26 鸞臺侍郎、同平章事傅遊藝夢登湛露殿，以語所親，語，牛倨翻。所親告之；壬辰，下獄，自殺。下，遐嫁翻。

27 癸巳，以左羽林衞大將軍建昌王武攸寧爲納言，洛州司馬狄仁傑爲地官侍郎，與冬官侍郎裴行本並同平章事。太后謂仁傑曰：「卿在汝南，甚有善政，謂垂拱四年刺豫州時也。卿欲知譖卿者名乎？」仁傑謝曰：「陛下以臣爲過，臣請改之；知臣無過，臣之幸也，不願知譖者名。」太后深歎美之。

28 先是，鳳閣舍人脩武張嘉福先，悉薦翻。脩武，漢山陽縣地。脩武古地名也，魏、隋以名縣，唐屬懷州。杜佑曰：懷州脩武縣，本殷甯邑。韓詩外傳曰：武王伐紂，勒兵於甯，故曰脩武。漢山陽縣故城在縣西北。使洛陽人王慶之等數百人上表，上，時掌翻。考異曰：御史臺記作千餘人。今從舊傳。請立武承嗣爲皇太子。文昌右相、同鳳閣鸞臺三品岑長倩以皇嗣在東宮，不宜有此議，嗣，祥吏翻。相，息亮翻。奏請切責上書者，告示令散。太后又問地官尚書、同平章事格輔元，輔元固稱不可。由是大忤諸武意，令，力丁翻。忤，五故翻。故斥長倩令西征吐蕃，未至，徵還，下制獄。下，遐嫁翻。承嗣又譖輔元。來俊臣又脅長倩子靈原，令引司禮卿兼判納言事歐陽通等數十人，皆云同反。通爲俊臣所訊，五毒備至，終無異詞，俊臣乃詐爲通款。冬，十月，己酉，長倩、輔元、通等皆坐誅。

王慶之見太后，見，賢遍翻；下同。太后曰：「皇嗣我子，柰何廢之？」慶之對曰：「『神不歆非類，民不祀非族。』左傳晉大夫狐突之言。今誰有天下，而以李氏爲嗣乎！」太后諭遣之。慶之伏地，以死泣請，不去，太后乃以印紙遺之曰：遺，唯季翻。「欲見我，以此示門者。」自是慶之屢求見，見，賢遍翻。太后頗怒之，命鳳閣侍郎李昭德賜慶之杖。昭德引出光政門外，洛陽宮城南面三門，中曰應天，左曰興教，右曰光政。以示朝士曰：「此賊欲廢我皇嗣，立武承嗣，」命撲之，朝，直遥翻。撲，弼角翻。耳目皆血出，然後杖殺之，考異曰：舊傳云：「延載初，鳳閣舍人張嘉福令洛陽人王慶之率輕薄惡少數百人詣闕，上表請立武承嗣爲皇太子，則天不許。」唐曆，昭德，永昌元年自御史中丞貶振州淩水尉。實錄，長壽元年始爲相。舊傳，杖殺慶之在爲相後。按御史臺記，昭德自中丞轉鳳閣侍郎。蓋暫貶淩水，尋召還爲鳳閣侍郎也。杖殺慶之，據御史臺記，乃是爲鳳閣侍郎時，非爲相後也。舊傳或誤以載初爲延載。慶之上表或在載初年。實錄因岑長倩、格輔元之死說及耳。今參取實錄、御史臺記及舊傳之語。其黨乃散。

昭德因言於太后曰：「天皇，陛下之夫；皇嗣，陛下之子。陛下身有天下，當傳之子孫爲萬代業，豈得以姪爲嗣乎！自古未聞姪爲天子而爲姑立廟者也！而爲，于僞翻。且陛下受天皇顧託，若以天下與承嗣，則天皇不血食矣。」太后亦以爲然。昭德，乾祐之子也。李乾祐，卽貞觀初救裴仁軌者也。

29 壬辰，殺鸞臺侍郎、同平章事樂思晦、右衞將軍李安靜。安靜，綱之孫也。李綱以剛直著節隋、唐之間；安靜可謂無忝厥祖矣。太后將革命，王公百官皆上表勸進，安靜獨正色拒之。及下制獄，來俊臣詰其反狀，上，時掌翻。下，遐嫁翻。詰，去吉翻。安靜曰：「以我唐家老臣，須殺卽殺！若問謀反，實無可對。」俊臣竟殺之。

30 太學生王循之上表，乞假還鄉；假，古訝翻，休假也。唐國子學生三百人，太學生五百人。太后許之。狄仁傑曰：「臣聞君人者唯殺生之柄不假人，自餘皆歸之有司。故左、右丞，徒以下不句；句，音鉤。左、右相，流以上乃判，爲其漸貴故也。相，息亮翻。爲，于僞翻；下爲之、普爲同。彼學生求假，丞、簿事耳，唐國子監丞，從六品下，掌判監事；主簿從七品下。若天子爲之發敕，則天下之事幾敕可盡乎！必欲不違其願，請普爲立制而已。」太后善之。

資治通鑑卷第二百五

端明殿學士兼翰林侍讀學士太中大夫提舉西京嵩山崇福宮上柱國河內郡開國公食邑二千二百戶食實封九百戶賜紫金魚袋臣　司馬光　奉敕編集
後學天台　胡三省　音註

唐紀二十一　起玄黓執徐（壬辰），盡柔兆涒灘（丙申），凡五年。

則天順聖皇后中之上

長壽元年（壬辰、六九二）是年四月，改元如意；九月，改元長壽。自四月以前猶是天授三年。

1 正月，戊辰朔，太后享萬象神宮。

2 臘月，立故于闐王尉遲伏闍雄之子瑕爲于闐王。闐，徒賢翻。尉，紆勿翻。闍，視遮翻。

3 春，一月，丁卯，太后引見存撫使所舉人，遣存撫使見上卷天授元年。見，賢遍翻。使，疏吏翻。無問賢愚，悉加擢用，高者試鳳閣舍人、給事中，次試員外郎、侍御史、補闕、拾遺、校書郎。唐校書郎，正九品上。考異曰：統紀：「天授二年二月，十道舉人石艾縣令王山齡等六十人，擢爲拾遺、補闕，懷州錄事參軍霍獻可等二十四人爲御史，并州錄事參軍徐昕等二十四人爲著作佐郎及評事，內黃尉崔宣道等二十二人爲衛佐。」疑與此只是一事。試官自此始。時人爲之語曰：「補闕連車載，拾遺平斗量；容齋隨筆以爲此語出於張鷟。欋推侍御史，欋，其俱翻。釋名曰：齊、魯謂四齒杷爲欋。推，吐雷翻。盌脫校書郎。」盌，烏管翻。坡詩：「但信櫝藏終自售，豈知盌脫本無模。」有舉人沈全交續之曰：「麴心存撫使，眯目聖神皇。」麴，戶吳翻，麪粘也。眯，莫禮翻，物入目中也；老子曰：播糠眯目。爲御史紀先知所擒，劾其誹謗朝政，請杖之朝堂，然後付法，劾，戶概翻，又戶得翻。誹，敷尾翻。朝，直遙翻。太后笑曰：「但使卿輩不濫，何恤人言！宜釋其罪。」先知大慚。太后雖濫以祿位收天下人心，然不稱職者，尋亦黜之，或加刑誅。挾刑賞之柄以駕御天下，政由己出，明察善斷，故當時英賢亦競爲之用。稱，尺證翻。斷，丁亂翻。

4 寧陵丞廬江郭霸以諂諛干太后，寧陵縣，屬宋州，本戰國時魏之甯城，漢高祖改爲寧陵縣。廬江，漢龍舒縣地，屬廬江郡，梁置湖州，隋廢州爲廬江縣，屬廬州。考異曰：新傳，名弘霸。舊傳、御史臺記皆單名霸，唯統紀延載元年云弘霸。僉載云應革命舉，蓋正謂此時也。今從臺記。拜監察御史。中丞魏元忠病，霸往問之，因嘗其糞，喜曰：「大夫糞甘則可憂；中丞而呼爲大夫，過呼之也。監，古銜翻。今苦，無傷也。」元忠大惡之，惡，烏路翻。遇人輒告之。

5 戊辰，以夏官尚書楊執柔同平章事。執柔，恭仁弟之孫也，太后以外族用之。太后母楊氏。尚，辰羊翻。

6 初，隋煬帝作東都，見一百八十卷大業元年。煬，羊亮翻。無外城，僅有短垣而已，至是，鳳閣侍郎李昭德始築之。

7 左臺中丞來俊臣羅告同平章事任知古、狄仁傑、裴行本、司禮【章：十二行本「禮」作「農」；乙十一行本同；孔本同；退齋校同。】卿崔【章：十二行本「崔」作「裴」；乙十一行本同；下同。】宣禮、前文昌左丞盧獻、御史中丞魏元忠、潞州刺史李嗣眞謀反。任，音壬。嗣，祥吏翻。考異曰：舊來俊臣傳云：「地官尚書狄仁傑、益州長史任令暉、冬官尚書李遊道、秋官尚書袁智弘、司賓卿崔基、文昌左丞盧獻等六人，並爲羅告。」李嶠傳云：「太后使給事中李嶠與大理少卿張德裕、侍御史劉憲覆其獄，德裕等雖知其枉，懼罪，並從俊臣所奏。嶠曰：『豈有知其枉濫而不爲申明哉！孔子曰：「見義不爲，無勇也。」』乃與德裕等列其枉狀，由是忤旨，出爲潤州司馬。」按嶠平生行事，恐不能如此，今不取。先是，來俊臣奏請降敕，一問即承反者得減死。先，悉薦翻。及知古等下獄，下，遐嫁翻。俊臣以此誘之，誘，音酉。仁傑對曰：「大周革命，萬物惟新，唐室舊臣，甘從誅戮。反是實！」俊臣乃少寬之。少，詩沼翻；下同。判官王德壽謂仁傑曰：判官，俊臣之屬官也。「尚書定減死矣。德壽業受驅策，欲求少階級，煩尚書引楊執柔，可乎？」仁傑曰：「皇天后土遣狄仁傑爲如此事！」以頭觸柱，血流被面；德壽懼而謝之。被，皮義翻。侯思止鞫魏元忠，元忠辭氣不屈；思止怒，命倒曳之。元忠曰：「我薄命，譬如墜驢，足絓於鐙，爲所曳耳。」絓，戶掛翻。鐙，都鄧翻。思止愈怒，更曳之，元忠曰：「侯思止，汝若須魏元忠頭則截取，何必使承反也！」

狄仁傑既承反，有司待報行刑，不復嚴備。仁傑裂衾帛書冤狀，置綿衣中，謂王德壽曰：「天時方熱，請授家人去其綿。」德壽許之。仁傑子光遠得書，持之告變，得召見。復，扶又翻。去，羌呂翻。見，賢遍翻。則天覽之，以問俊臣，對曰：「仁傑等下獄，臣未嘗褫其巾帶，褫，池爾翻。寢處甚安，處，昌呂翻。苟無事實，安肯承反！」太后使通事舍人周綝往視之，俊臣暫假仁傑等巾帶，羅立於西，使綝視之；綝不敢視，惟東顧唯諾而已。綝，丑林翻。唯，于癸翻。俊臣又詐爲仁傑等謝死表，使綝奏之。

樂思晦男未十歲，沒入司農，思晦死見上卷上年。上變，得召見，上，時掌翻。見，賢遍翻。太后問狀，對曰：「臣父已死，臣家已破，但惜陛下法爲俊臣等所弄，陛下不信臣言，乞擇朝臣之忠清、陛下素所信任者，朝，直遙翻。爲反狀以付俊臣，無不承反矣。」太后意稍寤，召見仁傑等，問曰：「卿承反何也？」對曰：「不承，則已死於拷掠矣。」陸德明經典釋文：掠，音亮。太后曰：「何爲作謝死表？」對曰：「無之。」出表示之，乃知其詐，於是出此七族。庚午，貶知古江夏令，仁傑彭澤令，宣禮夷陵令，元忠涪陵令，獻西鄉令；江夏，本漢沙羨縣地，屬江夏郡，晉改沙羨爲沙陽。江、漢二水會于縣西，春秋謂之夏汭，晉宋謂之夏口，宋置江夏郡，治于此；隋因郡名置江夏縣；唐屬鄂州。彭澤，漢縣，屬豫章，隋更名龍城，唐復曰彭澤，屬江州。涪陵縣，漢屬巴郡，劉蜀置涪陵郡；隋涪陵縣，屬渝州；唐武德元年分置涪州爲州治所。西鄉即漢成固縣地，蜀置西鄉縣，後魏爲洋州治所。夏，戶雅翻。涪，音浮。流行本、嗣眞于嶺南。

俊臣與武承嗣等固請誅之，太后不許。俊臣乃獨稱行本罪尤重，請誅之；秋官郎中徐有功駁之，駁，北角翻。以爲「明主有更生之恩，更，工衡翻。俊臣不能將順，虧損恩信。」

殿中侍御史貴鄉霍獻可，後魏分館陶西界，置貴鄉縣於趙城，周建德七年自趙城東南移三十里，以孔思集寺爲縣治所；大象二年於縣置魏州。宣禮之甥也，言於太后曰：「陛下不殺崔宣禮，臣請隕命於前。」以頭觸殿階，血流霑地，以示爲人臣者不私其親。太后皆不聽。獻可常以綠帛裹其傷，微露之於幞頭下，續事始曰：三代黔首以皁絹裹髮，周武帝裁爲四脚，名以幞頭，馬周請重繫前脚。冀太后見之以爲忠。

8甲戌，補闕薛謙光上疏，上，時掌翻。以爲：「選舉之法，宜得實才，取捨之間，風化所繫。今之選人，咸稱覓舉，奔競相尚，諠訴無慚。選，宣戀翻。至於才應經邦，惟令試策；武能制敵，止驗彎弧。昔漢武帝見司馬相如賦，恨不同時，及置之朝廷，終文園令，漢司馬相如爲子虛賦，武帝讀而善之，曰：「朕獨不得與此人同時！」楊得意曰：「臣邑人司馬相如自言爲此賦。」上召以爲郎，後爲孝文園令，病免而卒。知其不堪公卿之任故也。吳起將戰，左右進劍，起曰：『將者提鼓揮桴，臨敵決疑，一劍之任，非將事也。』將者、非將，即亮翻。桴，方無翻。然則虛文豈足以佐時，善射豈足以克敵！要在文吏察其行能，武吏觀其勇略，考居官之臧否，行，下孟翻。否，音鄙。行舉者賞罰而已。」

9 來俊臣求金於左衛大將軍泉獻誠，不得，誣以謀反，下獄，乙亥，縊殺之。下，遐嫁翻。縊，於計翻。

10 庚辰，司刑卿、檢校陝州刺史李游道爲冬官尚書、同平章事。陝，失冉翻。

11 二月，己亥，吐蕃党項部落萬餘人內附，吐，從暾入聲。党，底朗翻。分置十州。

12 戊午，以秋官尚書袁智弘同平章事。秋官，刑部。

13 夏，四月，丙申，赦天下，改元如意。如意元年起此。

14 五月，丙寅，禁天下屠殺及捕魚蝦。江淮旱，饑，民不得采魚蝦，餓死者甚衆。后禁屠捕而殺人如刈草菅，可以人而不如物乎！蝦，戶加翻。

右拾遺張德，生男三日，私殺羊會同僚，補闕杜肅懷一餤，餤，徒濫翻，又弋廉翻，徒甘翻。上表告之。上，時掌翻。明日，太后對仗，謂德曰：「聞卿生男，甚喜。」德拜謝。太后曰：「何從得肉？」德叩頭服罪。太后曰：「朕禁屠宰，吉凶不預。然卿自今召客，亦須擇人。」出肅表示之。肅大慚，舉朝欲唾其面。朝，直遙翻。唾，吐臥翻。

15 吐蕃酋長曷蘇帥部落請內附，以右玉鈐衛將軍張玄遇爲安撫使，將精卒二萬迎之。六月，軍至大渡水西，曷蘇事洩，爲國人所擒。別部酋長昝捶帥羌蠻八千餘人內附，玄遇以其部落置萊川州而還。酋，慈由翻。長，知兩翻。帥，讀曰率。鈐，其廉翻。使，疏吏翻。將，卽亮翻，又音如字。昝，子感翻。捶，止蘂翻，新書作「插」。黎州都督府所管羈縻州有米川州，新書作「葉州」。還，從宣翻，又音如字。考異曰：唐紀作「昝搖」。今從實錄。

16 辛亥，萬年主簿徐堅上疏，以爲：「書有五聽之道，上，時掌翻。疏，所據翻。周禮小司寇：以五聽聽獄訟，求民情：一曰辭聽，觀其所出言，不直則煩；二曰色聽，觀其顏色，不直則赧然；三曰氣聽，不直則喘；四曰耳聽，觀其聽聆，不直則惑；五曰目聽，觀其眸子，不直則眊然。令著三覆之奏。見一百九十三卷太宗貞觀五年。竊見比有敕推按反者，比，毗至翻。令使者得實，卽行斬決。令，力丁翻。使，疏吏翻。人命至重，死不再生，萬一懷枉，吞聲赤族，豈不痛哉！此不足肅姦逆而明典刑，適所以長威福而生疑懼。臣望絕此處分，長，知兩翻。處，昌呂翻；下處事同。分，扶問翻。依法覆奏。又，法官之任，宜加簡擇，有用法寬平，爲百姓所稱者，願親而任之；有處事深酷，不允人望者，願疏而退之。」堅，齊聃之子也。處，昌呂翻。徐齊聃見二百一卷高宗咸亨元年。聃，它甘翻。

17 夏官侍郎李昭德密言於太后曰：「魏王承嗣權太重。」夏官，兵部。嗣，祥吏翻。太后曰：「吾姪也，故委以腹心。」昭德曰：「姪之於姑，其親何如子之於父？子猶有篡弒其父者，況姪乎！今承嗣旣陛下之姪，爲親王，又爲宰相，相，息亮翻。權侔人主，臣恐陛下不得久安天位也！」太后矍然曰：「朕未之思。」矍，九縛翻。秋，八月，戊寅，以文昌左相、同鳳閣鸞臺三品武承嗣爲特進，納言武攸寧爲冬官尚書，嗣，祥吏翻。冬官，工部。尚，辰羊翻。夏官尚書、同平章事楊執柔爲地官尚書，並罷政事；以秋官侍郎新鄭崔元綜爲鸞臺侍郎，秋官，刑部。新鄭，春秋鄭國都。鄭武公隨周平王東遷，邑於虢、鄶之間，莊公所謂「吾先君新邑于此」，是也。漢爲新鄭縣，屬河南郡，魏、晉省，隋開皇十六年復置，屬鄭州。夏官侍郎李昭德爲鳳閣侍郎，檢校天官侍郎姚璹爲文昌左丞，夏官，兵部。鳳閣，中書。天官，吏部。改尚書爲文昌。璹，殊玉翻。檢校地官侍郎李元素爲文昌右丞，與司賓卿崔神基地官，戶部。司賓卿，卽鴻臚卿。並同平章事。考異曰：舊昭德傳：「舉明經，累遷至鳳閣侍郎。長壽二年增置夏官侍郎，以昭德爲之；是歲，遷鳳閣鸞臺平章事。」新紀、表、傳皆云，「昭德自夏官侍郎遷鳳閣侍郎同平章事。」蓋昭德自鳳閣爲夏官，自夏官復爲鳳閣也。婁師德傳：「長壽元年增置夏官侍郎。」今從之。「崔神基」，實錄作「崔基」。今從新紀、表。璹，思廉之孫；姚思廉事隋及唐。元素，敬玄之弟也。李敬玄相高宗。辛巳，以營繕大匠王璿爲夏官尚書、同平章事。光宅改將作監爲營繕監。璿，似宣翻。承嗣亦毀昭德於太后，太后曰：「吾任昭德，始得安眠，此代吾勞，汝勿言也。」

是時，酷吏恣橫，橫，下孟翻。百官畏之側足，昭德獨廷奏其姦。太后好祥瑞，好，呼到翻。有獻白石赤文者，執政詰其異，詰，去吉翻。對曰：「以其赤心。」昭德怒曰：「此石赤心，他石盡反邪？」邪，音耶。左右皆笑。襄州人胡慶以丹漆書龜腹曰：「天子萬萬年。」詣闕獻之。

昭德以刀刮盡，奏請付法。太后曰：「此心亦無惡。」命釋之。

太后習貓，使與鸚鵡共處。處，昌呂翻。出示百官，傳觀未遍，貓飢，搏鸚鵡食之，太后甚慚。

太后自垂拱以來，任用酷吏，先誅唐宗室貴戚數百人，次及大臣數百家，其刺史、郎將以下，不可勝數。將，卽亮翻。勝，音升。每除一官，戶婢竊相謂曰：戶婢，官婢之直宮中門戶者。「鬼朴又來矣。」不旬月，輒遭掩捕、族誅。監察御史朝邑嚴善思，後魏分馮翊置澄城郡，仍置南五泉縣，西魏改爲朝邑縣，隋、唐屬司州。監，古銜翻。朝，直遙翻。公直敢言。時告密者不可勝數，勝，音升。太后亦厭其煩，命善思按問，引虛伏罪者八百五十餘人。羅織之黨爲之不振，爲，于僞翻。乃相與構陷善思，坐流驩州。舊志：驩州至京師陸路一萬二千四百五十二里，水路一萬七千里，至東都一萬一千五百九十五里，水路一萬六千二百二十里。宋白曰：驩州，日南郡，堯放驩兜于崇山，卽此。太后知其枉，尋復召爲渾儀監丞。后改司天監爲渾儀監。丞，從七品下。復，扶又翻。渾，戶本翻。善思名譔，以字行。譔，士免翻。

右補闕新鄭朱敬則以太后本任威刑以禁異議，今既革命，衆心已定，宜省刑尚寬，乃上疏，以爲：「李斯相秦，用刻薄變詐以屠諸侯，不知易之以寬和，卒至土崩，此不知變之禍也。事見秦紀。上，時掌翻。相，息亮翻。卒，子恤翻。漢高祖定天下，陸賈、叔孫通說之以禮義，傳世十二，此知變之善也。說，輸芮翻。事見漢紀。自文明草昧，天地屯蒙，草，造也；昧，蒙也。造物之始，始於冥昧，言后稱制之初，改元文明，造始之時也。屯者物之始，蒙者物之穉，言后稱制之初，猶天地生物之始。屯，涉倫翻。三叔流言，四凶構難，三叔，指韓、霍諸王；四凶，指徐敬業等。難，乃旦翻。不設鉤距，無以應天順人，不切刑名，不可摧姦息暴。故置神器，開告端，謂鑄匭以開告密之門也。曲直之影必呈，包藏之心盡露，神道助直，無罪不除，蒼生晏然，紫宸易主。然而急趨無善迹，以步趨爲諭也。促柱少和聲，以琴瑟爲諭也。少，詩沼翻。向時之妙策，乃當今之芻狗也。芻狗，祭祀所用，既祭則棄之矣。伏願覽秦、漢之得失，考時事之合宜，審糟粕之可遺，以酒爲諭，泲取其醇汁而去其糟粕。覺蘧廬之須毀，莊子曰：蘧廬可以一宿而不可以久處。郭象註云：蘧廬，傳舍也。去萋菲之牙角，詩云：萋兮菲兮，成是貝錦。彼譖人者，亦已太甚！去，羌呂翻。頓姦險之鋒芒，窒羅織之源，掃朋黨之迹，使天下蒼生坦然大悅，豈不樂哉！」樂，音洛。太后善之，賜帛三百段。

侍御史周矩上疏曰：「推劾之吏皆相矜以虐，泥耳籠頭，枷研楔轂，枷研，以重枷研其頸；楔轂，以鐵圈轂其首而加楔。楔，先結翻。轂，呼角翻。摺膺籤爪，摺，與拉同，力答翻，摧也，折也。膺，胸也。籤爪，以竹籤其爪甲，今鞫獄者十指下籤，即其遺虐。懸髮薰耳，號曰『獄持』。或累日節食，連宵緩問，晝夜搖撼，使不得眠，號曰『宿囚』。此等既非木石，且救目前，苟求賒死。賒，遠也，言伏法而死，較死於獄中爲稍賒也。臣竊聽輿議，皆稱天下太平，何苦須反！豈被告者盡是英雄，欲求帝王邪？但不勝楚毒自誣耳。被，皮義翻。勝，音升。願陛下察之。今滿朝側息不安，朝，直遥翻。皆以爲陛下朝與之密，夕與之讎，不可保也。周用仁而昌，秦用刑而亡。願陛下緩刑用仁，天下幸甚！」太后頗采其言，制獄稍衰。考異曰：御史臺記云：「書奏，遂授洛州司功。」舊薛懷義傳云：「矩劾奏懷義，遷矩天官員外郎，竟爲懷義所搆，下獄免官。」御史臺記又云：「時天官選曹無緒，敕矩監之。侍郎李景諶爲矩所制，乃引爲員外，不閑於吏道，自此左出矣。」據舊傳：矩劾奏薛懷義在後。若此年出爲洛州司功，則不當復劾懷義。但舊傳矩疏在載初元年二月。是時制獄未息，今因朱敬則疏終言之。

18太后春秋雖高，善自塗澤，雖左右不覺其衰。丙戌，敕以齒落更生，九月，庚子，御則天門，赦天下，改元。至是方改元長壽，自此以後方是長壽元年。更以九月爲社。更，工衡翻。

19制於并州置北都。

20癸丑，同平章事李遊道、王璿、袁智弘、崔神基、李元素、春官侍郎孔思元、益州長史任令輝，皆爲王弘義所陷，流嶺南。璿，似宣翻。長，知兩翻。任，音壬。

21左羽林中郎將來子珣坐事流愛州，尋卒。愛州至京師八千八百里，東都八千一百里。將，卽亮翻。卒，子恤翻。

22初，新豐王孝傑從劉審禮擊吐蕃爲副總管，與審禮皆沒於吐蕃。新豐縣屬雍州，後改昭應縣。劉審禮沒，見二百二卷高宗儀鳳三年。吐，從暾入聲。贊普見孝傑泣曰：「貌類吾父。」厚禮之，後竟得歸，累遷右鷹揚衛將軍。光宅改左、右武衛爲左、右鷹揚衛。孝傑久在吐蕃，知其虛實。會西州都督唐休璟請復取龜茲、于闐、疏勒、碎葉四鎮，復，扶又翻，又音如字。龜茲，音丘慈，又音屈佳。闐，徒賢翻，又徒見翻。棄四鎮見二百一卷高宗咸亨元年。敕以孝傑爲武威軍總管，與武衛大將軍阿史那忠節將兵擊吐蕃。此時既改武衛爲鷹揚衛，不應復以舊官名命忠節。豈史家仍襲舊官名而書之邪？將，又音如字。冬，十月，丙戌，大破吐蕃，復取四鎮。置安西都護府於龜茲，發兵戍之。

二年（癸巳、六九三）

1 正月，壬辰朔，太后享萬象神宮，以魏王承嗣爲亞獻，梁王三思爲終獻。太后自制神宮樂，用舞者九百人。

2 戶婢團兒爲太后所寵信，有憾於皇嗣，乃譖皇嗣妃劉氏、德妃竇氏爲厭呪。厭，於協翻。又，於琰翻。癸巳，妃與德妃朝太后於嘉豫殿，朝，直遙翻。既退，同時殺之，考異曰：新本紀：「臘月癸亥，殺皇嗣妃劉氏、德妃竇氏。」舊傳云「正月二日」，今從之。今按德妃竇氏卽玄宗母也。瘞於宮中，莫知所在。瘞，於計翻。德妃，抗之曾孫也。竇抗，太穆皇后之從兄。皇嗣畏忤旨，不敢言，忤，五故翻。居太后前，容止自如。團兒復欲害皇嗣，有言其情於太后者，太后乃殺團兒。復，扶又翻。考異曰：劉子玄太上皇實錄云：「韋團兒諂佞多端，天后尤所信任。欲私於上而拒焉，怨望，遂作桐人潛埋於二妃院內，譖殺之，又矯制按問上。」今從則天實錄。

是時，告密者皆誘人奴婢告其主，以求功賞。德妃父孝諶爲潤州刺史，有奴妄爲妖異以恐德妃母龐氏，誘，音酉。諶，氏壬翻。妖，於喬翻。龐，皮江翻。龐氏懼，奴請夜祠禱解，因發其事。下監察御史龍門薛季昶按之，監，古銜翻。下，遐嫁翻。季昶誣奏，以爲與德妃同祝詛，先涕泣不自勝，祝，職救翻。勝，音升。乃言曰：「龐氏所爲，臣子所不忍道。」太后擢季昶爲給事中。龐氏當斬，其子希瑊瑊，古咸翻。詣侍御史徐有功訟冤，有功牒所司停刑，上奏論之，以爲無罪；季昶奏有功阿黨惡逆，請付法，法司處有功罪當絞。令史以白有功，侍御史之屬，有令史十七人。上，時掌翻。處，昌呂翻。有功歎曰：「豈我獨死，諸人永不死邪！」既食，掩扇而寢。人以爲有功苟自強，必內憂懼，密伺之，方熟寢。伺，相吏翻。太后召有功，迎謂曰：「卿比按獄，失出何多？」對曰：「失出，人臣之小過；好生，聖人之大德。」誤出人罪，謂之失出。比，毗至翻。好，呼到翻。太后默然。由是龐氏得減死，與其三子皆流嶺南，孝諶貶羅州司馬，有功亦除名。考異曰：舊有功傳：「有功爲御史，坐龐氏除名，尋起爲左司郎中。」竇孝諶傳：「長壽二年，龐氏爲酷吏所陷。」御史臺記：「有功自秋官員外郎，坐龐氏除名爲流人，月餘，授御史。」按實錄，有功，「天授初，累補司刑丞、秋官員外郎，稍遷郎中，後以公事免，萬歲通天元年，擢拜殿中侍御史。」今從之。

3 戊申，姚璹奏請令宰相撰時政記，月送史館。從之。時政記自此始。會要：璹以爲帝王謨訓，不可闕於紀述，史官疏遠，無因得書，請自今以後，所論軍國政要，宰臣一人撰錄，號爲時政記。

4 臘月，丁卯，降皇孫成器爲壽春王，恆王成義爲衡陽王，恆，戶登翻。楚王隆基爲臨淄王，衞王隆範爲巴陵王，趙王隆業爲彭城王，皆睿宗之子也。

5 春，一月，庚子，以夏官侍郎婁師德同平章事。師德寬厚清慎，犯而不校。與李昭德俱入朝，朝，直遙翻。師德體肥行緩，昭德屢待之不至，怒罵曰：「田舍夫！」師德徐笑曰：「師德不爲田舍夫，誰當爲之！」其弟除代州刺史，將行，師德謂曰：「吾備位宰相，汝復爲州牧，復，扶又翻。榮寵過盛，人所疾也，將何以自免？」弟長跪曰：「自今雖有人唾某面，某拭之而已，庶不爲兄憂。」師德愀然曰：愀，七小翻。「此所以爲吾憂也！人唾汝面，怒汝也；汝拭之，乃逆其意，所以重其怒。夫唾，不拭自乾，乾，音干。當笑而受之。」

6 甲寅，前尚方監裴匪躬、內常侍范雲仙坐私謁皇嗣腰斬於市。光宅改少府監爲尚方監。內侍省有內常侍六人，正五品下，漢中常侍之職也。考異曰：舊來俊臣傳云：「按張虔勗、范雲仙於洛陽牧院，虔勗等不堪其苦，自訟於徐有功，俊臣命衞士以亂刀殺之。雲仙亦言，歷事先朝，稱所司冤苦，俊臣命截去其舌。士庶膽破，無敢言者。」按張虔勗天授二年被殺，雲仙此年坐謁皇嗣斬。今從實錄。自是公卿以下皆不得見。又有告皇嗣潛有異謀者，太后命來俊臣鞫其左右，左右不勝楚毒，皆欲自誣。勝，音升。太常工人京兆安金藏時公卿不得見皇嗣，唯金藏等工人得在左右。大呼謂俊臣曰：「公旣不信金藏之言，請剖心以明皇嗣不反。」卽引佩刀自剖其胸，五藏皆出，流血被地。太后聞之，令轝入宮中，

呼，火故翻。藏，徂浪翻。被，皮義翻。畢，羊茹翻。使醫內五藏，以桑皮線縫之，傅以藥，經宿始蘇。太后親臨視之，歎曰：「吾有子不能自明，使汝至此。」卽命俊臣停推。停其獄，不復推鞫也。睿宗由是得免。

7 罷舉人習老子，更習太后所造臣軌。更，工衡翻。習老子見二百二卷高宗上元元年。

8 二月，丙子，新羅王政明卒，遣使立其子理洪爲王。卒，子恤翻。使，疏吏翻。

9 乙亥，禁人間錦。侍御史侯思止私畜錦，李昭德按之，杖殺於朝堂。朝，直遙翻。

10 或告嶺南流人謀反，太后遣司刑評事萬國俊攝監察御史就按之。監，古銜翻。國俊至廣州，悉召流人，矯制賜自盡。流人號呼不服，號，戶高翻。國俊驅就水曲，盡斬之，一朝殺三百餘人。然後詐爲反狀，還奏，因言諸道流人，亦必有怨望謀反者，不可不早誅。太后喜，擢國俊爲朝散大夫、行侍御史。朝，直遙翻。散，悉亶翻。更遣右翊衛兵曹參軍劉光業、按武德四年已改左、右翊衛爲左、右衛，疑「翊」字衍。兵曹參軍掌五府武官宿衛番第，受其名數，而大將軍配焉。司刑評事王德壽、苑南面監丞鮑思恭、唐京都苑各有四面監，監各一人，從六品下；副監一人，從七品下；丞一人，正八品下。各掌所管面苑內宮館園池與其種植修葺之事；丞則掌判監事。尙輦直長王大貞、長，知兩翻。右武威衛兵曹參軍屈貞筠皆攝監察御史，詣諸道按流人。光業等以國俊多殺蒙賞，爭效之，光業殺七百人，德壽殺五百人，自餘少者不減百人，其遠年雜犯流人亦與之俱斃。太后頗知其濫，制：「六道流人未死者并家屬皆聽還鄉里。」國俊等亦相繼死，或得罪流竄。考異曰：實錄曰，光業等亦受鸞臺侍郎傅遊藝之旨。按天授二年，遊藝已死。舊遊藝傳曰遊藝請則天發六道使。雖身死之後，竟從其謀。武后本遣萬國俊一使，國俊還言諸道流人亦反，故更遣五使耳，遊藝豈豫知遣六道使！此所謂天下之惡皆歸焉者也。潘遠紀聞曰：「補闕李秦授寓直中書，進封事曰：『陛下自登極，誅斥李氏及諸大臣，其家人親族流放在外，以臣所料，且數萬人，如一旦同心，招集爲逆，出陛下不意，臣恐社稷必危。讖曰：「代武者劉，」夫劉者流也，陛下不殺此輩，臣恐爲禍深焉。』天后納之，夜中召入，謂曰：『卿名秦授，天以卿授朕也，何啓予心！』即拜考功員外郎，仍知制誥，賜朱紱，女妓十人，金帛稱是，與謀發敕使十人於十道，安慰流者，其實賜墨敕與牧守，有流放者殺之。天后度流人已死，又使使者安撫流人曰：『吾前發十道使，安慰流人，何使者不曉吾意，擅加殺害，深爲酷暴！其輒殺流人使並所在鎖項，將至害流人處斬之，以快亡魂。諸流人未死或他事繫者，兼家口放還。』」按當時止誅嶺南一道，因萬國俊言，更發五道使，非併發十道使也，十道在近地者，何嘗有流人也！國俊既以多殺受賞，餘使或病死，或自以他罪流竄，必無并斬之理。今並從實錄及舊傳。

11 來俊臣誣冬官尚書蘇幹，云在魏州與琅邪王沖通謀，沖舉兵，見上卷垂拱四年。夏，四月，乙未，殺之。

12 五月，癸丑，棣州河溢。【章：十二行本「溢」下有「流二千餘家」五字；乙十一行本同；孔本同；張校同；退齋校同。】棣州，後漢樂安郡，中廢；唐武德四年，分滄州之厭次、陽信、滴河、樂陵置棣州。

13 秋，九月，丁亥朔，日有食之。

14魏王承嗣等五千人表請加尊號曰金輪聖神皇帝。乙未，太后御萬象神宮，受尊號，赦天下。作金輪等七寶，七寶，曰金輪寶，曰白象寶，曰女寶，曰馬寶，曰珠寶，曰主兵臣寶，曰主藏臣寶。每朝會，陳之殿庭。朝，直遥翻。

庚子，追尊昭安皇帝曰渾元昭安皇帝，渾，戶本翻。文穆皇帝曰立極文穆皇帝，孝明高皇帝曰無上孝明高皇帝；皇后從帝號。后又追尊其三世。

15辛丑，以文昌左丞、同平章事姚璹爲司賓卿，罷政事；以司賓卿萬年豆盧欽望爲內史，新書宰相世系表：豆盧氏本姓慕容氏，北地王精降後魏，北人謂歸義爲「豆盧」，因以爲氏。文昌左丞韋巨源同平章事，秋官侍郎吳人陸元方爲鸞臺侍郎、同平章事。巨源，孝寬之玄孫也。韋孝寬事宇文氏爲名將。

延載元年（甲午、六九四）是年五月改元。

1正月，丙戌，太后享萬象神宮。

2突厥可汗骨篤祿卒，其子幼，弟默啜自立爲可汗。臘月，甲戌，默啜寇靈州。

3室韋反，北史曰：室韋蓋契丹之類，其南者爲契丹，在北者爲室韋。新書：室韋，契丹別種，東胡之北邊，蓋丁零苗裔也。地據黃龍，北傍猺越河，直京師東北七千里，東黑水靺鞨，西突厥，南契丹，北瀕海。其國無君長，惟大酋皆號莫賀咄，管攝其部而附于突厥。遣右鷹揚衞大將軍李多祚擊破之。

4春，一月，以婁師德爲河源等軍檢校營田大使。使，疏吏翻；下同。

5二月，武威道總管王孝傑破吐蕃教論贊刃、【嚴：「刃」改「與」。】突厥可汗俀子等於冷泉及大嶺，俀子，西突厥部所立也。俀，吐猥翻，弱也。大嶺，谷名。各三萬餘人，碎葉鎮守使韓思忠破泥熟俟斤等萬餘人。俟，渠之翻。考異曰：此事諸書皆無，唯統紀有之。統紀又云：「又破吐蕃萬泥勳沒馱城。」語不可曉，今刪去。

6庚午，以僧懷義爲代北道行軍大總管，考異曰：實錄、新紀皆云「伐逆道」。今從舊懷義傳。以討默啜。

7三月甲申，以鳳閣舍人蘇味道爲鳳閣侍郎、同平章事，李昭德檢校內史。更以僧懷義爲朔方道行軍大總管，以李昭德爲長史，蘇味道爲司馬，帥契苾明、曹仁師、沙吒忠義等十八將軍以討默啜，帥，讀曰率；下同。契，欺訖翻。苾，毗必翻。吒，陟加翻。未行，虜退而止。昭德嘗與懷義議事，失其旨，懷義撻之，昭德惶懼請罪。

8夏，四月，壬戌，以夏官尚書、武威道大總管王孝傑同鳳閣鸞臺三品。

9五月，魏王承嗣等二萬六千餘人上尊號曰越古金輪聖神皇帝。上，時掌翻。甲午，御則天門樓受尊號，赦天下，改元。

10天授中，遣監察御史壽春裴懷古安集西南蠻。六月，癸丑，永昌蠻酋薰期帥部落二十餘萬戶內附。姚州境有永昌蠻，居永昌郡地。「薰期」新書作「董期」。監，古銜翻。酋，慈由翻。

11 河內有老尼居神都麟趾寺，與嵩山人韋什方等以妖妄惑衆。尼，女夷翻。妖，於喬翻。尼自號淨光如來，云能知未然；什方自云吳赤烏年【章：十二行本「年」上有「元」字；乙十一行本同；孔本同；張校同。】生。又有老胡亦自言五百歲，云見薛師已二百年矣，僧懷義本馮小寶也，太后使與薛紹通昭穆，故老胡謂之薛師。容貌愈少。少，詩照翻。太后甚信重之，賜什方姓武氏。秋，七月，癸未，以什方爲正諫大夫、同平章事，制云：「邁軒代之廣成，莊子曰：廣成子居崆峒之上，黃帝立於下風而問道。廣成子曰：「吾脩身千二百歲矣，吾形未嘗衰。」黃帝名軒轅，因曰軒代。逾漢朝之河上。」葛洪曰：河上公者，莫知其姓名也，漢文帝時，結草爲庵于河之濱，文帝從之問老子，河上公曰：「余註是經以來千七百餘年。」朝，直遙翻。八月，什方乞還山，制罷遣之。

12 戊辰，以王孝傑爲瀚海道行軍總管，仍受朔方道行軍大總管薛懷義節度。

13 己巳，以司賓少卿姚璹爲納言；左肅政中丞原武楊再思爲鸞臺侍郎，洛州司馬杜景儉爲鳳閣侍郎，並同平章事。

豆盧欽望請京官九品已上輸兩月俸以贍軍，唐制：一品月俸八千，食料一千八百，雜用一千二百；二品月俸六千五百，食料一千五百，雜用一千；三品月俸五千一百，食料一千一百，雜用九百；四品月俸三千五百，食料七百，雜用七百；五品月俸三千，食料雜用六百；六品月俸二千，食料、雜用四百；七品月俸一千七百五十，食料雜用三百五十；八品月俸一千三百，食料三百，雜用二百五十；九品月俸一千五十，食料二百五十，雜用二百；行署月俸一百四十，食料三十。俸，扶用翻。贍，昌豔翻。轉帖百官，令拜表。轉帖者，止書一帖，使吏以轉示百官。百官但赴拜，不知何事。拾遺王求禮謂欽望曰：「明公祿厚，輸之無傷；卑官貧迫，柰何不使其知而欺奪之乎？」欽望正色拒之。既上表，上，時掌翻。求禮進言曰：「陛下富有四海，軍國有儲，何藉貧官九品之俸而欺奪之！」姚璹曰：「求禮不識大體。」求禮曰：「如姚璹，爲識大體者邪！」事遂寢。

14 戊寅，鸞臺侍郎、同平章事崔元綜坐事流振州。

15 武三思帥四夷酋長請鑄銅鐵爲天樞，立於端門之外，端門，洛陽皇城正南門。銘紀功德，黜唐頌周；以姚璹爲督作使。使，疏吏翻。諸胡聚錢百萬億，買銅鐵不能足，賦民間農器以足之。

16 九月，壬午朔，日有食之。

17 殿中丞來俊臣坐贓貶同州參軍。王弘義流瓊州，曹魏初置殿中監，隋煬帝置少監及丞。舊志：瓊州至兩京與崖州道里相類。考異曰：統紀云：「萬歲通天元年五月，監察御史紀履忠劾奏御史中丞來俊臣犯狀有五，請下獄理罪。」御史臺記：「履忠與來俊臣不協，具衣冠而彈之，不果，黜授顏城尉。俊臣誅，授右領軍衞冑曹。」新傳云：「俊臣納賈人金，爲御史紀履忠所劾，下獄當死，后忠其上變，得不誅，免爲民。」按舊傳云：「俊臣爲履忠所告，下獄；長壽二年除殿中丞，又坐贓，出爲同州參軍；萬歲通天元年召爲合宮尉。」統紀云萬歲通天元年紀履忠劾奏，誤也。王弘義傳云：「延載元年，俊臣貶，弘義亦流瓊州。」是俊臣長壽二年已前坐贓下獄，此年又坐贓貶。今從舊傳。詐稱敕追還，至漢北，侍御史胡元禮遇之，按驗，得其姦狀，杖殺之。

內史李昭德恃太后委遇，頗專權使氣，人多疾之，前魯王府功曹參軍丘愔上疏攻之，唐諸王府功曹參軍事，正七品上，掌文官簿書、考課陳設。愔，於今翻。上，時掌翻；下長上同。疏，所據翻。其略曰：「陛下天授以前，萬機獨斷。斷，丁亂翻。自長壽以來，委任昭德，參奉機密，獻可替否；事有便利，不預諮謀，要待晝日將行，凡制敕皆進，晝日而後行。方乃別生駁異。駁，北角翻。揚露專擅，顯示於人，歸美引愆，義不如此。」善則稱君，過則稱己，人臣之義也。又曰：「臣觀其膽，乃大於身，鼻息所衝，上拂雲漢。」又曰：「蟻穴壞隄，針芒寫氣，權重一去，收之極難。」長上果毅鄧注，唐六典：長上折衝、果毅，應宿衞者，並一日上，兩日下。又著石論數千言，述昭德專權之狀。鳳閣舍人逢弘敏取奏之，逢，皮江翻。太后由是惡昭德。壬寅，貶昭德爲南賓尉，惡，烏路翻。南賓縣屬欽州，本漢合浦縣地，隋開皇十八年置南賓縣。尋又免死流竄。

18 太后出黎花一枝以示宰相，宰相皆以爲瑞。杜景儉獨曰：「今草木黃落，而此更發榮，陰陽不時，咎在臣等。」因拜謝。太后曰：「卿眞宰相也！」相，悉亮翻。

19 冬，十月，壬申，以文昌右丞李元素爲鳳閣侍郎，左肅政中丞周允元檢校鳳閣侍郎，並同平章事。校，古効翻。允元，豫州人也。

20 嶺南獠反，以容州都督張玄遇爲桂、永等州經略大使以討之。容州，漢合浦縣地，隋爲合浦郡之北流縣，唐武德四年，分置銅州；貞觀元年改容州，因容山爲名。獠，魯皓翻。使，疏吏翻。

天册萬歲元年（乙未、六九五）是年九月改元天册萬歲。

1 正月，辛巳朔，太后加號慈氏越古金輪聖神皇帝，赦天下，改元證聖。

2 周允元與司刑少卿皇甫文備奏内史豆盧欽望、同平章事韋巨源、杜景儉、蘇味道、陸元方附會李昭德，不能匡正，欽望貶趙州，舊志：趙州至京師東北一千八百四十二里，東都一千三十三里。巨源貶麟州，考異曰：舊紀、傳、新紀、表、傳，皆作「鄜州」，統紀作「瀛州」。實錄、唐曆作「麟州」，今從之。景儉貶溱州，貞觀五年置麟州以處生羌，屬松州都督府；十六年開山洞置溱州，屬黔州都督府。舊志：溱州至京師三千四百八十里，東都四千二百里。溱，側詵翻。味道貶集州，元方貶綏州刺史。舊志：集州，京師西南一千四百二十五里，至東都二千六百里。綏州，京師東北一千里，至東都一千八百一十九里。

3 初，明堂既成，太后命僧懷義作夾紵大像，紵，直呂翻，檾屬，今人謂之紵麻。夾紵者，以紵布夾縫爲大像，後所謂麻主是也。其小指中猶容數十人，於明堂北構天堂以貯之。貯，丁呂翻。堂始構，爲風所摧，更構之，日役萬人，采木江嶺，數年之間，所費以萬億計，府藏爲之耗竭。藏，徂浪翻。爲，于僞翻。懷義用財如糞土，太后一聽之，無所問。每作無遮會，用錢萬緡；士女雲集，又散錢十車，使之爭拾，相蹈踐有死者。踐，息淺翻。所在公私田宅，多爲僧有。懷義頗厭入宮，多居白馬寺，所度力士爲僧者滿千人。侍御史周矩疑有姦謀，固請按之。太后曰：「卿姑退，朕卽令往。」矩至臺，懷義亦至，乘馬就階而下，坦腹於牀。矩召吏將按之，遽躍馬而去。矩具奏其狀，太后曰：「此道人病風，不足詰，所度僧，惟卿所處。」詰，去吉翻。處，昌呂翻。悉流遠州。遷矩天官員外郎。

乙未，作無遮會於明【章：十二行本「明」作「朝」；乙十一行本同。】堂，鑿地爲阬，深五丈，深，式浸翻。結綵爲宮殿，佛像皆於阬中引出之，云自地涌出。又殺牛取血，畫大像，首高二百尺，云懷義刺膝血爲之。高，居傲翻。刺，七亦翻。丙申，張像於天津橋南，設齋。時御醫沈南璆唐六典：尚藥局屬殿中省，有侍御醫四人，從六品上。璆，音求。亦得幸於太后，懷義心慍，慍，於問翻。是夕，密燒天堂，延及明堂，火照城中如晝，比明皆盡，比，必利翻。暴風裂血像爲數百段。太后恥而諱之，但云內作工徒誤燒麻主，遂涉明堂。時方酺宴，左拾遺劉承慶請輟朝停酺以答天譴，酺，音蒲。朝，直遙翻。太后將從之。姚璹曰：「昔成周宣榭，卜代愈隆；漢武建章，盛德彌永。左傳：宣十五年夏，成周宣榭火。班書曰：榭，所以藏樂器；宣，其名也。漢武時，柏梁臺災，乃大營建章。姚璹引二事，傅以己說，以逢君之惡。今明堂布政之所，非宗廟也，不應自貶損。」太后乃御端門，觀酺如平日。命更造明堂、天堂，仍以懷義充使。使，疏吏翻。又鑄銅爲九州鼎神都鼎曰豫州，高一丈八尺，受千八百石。冀州鼎曰武興，雍州鼎曰長安，兗州鼎曰日觀，青州鼎曰少陽，徐州鼎曰東源，揚州鼎曰江都，荆州鼎曰江陵，梁州鼎曰咸都；八州鼎高一丈四尺，各受千二百石。考異曰：舊傳云：「懷義帥人作號頭安置之。」按天册萬歲元年二月，懷義死，神功元年九鼎始成，舊傳誤也，或懷義死時方鑄耳。及十二神，十二神：子屬鼠，丑屬牛，寅屬虎，卯屬兔，辰屬龍，巳屬蛇，午屬馬，未屬羊，申屬猴，酉屬雞，戌屬狗，亥屬豬。皆高一丈，高，古槁翻。各置其方。

先是，河内老尼晝食一麻一米，夜則烹宰宴樂，畜弟子百餘人，淫穢靡所不爲。武什方自言能合長年藥，先，悉薦翻。樂，音洛。畜，吁玉翻。合，音閤。太后遣乘驛於嶺南采藥。及明堂火，尼入唁太后，唁，魚變翻。太后怒叱之，曰：「汝常言能前知，何以不言明堂火？」因斥還河内，弟子及老胡等皆逃散。又有發其姦者，太后乃復召尼還麟趾寺，弟子畢集，敕給使掩捕，盡獲之，復，扶又翻。唐六典：北齊内職有散給使五十人，唐因之置内給使，無常員，屬宮闈局。凡宦人無官品者稱内給使。又有小給使學生五十人。皆没爲官婢。什方還，至偃師，偃師縣屬河南府，在洛城東六十里。聞事露，自絞死。

庚子，以明堂火告廟，下制求直言。劉承慶上疏，以爲：「火發既從麻主，後及總章，所營佛舍，恐勞無益，請罷之。又，明堂所以統和天人，統，他綜翻。一旦焚毁，臣下何心猶爲酺宴！憂喜相爭，傷於情性。又，陛下垂制博訪，許陳至理，而左史張鼎以爲今既火流王屋，彌顯大周之祥，武王伐紂，既渡河，有火至于王屋，流爲烏。馬融曰：王屋，王所居屋。通事舍人逢敏奏稱，彌勒成道時有天魔燒宮，七寶臺須臾散壞，魔，莫婆翻。考異曰：僉載以七寶臺散壞爲姚璹之語。今從實錄。斯實諂妄之邪言，非君臣之正論。伏願陛下乾乾翼翼，易曰：君子終日乾乾，夕惕若。詩曰：小心翼翼。無戾天人之心而興不急之役，則兆人蒙賴，福祿無窮。」

獲嘉主簿彭城劉知幾獲嘉縣，本汲縣之新中鄉，漢武帝南幸過此，聞獲呂嘉，因置獲嘉縣，屬河內郡。後周置脩武郡，隋置殷州，尋廢州爲獲嘉縣，唐屬懷州。彭城縣帶徐州。幾，居希翻。表陳四事：其一，以爲：「皇業權輿，爾雅：權輿，始也。天地開闢，嗣君卽位，黎元更始，更，工衡翻。時則藉非常之慶以申再造之恩。今六合清晏而赦令不息，近則一年再降，遠則每歲無遺，至於違法悖禮之徒，悖，蒲內翻；下同。無賴不仁之輩，編戶則寇攘爲業，當官則贓賄是求。而元日之朝，指期天澤，重陽之節，佇降皇恩，重，直龍翻。如其忖度，咸果釋免。或有名垂結正，罪將斷決，度，徒洛翻。斷，丁亂翻。竊行貨賄，方便規求，故致稽延，畢霑寬宥。用使俗多頑悖，時罕廉隅，爲善者不預恩光，作惡者獨承徼幸。徼，古堯翻。古語曰：『小人之幸，君子之不幸。』太宗亦嘗引是言。斯之謂也。望陛下而今而後，頗節於赦，使黎氓知禁，姦宄肅清。」其二，以爲：「海內具僚九品以上，每歲逢赦，必賜階勳，唐制，文散階二十九，武散階亦二十九，勳級十有二轉。至於朝野宴集，公私聚會，緋服衆於青衣，上元赦：四品服深緋，五品服淺緋，九品服深青。朝，直遙翻；下同。象板多於木笏；唐制，五品已上笏用象，九品以上用木。皆榮非德舉，位罕才升，不知何者爲妍蚩，何者爲美惡。臣望自今以後，稍息私恩，使有善者逾効忠勤，無才者咸知勉勵。」其三，以爲：「陛下臨朝踐極，取士太廣，六品以下職事清官，遂乃方之土芥，比之沙礫，礫，音曆。若遂不加沙汰，臣恐有穢皇風。」其四，以爲：「今之牧伯遷代太速，倏來忽往，蓬轉萍流，既懷苟且之謀，何暇循良之政！望自今刺史非三歲以上不可遷官，仍明察功過，尤甄賞罰。」疏奏，太后頗嘉之。甄，稽延翻，別也。疏，所去翻。是時官爵易得而法網嚴峻，易，以豉翻。故人競爲趨進而多陷刑戮，知幾乃著思慎賦以刺時見志焉。

4 丙午，以王孝傑爲朔方道行軍總管，擊突厥。

5 春，二月，己酉朔，日有食之。

6 僧懷義益驕恣，太后惡之。惡，烏路翻。既焚明堂，心不自安，言多不順；太后密選宮人有力者百餘人以防之。壬子，執之於瑤光殿前樹下，使建昌王武攸寧帥壯士毆殺之，帥，讀曰率。毆，烏口翻。考異曰：舊傳云：「人有發其陰謀者，太平公主乳母張夫人，令壯士縛而縊殺之，送尸白馬寺；其侍者僧徒皆流竄遠惡處。」李商隱宜都內人傳云：「武后篡既久，頗放縱，耽內習，不敬宗廟，四方日有叛逆，防豫不暇。時宜都內人以唾壺進，思有以諫者。后坐帷下，倚檀几與語，問四方事，宜都內人曰：『大家知古女卑於男邪？』后曰：『知。』內人曰：『古有女媧，亦不正是天子，佐伏羲，理九州耳。後世孃姥有越出房閤斷天下事者，皆不得其正，多是輔昏主，不然抱小兒。獨大家革夫姓，改去釵釧，襲服冠冕，符瑞日至，大臣不敢動，眞天子也。然今內之弄臣狎人朝夕進御者，久未屏去，妾疑此未當天意。』后曰：『何？』內人曰：『女，陰也；男，陽也。陽尊而陰卑，雖大家以陰事主天，然宜體取剛亢明烈以銷羣陽，陽銷然後陰得志也。今狎弄日至，處大家夫宮尊位，其勢陰求陽也，陽勝而陰亦微，不可久也。大家始今日能屏去男妾，獨立天下，則陽之剛亢明烈可有矣。如是過萬萬世，男子益削，女子益專，妾之願在此。』后雖不能盡用，然即日下令，誅作明堂者。」此蓋文士寓言。今從實錄。送尸白馬寺，焚之以造塔。

7 甲子，太后去「慈氏越古」之號。去，羌呂翻。

8 三月，丙辰，鳳閣侍郎、同平章事周允元薨。

9 夏，四月，天樞成，天樞，其制若柱。高一百五尺，高，古犒翻。徑十二尺，八面，各徑五尺。下爲鐵山，周百七十尺，以銅爲蟠龍麒麟縈繞之；上爲騰雲承露盤，徑三丈，四龍人立捧火珠，高一丈。工人毛婆羅造模，武三思爲文，刻百官及四夷酋長名，高，古犒翻。酋，慈由翻。長，知兩翻。太后自書其榜曰「大周萬國頌德天樞」。

10 秋，七月，辛酉，吐蕃寇臨洮，臨洮，洮州。洮，土刀翻。以王孝傑爲肅邊道行軍大總管以討之。

11 九月，甲寅，太后合祭天地於南郊，加號天册金輪大聖皇帝，赦天下，改元。改元天册萬歲。

12 冬，十月，突厥默啜遣使請降，使，疏吏翻。降，戶江翻。太后喜，册授左衛大將軍、歸國公。

萬歲通天元年（丙申、六九六）是年三月始改元。

1臘月，甲戌，太后發神都；甲申，封神嶽；后以嵩山爲神嶽。考異曰：統紀作壬午，實録作甲申。按去歲下制云：「臘月十六日有事于神嶽。」長曆：是月甲戌朔，壬午九日，甲申十一日，皆非十六日。今從實録。赦天下，改元萬歲登封，天下百姓無出今年租稅；大酺九日。酺，音蒲。丁亥，禪于少室；戴延之曰：嵩山三十六峯，東曰太室，西曰少室，相去十七里，嵩其總名也。謂之室，以其下各有石室焉。少室高八百六十丈，方十里，與太室相埒，但小耳。己丑，御朝覲壇受賀；朝，直遙翻。癸巳，還宮；甲午，謁太廟。

2右千牛衞將軍安平王武攸緒，少有志行，恬澹寡欲，扈從封中嶽還，少，詩照翻。行，下孟翻。從，才用翻。即求棄官，隱於嵩山之陽。太后疑其詐，許之，以觀其所爲。攸緒遂優游巖壑，冬居茅椒，茅椒編之爲室，性暖，可以禦寒。夏居石室，一如山林之士。太后所賜及王公所遺野服器玩，遺，于季翻。攸緒一皆置之不用，塵埃凝積。買田使奴耕種，與民無異。考異曰：舊傳云：「聖曆中，棄官隱嵩山。」今從實録。

3春，一月，甲寅，以婁師德爲肅邊道行軍副總管，擊吐蕃。己巳，以師德爲左肅政大夫，知政事如故。考異曰：實録云：「己巳，秋官尚書婁師德爲肅政御史大夫，知政事如故。」舊傳云：「萬歲登封元年轉左肅政御史大夫，仍依舊知政事。證聖元年吐蕃寇洮州，令師德與夏官尚書王孝傑討之。」按證聖年號在登封前，此傳尤爲謬誤。新傳云：「師德爲河源、積石、懷遠軍及河、蘭、鄯、廓州檢校營田大使，入遷秋官尚書，改左肅政御史大夫並知政事，證聖中與王孝傑拒吐蕃於洮州。」今據實録，延載元年一月，自宰相出爲營田大使。新書宰相表，「長壽二年師德平章事，延載元年出爲營田大使，萬歲通天元年一月甲寅，師德爲左肅政御史大夫、肅邊道行軍總管。」統紀云：「秋官尚書、知政事婁師德充副總管，討吐蕃。」蓋師德之出爲營田大使，不解宰相之職也。今從實錄、新本紀。

4 改長安崇尊廟爲太廟。崇尊廟見上卷天授元年。

5 二月，辛巳，尊神嶽天中王爲神嶽天中黃帝，靈妃爲天中黃后；啓爲齊聖皇帝；封啓母神爲玉京太后。夏后啓母石在嵩山。

6 三月，壬寅，王孝傑、婁師德與吐蕃將論欽陵贊婆戰於素羅汗山，據婁師德傳，素羅汗山在洮州界。將，卽亮翻。唐兵大敗；孝傑坐免爲庶人，師德貶原州員外司馬。考異曰：新紀，四月庚子貶師德，而無免孝傑日；新表，「三月壬寅孝傑免。」按實錄「三月壬寅撫州火」下言孝傑等敗，蓋皆據奏到之日耳。二人同罪，貶必同時，不容隔月，不知果在何日。今但依實錄，因其軍敗，終言貶官之事而已。師德因署移牒，驚曰：「官爵盡無邪！」既而曰：「亦善，亦善。」不復介意。復，扶又翻。

7 丁巳，新明堂成，高二百九十四尺，方三百尺，規模率小於舊。上施金塗鐵鳳，高二丈，高，古犒翻。後爲大風所損；更爲銅火珠，羣龍捧之，更，工衡翻。號曰通天宮。赦天下，改元萬歲通天。

8 大食請獻師子。姚璹上疏，以爲：「師子專食肉，遠道傳致，傳，知戀翻。肉既難得，極爲勞費。陛下鷹犬不蓄，漁獵悉停，豈容菲薄於身而厚給於獸！」乃卻之。

9 以檢校夏官侍郎孫元亨同平章事。

10 夏，五月，壬子，營州契丹松漠都督李盡忠、歸誠州刺史孫萬榮舉兵反，攻陷營州，開元十道志曰：舜築柳城，卽虞舜已前已有柳城之地，因有營州之稱。郡國志云：當營室分，故曰營州。後漢末，遼西烏丸蹋頓所居。後魏於平州界置遼西郡，周平齊，猶爲高寶寧所據，隋討平寶寧，始置營州。松漠都督府及歸誠州，太宗以內屬契丹部落置。殺都督趙文翽。契，欺訖翻，又音喫。翽，呼會翻。盡忠，萬榮之妹夫也，皆居於營州城側。文翽剛愎，契丹饑不加賑給，視酋長如奴僕，故二人怨而反。愎，弼力翻。賑，津忍翻。酋，慈由翻。長，知兩翻。乙丑，遣左鷹揚衛將軍曹仁師、右金吾衛大將軍張玄遇、左威衛大將軍李多祚、司農少卿麻仁節等二十八將討之。八將，卽亮翻。秋，七月，辛亥，以春官尚書梁王武三思爲榆關道安撫大使，榆關在勝州界，與突厥接，非所以備契丹也。營州城西四百八十里，有榆關守捉城，所謂「臨渝之險」也。「榆」當作「渝」，史於此以後多以「渝」作「榆」，讀者宜詳考。使，疏吏翻。姚璹副之，以備契丹。改李盡忠爲李盡滅，孫萬榮爲孫萬斬。武后改突厥骨咄祿爲不卒祿，又改李盡忠爲李盡滅，孫萬榮爲孫萬斬。此事何異王莽所爲，顧有成敗之異耳。

盡忠尋自稱無上可汗，據營州，可，從刊入聲。汗，音寒。以萬榮爲前鋒，略地，所向皆下，旬日，兵至數萬，進圍檀州，檀州本漢漁陽郡傂奚縣地，舊置安州，後周改爲玄州，隋開皇十六年置檀州。清邊前軍副總管張九節擊卻之。

八月，丁酉，曹仁師、張玄遇、麻仁節與契丹戰于硤石谷，平州有西硤石、東硤石二戍。唐兵大敗。先是，契丹破營州，先，悉薦翻。獲唐俘數百，囚之地牢，聞唐兵將至，使守牢霫紿之曰：使霫守唐俘於地牢，故曰守牢霫。霫，而立翻。紿，蕩亥翻。「吾輩家屬，飢寒不能自存，唯俟官軍至卽降耳。」降，戶江翻；下同。既而契丹引出其俘，飼以糠粥，慰勞之曰：飼，祥吏翻。勞，力到翻。「吾養汝則無食，殺汝又不忍，今縱汝去。」遂釋之。俘至幽州，具言其狀，諸軍聞之，爭欲先入。至黃麞谷，據舊書，黃麞谷在西硤石。虜又遣老弱迎降，故遺老牛瘦馬於道側。仁師等三軍棄步卒，將騎兵先進。契丹設伏橫擊之，飛索以縎玄遇、仁節，生獲之，將，卽亮翻。騎，奇寄翻。索，昔各翻。字書無「縎」字，今讀與搨同，德盍翻，或曰吐合翻。將卒死者塡山谷，鮮有脫者。鮮，息淺翻。契丹得軍印，詐爲牒，令玄遇等署之，牒總管燕匪石、宗懷昌等云：「官軍已破賊，若至營州，軍將皆斬，兵不敍勳。」燕，因肩翻。將，卽亮翻。匪石等得牒，晝夜兼行，不遑寢食以赴之，士馬疲弊；契丹伏兵於中道邀之，全軍皆沒。

九月，制：「天下繫囚及庶士家奴驍勇者，官償其直，發以擊契丹。」驍，堅堯翻。初令山東近邊諸州置武騎團兵，以同州刺史建安王武攸宜爲右武威衞大將軍，充淸邊道行軍大總管，以討契丹。

右拾遺陳子昂爲攸宜府參謀，以本官參謀軍事，不列爲品秩。上疏曰：「恩制免天下罪人及募諸色奴充兵討擊契丹，此乃捷急之計，非天子之兵。且比來刑獄久清，罪人全少，比，毗至翻。少，詩沼翻。奴多怯弱，不慣征行，慣，古患翻。縱其募集，未足可用。況今天下忠臣義士，萬分未用其一，契丹小孽，孽，魚列翻。假命待誅，何勞免罪贖奴，損國大體！臣恐此策不可威示天下。」

11 丁巳，突厥寇涼州，執都督許欽明。考異曰：實錄云：「吐蕃寇涼州，都督許欽明爲賊所殺。」按明年正月默啜寇靈州，以欽明自隨；又默啜將襲孫萬榮，殺欽明以祭天。實錄云吐蕃，誤也。欽明，紹之曾孫也；許紹預凌煙閣二十四功臣之列。時出按部，突厥數萬奄至城下，欽明拒戰，爲所虜。

欽明兄欽寂，時爲龍山軍討擊副使，與契丹戰於崇州，龍山，卽慕容氏和龍之山也。崇州，奚州也，武德五年，分饒樂都督府之可汗部置，貞觀三年，徙治營州之廢陽師鎮。軍敗，被擒。虜將圍安東，令欽寂說其屬城未下者。說，輸芮翻。安東都護裴玄珪在城中，高宗總章元年置安東都護府於平壤城，上元元年，徙遼東郡故城，儀鳳二年又徙新城，開元二年徙平州，天寶二年徙遼西故郡城，疑此時已徙平州。宋白曰：營州東南二百七十里有保定軍，舊安東都護府。欽寂謂曰：「狂賊天殃，滅在朝夕，公但勵兵謹守以全忠節。」虜殺之。

12 吐蕃復遣使請和親，復，扶又翻。太后遣右武衛胄曹參軍貴鄉郭元振往察其宜。胄曹參軍掌兵械、公廨興善、罰謫，大朝會行從，則受黃質甲鎧弓矢於衛尉。吐蕃將論欽陵請罷安西四鎮戍兵，并求分十姓突厥之地。長壽元年置四鎮戍兵。十姓突厥，五咄陸、五弩失畢也。元振曰：「四鎮、十姓與吐蕃種類本殊，種，章勇翻。今請罷唐兵，豈非有兼并之志乎？」欽陵曰：「吐蕃苟貪土地，欲爲邊患，則東侵甘、涼，豈肯規利於萬里之外邪！」乃遣使者隨元振入請之。

朝廷疑未決，元振上疏，使，疏吏翻。朝，直遙翻。上，時掌翻。以爲：「欽陵求罷兵割地，此乃利害之機，誠不可輕舉措也。今若直拒其善意，則爲邊患必深。四鎮之利遠，甘、涼之害近，不可不深圖也。宜以計緩之，使其和望未絕則善矣。彼四鎮、十姓，吐蕃之所甚欲也，而青海、吐谷渾，亦國家之要地也，吐，從暾入聲。谷，音浴。今報之宜曰：『四鎮、十姓之地，本無用於中國，所以遣兵戍之，欲以鎮撫西域，分吐蕃之勢，使不得併力東侵也。今若果無東侵之志，當歸我吐谷渾諸部及青海故地，吐谷渾地沒吐蕃，見二百二卷高宗咸亨三年，薛仁貴敗於大非川，青海亦沒。則五俟斤部亦當以歸吐蕃。』西突厥五弩失畢部，各有酋長，曰五俟斤。俟，渠之翻。如此則足以塞欽陵之口，塞，悉則翻。而亦未與之絕也。若欽陵小有乖違，則曲在彼矣。且四鎮、十姓款附日久，今未察其情之向背，事之利害，背，蒲妹翻。遙割而棄之，恐傷諸國之心，非所以御四夷也。」太后從之。考異曰：御史臺記：「論欽陵必欲得四鎮及益州通市乃和親，朝廷不許。制書至河源，納言婁師德患之，曰：『制書到，彼必入寇，柰何！』監察御史南陽張彥先時按河源、積石諸軍，謂師德曰：『但稽制書，虜必狐疑，吾乃先爲之備，虜至必不捷矣。』師德從之。欽陵入寇，果無功，由是得罪於其國。」按師德延載元年一月日同平章事，充河源、積石、懷遠等軍營田大使，萬歲通天元年一月爲肅邊道行軍總管，與王孝傑同擊吐蕃，敗於素羅汗山，尋貶原州司馬。是歲吐蕃復求和，欽陵請割四鎮之地。神功元年正月，師德復同平章事，九月乃守納言。御史臺記誤也。

元振又上言：「吐蕃百姓疲於徭戍，早願和親；欽陵利於統兵專制，獨不欲歸款。若國家歲發和親使，上，時掌翻。使，疏吏翻。而欽陵常不從命，則彼國之人怨欽陵日深，望國恩日甚，設欲大舉其徒，固亦難矣。斯亦離間之漸，間，古莧翻。可使其上下猜阻，禍亂內興矣。」太后深然之。元振名震，以字行。

13 庚申，以并州長史王方慶爲鸞臺侍郎，與殿中監萬年李道廣並同平章事。

14 突厥默啜請爲太后子，并爲其女求昏，悉歸河西降戶，帥其部衆爲國討契丹。并爲、衆爲，並于僞翻。帥，讀曰率。太后遣豹韜衛大將軍閻知微、龍朔改左右屯衛爲左右武威衛，光宅又改爲左右豹韜衛。左衛郎將攝司賓卿田歸道册授默啜左衛大將軍、遷善可汗。知微，立德之孫；歸道，仁會之子也。閻立德以巧思稱。田仁會，良吏也。

冬，十月，辛卯，契丹李盡忠卒，孫萬榮代領其衆。突厥默啜乘間襲松漠，虜盡忠、萬榮妻子而去。卒，子恤翻。間，古莧翻。太后進拜默啜爲頡跌利施大單于、立功報國可汗。頡，戶結翻。跌，徒結翻。單，音蟬。

孫萬榮收合餘衆，軍勢復振，復，扶又翻。遣別帥駱務整、何阿小爲前鋒，帥，所類翻。阿，烏葛翻。攻陷冀州，殺刺史陸寶積，屠吏民數千人；又攻瀛州，河北震動。制起彭澤令狄仁傑長壽元年，仁傑貶。爲魏州刺史。前刺史獨孤思莊畏契丹猝至，悉驅百姓入城，繕脩守備。仁傑至，悉遣還農，曰：「賊猶在遠，何煩如是！萬一賊來，吾自當之。」百姓大悅。

時契丹入寇，軍書填委，夏官郎中硤石姚元崇剖析如流，皆有條理，後魏太和十一年於崤陵置崤縣，屬恆農郡；隋幷入熊耳縣，屬河南郡；唐武德元年復置，貞觀十四年移治硤石塢，因更名硤石。太后奇之，擢爲夏官侍郎。

15 太后思徐有功用法平，長壽二年，有功除名。擢拜左臺殿中侍御史，聞【章：十二行本「聞」上有「遠近」二字；乙十一行本同；孔本同；張校同。】者無不相賀。鹿城主簿宗城潘好禮鹿城，漢安定侯國，時縣西七里故城是也。周、齊爲安定縣，隋改爲鹿城縣，唐屬冀州。唐制，上縣主簿正九品下，中下縣從九品上。好，呼到翻。著論，稱有功蹈道依仁，固守誠節，不以貴賤死生易其操履。設客問曰：「徐公於今誰與爲比？」主人曰：「四海至廣，人物至多，或匿迹韜光，僕不敢誣，若所聞見，則一人而已，當於古人中求之。」客曰：「何如張釋之？」主人曰：「釋之所行者甚易，徐公所行者甚難，難易之間，優劣見矣。易，以豉翻；下不易同。見，賢遍翻。張公逢漢文之時，天下無事，至如盜高廟玉環及渭橋驚馬，守法而已，事見十四卷漢文帝三年。豈不易哉！徐公逢革命之秋，屬惟新之運，屬，之欲翻。唐朝遺老，或包藏禍心，使人主有疑。朝，直遙翻。如周興、來俊臣，乃堯年之四凶也，崇飾惡言以誣盛德；而徐公守死善道，深相明白，幾陷囹圄，數挂綱維，【章：十二行本「綱維」作「網羅」；乙十一行本同；孔本同；熊校同。】幾，居希翻。囹，盧丁翻。圄，魚巨翻。數，所角翻。此吾子所聞，豈不難哉！」考異曰：朝野僉載云：「時來俊臣羅織人罪，皆先進狀，敕依，即奏籍沒。徐有功出死囚，亦先進狀，某人罪合免，敕好，然後斷雪。有功好出罪，皆先奉進止，非是自專。」此蓋時人見俊臣所誅，有功所雪，往往得其所欲，疑以爲先進狀耳。若有功一一先奉進止，何至三陷死刑乎！今不取。客曰：「使爲司刑卿，乃得展其才矣。」主人曰：「吾子徒見徐公用法平允，謂可置司刑；僕覩其人，方寸之地，何所不容，若其用之，何事不可，豈直司刑而已哉！」

賀昌羣標點王崇武聶崇岐覆校

資治通鑑卷第二百六

端明殿學士兼翰林侍讀學士太中大夫提舉西京嵩山崇福宮上柱國河內郡開國公食邑二千二百戶食實封九百戶賜紫金魚袋臣司馬光奉敕編集

後學天台胡三省音註

唐紀二十二

起強圉作噩（丁酉），盡上章困敦（庚子）六月，凡三年有奇。

則天順聖皇后中之下

神功元年（丁酉、六九七）時以契丹破滅，九鼎就成，以九月大享，改元爲神功。

1 正月，己亥朔，太后享通天宮。

2 突厥默啜寇靈州，以許欽明自隨。欽明爲默啜所禽，見上卷上年。厥，九勿翻。欽明至城下大呼，求美醬、粱米及墨，氾勝之曰：粱是秫粟。陶弘景曰：凡曰粱米皆是粟類，惟其牙頭色異爲分別耳。有青、黃、白三種，青粱味短色惡，不如黃白粱。呼，火故翻。意欲城中選良將、引精兵、夜襲虜營，將，卽亮翻。而城中無諭其意者。

3 箕州刺史劉思禮學相人於術士張憬藏，憬藏謂思禮當歷箕州，位至太師。思禮念太師人臣極貴，非佐命無以致之，乃與洛州錄事參軍綦連耀謀反，相，悉亮翻；下相術同。憬，居永翻。唐京都錄事參軍，正七品。綦連，虜姓也。魏收官氏志，西方諸姓有綦連氏。陰結朝士，朝，直遙翻。託相術，許人富貴，俟其意悅，因說以「綦連耀有天命，說，輸芮翻。公必因之以得富貴。」鳳閣舍人王勮兼天官侍郎事，勮，其據翻。用思禮爲箕州刺史。

明堂尉吉【章：十二行本「吉」上有「河南」二字；乙十一行本同；孔本同；張校同。】頊聞其謀，以告合宮尉來俊臣，高宗總章元年，分西京萬年縣爲明堂縣；永昌元年，改東都河南縣爲合宮縣。宋白曰：明堂縣理京兆城中永樂坊。使上變告之。上，時掌翻；下同。太后使河內王武懿宗推之。懿宗令思禮廣引朝士，許免其死，凡小忤意皆引之。忤，五故翻。於是思禮引鳳閣侍郎同平章事李元素、夏官侍郎同平章事孫元亨、知天官侍郎事石抱忠、劉奇、給事中周譒譒，補過翻。及王勮兄涇州刺史勔、弟監察御史助等，勔，彌兗翻。監，古銜翻。凡三十六家，皆海內名士，窮楚毒以成其獄，壬戌，皆族誅之，親黨連坐流竄者千餘人。

初，懿宗寬思禮於外，使誣引諸人。諸人既誅，然後收思禮，思禮悔之。懿宗自天授以來，太后數使之鞫獄，喜誣陷人，數，所角翻。喜，許記翻。時人以爲周、來之亞。

來俊臣欲擅其功，復羅告吉頊；復，扶又翻；下是復、宗復同。頊上變，得召見，僅免。見，賢遍翻。俊臣由是復用，而頊亦以此得進。

俊臣黨人羅告司刑府史樊惎謀反，誅之。唐制，大理寺有府二十八人，史五十六人。惎，渠記翻。惎子訟冤於朝堂，朝，直遙翻。無敢理者，乃援刀自刳其腹。援，于元翻。秋官侍郎上邽劉如璿見之，上邽縣，漢屬隴西郡，古邽戎邑也，後漢屬漢陽郡。後魏諱珪，改名上封，屬天水郡；隋復舊，唐屬秦州。璿，似宣翻。竊歎而泣。俊臣奏如璿黨惡逆，下獄，處以絞刑；下，遐嫁翻。處，昌呂翻。制流瀼州。

4 尚乘奉御張易之，行成之族孫也，張行成事太宗。年少，美姿容，善音律。少，詩照翻。太平公主薦易之弟昌宗入侍禁中，昌宗復薦易之，兄弟皆得幸於太后，常傅朱粉，衣錦繡。昌宗累遷散騎常侍，散，悉亶翻。騎，奇寄翻。易之爲司衞少卿；龍朔改衞尉爲司衞，光宅因之。拜其母臧氏、韋氏爲太夫人，賞賜不可勝紀，勝，音升。仍敕鳳閣侍郎李迥秀爲臧氏私夫。迥秀，大亮之族孫也。李大亮歷事高祖、太宗。武承嗣、三思、懿宗、宗楚客、晉卿皆候易之門庭，爭執鞭轡，謂易之爲五郎，昌宗爲六郎。

5 癸亥，突厥默啜寇勝州，平狄軍副使安道買擊破之。代州北有大武軍，調露元年改曰神武軍，天授二年改曰平狄軍。使，疏吏翻。

6 甲子，以原州司馬婁師德守鳳閣侍郎、同平章事。

7 春，三月，戊申，清邊道總管王孝傑、蘇宏暉等將兵十七萬與孫萬榮戰于東硤石谷，唐兵大敗，孝傑死之。將，即亮翻。

孝傑遇契丹，帥精兵爲前鋒，帥，讀曰率。力戰。契丹引退，契，欺訖翻，又音喫。孝傑追之，行背懸崖；背，蒲妹翻。契丹回兵薄之，薄，伯各翻。宏暉先遁，孝傑墜崖死，將士死亡殆盡。考異曰：朝野僉載云：「孝傑將四十萬衆，被賊誘退，逼就懸崖，漸漸挨排，一一落澗，坑深萬丈，尸與崖平，匹馬無歸，單兵莫返。」張鷟語事多過其實，今不盡取。管記洛陽張說馳奏其事。太后贈孝傑官爵，遣使斬宏暉以徇；使者未至，宏暉以立功得免。說，讀曰悅。使，疏吏翻；下同。

武攸宜軍漁陽，漁陽，秦右北平郡所治也。隋爲漁陽縣，屬幽州，在幽州東二百一十里。聞孝傑等敗沒，軍中震恐，不敢進。契丹乘勝寇幽州，攻陷城邑，剽掠吏民，攸宜遣將擊之，不克。剽，匹妙翻。將，即亮翻。

8 閻知微、田歸道同使突厥，册默啜爲可汗。可，從刊入聲。汗，音寒。知微中道遇突厥使者，輒與之緋袍、銀帶，且上言：「虜使至都，宜大爲供張。」上，時掌翻；下同。供，他用翻。張，知亮翻。歸道上言：「突厥背誕積年，方今悔過，宜待聖恩寬宥。今知微擅與之袍帶，使朝廷無以復加；背，蒲妹翻。朝，直遥翻；下同。復，扶又翻。宜令反初服以俟朝恩。令，力丁翻。初服，突厥遣來所被之服。又，小虜使臣，不足大爲供張。」太后然之。知微見默啜，舞蹈，吮其靴鼻；吮，如兖翻。歸道長揖不拜。默啜囚歸道，將殺之，歸道辭色不撓，責其無厭，撓，奴教翻。厭，於鹽翻。爲陳禍福。爲，于僞翻。阿波達干元珍曰：突厥官二十八等，自設至達干，皆世其官。此卽阿史德元珍。「大國使者，不可殺也。」默啜怒稍解，但拘留不遣。

初，咸亨中，突厥有降者，皆處之豐、勝、靈、夏、朔、代六州，至是，默啜求六州降戶及單于都護府之地，并穀種、繒帛、農器、鐵，降，戶江翻。處，昌呂翻。夏，戶雅翻。單，音蟬。種，章勇翻。繒，慈陵翻。太后不許。默啜怒，言辭悖慢。悖，蒲內翻，又蒲沒翻。姚璹、楊再思以契丹未平，請依默啜所求給之。麟臺少監、知鳳閣侍郎贊皇李嶠曰：麟臺少監即祕書少監。贊皇縣，隋置，屬趙州，取贊皇山以爲名。少，詩照翻。「戎狄貪而無信，此所謂『借寇兵資盜糧』也，秦李斯之言。不如治兵以備之。」治，直之翻。璹、再思固請與之，乃悉驅六州降戶數千帳以與默啜，并給穀種四萬斛，雜綵五萬段，農器三千事，鐵四萬斤，并許其昏。默啜由是益強。

田歸道始得還，與閻知微爭論於太后前。歸道以爲默啜必負約，不可恃和親，宜爲之備。知微以爲和親必可保。考異曰：舊歸道傳云：「聖曆初，默啜請和，遣閻知微册爲立功報國可汗。知微擅與使者緋袍，歸道上言不可。及默啜將至單于都護府，乃令歸道攝司賓卿迎勞之。默啜請六胡州，不許，遂拘縶歸道。」突厥傳云：「李盡忠、孫萬榮陷營府，默啜請爲國討契丹，許之。默啜部衆漸盛，則天遣使册爲立功報國可汗。」朝野僉載云：「歸道爲知微副，見默啜，不拜，默啜倒懸，將殺之；元珍諫，乃放之。」按神功元年八月，姚璹左遷益州長史。則與之穀帛，必在此前，非聖曆初也。實錄：「萬歲通天元年，九月，丁卯，以默啜不同契丹之逆，遣閻知微册爲遷善可汗。」則於時未爲立功報國可汗也。册拜此號，實錄無之，不知的在何時。今因契丹未平，姚璹未出，附見於此。歸道在朝爲左衛郎將，何得預論默啜！蓋在道見知微所爲而上言耳。其事則兼采諸書可信者存之。

9 夏，四月，鑄九鼎成，徙置通天宮。豫州鼎高丈八尺，受千八百石；餘州高丈四尺，受千二百石；豫州鼎獨高大，神都畿也。高，古槁翻。各圖山川物產於其上，共用銅五十六萬七百餘斤。太后欲以黃金千兩塗之，姚璹曰：「九鼎神器，貴於天質自然。且臣觀其五采煥炳相雜，不待金色以爲炫耀。」炫，熒絹翻。太后從之。自玄武門曳入，令宰相、諸王帥南北牙宿衞兵十餘萬人并仗內大牛、白象共曳之。帥，讀曰率。

10 前益州長史王及善已致仕，會契丹作亂，山東不安，起爲滑州刺史。太后召見，見，賢遍翻。問以朝廷得失，及善陳治亂之要十餘條。治，直吏翻。太后曰：「外州末事，此爲根本，卿不可出。」癸酉，留爲內史。

11 癸未，以右金吾衞大將軍武懿宗爲神兵道行軍大總管，與右豹韜衞將軍何迦密將兵擊契丹。迦，古牙翻，又居伽翻。將，卽亮翻。五月，癸卯，又以婁師德爲清邊道副大總管，右武威衞將軍沙吒忠義爲前軍總管，沙吒，虜姓。吒，初加翻。將兵二十萬擊契丹。

先是，有朱前疑者先，悉薦翻。上書云：「臣夢陛下壽滿八百。」卽拜拾遺。又自言「夢陛下髮白再玄，齒落更生」。遷駕部郎中。唐駕部郎掌邦國輿輦車乘、傳驛、廐牧，官司馬牛雜畜簿籍，辯其出入，司其名數。上，時掌翻；下同。出使還，上書曰：「聞嵩山呼萬歲。」賜以緋算袋，唐初職事官三品以上賜金裝刀、礪石，一品以下則有手巾、算袋。開元以後，百官朔望朝參，外官衙日，則佩算袋，各隨其所服之色，餘日則否。使，疏吏翻。時未五品，於綠衫上佩之。會發兵討契丹，敕京官出馬一匹供軍，酬以五品。前疑買馬輸之，屢抗表求進階；太后惡其貪鄙，惡，烏路翻。六月，乙丑，敕還其馬，斥歸田里。

12 右司郎中馮翊喬知之有美妾曰碧玉，知之爲之不昏。爲，于僞翻。武承嗣借以教諸姬，遂留不還。知之作綠珠怨以寄之，晉石崇有愛妾曰綠珠，事見八十三卷晉惠帝永康三年。碧玉赴井死。承嗣得詩於裙帶，大怒，諷酷吏羅告，族之。考異曰：唐曆：「天授元年二月十日，誅喬知之。」新本紀：「八月，壬戌，殺右司郎中喬知之。」盧藏用陳氏別傳、趙儋陳子昂旌德碑皆云：「契丹以營州叛，建安郡王武攸宜親總戎律，特詔左補闕喬知之及公參謀幃幕。及軍罷，以父年老，表乞歸侍。」攸宜討契丹在萬歲通天元年，明年平契丹。子昂集有西還至散關答喬補闕詩云：「昔君事胡馬，余得奉戎旃，攜手同沙塞，關河緬幽、燕。歎此南歸日，猶聞北戍邊。」疑知之之死在神功年後。但唐曆、統紀、新紀殺知之皆在天授元年，今據子昂詩必無誤者，然云「猶聞北戍邊」，則軍未罷也。又武后云，來俊臣死後，不聞有反者。故置於此。據朝野僉載，知之以婢碧玉事爲武承嗣諷人羅告之，斬於市南，破家籍沒。此時知之在邊，蓋承嗣先銜之，至此乃殺之耳。

13 司僕少卿來俊臣光宅改太僕爲司僕。倚勢貪淫，士民妻妾有美者，百方取之；或使人羅告其罪，矯稱敕以取其妻，前後羅織誅人，不可勝計。勝，音升。自宰相以下，籍其姓名而取之。考異曰：朝野僉載云：「俊臣嘗以三月三日萃其黨於龍門，豎石題朝士姓名以卜之，令投石遙擊，倒者則先令告。至暮，投李昭德不中。」今不取。自言才比石勒。監察御史李昭德素惡俊臣，惡，烏路翻。又嘗庭辱秋官侍郎皇甫丈【章：十二行本「丈」作「文」；乙十一行本同；孔本同；退齋校同。】備，二人共誣昭德謀反，下獄。下，遐嫁翻；下不下、乃下同。

俊臣欲羅告武氏諸王及太平公主，又欲誣皇嗣及廬陵王與南北牙同反，冀因此盜國權，河東人衛遂忠告之。諸武及太平公主恐懼，共發其罪，繫獄，有司處以極刑。處，昌呂翻。太后欲赦之，奏上三日，不出。上，時掌翻。王及善曰：「俊臣凶狡貪暴，國之元惡，不去之，必動搖朝廷。」去，羌呂翻。朝，直遙翻。太后遊苑中，吉頊執轡，太后問以外事，對曰：「外人唯怪來俊臣奏不下。」太后曰：「俊臣有功於國，朕方思之。」頊曰：「于安遠告虺貞反，既而果反，貞事見上卷垂拱四年。今止爲成州司馬。俊臣聚結不逞，誣構良善，贓賄如山，冤魂塞路，塞，悉則翻。國之賊也，何足惜哉！」太后乃下其奏。

丁卯，昭德、俊臣同棄市，時人無不痛昭德而快俊臣。仇家爭噉俊臣之肉，斯須而盡，抉眼剝面，披腹出心，騰蹋成泥。噉，徒濫翻，又徒覽翻。抉，於決翻。太后知天下惡之，乃下制數其罪惡，惡，烏路翻。數，所具翻。且曰：「宜加赤族之誅，以雪蒼生之憤，可準法籍沒其家。」士民皆相賀於路曰：「自今眠者背始帖席矣。」

俊臣以告綦連耀功，賞奴婢十人。俊臣閱司農婢，無可者，唐六典，司農丞掌凡官戶奴婢，男女成人，先以本色媲偶；若給賜，許其妻子相隨；若犯籍沒，以其所能各配諸司，婦人巧者入掖庭。以西突厥可汗斛瑟羅家有細婢，善歌舞，欲得以爲賞口，乃使人誣告斛瑟羅反。諸酋長詣闕割耳剺面訟冤者數十人。酋，慈由翻。長，知兩翻。剺，里之翻。會俊臣誅，乃得免。

俊臣方用事，選司受其屬請不次除官者，每銓數百人。俊臣敗，侍郎皆自首。選，須絹翻。屬，之欲翻。首，式又翻。太后責之，對曰：「臣負陛下，死罪！臣亂國家法，罪止一身；違俊臣語，立見滅族。」太后乃赦之。

上林令侯敏唐司農之屬有上林署令，從七品下，掌苑囿縣地之事，凡植果樹蔬以供朝會祭祀，及季冬藏冰皆主之。素諂事俊臣，其妻董氏諫之曰：「俊臣國賊，指日將敗，君宜遠之。」遠，于願翻。敏從之。俊臣怒，出爲武龍令。武龍縣屬田州，開鑾洞置。舊書作「武籠」，云失廢置年月。又涪州有武龍縣，武德二年分涪陵置。敏欲不往，妻曰：「速去勿留！」俊臣敗，其黨皆流嶺南，敏獨得免。

太后徵于安遠爲尚食奉御，擢吉頊爲右肅政中丞。

14 以檢校夏官侍郎宗楚客同平章事。

15 武懿宗軍至趙州，聞契丹將駱務整數千騎將至冀州，丹將，卽亮翻；下同。騎，奇寄翻；下同。懿宗懼，欲南遁。或曰：「虜無輜重，重，直用翻。以抄掠爲資，抄，楚交翻。若按兵拒守，勢必離散，從而擊之，可有大功。」懿宗不從，退據相州，相，悉亮翻。委棄軍資器仗甚衆。契丹遂屠趙州。

甲午，【嚴：「午」改「申」。】孫萬榮爲奴所殺。

萬榮之破王孝傑也，於柳城西北四百里依險築城，留其老弱婦女，所獲器仗資財，使妹夫乙冤羽守之，引精兵寇幽州。恐突厥默啜襲其後，遣五人至黑沙，語默啜曰：黑沙，突厥庭。語，牛倨翻。「我已破王孝傑百萬之衆，唐人破膽，請與可汗乘勝共取幽州。」三人先至，默啜喜，賜以緋袍。二人後至，默啜怒其稽緩，將殺之，二人曰：「請一言而死。」默啜問其故，二人以契丹之情告。默啜乃殺前三人而賜二人緋，使爲鄉導，鄉，讀曰嚮。發兵取契丹新城，殺所獲涼州都督許欽明以祭天；圍新城三日，克之，新城，卽前契丹所築，在柳城西北者。盡俘以歸。使乙冤羽馳報萬榮。

時萬榮方與唐兵相持，軍中聞之，忷懼。忷，許勇翻。奚人叛萬榮，神兵道總管楊玄基擊其前，奚兵擊其後，獲其將何阿小。萬榮軍大潰，阿，烏葛翻。考異曰：朝野僉載：「突厥破萬榮新城，羣賊聞之失色，衆皆潰散。」不云爲玄基等所破。實錄但云爲玄基及奚所破，不云突厥取新城。要之，契丹聞新城破，衆心已離，唐與奚人擊之遂潰耳。今兩取之。帥輕騎數千東走。帥，讀曰率。前軍總管張九節遣兵邀之於道，萬榮窮蹙，與其奴逃至潞水東，鮑丘水從塞外來，南過幽州潞縣，謂之潞水。息於林下，歎曰：「今欲歸唐，罪已大。歸突厥亦死，歸新羅亦死。將安之乎！」奴斬其首以降，降，戶江翻；下同。梟之四方館門。漢有藁街蠻夷邸。後魏置諸國使邸，其後又作四館以處四方來降者，事見一百四十九卷梁武帝普通元年。至隋煬帝置四方館於建國門外，以待四方使客，各掌其方國及互市事，屬鴻臚寺。唐以四方館隸中書省，通事舍人主之。梟，堅堯翻。其餘衆及奚、霫皆降於突厥。霫，而立翻。

16戊子，特進武承嗣、春官尚書武三思並同鳳閣鸞臺三品。

17辛卯，制以契丹初平，命河內王武懿宗、婁師德及魏州刺史狄仁傑分道安撫河北。懿宗所至殘酷，民有爲契丹所脅從復來歸者，復，扶又翻。懿宗皆以爲反，生刳取其膽。先是，何阿小嗜殺人，先，悉薦翻。河北人爲之語曰：「唯此兩何，殺人最多。」武懿宗封河內王，與何阿小爲「兩何」。

18秋，七月，丁酉，昆明內附，置竇州。

19武承嗣、武三思並罷政事。

20庚午，武攸宜自幽州凱旋。武懿宗奏河北百姓從賊者請盡族之，左拾遺王求禮庭折之曰：折，之舌翻。「此屬素無武備，力不勝賊，苟從之以求生，豈有叛國之心！懿宗擁強兵數十萬，望風退走，賊徒滋蔓，又欲委罪於草野詿誤之人，蔓，音萬。詿，戶卦翻。爲臣不忠，請先斬懿宗以謝河北！」懿宗不能對。司刑卿杜景儉亦奏：「此皆脅從之人，請悉原之。」太后從之。

21八月，丙戌，納言姚璹坐事左遷益州長史，以太子宮尹豆盧欽望爲文昌右相、鳳閣鸞臺三品。天授中改太子詹事爲太子宮尹。「鳳閣」之上當有「同」字。考異曰：新表，「庚子，狄仁傑兼納言，武三思檢校內史，欽望爲文昌右相、同三品。」舊紀傳及新紀皆無之。此月無庚子。仁傑、三思除命在明年。新表誤重複。

22 九月，壬辰，大享通天宮，大赦，【章：十二行本無「大」字，「赦」下有「天下」二字；乙十一行本同。】改元。改元神功。

23 庚戌，婁師德守納言。

24 甲寅，太后謂侍臣曰：「頃者周興、來俊臣按獄，多連引朝臣，朝，直遙翻。云其謀反；國有常法，朕安敢違！中間疑其不實，使近臣就獄引問，得其手狀，皆自承服，朕不以爲疑。自興、俊臣死，不復聞有反者，復，扶又翻；下無復、后復同。然則前死者不有冤邪？」夏官侍郎姚元崇對曰：「自垂拱以來坐謀反死者，率皆興等羅織，自以爲功。陛下使近臣問之，近臣亦不自保，何敢動搖！所問者若有翻覆，懼遭慘毒，不若速死。賴天啓聖心，興等伏誅，臣以百口爲陛下保，自今內外之臣無復反者；爲，于僞翻；下多爲同。若微有實狀，臣請受知而不告之罪。」太后悅曰：「曏時宰相皆順成其事，陷朕爲淫刑之主；聞卿所言，深合朕心。」賜元崇錢千緡。

時人多爲魏元忠訟冤者，太后復召爲肅政中丞。元忠前後坐棄市流竄者四。考異曰：舊傳云三被流，今從御史臺記。按新書：元忠爲洛陽令，陷周興獄當死，以平揚、楚功，得流。歲餘，爲來俊臣所構，將就刑，太后使王隱客宣詔赦之，此爲二事。通鑑書王隱客宣赦事於永昌元年，至長壽元年又下獄貶，此爲三事。及後長安三年又貶高要尉，此爲四事。未知御史臺記所書如何也。嘗侍宴，太后問曰：「卿往者數負謗，何也？」數，所角翻。對曰：「臣猶鹿耳，羅織之徒欲得臣肉爲羹，臣安所避之！」

25 冬，閏十月，甲寅，以幽州都督狄仁傑爲鸞臺侍郎，司刑卿杜景儉爲鳳閣侍郎，並同平章事。

仁傑上疏上，時掌翻。以爲：「天生四夷，皆在先王封略之外，故東拒滄海，西阻流沙，北橫大漠，南阻五嶺，此天所以限夷狄而隔中外也。自典籍所紀，聲教所及，三代不能至者，國家盡兼之矣。詩人矜薄伐於太原，美化行於江、漢，詩六月，宣王北伐也。其詩云：「薄伐玁狁，至于太原。」又漢廣之詩，美文王之道被于南國，美化行乎江、漢之域。則三代之遠裔，皆國家之域中也。若乃用武方外，邀功絕域，竭府庫之實以爭不毛之地，得其人不足增賦，獲其土不可耕織，苟求冠帶遠夷之稱，冠，古玩翻。稱，尺證翻。不務固本安人之術，此秦皇、漢武之所行，非五帝、三王之事業也。始皇窮兵極武，務求廣地，死者如麻，致天下潰叛。事見秦紀。漢武征伐四夷，百姓困窮，盜賊蜂起；末年悔悟，息兵罷役，故能爲天所祐。事見漢武帝紀。近者國家頻歲出師，所費滋廣，西戍四鎮，東戍安東，調發日加，調，徒釣翻。百姓虛弊。今關東饑饉，蜀、漢逃亡，江、淮已南，徵求不息，人不復業，相率爲盜，本根一搖，憂患不淺。其所以然者，皆以爭蠻貊不毛之地，乖子養蒼生之道也。貊，莫百翻。昔漢元納賈捐之之謀而罷朱崖郡，事見二十八卷初元二年。宣帝用魏相之策而棄車師之田，事見二十五卷元康二年。豈不欲慕尚虛名，蓋憚勞人力也。近貞觀中克平九姓，立李思摩爲可汗，使統諸部者，見一百九十卷貞觀十三年。蓋以夷狄叛則伐之，降則撫之，得推亡固存之義，書仲虺之誥曰：推亡固存，邦乃其昌。推，吐雷翻。無遠戍勞人之役，此近日之令典，經邊之故事也。竊謂宜立阿史那斛瑟羅爲可汗，委之四鎮，繼高氏絕國，謂高麗也。使守安東。省軍費於遠方，并甲兵於塞上，使夷狄無侵侮之患則可矣，何必窮其窟穴，與螻蟻校長短哉！但當敕邊兵，謹守備，遠斥候，聚資糧，待其自致，然後擊之。以逸待勞則戰士力倍，以主禦客則我得其便，堅壁清野則寇無所得；自然二賊深入則有顛躓之慮，淺入必無寇獲之益。如此數年，可使二虜不擊而服矣。」二賊、二虜，皆謂突厥、吐蕃。事雖不行，識者是之。

26 鳳閣舍人李嶠知天官選事，選，須絹翻。始置員外官數千人。

27 先是曆官以是月爲正月，以臘月爲閏。先，悉薦翻。太后欲正月甲子朔冬至，乃下制以爲「去晦仍見月，有爽天經。去晦，謂前月晦也。可以今月爲閏月，來月爲正月。」

聖曆元年（戊戌、六九八）

1 正月，甲子朔，冬至，太后享通天宮；考異曰：實錄云：「正月，壬戌，享通天宮。」按長曆，此年一月壬戌朔。實錄誤也。今從唐曆、統紀、新本紀。赦天下，改元。

2 夏官侍郎宗楚客罷政事。

3 春，二月，乙未，文昌右相、同鳳閣鸞臺三品豆盧欽望罷爲太子賓客。

4 武承嗣、三思營求爲太子，數使人說太后曰：「自古天子未有以異姓爲嗣者。」太后意未決。狄仁傑每從容言於太后曰：「文皇帝櫛風沐雨，親冒鋒鏑，以定天下，傳之子孫。數，所角翻。說，輸芮翻。從，千容翻。太宗謚文皇帝。大帝以二子託陛下。高宗謚天皇大帝。二子，謂廬陵王及皇嗣也。陛下今乃欲移之他族，無乃非天意乎！且姑姪之與母子孰親？太后之於承嗣、三思，姑姪也。於廬陵王、皇嗣，母子也。陛下立子，則千秋萬歲後，配食太廟，承繼無窮；立姪，則未聞姪爲天子而祔姑於廟者也。」太后曰：「此朕家事，卿勿預知。」仁傑曰：「王者以四海爲家，四海之內，孰非臣妾，何者不爲陛下家事！君爲元首，臣爲股肱，義同一體，況臣備位宰相，豈得不預知乎！」又勸太后召還廬陵王。廬陵王，光宅元年遷均州，垂拱元年遷房州。王方慶、王及善亦勸之。太后意稍寤。他日，又謂仁傑曰：「朕夢大鸚鵡兩翼皆折，何也？」折，而設翻。對曰：「武者，陛下之姓，兩翼，二子也。陛下起二子，則兩翼振矣。」太后由是無立承嗣、三思之意。

孫萬榮之圍幽州也，移檄朝廷曰：「何不歸我廬陵王？」吉頊與張易之、昌宗皆爲控鶴監供奉，是年置控鶴監以處近倖。易之兄弟親狎之。頊從容說二人曰：「公兄弟貴寵如此，非以德業取之也，天下側目切齒多矣。不有大功於天下，何以自全？竊爲公憂之！」爲，于僞翻；下屢爲、復爲同。二人懼，流涕問計。頊曰：「天下士庶未忘唐德，咸復思廬陵王。復，扶又翻。主上春秋高，大業須有所付；武氏諸王非所屬意。屬，之欲翻。公何不從容勸上立廬陵王以繫蒼生之望！如此，非徒免禍，亦可以長保富貴矣。」二人以爲然，承間屢爲太后言之。間，古莧翻。太后知謀出於頊，乃召問之，頊復爲太后具陳利害，太后意乃定。考異曰：世有狄梁公傳，云李邕撰，其辭鄙誕，殆非邕所爲。其言曰：「后納諸武之議，將移宗社，擬立武三思爲儲副，遷廬陵王於房陵。諸武陰計，日夜獻謀曰：『陛下姓武，合立武氏，未有天子而取別姓將爲後者也。』天后既已許，禮問羣臣曰：『朕年齒將衰，國無儲主，今欲擇善，誰可當之？朕雖得人，終在羣議。』諸宰臣多聞計定，言皆希旨；仁傑獨退立，寂無一言。天后問曰：『卿獨無言，當有異見。』公曰：『有之。臣上觀乾象，無易主之文；中察人心，實未厭唐德。』天后曰：『卿何以知之？』公曰：『頃者匈奴犯邊，陛下使梁王三思於都市召募，一月之外，不滿千人。後廬陵王踵之，未經二旬，數盈五萬。以此觀之，人心未去。陛下將欲繼統，非廬陵王，餘實非臣所知。』天后震怒，命左右扶而去之。」按廬陵王爲河北元帥，在立爲太子後，且當是時睿宗爲皇嗣，若仁傑請以廬陵王繼統，則是勸太后廢立也。此固未可信。或者仁傑以廬陵母子至親而幽囚房陵，勸召還左右，則有之矣。談賓錄曰：「聖曆二年，臘月，張易之兄弟貴寵逾分，懼不全，請計於天官侍郎吉頊。頊曰：『公兄弟承恩深矣，非有大功於天下，自古罕有全者。唯有一策，苟能行之，豈止全家，亦當享茅土之封耳；除此之外，非頊所謀。』易之兄弟泣請之。頊曰：『天下思唐德久矣，主上春秋高，武氏諸王殊非所屬意。公何不從容請立廬陵，以繫生人之望？』易之乃承間屢言之，則天意乃易；既知頊首謀，乃召問頊。頊曰：『廬陵、相王皆陛下之子，高宗切託於陛下，唯陛下裁之。』則天意乃定。」御史臺記曰：「則天置控鶴府，頊與易之、昌宗同於府供奉，與昌宗親狎。昌宗自以貴寵踰分，懼不全，請計於頊，」云云，如談賓錄。蓋太后寵信諸武，誅鉏李氏，雖己子廬陵亦廢徙房陵，故仁傑勸召還左右，以強李氏，抑諸武耳。張、吉非能爲唐社稷謀也，欲求己利耳。若仍立皇嗣，則己有何功！故勸太后立廬陵爲太子，而太后從之。然則欲召還廬陵者，仁傑之志也；立爲太子者，張、吉之謀也。談賓言聖曆二年及以頊爲天官侍郎，臺記謂睿宗爲相王，則皆誤也。新狄仁傑傳云：「張易之嘗從容問自安計。仁傑曰：『唯勸迎廬陵王可以免禍。』」計仁傑亦安肯與易之深言此事！狄梁公傳又云：「後經旬，召公入，曰：『朕昨夜夢與人雙陸，頻不見勝，何也？』對曰：『雙陸不勝，蓋爲宮中無子。此是上天之意，假此以示陛下，安可久虛儲位哉？』天后曰：『是朕家事，斷在胸中，卿豈合預焉！』仁傑對曰：『臣聞王者以天下爲家，四海之內，悉爲臣妾，何者不爲陛下家事！君爲元首，臣爲股肱，臣安得不預焉！』又命扶出，竟不納。」按於時皇嗣在宮中，不得言無子及久虛儲位也。朝野僉載云：「則天曾夢一鸚鵡，羽毛甚偉，兩翅俱折。以問宰臣，羣公默然。內史狄仁傑曰：『鵡者，陛下姓也。兩翅折者，陛下二子廬陵、相王也。陛下起此二子，兩翅全也。』魏王承嗣、武三思連項皆赤。後契丹反，圍幽州，檄朝廷曰：『還我廬陵、相王來！』則天乃憶狄公之言，謂之曰：『卿曾爲我占夢，今乃應矣。朕欲立太子，何者爲得？』仁傑曰：『陛下內有賢子，外有賢姪，取捨詳擇，斷在宸衷。』則天曰：『我自有聖子，承嗣、三思是何疥癬！』承嗣等懼，掩耳而走。即降敕追廬陵。河內王等奏，不許入城，龍門安置。賊徒轉盛，陷沒冀州。則天急，乃立廬陵王爲太子，充元帥。初，募兵無有應者，聞太子行，北邙山頭兵滿，無容人處；賊自退散。」按是時睿宗未爲相王。又仁傑若言內有賢子，外有賢姪，乃是懷兩端也。今採衆說之可信者存之。

三月，己巳，託言廬陵王有疾，遣職方員外郎瑕丘徐彥伯瑕丘，故春秋魯之瑕邑，晉、宋置兖州於此，隋開皇十三年，置瑕丘縣，帶兖州。召廬陵王及其妃、諸子詣行在療疾。戊子，廬陵王至神都。考異曰：統紀云：「癸丑，遣職方員外郎徐彥伯往房州，召廬陵王男女入都醫療。」狄梁公傳曰：「後潛發內人十人至房州，宣敕云：『我兒在此，令內人就看。州縣長吏，仰數出數入無令混雜。』陰令內人一人以代廬陵王；令廬陵王衣內人衣服，以舊數還，州縣不悟。數日達京，朝廷百僚，一無知者。」舊傳曰：「廬陵王自房陵還宮，太后匿之帳中，又召狄仁傑，以廬陵爲言。仁傑慷慨敷奏，言發涕流。遽出廬陵，謂仁傑曰：『還卿儲君。』仁傑降階泣賀。既已，奏曰：『太子還宮，人無知者，物議安審是非！』則天以爲然，乃復置中宗於龍門，具禮迎歸，人情感悅。」狄梁公傳曰：「天后御一小殿，垂簾於後，左右隱蔽，外不能知。乃命公坐於階下，曰：『前者所議，事實非小，寤寐反覆，思卿所言，彌覺理非甚乖。朕意忠臣事主，豈在多違！今日之間，須易前見。以天下之位在卿一言，可朕意卽兩全，逆朕心卽俱斃！』公從容言曰：『陛下所言，天子之位，可得專之。以臣所知，是太宗文武皇帝之位，陛下豈得而自有也！太宗身陷鋒鏑，經綸四海，所以不告勞者，蓋爲子孫，豈爲武三思邪！陛下身是大帝皇后，大帝寢疾，權使陛下監國；大帝崩後，合歸冢嫡。陛下遂奄有神器，十有餘年。今議纘承，豈可更異！且姑與母孰親？子與姪孰近？』云云。天后於是歔欷流涕，命左右褰簾，手撫公背，大叫曰：『卿非朕之臣，是唐社稷之臣！』回謂廬陵王曰：『拜國老！今日國老與爾天子！』公免冠頓首，涕血灑地，左右扶策，久不能起。天后曰：『卽具所言，宣付中外，擇日禮冊。』公揮涕而言曰：『自古以來，豈有偸人作天子！廬陵王留在房州，天下所悉知，今日在內，臣亦不知。臣欲奉詔，若同衞太子之變，陛下何以明臣？』天后曰：『安可卻向房陵！只於石像驛安置，具法駕，陳百僚，就迎之。』於是大呼萬歲，儲位乃定。」按武后若密召廬陵王，宮人十人既知其謀，洛陽至房陵，往來道路甚遠，豈得外人都不知乎！　又，實錄豈能搆虛立徐彥伯往迎之事，及有廬陵王至自房州之日！　又，於時若儲位已定，豈可自三月來九月始立爲太子！　蓋廬陵既至，太后以長幼之次欲立之，皇嗣亦以此遜位，故遷延半載。今皆取實錄爲正。

5 夏，四月，庚寅朔，太后祀太廟。

6 辛丑，以婁師德充隴右諸軍大使，仍檢校營田事。使，疏吏翻。

7 六月，甲午，命淮陽王武延秀入突厥，納默啜女爲妃；豹韜衛大將軍閻知微攝春官尚書，右武衛郎將楊齊莊攝司賓卿，考異曰：實錄作「楊鸞莊」。今從僉載、舊傳。齎金帛巨億以送之。延秀，承嗣之子也。

鳳閣舍人襄陽張柬之諫曰：「自古未有中國親王娶夷狄女者。」由是忤旨，忤，五故翻。出爲合州刺史。襄陽縣，漢屬南郡，獻帝建安十三年置襄陽郡；晉爲荊州治所，宋、齊、梁爲雍州，西魏爲襄州。合州，漢墊江縣地；南齊置東宕渠郡，西魏改墊江郡，置石鏡縣，尋置合州，隋改涪州，唐復爲合州。舊志，合州，京師南二千四百五十里，至東都三千三百里。

8 秋，七月，鳳閣侍郎、同平章事杜景儉罷爲秋官尚書。

9 八月，戊子，武延秀至黑沙南庭。突厥默啜謂閻知微等曰：「我欲以女嫁李氏，安用武氏兒邪！　此豈天子之子乎！　我突厥世受李氏恩，聞李氏盡滅，唯兩兒在，我今將兵輔立之。」將，卽亮翻。乃拘延秀於別所，以知微爲南面可汗，言欲使之主唐民也。遂發兵襲靜難、平狄、清夷等軍，垂拱中置清夷軍於媯州界。杜佑曰：在城內，南去范陽二百十里。難，乃旦翻。靜難軍使慕容玄崱以兵五千降之。使，疏吏翻。崱，士力翻。降，户江翻。虜勢大振，進寇媯、檀等州。媯，居爲翻。前從閻知微入突厥者，默啜皆賜之五品、三品之服，太后悉奪之。默啜移書數朝廷曰：數，所具翻。「與我蒸穀種，種之不生，一也。金銀器皆行濫，非眞物，二也。穀種，章勇翻。行，户剛翻。市列爲行，市列造金銀器販賣，率殽他物以求贏，俗謂之行作。濫，惡也。開元八年，頒租庸調法於天下，好不過精，惡不過濫。濫者，惡之極者也。我與使者緋紫皆奪之，三也。繒帛皆疏惡，四也。我可汗女當嫁天子兒，武氏小姓，門户不敵，罔冒爲昏，五也。我爲此起兵，欲取河北耳。」爲，于僞翻。

監察御史裴懷古從閻知微入突厥，默啜欲官之，不受。因，將殺之，逃歸；抵晉陽，形容羸悴。監，古銜翻。羸，倫爲翻。悴，秦醉翻。突騎譟聚，以爲間諜，欲取其首以求功。有果毅嘗爲人所枉，懷古按直之，大呼曰：「裴御史也。」救之，得全。至都，引見，遷祠部員外郎。間，古莧翻。諜，達協翻。呼，火故翻。見，賢遍翻。唐祠部郎掌祠祀、享祭、天文、漏刻、國忌、廟諱、卜筮、醫藥、僧尼之事，屬禮部。

時諸州聞突厥入寇，方秋，爭發民脩城。衛州刺史太平敬暉後魏分漢臨汾縣地，置太平縣，隋、唐屬絳州。謂僚屬曰：「吾聞金湯非粟不守，柰何捨收穫而事城郭乎？」悉罷之，使歸田，百姓大悅。

10 甲午，鸞臺侍郎、同平章事王方慶罷爲麟臺監。

11 太子太保魏宣王武承嗣，恨不得爲太子，意怏怏，戊戌，病薨。怏，於兩翻。

12 庚子，以春官尚書武三思檢校內史，狄仁傑兼納言。

太后命宰相各舉尚書郎一人，仁傑舉其子司府丞光嗣，光宅改太府曰司府。拜地官員外郎，已而稱職。太后喜曰：「卿足繼祁奚矣。」左傳：晉中軍尉祁奚請老，晉侯問嗣焉。稱解狐，其讎也，將立之，而卒。又問之。曰：「午也可。」於是以祁午爲中軍尉。君子謂祁奚能舉其善矣，稱其讎不爲諂，立其子不爲比。稱，尺證翻。

通事舍人河南元行沖，唐六典曰：通事舍人，卽秦之謁者，晉武帝省謁者僕射，置舍人、通事各一人，隸中書。東晉令舍人通事兼謁者之任，通事舍人之名始此也。唐通事舍人十六人，掌朝見引納及辭謝者於殿庭通奏；凡近臣文武就列，則引以進退而告其拜起出入之節；凡四方通表，華、夷納貢，皆受而進之。博學多通，仁傑重之。行沖數規諫仁傑，且曰：「凡爲家者必有儲蓄脯醢以適口，參朮以攻疾。數，所角翻。參，所今翻，人參也。僕竊計明公之門，珍味多矣，行沖請備藥物之末。」仁傑笑曰：「吾藥籠中物，何可一日無也！」籠，力董翻。行沖名澹，以字行。

13 以司屬卿武重規爲天兵中道大總管，光宅改宗正爲司屬。緣此，後置天兵軍於幷州城中。右武衛將軍沙吒忠義爲天兵西道總管，吒，初加翻。幽州都督下邽張仁愿爲天兵東道總管，秦武公伐邽戎，置下邽縣。隴西有上邽，故此加下字。漢屬京兆，晉屬馮翊，後魏置延壽郡，隋廢郡，以下邽屬同州，垂拱元年，屬華州。將兵三十萬以討突厥默啜；將，卽亮翻。又以左羽林衛大將軍閻敬容爲天兵西道後軍總管，將兵十五萬爲後援。

癸丑，默啜寇飛狐，漢代郡廣昌縣有飛狐口，隋改廣昌爲飛狐縣，屬易州，唐屬蔚州。乙卯，陷定州，殺刺史孫彥高及吏民數千人。考異曰：朝野僉載曰：「文昌左丞孫彥高，無他識用，性惟頑愚，出爲定州刺史。歲餘，默啜賊至，圍其郛郭，彥高卻鎖宅門，不敢詣聽事，文案須徵發者，於小牕內接入通判。仍簡郭下精健，自援其家。賊旣乘城，四面並入，彥高乃謂奴曰：『牢關門戶，莫與鑰匙。』其愚怯也皆此類。俄而陷沒，刺史之宅先殲焉。」又曰：「彥高被突厥圍城數重，彥高乃入匱中藏，令奴曰：『牢掌鑰匙，賊來索，愼勿與。』」恐不至此，今不取。

14 九月，甲子，以夏官尚書武攸寧同鳳閣鸞臺三品。

15 改默【章：十二行本「默」上有「突厥」二字；乙十一行本同；孔本同；張校同；退齋校同。】啜爲斬啜。默啜使閻知微招諭趙州，知微與虜連手蹋【張：「蹋」下脫「歌」字。】萬歲樂於城下。將軍陳令英在城上謂曰：「尚書位任非輕，乃爲虜蹋歌，獨無慙乎！」爲，于僞翻。蹋歌者，連手而歌，蹋地以爲節。萬歲樂，歌曲之名。樂，音洛。知微微吟曰：「不得已，萬歲樂。」

戊辰，默啜圍趙州，長史唐般若翻城應之。長，知兩翻。般，北末翻。若，人者翻。刺史高叡與妻秦氏仰藥詐死，虜輿之詣默啜，默啜以金獅子帶、紫袍示之曰：「降則拜官，不降則死！」降，戶江翻。叡顧其妻，妻曰：「酬報國恩，正在今日！」遂俱閉目不言。經再宿，虜知不可屈，乃殺之。虜退，唐般若族誅；贈叡冬官尚書，謚曰節。叡，熲之孫也。冬官，工部。尚，辰羊翻。謚，神至翻。高熲，隋初佐命。

16 皇嗣固請遜位於廬陵王，太后許之。壬申，立廬陵王哲爲皇太子，復名顯。嗣，祥吏翻。復，扶又翻，又音如字。赦天下。

甲戌，命太子爲河北道元帥以討突厥。行軍元帥起於周、隋，至唐唯親王及太子爲元帥。帥，所類翻。考異曰：實錄云丙子，據唐曆，「甲戌，皇太子顯充河北道行軍大元帥」。狄梁公傳亦云：「皇太子爲元帥，以公爲副」。是先立爲太子，後爲元帥也。今從新本紀。先是，募人月餘不滿千人，先，悉薦翻。及聞太子爲元帥，應募者雲集，未幾，數盈五萬。幾，居豈翻。

戊寅，以狄仁傑爲河北道行軍副元帥，右丞宋元爽爲長史，右臺中丞崔獻爲司馬，左臺中丞吉頊爲監軍使。后分御史臺爲左、右肅政臺，各置中丞、侍御史等官。頊，吁玉翻。監，古銜翻。使，疏吏翻。時太子不行，命仁傑知元帥事，太后親送之。

藍田令薛訥，仁貴之子也，藍田，畿縣，屬雍州。薛仁貴，健將也，事太宗、高宗。太后擢爲左威衞將軍、安東道經略。將行，言於太后曰：「太子雖立，外議猶疑未定；苟此命不易，醜虜不足平也。」太后深然之。王及善請太子赴外朝以慰人心，從之。朝，直遥翻。考異曰：實錄，「辛巳，皇太子朝見。」或作「廟見」。蓋睿宗爲皇嗣時，止於宫中朝謁，不出外朝；今及善始請太子與羣臣俱於外庭朝謁耳。

17 以天官侍郎蘇味道爲鳳閣侍郎、同平章事。味道前後在相位數歲，依阿取容，嘗謂人曰：「處事不宜明白，但摸稜持兩端可矣。」時人謂之「蘇摸稜」。天官，吏部。相，悉亮翻。處，昌呂翻。摸，音莫。

18 癸未，突厥默啜盡殺所掠趙、定等州男女萬餘人，自五回道去。厥，九勿翻。啜，叱列翻。水經註：代郡廣昌縣東南有大嶺，世謂之廣昌嶺。嶺高四十餘里，二十里中委折五回，方得達其上嶺，故嶺有五回之名。時屬易州易縣界，至開元二十三年，分易縣置五回縣於五回山下。所過，殺掠不可勝紀。沙吒忠義等但引兵躡之，不敢逼。勝，音升。吒，初加翻。躡，泥輒翻。考異曰：舊突厥傳云：「默啜盡寇掠趙、定等州男女八九萬人。」統紀云：「河北積年豐熟，人畜被野，斬啜虜趙、定、恆、易等州財帛億萬，子女羊馬而去。河朔諸州怖其兵威，不敢追躡。」今從實錄。狄仁傑將兵十萬追之，無所及。將，卽亮翻，又音如字。默啜還漠北，擁兵四十萬，據地萬里，西北諸夷皆附之，甚有輕中國之心。

19 冬，十月，制：都下屯兵，命河內王武懿宗、九江王武攸歸領之。

20 癸卯，以狄仁傑爲河北道安撫大使。時北【章：十二行本「北」上有「河」字；乙十一行本同；孔本同；張校同。】人爲突厥所驅逼者，虜退，懼誅，往往亡匿。仁傑上疏，以爲：「朝廷議者皆罪契丹、突厥所脅從之人，言其迹雖不同，心則無別。使，疏吏翻。上，時掌翻。別，彼列翻。誠以山東近緣軍機調發傷重，調，徒弔翻。家道悉破，或至逃亡。重以官典侵漁，重以，直用翻。因事而起，枷杖之下，痛切肌膚，事迫情危，不循禮義。愁苦之地，不樂其生，有利則歸，且圖賒死，此乃君子之愧辱，小人之常行也。樂，音洛。行，下孟翻。又，諸城入僞，入僞，謂降賊者。或待天兵，將士求功，皆云攻得，臣憂濫賞，亦恐非辜。以攻取之賞賞將士，則爲濫賞。以從虜之罪罪士民，則爲非辜。以經與賊同，是爲惡地，至於汚辱妻子，汚，烏故翻。劫掠貨財，兵士信知不仁，簪笏未能以免，簪笏，謂士大夫，當官而行者也。乃是賊平之後，爲惡更深。且賊務招攜，秋毫不犯，言除賊務在招撫攜貳，秋毫無所侵犯也。今之歸正，卽是平人，翻被破傷，豈不悲痛！被，皮義翻。夫人猶水也，壅之則爲泉，疏之則爲川，通塞隨流，塞，悉則翻。豈有常性！今負罪之伍，必不在家，露宿草行，潛竄山澤，赦之則出，不赦則狂，山東羣盜，緣茲聚結。臣以邊塵蹔起，不足爲憂，蹔，與暫同。中土不安，此爲大事。罪之則衆情恐懼，恕之則反側自安，伏願曲赦河北諸州，一無所問。」制從之。仁傑於是撫慰百姓，得突厥所驅掠者，悉遞還本貫。散糧運以賑貧乏，修郵驛以濟旋師。恐諸將及使者妄求供頓，乃自食疏糲，郵，音尤。將，卽亮翻。使，疏吏翻。疏，粗也。糲，脫粟也。一斛粟得六斗米爲糲。糲，郎葛翻。禁其下無得侵擾百姓，犯者必斬。河北遂安。

21以夏官侍郎姚元崇、祕書少監李嶠並同平章事。

22突厥默啜離趙州，離，力智翻。乃縱閻知微使還。太后命磔於天津橋南，磔，陟格翻，張也，開也。使百官共射之，既乃冎其肉，射，而亦翻；下既射同。冎，古瓦翻，剔人肉至骨也。剉其骨，夷其三族，疏親有先未相識而同死者。考異曰：朝野僉載云：「則天磔知微於西市，命百官射之。河內王懿宗去七步射，一發皆不中，怯懦如此。知微身上箭如蝟毛。剉其骨肉，夷其九族。小兒年七八歲，驅抱向西市。百姓哀之，擲餅果與者，仍相爭奪以爲戲笑。監刑御史不忍害，奏捨之。」今從實錄。

褒公段瓚，志玄之子也，段志玄從起晉陽，征伐有功。瓚，藏旱翻。先沒於突厥。突厥在趙州，瓚邀楊齊莊與之俱逃，齊莊畏懦，不敢發。懦，乃臥翻，又奴亂翻。瓚先歸，太后賞之。齊莊尋至，敕河內王武懿宗鞫之；懿宗以爲齊莊意懷猶豫，遂與閻知微同誅。既射之如蝟，氣殜殜未死，殜，余懾翻。乃決其腹，割心，投於地，猶趌趌然躍不止。趌，起逸翻。

擢田歸道爲夏官侍郎，甚見親委。

23蜀州每歲遣兵五百人戍姚州，蜀州，漢江源、武陽之地，李雄置江源郡，晉爲晉原縣，隋廢郡，以縣屬益州，垂拱二年，分置蜀州。路險遠，死亡者多。蜀州刺史張柬之上言，以爲：「姚州本哀牢之國，哀牢夷見四十五卷漢明帝永平十二年。荒外絕域，山高水深。國家開以爲州，武德四年，以漢益州郡之雲南縣地置姚州，以其地人多姓姚故也。舊志，至京師四千九百里。麟德元年，移治弄棟川。未嘗得其鹽布之稅，甲兵之用，而空竭府庫，驅率平人，受役蠻夷，肝腦塗地，臣竊爲國家惜之。竊爲，于僞翻。請廢姚州以隸嶲州，歲時朝覲，同之蕃國。嶲，音髓。朝，直遙翻。瀘南諸鎮亦皆廢省，於瀘北置關，瀘，音盧。百姓非奉使，無得交通往來。」使，疏吏翻。疏奏，不納。

二年（己亥、六九九）

1正月，丁卯朔，告朔於通天宮。告，古沃翻，又如字。

2壬戌，以皇嗣爲相王，領太子右衛率。相，息亮翻。率，所律翻。

3甲子，置控鶴監丞、主簿等官，先已置控鶴監，今方備官。率皆嬖寵之人，嬖，卑義翻，又博計翻。頗用才能文學之士以參之。以司衛卿張易之爲控鶴監，銀青光祿大夫張昌宗、左臺中丞吉頊、殿中監田歸道、夏官侍郎李迥秀、鳳閣舍人薛稷、正諫大夫臨汾員半千臨汾縣帶晉州，本平陽縣，隋更名。半千本彭城劉氏，十世祖凝之事宋，及齊受禪奔魏，以忠烈自比伍員，因自姓員。員，音云。皆爲控鶴監內供奉。稷，元超之從子也。薛元超事高宗。從，才用翻。半千以古無此官，且所聚多輕薄之士，上疏請罷之；由是忤旨，上，時掌翻。忤，五故翻。左遷水部郎中。

4臘月，戊子，以左臺中丞吉頊爲天官侍郎，右臺中丞魏元忠爲鳳閣侍郎，並同平章事。

5文昌左丞宗楚客與弟司農卿晉卿，坐贓賄滿萬餘緡及第舍過度，楚客貶播州司馬，晉卿流峯州。峯州，漢交趾麊冷縣地。吳置新興郡，晉改新昌郡，齊置興州，隋初改華州，十八年改峯州。大業廢州，併入交趾爲嘉寧縣，唐武德四年復置峯州。舊志，播州去京師四千五百三十里，東都四千九百六十里。峯州至京師七千七百一十里。太平公主觀其第，歎曰：「見其居處，處，昌呂翻。吾輩乃虛生耳。」

6 辛亥，賜太子姓武氏；赦天下。

7 太后生重眉，成八字，重，直龍翻。百官皆賀。

8 河南、北置武騎團以備突厥。騎，奇寄翻。

9 春，一月，庚申，夏官尚書、同鳳閣鸞臺三品武攸寧罷爲冬官尚書。

10 二月，己丑，太后幸嵩山，過緱氏，謁升仙太子廟。緱氏縣屬洛州。升仙太子，周王子晉也。世傳晉升仙後，桓良遇之於嵩山，曰：「七月七日，待我於緱氏山頭。」果乘白鶴駐山頂，舉手謝時人而去。後人因爲立祠，后加號升仙太子。杜佑曰：緱氏縣，古滑國。緱，工侯翻。壬辰，太后不豫，遣給事中欒城閻朝隱禱少室山。朝隱自爲犧牲，朝，直遙翻。沐浴伏俎上，請代太后命。太后疾小愈，厚賞之。丁酉，自緱氏還。

11 初，吐蕃贊普器弩悉弄尚幼，論欽陵兄弟用事，皆有勇略，諸胡畏之。欽陵居中秉政，諸弟握兵分據方面，贊婆常居東邊，爲中國患者三十餘年。器弩悉弄浸長，長，知兩翻。陰與大臣論巖謀誅之。會欽陵出外，贊普詐云出畋，集兵執欽陵親黨二千餘人，殺之，遣使召欽陵兄弟，欽陵等舉兵不受命。贊普將兵討之，欽陵兵潰，自殺。夏四月，贊婆帥所部千餘人來降，使，疏吏翻。將，卽亮翻。帥，讀曰率。降，戶江翻。考異曰：實錄：「贊婆及其兄弟莽布支等來降，以莽布支爲左羽林衛員外大將軍，封安國公。」按贊婆弟名悉多于敷論。明年，吐蕃將麴莽布支寇涼州，與唐休璟戰。未詳實錄所云。今刪去。太后命左武衛鎧曹參軍郭元振與河源軍大使夫蒙令卿將騎迎之，夫蒙，姓也。姓譜，夫蒙，羌複姓，後秦有建威將軍夫蒙大羌。以贊婆爲特進、歸德王。欽陵子弓仁，以所統吐谷渾七千帳來降，拜左玉鈐衛將軍、酒泉郡公。

12 壬辰，以魏元忠檢校并州長史，充天兵軍大總管，以備突厥。婁師德爲天兵軍副大總管，仍充隴右諸軍大使，專掌懷撫吐蕃降者。

13 太后春秋高，慮身後太子與諸武不相容。壬寅，命太子、相王、太平公主與武攸暨等爲誓文，告天地於明堂，銘之鐵券，藏于史館。

14 秋，七月，命建安王武攸宜留守西京，代會稽王武攸望。守，式又翻。會，工外翻。

15 丙辰，吐谷渾部落一千四百帳內附。吐，從暾入聲。谷，音浴。

16 八月，癸巳，突騎施烏質勒遣其子遮弩入見。西突厥既敗，突騎施始盛。突騎施烏質勒者，西突厥之別種也，初隸斛瑟羅下，號莫賀達干。後斛瑟羅入朝，其地爲烏質勒所併。騎，奇寄翻。見，賢遍翻。遣侍御史元城解琬安撫烏質勒及十姓部落。解，戶買翻。

17 制：「州縣長吏，非奉有敕旨，毋得擅立碑。」長，知兩翻。

18 內史王及善雖無學術，然清正難奪，有大臣之節。張易之兄弟每侍內宴，無復人臣禮；復，扶又翻。及善屢奏以爲不可。太后不悅，謂及善曰：「卿既年高，不宜更侍遊宴，但檢校閤中可也。」閤，謂省閤也。及善因稱病，謁假月餘；假，古訝翻。太后不問。及善歎曰：「豈有中書令而天子可一日不見乎！事可知矣！」乃上疏乞骸骨，上，時掌翻。疏，所去翻。太后不許。庚子，以及善爲文昌左相，太子宮尹豆盧欽望爲文昌右相，仍並同鳳閣鸞臺三品。相，悉亮翻；下同。考異曰：新紀表：及善同平章事。今從實錄。朝野僉載曰：「王及善才行庸猥，風神鈍濁，爲內史時，人號爲『鳩集鳳池』。俄遷文昌右相，無他政，但不許令史奴驢入臺，終日迫逐，無時蹔捨，時人號『驅驢宰相』」。此蓋張文成惡及善，毀之耳。今從舊傳。鸞臺侍郎、同平章事楊再思罷爲左臺大夫。卽左御史大夫。丁未，相王兼檢校安北大都護。以天官侍郎陸元方爲鸞臺侍郎、同平章事。

19 納言、隴右諸軍大使婁師德薨。使，疏吏翻。師德在河隴，前後四十餘年，恭勤不怠，民夷安之。性沈厚寬恕，狄仁傑之入相也，師德實薦之；而仁傑不知，意頗輕師德，數擠之於外。沈，持林翻。數，所角翻。擠，子西翻，又子細翻。太后覺之，嘗問仁傑曰：「師德賢乎？」對曰：「爲將能謹守邊陲，將，卽亮翻；下同。賢則臣不知。」又曰：「師德知人乎？」對曰：「臣嘗同僚，未聞其知人也。」太后曰：「朕之知卿，乃師德所薦也，亦可謂知人矣。」仁傑既出，歎曰：「婁公盛德，我爲其所包容久矣，吾不得窺其際也。」是時羅織紛紜，師德久爲將相，獨能以功名終，人以是重之。

20 戊申，以武三思爲內史。

21 九月，乙亥，太后幸福昌；福昌縣屬東都，本宜陽縣，武德二年更名，因隋福昌宮以名縣也。戊寅，還神都。

22 庚子，邢貞公王及善薨。

23 河溢，漂濟源百姓廬舍千餘家。濟源本春秋時原邑，漢屬河東垣縣界，隋開皇十六年置濟源縣，屬懷州。濟，子禮翻。

24 冬，十月，丁亥，論贊婆至都，太后寵待賞賜甚厚，以爲右衞大將軍，使將其衆守洪源谷。洪源谷在涼州昌松縣界。使將，卽亮翻。

25 太子、相王諸子復出閤。相王諸子幽宮中，見二百四卷天授二年。復，扶又翻；下不復同。

26 太后自稱制以來，多以武氏諸王及駙馬都尉爲成均祭酒，博士、助教亦多非儒士。又因郊丘，明堂，拜洛，封嵩，郊丘，祭圜丘於南郊也。享萬象神宮及享通天宮，皆明堂也。垂拱四年拜洛，萬歲通天元年封嵩山。取弘文國子生爲齋郎，齋郎者，執豆籩、奉樽彝罍洗以供祭祀之事。因得選補。由是學生不復習業，二十年間，學校殆廢。而鄉時酷吏所誣陷者，其親友流離，未獲原宥。鳳閣舍人韋嗣立上疏，上，時掌翻。疏，所去翻。以爲：「時俗浸輕儒學，先王之道，弛廢不講。宜令王公以下子弟，皆入國學，不聽以他岐仕進。又，自揚、豫以來，謂徐敬業起兵於揚州，越王貞起兵於豫州也。制獄漸繁，酷吏乘間，專欲殺人以求進。間，古莧翻。賴陛下聖明，周、丘、王、來相繼誅殛，天授二年，周興流死，丘神勣誅。延載元年王弘義誅，神功元年來俊臣誅。朝野慶泰，若再覩陽和。朝，直遙翻。至如仁傑、元忠，往遭按鞫，亦皆自誣，非陛下明察，則以爲葅醢矣；今陛下升而用之，皆爲良輔。何乃前非而後是哉？誠由枉陷與甄明耳。甄，稽延翻。臣恐羈之負冤得罪者甚衆，亦皆如是。伏望陛下弘天地之仁，廣雷雨之施，施，式志翻。自垂拱以來，罪無輕重，一皆昭洗，死者追復官爵，生者聽還鄉里。如此，則天下知昔之枉濫，非陛下之意，皆獄吏之辜，幽明歡欣，感通和氣。」太后不能從。

嗣立，承慶之異母弟也。母王氏，遇承慶甚酷，每杖承慶，嗣立必解衣請代；母不許，輒私自杖，母乃爲之漸寬。爲，于僞翻。承慶爲鳳閣舍人，以疾去職。嗣立時爲萊蕪令，萊蕪縣，漢屬泰山郡，晉廢，後魏於古城置嬴縣，唐貞觀初廢入博城縣，后復於廢嬴縣置萊蕪縣，屬兗州。太后召謂曰：「卿父嘗言，『臣有兩兒，堪事陛下。』卿兄弟在官，誠如父言。朕今以卿代兄，更不用他人。」卽日拜鳳閣舍人。

27 是歲，突厥默啜立其弟咄悉匐爲左廂察，咄，當沒翻。匐，蒲北翻；下同。骨篤祿子默矩爲右廂察，各主兵二萬餘人；其子匐俱爲小可汗，位在兩察上，主處木昆等十姓，兵四萬餘人，又號爲拓西可汗。處木昆十姓，西突厥所部也，故號拓西。

久視元年(庚子、七〇〇)是年五月始改元。

1正月，戊寅，內史武三思罷爲特進、太子少保。考異曰：新紀、表皆云，「戊午貶吉頊爲琰川尉，壬申，三思罷」，中間未嘗復入相。明年十一月壬申，又云三思罷。日及官皆同，蓋誤重複耳。今從實錄。天官侍郎、同平章事吉頊貶安固尉。考異曰：實錄但云坐事貶流。僉載、新書皆云貶琰川尉。今從御史臺記。

太后以頊有幹略，故委以腹心。頊與武懿宗爭趙州之功於太后前。頊魁岸辯口，懿宗短小傴僂，傴，於庾翻。僂，力主翻。頊視懿宗，聲氣陵厲。太后由是不悅，曰：「頊在朕前，猶卑我諸武，況異時詎可倚邪！」他日，頊奏事，方援古引今，太后怒曰：「卿所言，朕飫聞之，飫，於據翻。無多言！太宗有馬名師子驄，肥逸無能調馭者。朕爲宮女侍側，言於太宗曰：『妾能制之，然須三物，一鐵鞭，二鐵檛，三匕首。鐵鞭擊之不服，則以檛檛其首，又不服，則以匕首斷其喉。』太宗壯朕之志。今日卿豈足汚朕匕首邪！」檛，側瓜翻。斷，音短。汚，烏故翻。頊惶懼流汗，拜伏求生，乃止。諸武怨其附太子，共發其弟冒官事，由是坐貶。辭日，得召見，見，賢遍翻；下再見同。涕泣言曰：「臣今遠離闕庭，離，力智翻。永無再見之期，願陳一言。」太后命之坐，問之，頊曰：「合水土爲泥，有爭乎？」合，音閤。太后曰：「無之。」又曰：「分半爲佛，半爲天尊，有爭乎？」曰：「有爭矣。」頊頓首曰：「宗室、外戚各當其分，則天下安。分，扶問翻。今太子已立而外戚猶爲王，此陛下驅之使他日必爭，兩不得安也。」太后曰：「朕亦知之。然業已如是，不可何如。」觀太后使二子與諸武立誓，則誠知勢有所必至而出此下策耳。

2 臘月，辛巳，立故太孫重潤爲邵王，其弟重茂爲北海王。

3 太后問鸞臺侍郎【章：十二行本「郎」下有「同平章事」四字；乙十一行本同；孔本同；張校同。】陸元方以外事，對曰：「臣備位宰相，有大事不敢不以聞；人間細事，不足煩聖聽。」由是忤旨。忤，五故翻。庚寅，罷爲司禮卿。光宅改太常卿爲司禮卿。

元方爲人清謹，再爲宰相，太后每有遷除，多訪之，元方密封以進，未嘗漏露。臨終，悉取奏藁焚之，曰：「吾於人多陰德，子孫其未衰乎！」

4 以西突厥竭忠事主可汗斛瑟羅爲平西軍大總管，鎮碎葉。

5 丁酉，以狄仁傑爲內史。

6 庚子，以文昌左丞韋巨源爲納言。考異曰：新紀、表：「庚子，文昌左相韋巨源爲納言；十月，丁巳，罷。」先時不言巨源爲左相，舊紀、傳皆無之，蓋左丞誤爲左相耳。

乙巳，太后幸嵩山；春，一月，丁卯，幸汝州之溫湯；戊寅，還神都。作三陽宮於告成之石淙。三陽宮去洛城一百六十里，萬歲登封元年，改東都陽城縣曰告成，以祀神嶽告成也。淙，藏宗翻，又士江翻。

7 二月，乙未，同鳳閣鸞臺三品豆盧欽望罷爲太子賓客。

8 三月，以吐谷渾青海王宣超爲烏地也拔勤忠可汗。宣超，諸曷鉢之孫也。

9 夏，四月，戊申，太后幸三陽宮避暑，有胡僧邀車駕觀葬舍利，太后許之。狄仁傑跪於馬前曰：「佛者夷狄之神，不足以屈天下之主。彼胡僧詭譎，直欲邀致萬乘以惑遠近之人耳。山路險狹，不容侍衞，非萬乘所宜臨也。」譎，古穴翻。乘，繩證翻。太后中道而還曰：「以成吾直臣之氣。」

10 五月，己酉朔，日有食之。

11 太后使洪州僧胡超合長生藥，合，音閤。三年而成，所費巨萬。太后服之，疾小瘳。瘳，丑留翻。癸丑，赦天下，改元久視；去天册金輪大聖之號。去，羌呂翻。

12 六月，改控鶴爲奉宸府，以張易之爲奉宸令。太后每内殿曲宴，輒引諸武、易之及弟祕書監昌宗飲博嘲謔。嘲，陟交翻。謔，迄卻翻。太后欲掩其迹，乃命易之、昌宗與文學之士李嶠等修三教珠英於内殿。三教，儒、釋、道。武三思奏昌宗乃王子晉後身。太后命昌宗衣羽衣，吹笙，乘木鶴於庭中；文士皆賦詩以美之。宗衣，於既翻。

太后又多選美少年爲奉宸内供奉，少，詩照翻。右補闕朱敬則諫曰：「陛下内寵有易之、昌宗，足矣。近聞右監門衞長史侯祥等，唐諸衞府各有長史，從六品上，各掌判其府諸曹之事。監，古銜翻。明自媒衒，衒，熒絹翻。醜慢不恥，求爲奉宸內供奉，無禮無儀，溢于朝聽。臣職在諫諍，不敢不奏。」太后勞之曰：勞，力到翻。「非卿直言，朕不知此。」賜綵百段。

易之、昌宗競以豪侈相勝。弟昌儀爲洛陽令，請屬無不從。屬，之欲翻。嘗早朝，朝，直遙翻；下同。有選人姓薛，以金五十兩幷狀邀其馬而賂之。選，須絹翻。昌儀受金，至朝堂，以狀授天官侍郎張錫。數日，錫失其狀，以問昌儀，昌儀罵曰：「不了事人！我亦不記，但姓薛者卽與之。」錫懼，退，索在銓姓薛者六十餘人，悉留注官。索，山客翻。錫，文瓘之兄子也。張文瓘見二百一卷高宗乾封二年。

13 初，契丹將李楷固，善用緺索及騎射、舞槊，每陷陳，如鶻入烏羣，所向披靡。將，卽亮翻。騎，奇寄翻。槊，色角翻。陳，讀曰陣。披，普彼翻。黃麞之戰，張玄遇、麻仁節皆爲所緺。事見上卷萬歲通天元年。又有駱務整者，亦爲契丹將，屢敗唐兵。敗，補邁翻。及孫萬榮死，二人皆來降。降，戶江翻。有司責其後至，奏請族之。狄仁傑曰：「楷固等並驍勇絕倫，驍，堅堯翻。能盡力於所事，必能盡力於我，若撫之以德，皆爲我用矣。」奏請赦之。所親皆止之，仁傑曰：「苟利於國，豈爲身謀！」太后用其言，赦之。又請與之官，太后以楷固爲左玉鈐衛將軍，務整爲右武威衛將軍，使將兵擊契丹餘黨，悉平之。

資治通鑑卷第二百七

端明殿學士兼翰林侍讀學士太中大夫提舉西京嵩山崇福宮上柱國河內郡開國公食邑二千二百戶食實封九百戶賜紫金魚袋臣　司馬光　奉敕編集
後　學　天　台　胡三省　音　註

唐紀二十三起上章困敦（庚子）七月，盡旃蒙大荒落（乙巳）正月，凡四年有奇。

則天順聖皇后下

久視元年（庚子、七〇〇）

1 秋，七月，獻俘於含樞殿。李楷固獻契丹之俘也。含樞殿蓋在三陽宮。太后以楷固爲左玉鈐衞大將軍、燕國公，鈐，其廉翻。燕，因肩翻。賜姓武氏。召公卿合宴，召公卿，謂將帥合宴也。舉觴屬仁傑曰：屬，之欲翻。「公之功也。」將賞之，對曰：「此乃陛下威靈，將帥盡力，將帥，上即亮翻，下所類翻。臣何功之有！」固辭不受。

2 閏月，戊寅，車駕還宮。自三陽宮還洛陽宮。

3 己丑，以天官侍郎張錫爲鳳閣侍郎、同平章事。鸞臺侍郎、同平章事李嶠罷爲成均祭酒。錫，嶠之舅也，故罷嶠政事。

4 丁酉，吐蕃將麴莽布支寇涼州，圍昌松，吐，從暾入聲。將，卽亮翻。昌松縣卽漢武威郡蒼松縣，呂光改爲昌松。隴右諸軍大使唐休璟與戰於港【章：十二行本「港」作「洪」；乙十一行本同；孔本同。】源谷。使，疏吏翻。璟，居永翻。麴莽布支兵甲鮮華，休璟謂諸將曰：「諸論既死，諸論死見上卷聖曆二年。麴莽布支新爲將，不習軍事，【章：十二行本「事」下有「諸貴臣子弟皆從之」八字；乙十一行本同；孔本同；張校同；退齋校同。】望之雖如精銳，實易與耳，請爲諸君破之。」乃被甲先陷陳，易，以豉翻。爲，于僞翻。被，皮義翻。陳，讀曰陣。六戰皆捷，吐蕃大奔，斬首二千五百級，獲二裨將而還。還，音旋，又如字。

5 司府少卿楊元亨，光宅元年，改太府寺爲司府寺。尚食奉御楊元禧，皆弘武之子也。楊弘武見二百一卷高宗乾封二年。元禧嘗忤張易之，忤，五故翻。易之言於太后：「元禧，楊素之族；素父子，隋之逆臣，子孫不應供奉。」太后從之，壬寅，制：「楊素及其兄弟子孫皆不得任京官。」左遷元亨睦州刺史，元禧貝【嚴：「貝」改「資」。】州刺史。馬何羅爲逆於漢武之時，而馬援貴顯於東都再造之日。沈充失身於王敦，而沈勁盡節於司馬。惡惡止其身，追罪異代之臣而併棄其子孫，此蓋出於一時之愛憎，姑以是說而藉口耳。睦州，京師東南三千六百五十九里，至東都二千八百二十一里。貝州，京師東北一千七百八十二里，至東都九百九十三里。

6 庚戌，以魏元忠爲隴右諸軍大使，擊吐蕃。

7 庚申，太后欲造大像，使天下僧尼日出一錢以助其功。尼，女夷翻。狄仁傑上疏諫，其略曰：「今之伽藍，上，時掌翻。疏，所去翻。伽藍，佛寺也，梵語云僧伽藍摩。僧伽藍摩，猶中華言衆園也。伽，求加翻。制過宮闕。功不使鬼，止在役人，物不天來，終須地出，不損百姓，將何以求！」又曰：「游僧皆託佛法，詿誤生人；詿，戶卦翻。里陌動有經坊，闤闠亦立精舍。崔豹古今註：闤，市垣；闠，市門。闤，戶關翻。闠，戶對翻。化誘所急，切於官徵；誘，音酉。法事所須，嚴於制敕。」又曰：「梁武、簡文捨施無限，施，式豉翻。及三淮沸浪，五嶺騰煙，用太宗詔中語。列刹盈衢，無救危亡之禍，刹，初鎋翻。緇衣蔽路，豈有勤王之師！」又曰：「雖斂僧錢，百未支一。尊容既廣，不可露居，覆以百層，覆，敷又翻。尚憂未遍，自餘廊宇，不得全無。如來設教，以慈悲爲主，釋氏謂佛爲如來。豈欲勞人，以存虛飾！」又曰：「比來水旱不節，比，毗至翻。當今邊境未寧，若費官財，又盡人力，一隅有難，將何以救之！」難，乃旦翻。太后曰：「公教朕爲善，何得相違！」遂罷其役。

8 阿悉吉薄露叛，阿悉吉，卽西突厥弩失畢五俟斤之阿悉結也；薄露，其名。遣左金吾將軍田揚名、殿中侍御史封思業討之。軍至碎葉，薄露夜於城傍剽掠而去，思業將騎追之，反爲所敗。剽，匹妙翻。將，卽亮翻。騎，奇寄翻。敗，補邁翻。揚名引西突厥斛瑟羅之衆攻其城，旬餘，不克。

九月，薄露詐降，思業誘而斬之，降，戶江翻。誘，音酉。遂俘其衆。

9 太后信重內史梁文惠公狄仁傑，羣臣莫及，常謂之國老而不名。仁傑好面引廷爭，好，呼到翻。爭，讀曰諍。太后每屈意從之。嘗從太后遊幸，遇風吹仁傑巾墜，而馬驚不能止，太后命太子追執其鞚而繫之。鞚，苦貢翻。仁傑屢以老疾乞骸骨，太后不許。入見，常止其拜，見，賢遍翻。曰：「每見公拜，朕亦身痛。」仍免其宿直，戒其同僚曰：「自非軍國大事，勿以煩公。」辛丑，薨，太后泣曰：「朝堂空矣！」自是朝廷有大事，衆或不能決，太后輒歎曰：「天奪吾國老何太早邪！」

太后嘗問仁傑：「朕欲得一佳士用之，誰可者？」仁傑曰：「未審陛下欲何所用之？」太后曰：「欲用爲將相。」將，卽亮翻。相，悉亮翻。仁傑對曰：「文學緼藉，緼，於問翻。藉，慈夜翻。則蘇味道、李嶠固其選矣。必欲取卓犖奇才，犖，呂角翻。則有荆州長史張柬之，其人雖老，宰相才也。」太后擢柬之爲洛州司馬。自大州長史進神州司馬，故曰擢。數日，又問仁傑，對曰：「前薦柬之，尚未用也。」太后曰：「已遷矣。」對曰：「臣所薦者可爲宰相，非司馬也。」乃遷秋官侍郎；久之，卒用爲相。卒，子恤翻。仁傑又嘗薦夏官侍郎姚元崇、監察御史曲阿桓彥範、太州刺史敬暉等數十人，監，古銜翻。武德三年，以幷州之太谷、祈〔祁〕縣置太州，六年，州廢；當是此時復置也。考異曰：梁公傳云：「張柬之、桓彥範、敬暉、崔玄暐、袁恕己皆公所薦。公嘗退食之後，謂五公曰：『所恨衰老，身先朝露，不得見五公盛事，冀各保愛，願盡本心。』五公心知目擊，懸悟公意。公寢疾，五公候問，偶對終日，竟無一言。少頃，流涕及枕，但相視而已。五公退出，遞不測其由。袁恕己曰：『豈不氣力轉羸，須問家事乎？』張柬之曰：『未聞大賢廢國謀家者也。』斯須，命張柬之、袁恕己、桓彥範三公入，餘二公立於門外，曰：『向者無言，蓋以二公之故。此二公能斷而不能密，若先與議之，事必外泄，一泄之後，則國異而家亡也。至其時或不與共之，事亦不就。梁王三思掌權，可先收而後行也。不然，則必反生大禍。』狄公沒後，經歲餘，五公潛會於幽閒之處，敍公當時之言，重結盟約，徹饌之後，相顧欲言，未至其時，恐負前諾，欲言又止，前後數四。桓彥範乃敍其言。言猶未畢，聞戶牖之外，聲若雷霆，須臾風雨，咫尺莫辨，所坐牀褥悉擲於階下。五公戰懼，不知所據，乃相謂曰：『此是狄公忠烈之至，假此靈變以驚衆心，不欲吾輩先論此事，未至其時，不可復言也。』斯須，天淸日明，不異於初。易之等既誅，袁謂張公曰：『昔有遺言，使先收三思，豈可捨諸？』張公曰：『但大事畢功，此是机上之物，豈有逃乎！』後梁王交通於內，五公果爲所譖，俱遭流竄，所期興廢年月，遺約軌模少無異也。」按柬之等五人偶同時在位，協力立功，仁傑豈能預知其事，舉此五人，專欲使之輔立太子邪！且易之等若有可誅之便，太子有可立之勢，仁傑身爲宰相，豈待五年之後，須柬之等然後發邪！此蓋作傳者因五人建興復之功，附會其事，云皆仁傑所舉，受教於仁傑耳。其言譎怪無稽，今所不取。舊傳惟著舉柬之、彥範、暉三人姓名，今從之。率爲名臣。或謂仁傑曰：「天下桃李，悉在公門矣。」程大昌演繁露：趙簡子謂陽虎曰：「惟賢者爲能報恩，不肖者不能矣。夫植桃李者，夏得休息，秋得其食；植蒺藜者，夏不得休息，秋得其刺焉。今子之所得者，蒺藜也。」今世通以所薦士爲桃李者，說皆本此。仁傑曰：「薦賢爲國，非爲私也。」爲，于僞翻；下爲之同。

初，仁傑爲魏州刺史，見二百五卷萬歲通天元年。有惠政，百姓爲之立生祠。後其子景暉爲魏州司功參軍，貪暴爲人患，人遂毁其像焉。史言狄仁傑盡忠，所以勸天下之爲人臣；言其以景暉貪暴而毁祠，所以戒天下之爲人子。

10 冬，十月，辛亥，以魏元忠爲蕭關道大總管，以備突厥。蕭關在原州平高縣界，貞觀六年，以突厥降户置緣州，治平高之他樓城。高宗置他樓縣，神龍元年省，更置蕭關縣。厥，九勿翻。

11 甲寅，制復以正月爲十一月，一月爲正月。以十一月爲正月，事見二百四卷天授元年。以一月爲正月，用夏正建寅也。復，扶又翻。赦天下。

12 丁巳，納言韋巨源罷，以文昌右丞韋安石爲鸞臺侍郎、同平章事。納言，侍中。文昌右丞，尚書右丞。鸞臺，門下。安石，津之孫也。韋津死隋，事見一百八十五卷高祖武德元年。

時武三思、張易之兄弟用事，安石數面折之。數，所角翻。折，之舌翻。嘗侍宴禁中，易之引蜀商宋霸子等數人在座同博。安石跪奏曰：「商賈賤類，不應得預此會。」顧左右逐出之，座中皆失色；太后以其言直，勞勉之，賈，音古。勞，力到翻。同列皆歎服。考異曰：舊傳曰：「時鳳閣侍郎陸元方在座，退而告人曰：『此眞宰相，非吾屬所及也。』」按新紀，元方已罷相。今不取。

13 丁卯，太后幸新安；壬申，還宮。還，從宣翻，又音如字。

14 十二月，甲寅，突厥掠隴右諸監馬萬餘匹而去。厥，九勿翻。

15 時屠禁尚未解，禁屠見二百五卷長壽元年。鳳閣舍人全節崔融上言，鳳閣，中書。全節縣，屬齊州，漢、晉之東平陵縣地；後魏曰平陵，屬濟南郡。貞觀十七年，齊王祐反，平陵人不從，更名全節。上，時掌翻。以爲「割烹犧牲，弋獵禽獸，聖人著之典禮，不可廢闕。又，江南食魚，河西食肉，一日不可無；富者未革，貧者難堪。況貧賤之人，仰屠爲生，日戮一人，終不能絕，但資恐喝，喝，呼葛翻。徒長姦欺。長，知兩翻。爲政者苟順月令，合禮經，自然物遂其生，人得其性矣。」戊午，復開屠禁，復，扶又翻，又音如字。祠祭用牲牢如故。

長安元年（辛丑、七〇一）是年十月始改元長安。

1春，正月，丁丑，以成州言佛迹見，見，賢遍翻。改元大足。自此以後，是大足元年。考異曰：朝野僉載云：「司刑寺囚三百餘人，秋分後無計可作，乃於圓獄外羅牆角邊作聖人迹五尺，至夜半，三百人一時大叫。內使推問，云『昨夜有一聖人見，身長三丈，面作金色，云：「汝等並寃枉，不須怕懼，天子萬年，即有恩赦放汝。」』把火照之，見有僞跡，即大赦天下，改爲大足元年。識者相謂曰：『武家理，天下足也。』」按改元在春，不在秋；又無赦。今不取。

2二月，己酉，以鸞臺侍郎柏人李懷遠同平章事。鸞臺，門下。柏人縣，自漢以來屬鉅鹿郡；鉅鹿，唐邢州，天寶改曰堯山縣。

3三月，鳳閣侍郎、同平章事張錫坐知選漏泄禁中語、贓滿數萬，當斬，臨刑釋之，流循州。舊志：循州至東都四千八百里。選，須絹翻。時蘇味道亦坐事與錫俱下司刑獄，下，遐稼翻。錫乘馬，意氣自若，舍于三品院，先是，制獄既繁，司刑寺別置三品院以處三品以上官之下獄者。帷屏食飲，無異平居。味道步至繫所，席地而臥，蔬食而已。太后聞之，赦味道，復其位。

4 是月，大雪，蘇味道以爲瑞，帥百官入賀。帥，讀曰率。殿中侍御史王求禮止之曰：「三月雪爲瑞雪，臘月雷爲瑞雷乎？」味道不從。既入，求禮獨不賀，進言曰：「今陽和布氣，草木發榮，而寒雪爲災，豈得誣以爲瑞！賀者皆諂諛之士也。」太后爲之罷朝。爲，于僞翻；下同。考異曰：統紀在延載元年，僉載在久視二年。統紀云「左拾遺」，僉載云「侍御史」。御史臺記云「殿中侍御史」。統紀云「味道無以對」。舊傳云「求禮止之，味道不從」。今年從僉載，官從臺記，事則參取諸書。時又有獻三足牛者，宰相復賀。復，扶又翻。求禮颺言曰：孔安國曰：大言而疾曰颺。颺，余章翻。「凡物反常皆爲妖。妖，於喬翻。此鼎足非其人，三公鼎足承君。政教不行之象也。」太后爲之愀然。愀，七小翻。

5 夏，五月，乙亥，太后幸三陽宮。

6 以魏元忠爲靈武道行軍大總管，以備突厥。

7 天官侍郎鹽官顧琮同平章事。鹽官縣，漢屬吳郡，吳屬嘉興，置海昌都尉；梁、陳屬錢塘郡，隋屬餘杭郡，唐屬杭州。

8 六月，庚申，以夏官尚書李迥秀同平章事。迥秀性至孝，其母本微賤，妻崔氏常叱媵婢，母聞之不悅，迥秀即時出之。迥，戶頃翻。

媵，以證翻。或曰：「賢室雖不避嫌疑，然過非七出，律，妻犯七出者棄之：一無子，二淫佚，三不事舅姑，四口舌，五竊盜，六妬忌，七惡疾。何遽如是？」迥秀曰：「娶妻本以養親；今乃違忤顏色，養，余亮翻。忤，五故翻。安敢留也！」竟出之。

9 秋，七月，甲戌，太后還宮。

10 甲申，李懷遠罷爲秋官尚書。

11 八月，突厥默啜寇邊，命安北大都護相王爲天兵道元帥，相，悉亮翻。帥，所類翻。統諸軍擊之，未行而虜退。

12 丙寅，武邑人蘇安恆上疏曰：「陛下欽先聖之顧託，受嗣子之推讓，先聖，謂大帝。嗣子，謂皇嗣相王。恆，戶登翻。上，時掌翻。疏，所去翻；下同。推，吐雷翻。敬天順人，二十年矣。豈不聞帝舜褰裳，周公復辟！舜之於禹，事祇族親；旦與成王，不離叔父。史記，舜，黃帝之八代孫，禹，黃帝之玄孫，故云族親。周公，武王之弟，成王之叔父；旦，其名也。離，力智翻。族親何如子之愛，叔父何如母之恩？今太子孝敬是崇，春秋既壯，若使統臨宸極，何異陛下之身！陛下年德既尊，寶位將倦，機務煩重，浩蕩心神，何不禪位東宮，自怡聖體！自昔理天下者，不見二姓而俱王也。當今梁、定、河內、建昌諸王，武三思封梁王，攸暨封定王，懿宗封河內王，攸寧封建昌王。承陛下之蔭覆，覆，敷又翻。並得封王；臣謂千秋萬歲之後，於事非便，臣請黜爲公侯，任以閒簡。臣又聞陛下有二十餘孫，今無尺寸之封，此非長久之計也；臣請分土而王之，擇立師傅，教其孝敬之道，以夾輔周室，屏藩皇家，斯爲美矣。」屏，卑郢翻。疏奏，太后召見，見，賢遍翻。賜食，慰諭而遣之。

13 太后春秋高，政事多委張易之兄弟；邵王重潤與其妹永泰郡主、主壻魏王武延基竊議其事。重，直龍翻。易之訴於太后，九月，壬申，太后皆逼令自殺。考異曰：重潤傳云：「重潤爲人所構，與其妹永泰郡主壻魏王武延基等竊議張易之兄弟何得恣入宮中；則天令杖殺。」今從實錄。延基，承嗣之子也。承嗣，太后之姪。

14 丙申，以相王知左、右羽林衞大將軍事。

15 冬，十月，壬寅，太后西入關，辛酉，至京師；赦天下，改元。改元長安。

16 十一月，戊寅，改含元宮爲大明宮。長安東內本曰大明宮，高宗龍朔三年曰蓬萊宮，咸亨元年曰含元宮，今復舊名。

17 天官侍郎安平崔玄暐，安平縣，漢屬涿郡，後漢屬安平國，後魏屬博陵郡，唐屬定州。性介直，未嘗請謁。執政惡之，惡，烏路翻。改文昌左丞。月餘，太后謂玄暐曰：「自卿改官以來，聞令史設齋自慶。唐吏部四司令史八十人。此欲盛爲姦貪耳；今還卿舊任。」乃復拜天官侍郎，復，扶又翻，又如字。仍賜綵七十段。唐制，凡賜十段，其率絹三匹，布三端，綿四屯；若雜綵十段，則絲布二匹，紬二匹，綾二匹，縵四匹。

18以主客郎中郭元振爲涼州都督、隴右諸軍大使。唐主客郎掌二王後及諸蕃朝聘之事，屬禮部。使，疏吏翻。

先是，涼州南北境不過四百餘里，先，悉薦翻。突厥、吐蕃頻歲奄至城下，百姓苦之。元振始於南境硤口置和戎城，北境磧中置白亭軍，杜佑曰：白亭守捉在涼州城西北五百里。磧，七跡翻。控其衝要，拓州境千五百里，自是寇不復至城下。復，扶又翻。元振又令甘州刺史李漢通開置屯田，盡水陸之利。舊涼州粟麥斛至數千，及漢通收率之後，收率者，收民而率其耕。一縑糴數十斛，積軍糧支數十年。元振善於撫御，在涼州五年，夷、夏畏慕，令行禁止，牛羊被野，夏，戶雅翻。被，皮義翻。路不拾遺。

二年（壬寅、七〇二）

1春，正月，乙酉，初設武舉。武舉之制，有長垛、馬射、步射、平射、筒射、馬槍、翹關、負重、身材之選。唐六典曰：武舉以七等閱其人：一曰射長垛，試射長垛三十發不出第三院爲第，入中院爲上，入次院爲次上，入外院爲次。二曰騎射，發而並中爲上，或中或不中爲次上，總不中爲次。三曰馬槍，三板四板爲上，二板爲次上，一板及不中爲次。四曰步射，射草人中者爲次上，雖中而不法，雖法而不中者爲次。五曰材貌，以身長六尺已上者爲次上，已下爲次。六曰言語，有神采堪統領者爲次上，無者爲次。七曰舉重，謂翹關，率以五次上爲第。皆試其高第以名聞。

2 突厥寇鹽、夏二州。三月，庚寅，突厥破石嶺，忻州定襄縣有石嶺關。杜佑曰：定襄縣本漢陽曲縣，有石嶺關甚險固。漢定襄郡在今馬邑郡地。寇并州。以雍州長史薛季昶攝右臺大夫，充山東防禦軍大使，滄、瀛、幽、易、恆、定等州諸軍皆受季昶節度。使，疏吏翻。恆，戶登翻。夏，四月，以幽州刺史張仁愿專知幽、平、嬀、檀防禦，嬀，居爲翻。仍與季昶相知，以拒突厥。

3 五月，壬申，蘇安恆復上疏曰：復，扶又翻。「臣聞天下者，神堯、文武之天下也，高祖，神堯皇帝；太宗，文武皇帝。陛下雖居正統，實因唐氏舊基。當今太子追迴，謂召廬陵王自房陵回，復爲太子。年德俱盛，陛下貪其寶位而忘母子深恩，將何聖顏以見唐家宗廟，將何誥命以謁大帝墳陵？高宗稱天皇大帝。陛下何故日夜積憂，不知鍾鳴漏盡！魏田豫告老曰：譬猶鍾鳴漏盡而夜行不休，此罪人也。臣愚以爲天意人事，還歸李家。陛下雖安天位，殊不知物極則反，器滿則傾。臣何惜一朝之命而不安萬乘之國哉！」言不顧其死而上疏，欲以安國也。乘，繩證翻。太后亦不之罪。

4 乙未，以相王爲并州牧，充安北道行軍元帥，帥，所類翻。以魏元忠爲之副。

5 六月，壬戌，召神都留守韋巨源詣京師，以副留守李嶠代之。守，手又翻。

6 秋，七月，甲午，突厥寇代州。

7 司僕卿張昌宗光宅元年，改太僕寺爲司僕寺。兄弟貴盛，勢傾朝野。朝，直遙翻。八月，戊午，太子、相王、太平公主上表請封昌宗爲王，制不許；壬戌，又請，乃賜爵鄴國公。

8 敕：「自今有告言揚州及豫、博餘黨，揚州事見二百三卷光宅元年。豫、博事見二百四卷垂拱四年。一無所問，內外官司無得爲理。」爲，于僞翻。

9 九月，乙丑朔，日有食之，不盡如鉤，神都見其旣。

10 壬申，突厥寇忻州。

11 己卯，吐蕃遣其臣論彌薩來求和。薩，桑葛翻。

12 庚辰，以太子賓客武三思爲大谷道大總管，洛州長史敬暉爲副；辛巳，又以相王旦爲并州道元帥，三思與武攸宜、魏元忠爲之副；姚元崇爲長史，司禮少卿鄭杲爲司馬；欲以擊突厥，然竟不行。

13 癸未，宴論彌薩於麟德殿。麟德殿在大明宮右銀臺門內；殿西重廊之後，卽翰林院。是殿有三面，亦曰三殿。時涼州都督唐休璟入朝，亦預宴。璟，居永翻。朝，直遙翻。彌薩屢窺之。太后問其故，對曰：「洪源之戰，此將軍猛厲無敵，故欲識之。」太后擢休璟爲右武威、金吾二衞大將軍。龍朔改左、右威衞曰左、右武威衞。休璟練習邊事，自碣石以西踰四鎭，緜亙萬里，山川要害，皆能記之。碣石在遼西，四鎭在西域。此言唐之西、北二邊，其山川要害，休璟皆能記之也。碣，其謁翻。亙，古鄧翻。

14 冬，十月，甲辰，天官侍郎、同平章事顧琮薨。

15 戊申，吐蕃贊普將萬餘人寇茂州，將，卽亮翻。都督陳大慈與之四戰，皆破之，斬首千餘級。

16 十一月，辛未，監察御史魏靖上疏，以爲：「陛下既知來俊臣之姦，處以極法，監，古銜翻。上，時掌翻。疏，所去翻。處，昌呂翻。乞詳覆俊臣等所推大獄，伸其枉濫。」太后乃命監察御史蘇頲按覆俊臣等舊獄，由是雪免者甚衆。考異曰：松窗雜錄：「中宗嘗召宰相蘇瓌、李嶠子進見，二丞相子皆童年，迎撫於赭袍前，賜與甚厚。因語二兒曰：『爾宜意所通書，可爲奏吾者言之。』頲應曰：『木從繩則正，后從諫則聖。』嶠子亡其名，亦進曰：『斮朝涉之脛，剖賢人之心。』上曰：『蘇瓌有子，李嶠無兒。』」按頲此年已爲御史，瓌爲相時頲爲中書舍人，父子同掌樞密，非童年也。今不取。頲，夔之曾孫也。頲，他鼎翻。蘇夔，威之子，隋開皇初議樂。

17 戊子，太后祀南郊，赦天下。

18 十二月，甲午，以魏元忠爲安東道安撫大使，使，疏吏翻；下同。羽林衛大將軍李多祚檢校幽州都督，右羽林衛將軍薛訥、左武衛將軍駱務整爲之副。

19 戊申，置北庭都護府於庭州。太宗平高昌，於西州之北置庭州，卽漢車師後王之地。

20 侍御史張循憲爲河東采訪使，有疑事不能決，病之，問侍吏曰：「此有佳客，可與議事者乎？」吏言前平鄉尉猗氏張嘉貞有異才，魏收志：廣平郡任縣有平鄉城。隋置平鄉縣，治古鉅鹿城，屬邢州。猗氏縣，古郇國，自漢以來屬河東郡。循憲召見，詢以事；嘉貞爲條析理分，隨條而析之，隨理而分之。爲，于僞翻。莫不洗然；洗，與洒同，蘇蟹翻。洗然，悚然也。循憲因請爲奏，皆意所未及。循憲還，見太后，見，賢遍翻。太后善其奏，循憲具言嘉貞所爲，且請以己之官授之。太后曰：「朕寧無一官自進賢邪！」因召嘉貞，入見內殿，見，賢遍翻。與語，大悅，卽拜監察御史；擢循憲司勳郎中，唐司勳郎掌邦國官人之勳級，屬吏部。監，古銜翻。賞其得人也。

三年（癸卯、七〇三）

1 春，三月，壬戌朔，日有食之。

2 夏，四月，吐蕃遣使獻馬千匹、金二千兩以求婚。使，疏吏翻；下同。

3 閏月，丁丑，命韋安石留守神都。

4 己卯，改文昌臺爲中臺。光宅元年，改尚書省爲文昌臺。以中臺左丞李嶠知納言事。

5 新羅王金理洪卒，卒，子恤翻。遣使立其弟崇基爲王。

6 六月，辛酉，突厥默啜遣其臣莫賀干來，請以女妻皇太子之子。妻，七細翻。

7 寧州大水，溺殺二千餘人。溺，奴狄翻。

8 秋，七月，癸卯，以正諫大夫朱敬則同平章事。考異曰：新紀云「壬寅」；唐曆云「十四日癸卯」，今從之。

9 戊申，以相【章：十二行本「相」上有「并州牧」三字；乙十一行本同；孔本同。】王旦爲雍州牧。相，悉亮翻。雍，於用翻。考異曰：唐曆「十八日丁未」，今從實錄。

10 庚戌，以夏官尚書、檢校涼州都督唐休璟同鳳閣鸞臺三品。時突騎施酋長烏質勒與西突厥諸部相攻，騎，奇寄翻。酋，慈由翻。長，知兩翻。考異曰：武平一景龍文館記作「烏折勒」，今從新、舊書。安西道絕。太后命休璟與諸宰相議其事，頃之，奏上，上，時掌翻。太后卽依其議施行。後十餘日，安西諸州請兵應接，程期一如休璟所畫，太后謂休璟曰：「恨用卿晚。」謂諸宰相曰：「休璟練習邊事，卿曹十不當一。」

時西突厥可汗斛瑟羅用刑殘酷，諸部不服。烏質勒本隸斛瑟羅，號莫賀達干，能撫其衆，諸部歸之，斛瑟羅不能制。烏質勒置都督二十員，各將兵七千人，屯碎葉西北；將，卽亮翻。後攻陷碎葉，徙其牙帳居之。斛瑟羅部衆離散，因入朝，不敢復還，天授元年書斛瑟羅入居內地，神功元年書來俊臣誣陷斛瑟羅，則其入朝必不在是年，此因書烏質勒事敍其得國之由，遂及斛瑟羅失國事耳。朝，直遙翻。烏質勒悉併其地。

11 九月，庚寅朔，日有食之，既。

12 初，左臺大夫、同鳳閣鸞臺三品魏元忠爲洛州長史，洛陽令張昌儀恃諸兄之勢，每牙，直上長史聽事；凡牙參者，立于庭下。上，時掌翻。聽，讀曰廳。元忠到官，叱下之。下，遐稼翻。張易之奴暴亂都市，元忠杖殺之。及爲相，太后召易之弟岐州刺史昌期，欲以爲雍州長史，對仗，問宰相曰：「誰堪雍州者？」元忠對曰：「今之朝臣無以易薛季昶。」雍，於用翻。朝，直遥翻。太后曰：「季昶久任京府，朕欲别除一官；昌期何如？」諸相皆曰：「陛下得人矣。」元忠獨曰：「昌期不堪！」太后問其故，元忠曰：「昌期少年，不閑吏事，少，詩照翻。曏在岐州，戶口逃亡且盡。雍州帝京，事任繁劇，不若季昶强幹習事。」太后默然而止。元忠又嘗面奏：「臣自先帝以來，蒙被恩渥，今承乏宰相，元忠自言朝廷乏人，已得承之備位宰相。被，皮義翻。不能盡忠死節，使小人在側，臣之罪也！」小人在側，斥張易之兄弟。太后不悅。由是諸張深怨之。

司禮丞高戩，太平公主之所愛也。司禮丞，卽太常丞。戩，卽淺翻。會太后不豫，張昌宗恐太后一日晏駕，爲元忠所誅，乃譖元忠與戩私議云：「太后老矣，不若挾太子爲久長。」言爲久長之計。太后怒，下元忠、戩獄，下，遐稼翻。將使與昌宗廷辨之。昌宗密引鳳閣舍人張說，賂以美官，使證元忠；說許之。說，讀曰悅。明日，太后召太子、相王及諸宰相，使元忠與昌宗參對，往復不決。昌宗曰：「張說聞元忠言，請召問之。」

太后召說。說將入，鳳閣舍人南和宋璟南和縣，漢屬廣平國。宋白曰：水經云，北有和成縣，故此縣云南。後周置南和郡，隋廢郡爲縣，唐屬邢州。璟，居永翻。謂說曰：「名義至重，鬼神難欺，不可黨邪陷正以求苟免！若獲罪流竄，其榮多矣。若事有不測，璟當叩閤力爭，言叩閤門而力爭也。

程大昌曰：凡內殿、便殿皆可謂之閤。與子同死。努力爲之，萬代瞻仰，在此舉也！」殿中侍御史濟源張廷珪曰：「朝聞道，夕死可矣！」論語載孔子之言。濟，子禮翻。左史劉知幾曰：「無汚青史，爲子孫累！」幾，居希翻。汚，烏故翻。累，力瑞翻。

及入，太后問之，說未對。元忠懼，謂說曰：「張說欲與昌宗共羅織魏元忠邪！」說叱之曰：「元忠爲宰相，何乃效委巷小人之言！」昌宗從旁迫趣說，使速言。趣，讀曰促。說曰：「陛下視之，在陛下前，猶逼臣如是，況在外乎！臣今對廣朝，不敢不以實對。朝，直遙翻。臣實不聞元忠有是言，但昌宗逼臣使誣證之耳！」易之、昌宗遽呼曰：呼，火故翻。「張說與魏元忠同反！」太后問其狀。對曰：「說嘗謂元忠爲伊、周；伊尹放太甲，周公攝王位，非欲反而何？」說曰：「易之兄弟小人，徒聞伊、周之語，安知伊、周之道！日者元忠初衣紫，衣，於既翻。太宗貞觀四年，詔三品以上服紫。臣以郎官往賀，元忠語客曰：『無功受寵，不勝慙懼。』語，牛倨翻。勝，音升。臣實言曰：『明公居伊、周之任，何愧三品！』彼伊尹、周公皆爲臣至忠，古今慕仰。陛下用宰相，不使學伊、周，當使學誰邪？且臣豈不知今日附昌宗立取台衡，三台爲泰階，北斗杓三星爲玉衡。宰輔得人，則玉衡正而泰階平，故謂宰輔爲台衡。附元忠立致族滅！但臣畏元忠冤魂，不敢誣之耳。」太后曰：「張說反覆小人，宜并繫治之。」治，直之翻。他日，更引問，說對如前。太后怒，命宰相與河內王武懿宗共鞫之，說所執如初。

朱敬則抗疏理之曰：「元忠素稱忠正，張說所坐無名，若令抵罪，失天下望。」蘇安恆亦上疏，恆，戶登翻。上，時掌翻。疏，所去翻。以爲：「陛下革命之初，人以爲納諫之主；暮年以來，人以爲受佞之主。自元忠下獄，里巷恟恟。下，遐稼翻。恟，許勇翻。皆以爲陛下委信姦宄，斥逐賢良，忠臣烈士，皆撫髀於私室而箝口於公朝，畏迕易之等意，箝，其廉翻。朝，直遥翻。迕，五故翻。徒取死而無益。方今賦役煩重，百姓凋弊，重以讒慝專恣，刑賞失中，重以，直用翻。竊恐人心不安，別生他變，爭鋒於朱雀門內，問鼎於大明殿前，朱雀門，謂宮城南門。大明殿，卽含元殿。陛下將何以謝之，何以禦之？」易之等見其疏，大怒，欲殺之，賴朱敬則及鳳閣舍人桓彥範、著作郎陸澤魏知古保救得免。先天元年，方復置深州，又分饒陽、鹿城於古鄡城置陸澤縣。史因魏知古貴顯於開元之時，遂以後來土斷書之。鄡，苦么翻。考異曰：舊傳云：「易之欲遣刺客殺之。」若遣刺客，必不遣人知，敬則等安能保護！蓋欲白太后殺之耳。

丁酉，貶魏元忠爲高要尉；高要縣，漢屬蒼梧郡，宋、齊屬南海郡，陳置高要郡，隋帶端州。戩、說皆流嶺表。元忠辭日，言於太后曰：「臣老矣，今向嶺南，十死一生。陛下他日必有思臣之時。」太后問其故，時易之、昌宗皆侍側，元忠指之曰：「此二小兒，終爲亂階。」易之等下殿，叩膺自擲稱冤。太后曰：「元忠去矣！」

殿中侍御史景城王晙景城縣，漢屬勃海郡，後魏幷入城平縣，隋開皇十八年改曰景城，屬滄州。晙，私潤翻，又音俊。復奏申理元忠，復，扶又翻；下子復同。宋璟謂之曰：「魏公幸已得全，今子復冒威怒，得無狼狽乎！」晙曰：「魏公以忠獲罪，晙爲義所激，顛沛無恨。」璟歎曰：「璟不能申魏公之枉，深負朝廷矣。」

太子僕崔貞愼等八人餞元忠於郊外，唐制，太子僕從四品下，掌太子車輿、乘騎、儀仗之政令。易之詐爲告密人柴明狀，稱貞愼等與元忠謀反。太后使監察御史丹徒馬懷素鞫之，丹徒，春秋時吳之朱方也，漢爲丹徒縣，屬會稽郡；吳爲京口戍，晉以下爲南徐州；隋爲延陵縣，屬江都郡；唐爲丹徒縣，帶潤州。監，古銜翻。謂懷素曰：「茲事皆實，略問，速以聞。」頃之，中使督趣者數四，使，疏吏翻。趣，讀曰促。曰：「反狀昭然，何稽留如此？」懷素請柴明對質，太后曰：「我自不知柴明處，但據狀鞫之，安用告者？」懷素據實以聞，太后怒曰：「卿欲縱反者邪？」對曰：「臣不敢縱反者！元忠以宰相謫官，貞愼等以親故追送，若誣以爲反，臣實不敢。昔欒布奏事彭越頭下，漢祖不以爲罪，欒布事見十二卷漢高帝十一年。況元忠之刑未如彭越，而陛下欲誅其送者乎！且陛下操生殺之柄，操，千高翻。欲加之罪，取決聖衷可矣；若命臣推鞫，臣不敢不以實聞。」太后曰：「汝欲全不罪邪？」對曰：「臣智識愚淺，實不見其罪。」太后意解。貞愼等由是獲免。

太后嘗命朝貴宴集，朝，直遙翻。易之兄弟皆位在宋璟上。易之素憚璟，欲悅其意，虛位揖之曰：「公方今第一人，何乃下坐？」璟曰：「才劣位卑，張卿以爲第一，何也？」天官侍郎鄭杲謂璟曰：「中丞柰何卿五郎？」考異曰：新、舊傳皆作「鄭善果」。按善果乃是高祖時人，新、舊傳皆誤，當從御史臺記。璟曰：「以官言之，正當爲卿。足下非張卿家奴，何郎之有！」門生、家奴呼其主爲郎，今俗猶謂之郎主。舉坐悚惕。坐，徂臥翻。時自武三思以下，皆謹事易之兄弟，璟獨不爲之禮。諸張積怒，常欲中傷之；中，竹仲翻。太后知之，故得免。

13 丁未，以左武衛大將軍武攸宜充西京留守。守，式又翻。

14 冬，十月，丙寅，車駕發西京；乙酉，至神都。

15 十一月，【章：十二行本「月」下有「己丑」二字；乙十一行本同；孔本同；張校同；退齋校同。】突厥遣使謝許婚。使，疏吏翻。丙寅，【章：十二行本「寅」作「申」；乙十一行本同；孔本同；張校同。】宴於宿羽臺，宿羽臺在東都宿羽宮中，高宗調露元年所起。太子預焉。宮尹崔神慶上疏：上，時掌翻。疏，所去翻。以爲：「今五品以上所以佩龜者，爲別敕徵召，恐有詐妄，內出龜合，然後應命。況太子國本，古來徵召皆用玉契。唐制，百官有隨身魚符，以明貴賤，應召命，左二，右一；左者進內，右者隨身。皇太子以玉契召，勘合乃赴；親王以金，庶官以銅，皆題某位姓名，盛以魚袋。天授二年改佩魚爲龜。張鷟朝野僉載曰：唐以鯉魚爲符，遂爲魚符。至僞周，武姓也，玄武，龜也，因改魚符爲龜。符爲，于僞翻。此誠重愼之極也。昨緣突厥使見，太子應預朝參，使，疏吏翻。見，賢遍翻。朝，直遙翻；下同。直有文符下宮，曾不降敕處分，下，遐稼翻。處，昌呂翻。分，扶問翻。臣愚謂太子非朔望朝參、應別召者，望降墨敕及玉契。」太后甚然之。

16 始安獠歐陽倩始安郡，桂州。范成大桂海虞衡志曰：獠依山林而居，無酋長版籍，蠻之荒忽無常者也。以射生食動爲活，蟲豸能蠕動者皆取食。獠，魯皓翻。擁衆數萬，攻陷州縣，朝廷思得良吏以鎮之。朱敬則稱司封郎中裴懷古有文武才，唐司封郎掌國之封爵，屬吏部。制以懷古爲桂州都督，仍充招慰討擊使。使，疏吏翻。懷古纔及嶺上，飛書示以禍福，倩等迎降，降，戶江翻。且言「爲吏所侵逼，故舉兵自救耳。」懷古輕騎赴之。騎，奇寄翻。左右曰：「夷獠無信，不可忽也。」懷古曰：「吾仗忠信，可通神明，而況人乎！」遂詣其營，賊衆大喜，悉歸所掠貨財；諸洞酋長素持兩端者，皆來款附，酋，慈由翻。長，知兩翻。嶺外悉定。

17 是歲，分命使者以六條察州縣。使，疏吏翻。

18 吐蕃南境諸部皆叛，贊普器弩悉弄自將擊之，卒於軍中。將，卽亮翻。卒，子恤翻。諸子爭立，久之，國人立其子棄隸蹜贊爲贊普，生七年矣。史言諸論既死，吐蕃國勢稍衰。

四年（甲辰、七〇四）

1 春，正月，丙申，册拜右武衞將軍阿史那懷道爲西突厥十姓可汗。懷道，斛瑟羅之子也。厥，九勿翻。可，從刊入聲。汗，音寒。

2 丁未，毁三陽宮，以其材作興泰宮於萬安山。萬安山在洛州壽安縣西南四十里。二宮皆武三思建議爲之，請太后每歲臨幸，功費甚廣，百姓苦之。左拾遺盧藏用上疏，以爲：「左右近臣多以順意爲忠，朝廷具僚皆以犯忤爲戒，上，時掌翻。疏，所去翻。朝，直遥翻。忤，五故翻。致陛下不知百姓失業，傷陛下之仁。陛下誠能以勞人爲辭，發制罷之，則天下皆知陛下苦己而愛人也。」不從。藏用，承慶之弟孫也。盧承慶見二百卷顯慶二年。

3 壬子，以天官侍郎韋嗣立爲鳳閣侍郎、同平章事。天官，吏部。嗣，祥吏翻。

4 夏官侍郎、同鳳閣鸞臺三品李迥秀頗受賄賂，監察御史馬懷素劾奏之。夏官，兵部。鳳閣、鸞臺，中書、門下。迥，戶頂翻。監，古銜翻。劾，戶概翻，又戶得翻。二月，癸亥，迥秀貶廬州刺史。隋改梁、周之合州爲廬州。唐因之。舊志：廬州，京師東南二千三百八十七里，至東都一千五百六十九里。

5 壬申，正諫大夫、同平章事朱敬則以老疾致仕。敬則爲相，相，悉亮翻。以用人爲先，自餘細務不之視。

6 太后嘗與宰相議及刺史、縣令。三月，己丑，李嶠、唐休璟等奏：「竊見朝廷物議，遠近人情，莫不重內官，輕外職，每除授牧伯，皆再三披訴。比來所遣外任，多是貶累之人；比，毗至翻。累，力瑞翻，罪累也。風俗不澄，寔由於此。望於臺、閣、寺、監妙簡賢良，分典大州，共康庶績。臣等請輟近侍，率先具僚。」太后命書名探之，探，吐南翻。得韋嗣立及御史大夫楊再思等二十人。癸巳，制各以本官檢校刺史。嗣立爲汴州刺史。舊志：汴州，京師東一千三百五十里，至東都四百一里。其後政績可稱者，唯常州刺史薛謙光、徐州刺史司馬鍠而已。鍠，戶萌翻，又音皇。常州，京師東南二千八百四十三里，至東都一千九百八十三里。徐州，京師東二千六百四里，東都東一千二百五十七里。

7 丁丑，徙平恩王重福爲譙王。重，直龍翻。

8 以夏官侍郎宗楚客同平章事。

9 鳳閣侍郎、同鳳閣鸞臺三品蘇味道謁歸葬其父，制州縣供葬事。味道，趙州欒城縣人。味道因之侵毀鄉人墓田，役使過度，監察御史蕭至忠劾奏之，左遷坊州刺史。唐之先元皇帝，周天和中爲敷州刺史，於中部縣置馬坊。高祖武德二年，因分鄜州之中部鄜城置坊州。至忠，引之玄孫也。蕭引見一百七十卷陳宣帝太建二年。監，古銜翻。劾，戶概翻，又戶得翻。

10 夏，四月，壬戌，同鳳閣鸞臺三品韋安石知納言，李嶠知內史事。

11 太后幸興泰宮。

12 太后復稅天下僧尼，作大像於白司馬阪，復，扶又翻。洛城北邙山有白司馬阪。令春官尚書武攸寧檢校，糜費巨億。李嶠上疏，以爲：「天下編戶，貧弱者衆。造像錢見有一十七萬餘緡，若將散施，見，賢遍翻；下見在同。散，如字。施，式豉翻。人與一千，濟得一十七萬餘戶。拯飢寒之弊，省勞役之勤，順諸佛慈悲之心，霑聖君亭育之意，人神胥悅，功德無窮。方作過後因緣，豈如見在果報！」監察御史張廷珪上疏諫曰：「臣以時政論之，則宜先邊境，蓄府庫，養人力；以釋教論之，則宜救苦厄，滅諸相，先，悉薦翻。相，息亮翻。崇無爲。伏願陛下察臣之愚，行佛之意，務以理爲上，不以人廢言。」太后爲之罷役，爲，于僞翻。仍召見廷珪，見，賢遍翻。深賞慰之。

13 鳳閣侍郎、同鳳閣鸞臺三品姚元崇以母老固請歸侍，六月，辛酉，以元崇行相王府長史，秩位並同三品。

14 乙丑，以天官侍郎崔玄暐同平章事。

15 召鳳閣侍郎、同平章事、檢校汴州刺史韋嗣立赴興泰宮。

16 丁丑，以李嶠同鳳閣鸞臺三品。嶠自請解內史。

17 壬午，以相王府長史姚元崇兼知夏官尚書、同鳳閣鸞臺三品。

18 秋，七月，丙戌，以神都副留守楊再思爲內史。守，手又翻。

再思爲相，專以諂媚取容。司禮少卿張同休，易之之兄也，嘗召公卿宴集，酒酣，戲再思曰：「楊內史面似高麗。」再思欣然，卽翦紙帖巾，反披紫袍，爲高麗舞，唐十部樂有高麗伎，舞者四人；楊再思蓋倣之爲此舞。舉坐大笑。坐，徂臥翻。時人或譽張昌宗之美譽，音余。曰：「六郎面似蓮花。」再思獨曰：「不然。」昌宗問其故，再思曰：「乃蓮花似六郎耳。」

19 甲午，太后還宮。

20 乙未，司禮少卿張同休、汴州刺史張昌期、尚方少監張昌儀皆坐贓下獄，下，遐稼翻。命左右臺共鞫之；丙申，敕張易之、張昌宗作威作福，亦命同鞫。辛丑，司刑正賈敬言奏：「張昌宗強市人田，光宅改大理正爲司刑正，從五品，掌參議刑辟、詳正科條之事。應徵銅二十斤。」制「可」。乙巳，御史大夫李承嘉、中丞桓彥範奏：「張同休兄弟贓共四千餘緡，張昌宗法應免官。」昌宗奏：「臣有功於國，所犯不至免官。」太后問諸宰相：「昌宗有功乎？」楊再思曰：「昌宗合神丹，合音閤。聖躬服之有驗，此莫大之功。」太后悅，赦昌宗罪，復其官。左補闕戴令言作兩腳狐賦以譏再思，言再思妖媚如狐，特兩腳耳。再思出令言爲長社令。

21 丙午，夏官侍郎、同平章事宗楚客有罪，左遷原州都督，充靈武道行軍大總管。

22 癸丑，張同休貶岐山丞，後魏分扶風雍縣置平秦郡，西魏改爲岐山郡，隋廢郡爲縣，屬岐州。張昌儀貶博望丞。

鸞臺侍郎、知納言事、同鳳閣鸞臺三品韋安石舉奏張易之等罪，敕付安石及右庶子、同鳳閣鸞臺三品唐休璟鞫之，未竟而事變。八月，甲寅，以安石兼檢校揚州刺【章：十二行本「刺」作「長」；乙十一行本同；張校同，云無註本作「刺」。】史，考異曰：唐曆云「五日戊午」。今從實錄。庚申，以休璟兼幽營都督、安東都護。休璟將行，密言於太子曰：「二張恃寵不臣，必將爲亂。殿下宜備之。」

23 相王府長史兼知夏官尚書事、同鳳閣鸞臺三品姚元崇上言：「臣事相王，不宜典兵馬。夏官卽兵部也，故云然。相，息亮翻。臣不敢愛死，恐不益於王。」辛酉，改春官尚書，餘如故。元崇字元之，時突厥吒列元崇反，太后命元崇以字行。

24 突厥默啜既和親，戊寅，始遣淮陽王武延秀還。武延秀被拘，見上卷聖曆元年。

25 九月，壬子，以姚元之充靈武道行軍大總管；辛酉，以元之爲靈武道安撫大使。使，疏吏翻。

元之將行，太后令舉外司堪爲宰相者。外司，謂外朝諸司官。對曰：「張柬之沈厚有謀，能斷大事，沈，持林翻。斷，丁亂翻。且其人已老，惟陛下急用之。」冬，十月，甲戌，以秋官侍郎張柬之同平章事，時年且八十矣。

26 乙亥，以韋嗣立檢校魏州刺史，餘如故。

27 壬午，以懷州長史河南房融同平章事。

28 太后命宰相各舉堪爲員外郎者，韋嗣立薦廣武公【章：十二行本「公」作「令」；乙十一行本同；孔本同；熊校同。】岑羲曰：「但恨其伯父長倩爲累。」長倩死見二百四卷天授二年。累，力瑞翻；下同。

太后曰：「苟或有才，此何所累！」遂拜天官員外郎。唐六典曰：周官太宰之屬官有上士，蓋今員外郎之任也。宋百官階次有員外郎，美遷爲尚書郎。隋文帝開皇六年，尚書二十四曹，各置員外郎一人，品從第六，謂曹郎本員之外復置郎也。煬帝大業三年，又廢二十四司員外郎，每司減一員，置承務郎一人，同開皇員外郎之職，曰選部承務郎。唐尚書諸曹各置員外郎，吏部置二人。天官，卽吏部也。由是諸緣坐者始得進用。

29 十一月，丁亥，以天官侍郎韋承慶爲鳳閣侍郎、同平章事。

30 癸卯，成均祭酒、同鳳閣鸞臺三品李嶠罷爲地官尚書。

31 十二月，甲寅，敕大足已來新置官並停。

32 丙辰，鳳閣侍郎、同平章事韋嗣立罷爲成均祭酒，檢校魏州刺史如故；以兄承慶入相故也。相，息亮翻。

33 太后寢疾，居長生院，長生院，卽長生殿；明年五王誅二張，進至太后所寢長生殿，同此處也。蓋唐寢殿皆謂之長生殿。此武后寢疾之長生殿，洛陽宮寢殿也。肅宗大漸，越王係授甲長生殿，長安大明宮之寢殿也。白居易長恨歌所謂「七月七日長生殿，夜半無人私語時」，華清宮之長生殿也。宰相不得見者累月，惟張易之、昌宗侍側。疾少閒，閒，如字。崔玄暐奏言：「皇太子、相王，仁明孝友，足侍湯藥。相，息亮翻。宮禁事重，伏願不令異姓出入。」太后曰：「德卿厚意。」易之、昌宗見太后疾篤，恐禍及己，引用黨援，陰爲之備。屢有人爲飛書及牓其書於通衢，云「易之兄弟謀反」，太后皆不問。

辛未，許州人楊元嗣，告「昌宗嘗召術士李弘泰占相，弘泰言昌宗有天子相，相，悉亮翻。勸於定州造佛寺，則天下歸心。」考異曰：實錄云：「長安四年秋，元嗣告之，太后令鳳閣侍郎韋承慶推鞫。」按十一月丁亥，承慶始爲鳳閣侍郎。今從唐曆。太后命韋承慶及司刑卿崔神慶、御史中丞宋璟鞫之。神慶，神基之弟也。承慶、神慶奏言：「昌宗款稱『弘泰之語，尋已奏聞』，準法首原；法，自首者原其罪。承慶、神慶欲準此條以脫昌宗之罪。首，式又翻。弘泰妖言，請收行法。」妖，於喬翻；下同。璟與大理丞封全禎奏：「昌宗寵榮如是，復召術士占相，復，扶又翻。志欲何求！弘泰稱筮得純乾，天子之卦。昌宗儻以弘泰爲妖妄，何不執送有司！雖云奏聞，終是包藏禍心，法當處斬破家。處，昌呂翻。請收付獄，窮理其罪！」太后久之不應，璟又曰：「儻不即收繫，恐其搖動衆心。」太后曰：「卿且停推，停其事，且莫推究。俟更檢詳文狀。」璟退，左拾遺江都李邕進曰：江都縣帶揚州。「向觀宋璟所奏，志安社稷，非爲身謀，願陛下可其奏！」太后不聽。尋敕璟揚州推按，又敕璟按幽州都督屈突仲翔贓污，屈，九勿翻。又敕璟副李嶠安撫隴、蜀；璟皆不肯行，奏曰：「故事，州縣官有罪，品高則侍御史、卑則監察御史按之，中丞非軍國大事，不當出使。監，古銜翻。使，疏吏翻。今隴、蜀無變，不識陛下遣臣出外何也？臣皆不敢奉制。」考異曰：御史臺記云：「易之、昌宗冀璟使後，當列狀誅璟。」按易之等若果可以列狀誅璟，則何必待其出使然後爲之！此蓋璟方奏請收禁昌宗，故太后欲遣璟出以散其事耳。璟必欲收禁，故辭不肯行；太后自省理屈，故不迫遣耳。不然，璟若無事不行，太后豈不能以拒違制命罪之邪！又云：「時璟家禮會，易之等伺其夕以刺之。有密告璟者，乘庫車于他所而免。」按若實有其迹，璟安得不自陳於太后！若無其迹，則人妄言耳。今不取。

司刑少卿桓彥範上疏，以爲：「昌宗無功荷寵，荷，下可翻。而包藏禍心，自招其咎，此乃皇天降怒；陛下不忍加誅，則違天不祥。且昌宗既云奏訖，則不當更與弘泰往還，使之求福禳災，是則初無悔心；所以奏者，擬事發則云先已奏陳，不發則俟時爲逆。此乃姦臣詭計，若云可捨，誰爲可刑！況事已再發，陛下皆釋不問，使昌宗益自負得計，天下亦以爲天命不死，此乃陛下養成其亂也。苟逆臣不誅，社稷亡矣。請付鸞臺鳳閣三司，考竟其罪！」三司，謂尚書刑部、大理寺、御史臺也。唐制，大獄則召大三司考竟，又詔中書、門下同鞫之。疏奏，不報。

崔玄暐亦屢以爲言，太后令法司議其罪。玄暐弟司刑少卿昪，處以大辟。昪，皮變翻。處，昌呂翻。辟，毗亦翻。宋璟復奏收昌宗下獄。復，扶又翻。下，遐嫁翻。太后曰：「昌宗已自奏聞。」對曰：「昌宗爲飛書所逼，窮而自陳，勢非得已。且謀反大逆，無容首免。首，式又翻。若昌宗不伏大刑，安用國法！」太后温言解之。璟聲色逾厲曰：「昌宗分外承恩，分，扶問翻。臣知言出禍從，然義激於心，雖死不恨！」【章：十二行本「恨」下有「太后不悅」四字；乙十一行本同；孔本同；張校同。】楊再思恐其忤旨，遽宣敕令出，忤，五故翻。璟曰：「聖主在此，不煩宰相擅宣敕命！」太后乃可其奏，遣昌宗詣臺。璟庭立而按之；事未畢，太后遣中使召昌宗特敕赦之。使，疏吏翻。璟歎曰：「不先擊小子腦裂，負此恨矣。」太后乃使昌宗詣璟謝，璟拒不見。考異曰：御史臺記、唐曆、舊傳並云「收按易之等」。按璟止鞫昌宗占相事耳，無緣及易之。今所不取。舊張易之傳云：「宋璟請按易之，則天陽許，尋敕宋璟使幽州按都督屈突仲翔；令司禮卿崔神慶希旨，雪昌宗兄弟。」唐曆云，「桓彦範上疏不報，璟登時出使。」按璟傳云：「特敕原易之，仍令詣璟謝。」則是昌宗敕免時，璟在都，不出使也。實錄云「令韋承慶、崔神慶與璟推鞫」，當是璟執正其罪而神慶寬之耳，非璟出使後，神慶始鞫之也。舊宋璟、易之傳自相違。今從御史臺記。

左臺中丞桓彦範、右臺中丞東光袁恕己共薦詹事司直陽嶠爲御史。光宅分御史左、右臺，各置大夫、中丞、侍御史。東光縣，漢屬勃海郡，唐屬滄州。詹事司直正九品上，掌彈劾宫僚，糾舉職事。楊再思曰：「嶠不樂搏擊之任如何？」彦範曰：「爲官擇人，豈必待其所欲！所不欲者，尤須與之，所以長難進之風，抑躁求之路。」樂，音洛。爲，于僞翻。長，知兩翻。躁，則到翻。乃擢爲右臺侍御史。嶠，休之之玄孫也。陽休之仕高齊貴顯。

先是李嶠、崔玄暐奏：「往屬革命之時，人多逆節，遂致刻薄之吏，恣行酷法，其周興等所劾破家者，並請雪免。」司刑少卿桓彦範又奏陳之，表疏前後十上。先，悉薦翻。屬，之欲翻。劾，戶概翻，又戶得翻。上，時掌翻。太后乃從之。

中宗大和大聖大昭孝皇帝上

諱顯，高宗第七子也。中更名哲，已而復舊名。景雲元年，謚孝和皇帝，廟號中宗，天寶八年，追尊大和大聖皇帝，十三載，追尊大和大聖大昭孝皇帝。

神龍元年（乙巳、七〇五）

1 春，正月，壬午朔，赦天下，改元。考異曰：新紀：「長安五年，正月，壬午，大赦；甲子，太子監國，改元。」按則天實錄：「神龍元年，正月，壬午朔，大赦，改元。」舊紀、唐曆、統紀、會要皆同。紀年通譜亦以神龍爲武后年號，中宗因之。新紀誤也。自文明以來得罪者，非揚、豫、博三州及諸反逆魁首，咸赦除之。

2 太后疾甚，麟臺監張易之、春官侍郎張昌宗居中用事，張柬之、崔玄暐與中臺右丞敬暉、光宅元年，改尚書左、右丞爲文昌左、右丞，長安三年，又改爲中臺左、右丞。司刑少卿桓彥範、相王府司馬袁恕己謀誅之。柬之謂右羽林衞大將軍李多祚曰：「將軍今日富貴，誰所致也？」多祚泣曰：「大帝也。」柬之曰：「今大帝之子爲二豎所危，將軍不思報大帝之德乎！」多祚曰：「苟利國家，惟相公處分，處，昌呂翻。分，扶問翻。不敢顧身及妻子。」因指天地以自誓。遂與定謀。

初，柬之與荆府長史閿鄉楊元琰相代，荆州都督府長史，故曰荆府。閿鄉在漢弘農湖縣界，隋分置縣，屬洛州，唐屬虢州。二人相代，當在久視元年。閿，音旻。同泛江，至中流，語及太后革命事，元琰慨然有匡復之志。及柬之爲相，引元琰爲右羽林將軍，謂曰：「君頗記江中之言乎？今日非輕授也。」柬之又用彥範、暉及右散騎侍郎李湛魏、晉置散騎常侍、侍郎，與侍中、黄門共平尚書奏事。

其後用人或雜，江左不重此官，或省或置。隋初省侍郎，置常侍，從三品，掌陪從朝直，煬帝又省之。武德初，以爲加官。貞觀初，置常侍二人，屬門下省，爲職事官。顯慶二年，又置二員，屬中書省，始有左、右之號，並金蟬、珥貂，左常侍與侍中左貂，右常侍與中書令右貂，謂之八貂。唐末嘗置散騎侍郎也，據舊書，湛時爲右散騎常侍，當從之。散，悉亶翻。騎，奇寄翻。皆爲左、右羽林將軍，委以禁兵。易之等疑懼，乃更以其黨武攸宜爲右羽林大將軍，易之等乃安。

俄而姚元之自靈武至，柬之、彥範相謂曰：「事濟矣！」遂以其謀告之。彥範以事白其母，母曰：「忠孝不兩全，先國後家可也。」先，悉薦翻。後，戶遘翻。時太子於北門起居，洛陽宮北門，亦曰玄武門。不從端門入而從北門入問起居，取便近也。彥範、暉謁見，見，賢遍翻。密陳其策，太子許之。

癸卯，柬之、玄暐、彥範與左威衛將軍薛思行等帥左右羽林兵五百餘人至玄武門，帥，讀曰率。遣多祚、湛及內直郎、駙馬都尉安陽王同皎唐東宮內直局有內直郎二人，從六品下，掌符璽、扇繖、几案、衣服之事。安陽，漢侯國，屬魏郡，其故城在湯陰。曹魏時廢安陽，併入鄴；後周移鄴，置縣於安陽故城，仍爲鄴縣；隋又改爲安陽縣，爲魏州治所。漢、魏郡城在縣西北七里。詣東宮迎太子。太子疑，不出，同皎曰：「先帝以神器付殿下，橫遭幽廢，橫，戶孟翻。人神同憤，二十三年矣。按光宅元年廢太子爲廬陵王，至是二十二年。今天誘其衷，誘，音酉。北門、南牙，同心協力，以【章：十二行本「以」下有「今日」二字；乙十一行本同；孔本同；張校同。】誅凶豎，復李氏社稷，南牙謂宰相，北門謂羽林諸將。願殿下蹔至玄武門以副衆望。」蹔，與暫同。太子曰：「凶豎誠當夷滅，然上體不安，得無驚怛！怛，當割翻。諸公更爲後圖。」李湛曰：「諸將相不顧家族以徇社稷，殿下柰何欲納之鼎鑊乎！請殿下自出止之。」考異曰：舊李湛傳曰：「湛與右羽林大將軍李多祚等詣東宮迎皇太子，拒而不時出。湛進啓曰：『逆豎反道亂常，將圖不軌，宗社危敗，實在須臾。湛等諸將與南衙執事克期誅翦，伏願殿下暫至玄武門以副衆望。』太子曰：『凶豎悖亂，誠合誅夷，然聖躬不豫，慮有驚動，公等且止，以俟後圖。』湛曰：『諸將棄家族，共宰相同心匡輔社稷，殿下柰何欲陷之鼎鑊！殿下速出自止遏。』太子乃上馬就路。」按劉子玄中宗實錄、唐曆、統紀皆以此爲王同皎之言，而舊傳以爲李湛進說。今從實錄、唐曆等，參取舊傳。太子乃出。

同皎扶抱太子上馬，從至玄武門，斬關而入。上，時掌翻。從，才用翻。太后在迎仙宮，柬之等斬易之、昌宗於廡下，廡，音武。進至太后所寢長生殿，環繞侍衞。環，音宦。太后驚起，問曰：「亂者誰邪？」對曰：「張易之、昌宗謀反，臣等奉太子令誅之，恐有漏洩，故不敢以聞。稱兵宮禁，罪當萬死！」太后見太子曰：「乃汝邪？小子既誅，可還東宮。」彥範進曰：「太子安得更歸！昔天皇以愛子託陛下，今年齒已長，長，知兩翻。久居東宮，天意人心，久思李氏。羣臣不忘太宗、天皇之德，故奉太子誅賊臣。願陛下傳位太子，以順天人之望！」李湛，義府之子也。李義府朋附武后，惑高宗以取相位。太后見之，謂曰：「汝亦爲誅易之將軍邪？我於汝父子不薄，乃有今日！」湛慚不能對。又謂崔玄暐曰：「他人皆因人以進，惟卿朕所自擢，亦在此邪？」對曰：「此乃所以報陛下之大德。」

於是收張昌期、同休、昌儀，皆斬之，與易之、昌宗梟首天津南。梟，堅堯翻。是日，袁恕己從相王統南牙兵以備非常，相，息亮翻。收韋承慶、房融及司禮卿崔神慶繫獄，皆易之之黨也。初，昌儀新作第，甚美，逾於王主，王主，謂諸王及諸公主也。或夜書其門曰：「一日絲能作幾日絡？」言其且誅滅，能作樂得幾日也。滅去，復書之，去，羌呂翻。復，扶又翻。如是六七，昌儀取筆註其下曰：「一日亦足。」乃止。

甲辰，制太子監國，監，古銜翻。赦天下。以袁恕己爲鳳閣侍郎、同平章事，分遣十使齎璽書宣慰諸州。十道各遣一使。使，疏吏翻。璽，斯氏翻。乙巳，太后傳位於太子。

丙午，中宗卽位。赦天下，惟張易之黨不原；其爲周興等所枉者，咸令清雪，子女配沒者皆免之。相王加號安國相王，拜太尉、同鳳閣鸞臺三品，太平公主加號鎭國太平公主。皇族先配沒者，子孫皆復屬籍，仍量敍官爵。量，音良。

丁未，太后徙居上陽宮，李湛留宿衞。戊申，帝帥百官詣上陽宮，上太后尊號曰則天大聖皇帝。帥，讀曰率。上，時掌翻。

庚戌，以張柬之爲夏官尚書、同鳳閣鸞臺三品，崔玄暐爲內史，袁恕己同鳳閣鸞臺三品，敬暉、桓彥範皆爲納言；並賜爵郡公。李多祚賜爵遼陽郡王，王同皎爲右千牛將軍、琅邪郡公，李湛爲右羽林大將軍、趙國公；自餘官賞有差。考異曰：中宗實錄：「初，冬官侍郎朱敬則以張易之等權寵日盛，恐有異圖。時敬暉爲左羽林將軍，敬則謂之曰，『公若假皇太子之令，舉北軍誅易之兄弟，兩飛騎之力耳。』暉等竟用其策。及易之、昌宗伏誅，暉遂矜功自恃，故賞不及於敬則，俄出爲鄭州刺史。」按敬則長安四年以老罷知政事，累轉冬官侍郎，而則天實錄誅易之時有庫部員外郎朱敬則，恐誤。

張柬之等之討張易之也，殿中監田歸道將千騎宿玄武門，貞觀初，太宗選善射者百人，爲二番於北門長上，曰百騎，武后改曰千騎。將，卽亮翻。騎，奇寄翻。敬暉遣使就索千騎，使，疏吏翻。索，山客翻。歸道先不預謀，拒而不與。事寧，暉欲誅之，歸道以理自陳，乃免歸私第；帝嘉其忠壯，召拜太僕少卿。

齊思和標點聶崇岐覆校

資治通鑑卷第二百八

端明殿學士兼翰林侍讀學士太中大夫提舉西京嵩山崇福宮上柱國河内郡開國公食邑二千二百戶食實封九百戶賜紫金魚袋臣　司馬光　奉敕編集
後　學　天　台　胡三省　音　註

唐紀二十四

起旃蒙大荒落（乙巳）二月，盡強圉協洽（丁未），凡二年有奇。

中宗大和大聖大昭孝皇帝中

神龍元年（乙巳、七〇五）

1 二月，辛亥，帝帥百官詣上陽宮問太后起居；帥，讀曰率。考異曰：實錄、唐曆皆云「乙亥」，誤也；當是辛亥。自是每十日一往。

2 甲寅，復國號曰唐。天授元年，武后更國號曰周，今復舊。郊廟、社稷、陵寢、百官、旗幟、服色、文字皆如永淳以前故事。幟，昌志翻。復以神都爲東都，光宅元年，改東都曰神都。復，扶又翻，又如字。北都爲幷州，天授元年以幷州爲北都。幷，卑經翻。老君爲玄元皇帝；高宗乾封元年上老子尊號曰玄元皇帝；武后革命，改曰老君。

3 乙卯，鳳閣侍郎、同平章事韋承慶貶高要尉；高要縣帶端州，至京師五千七百五十里，東都五千一百五十里。正諫大夫、同平章事房融除名，流高州；舊志，高州，京師南六千二百六十二里，至東都五千五百二十里。司禮卿崔神慶流欽州。舊志，欽州至京師五千二百五十一里。楊再思爲戶部尚書、同中書門下三品、西京留守。尚，辰羊翻。守，手又翻。

太后之遷上陽宮也，見上卷是年正月。太僕卿、同中書門下三品姚元之獨嗚咽流涕。桓彥範、張柬之謂曰：「今日豈公涕泣時邪！恐公禍由此始。」元之曰：「元之事則天皇帝久，乍此辭違，悲不能忍。且元之前日從公誅姦逆，人臣之義也；今日別舊君，亦人臣之義也，雖獲罪，實所甘心。」是日，出爲亳州刺史。此姚元之所以爲多智也。舊志，亳州至京師一千七百里，至東都八百九十八里。

4 甲子，立妃韋氏爲皇后，赦天下。追贈后父玄貞爲上洛王、母崔氏爲妃。

左拾遺賈虛己上疏，以爲「異姓不王，古今通制。上，時掌翻。疏，所去翻。今中興之始，萬姓喁喁，喁，魚容翻。以觀陛下之政；而先王后族，王，于況翻。非所以廣德美於天下也。且先朝贈后父太原王，高宗贈武后父士彠太原郡王。朝，直遙翻。殷鑒不遠，須防其漸。若以恩制已行，宜令皇后固讓，則益增謙沖之德矣。」不聽。

初，韋后生邵王重潤、長寧・安樂二公主，重，直龍翻。樂，音洛。上之遷房陵也，遷房陵見二百三卷光宅元年、垂拱元年。安樂公主生於道中，上特愛之。上在房陵與后同幽閉，備嘗艱危，情愛甚篤。上每聞敕使至，輒惶恐欲自殺，使，疏吏翻。后止之曰：「禍福無常，寧失一死，何遽如是！」上嘗與后私誓曰：「異時幸復見天日，復，扶又翻，又如字。當惟卿所欲，不相禁制。」及再爲皇后，遂干預朝政，如武后在高宗之世。桓彥範上表，以爲：「易稱『無攸遂，在中饋，貞吉』，易家人卦六二爻辭，王弼註曰：六二居內處中，履得其位，以陰應陽，盡婦人之正義，無所必遂，職乎中饋，巽順而已，是以貞吉也。朝，直遙翻。上，時掌翻。書稱『牝雞之晨，惟家之索』。書牧誓之辭；「辰」作「晨」。孔安國曰：索，盡也。喻婦人知外事，雌代雄鳴則家盡，婦奪夫政則國亡。索，西各翻。伏見陛下每臨朝，朝，直遙翻。皇后必施帷幔坐殿上，幔，莫半翻。預聞政事。臣竊觀自古帝王，未有與婦人共政而不破國亡身者也。且以陰乘陽，違天也；以婦陵夫，違人也。伏願陛下覽古今之戒，以社稷蒼生爲念，令皇后專居中宮，治陰教，記曰：天子聽男教，后聽女順；天子理陽道，后治陰德；天子聽外治，后聽內職。教順成俗，外內和順，國家理治，此之謂盛德。治，直之翻。勿出外朝干國政。」朝，直遙翻。

先是，胡僧慧範以妖妄遊權貴之門，與張易之兄弟善，韋后亦重之。及易之誅，復稱慧範預其謀，以功加銀青光祿大夫，賜爵上庸縣公，出入宮掖，上數微行幸其舍。彥範復表言慧範執左道以亂政，請誅之。先，悉薦翻。復，扶又翻。數，所角翻；下又數同。記王制：執左道以亂政者殺。上皆不聽。

5 初，武后誅唐宗室，有才德者先死，惟吳王恪之子鬱林侯千里，褊躁無才，躁，則到翻。又數獻符瑞，故獨得免。上即位，立爲成王，拜左金吾大將軍。武后所誅唐諸王、妃、主、駙馬等皆無人葬埋，子孫或流竄嶺表，或拘囚歷年，或逃匿民間，爲人傭保。至是，制州縣求訪其柩，以禮改葬，柩，音舊。追復官爵，召其子孫，使之承襲，無子孫者爲擇後置之。既而宗室子孫相繼而至，皆召見，爲，于僞翻。見，賢遍翻。涕泣舞蹈，各以親疏襲爵拜官有差。

6 二張之誅也，洛州長史薛季昶謂張柬之、敬暉曰：「二凶雖除，產、祿猶在，產、祿，謂武三思等。去草不去根，終當復生。」去，羌呂翻。復，扶又翻；下可復同。二人曰：「大事已定，彼猶机上肉耳，夫何能爲！所誅已多，不可復益也。」季昶歎曰：「吾不知死所矣。」朝邑尉武強劉幽求武強縣，漢河間之武隧也，晉更名，屬武邑郡，唐屬冀州。朝，直遙翻。亦謂桓彥範、敬暉曰：「武三思尚存，公輩終無葬地；若不早圖，噬臍無及。」不從。左傳，鄧三甥勸鄧侯殺楚子，曰：「若不早圖，後君噬臍。」考異曰：御史臺記曰：「張柬之勒兵於景運門，將收諸武誅之。彥範以事既竟，不欲廣誅，遽解其兵。柬之固爭不果。」狄梁公傳曰：「袁謂張公曰：『昔有遺言，使先收梁王武三思，豈可捨諸？』張公曰：『但大事畢功，此皆机上之物，豈有逃乎！』」按舊唐書薛季昶傳、敬暉傳、唐統紀、唐曆、狄梁公傳皆云「張柬之、敬暉不欲誅武三思」，唯御史臺記以爲「柬之固爭，而彥範不從。」新唐書彥範傳亦云，「薛季昶勸誅三思，會日暮事遽，彥範不欲廣殺，因曰：『三思机上肉耳，留爲天子藉手。』季昶歎曰：『吾無死所矣。』」按柬之時爲宰相，首建此謀，當是與桓、敬等皆不可，不應獨由彥範也。

上女安樂公主適三思子崇訓。上官婉兒，儀之女孫也，儀死，上官儀死見二百一卷高宗麟德元年。沒入掖庭，辯慧善屬文，屬，之欲翻。明習吏事。則天愛之，自聖曆以後，百司表奏多令參決；及上卽位，又使專掌制命，益委任之，拜爲婕妤，婕妤，音接予。用事於中。三思通焉，故黨於武氏，又薦三思於韋后，引入禁中，上遂與三思圖議政事，張柬之等皆受制於三思矣。考異曰：舊傳云：「誅易之明日，三思因韋后之助，潛入宮中，內行相事，反易國政。居數日，五王皆失柄，受制於三思矣。」事似傷速。今微加刪改。上使韋后與三思雙陸，雙陸者，投瓊以行十二棊，各行六棊，故謂之雙陸。而自居旁爲之點籌；三思遂與后通，由是武氏之勢復振。

張柬之等數勸上誅諸武，上不聽。爲，于僞翻。復，扶又翻，又如字。數，所角翻；下上數同。柬之等曰：「革命之際，宗室諸李，誅夷略盡；今賴天地之靈，陛下返正，而武氏濫官僭爵，按堵如故，豈遠近所望邪！願頗抑損其祿位以慰天下！」又不聽。柬之等或撫牀歎憤，或彈指出血，曰：「主上昔爲英王，時稱勇烈，吾所以不誅諸武者，欲使上自誅之以張天子之威耳。今反如此，事勢已去，知復柰何！」復，扶又翻。張，知亮翻。

上數微服幸武三思第，監察御史清河崔皎密疏諫曰：清河，漢縣，後漢和帝改曰甘陵，晉復舊名，唐帶貝州。「國命初復，則天皇帝在西宮，上陽宮在洛陽宮城之西，故曰西宮。人心猶有附會；周之舊臣，列居朝廷，陛下柰何輕有外遊，不察豫且之禍！」白龍魚服，見困豫且。且，子余翻。上洩之，三思之黨切齒。

丙寅，以太子賓客武三思爲司空、同中書門下三品。

7 左散騎常侍譙王重福，上之庶子也；散，悉亶翻。騎，奇寄翻。重，直龍翻；下同。其妃，張易之之甥。韋后惡之，惡，烏路翻。譖於上曰：「重潤之死，重福爲之也。」重潤死見上卷長安元年。由是貶濮州員外刺史，又改均州刺史，舊志，濮州，京師東北一千五百七十里，至東都七百二十五里。均州，京師東南九百三十里，至東都九百一十七里。常令州司防守之。

8 丁卯，以右散騎常侍安定王武攸暨爲司徒、定王。

9 辛未，相王固讓太尉及知政事，許之；又立爲皇太弟，相王固辭而止。相，息亮翻。

10 甲戌，以國子祭酒始平祝欽明同中書門下三品，黃門侍郎、知侍中事韋安石爲刑部尚書，罷知政事。

11 丁丑，武三思、武攸暨固辭新官爵及政事，許之，並加開府儀同三司。

12 立皇子義興王重俊爲衞王，北海王重茂爲溫王；仍以重俊爲洛州牧。重，直龍翻。

13 三月，甲申，制：「文明已來破家子孫皆復舊資廕，唯徐敬業、裴炎不在免限。」韋、武之意也。

14 丁亥，制：「酷吏周興、來俊臣等，已死者追奪官爵，存者皆流嶺南惡地。」按舊書，此時酷吏之存者，唐奉一、李秦授、曹仁哲。

15 己丑，以袁恕己爲中書令。

16 以安車徵安平王武攸緒於嵩山，武攸緒隱嵩山，見二百五卷萬歲通天元年。既至，除太子賓客；固請還山，許之。

17 制：「梟氏、蟒氏皆復舊姓。」梟、蟒氏見二百卷高宗永徽六年。梟，工堯翻。

18 術士鄭普思、尚衣奉御葉靜能葉，舊音攝，後音木葉之葉。吳志孫晧傳有都尉葉雄。皆以妖妄爲上所信重，妖，於喬翻。夏，四月，墨敕以普思爲祕書監，靜能爲國子祭酒。墨敕出於禁中，不由中書門下。桓彥範、崔玄暐固執不可，上曰：「已用之，無容遽改。」彥範曰：「陛下初卽位，下制云：『政令皆依貞觀故事。』貞觀中，魏徵、虞世南、顏師古爲祕書監，孔穎達爲國子祭酒，豈普思、靜能之比乎！」庚戌，左拾遺李邕上疏，以爲「詩三百，一言以蔽之，曰『思無邪』。引論語孔子之言。上，時掌翻。疏，所去翻。若有神仙能令人不死，則秦始皇、漢武帝得之矣；佛能爲人福利，則梁武帝得之矣。堯、舜所以爲帝王首者，亦脩人事而已。尊寵此屬，何補於國！」上皆不聽。

19 上卽位之日，驛召魏元忠於高要；魏元忠貶，見上卷長安三年。丁卯，至都，拜衞尉卿、同平章事。

20 甲戌，以魏元忠爲兵部尚書，韋安石爲吏部尚書，李懷遠爲右散騎常侍，唐休璟爲輔國大將軍，璟，俱永翻。崔玄暐檢校益府長史，楊再思檢校楊府長史，祝欽明爲刑部尚書，並同中書門下三品。元忠等皆以東宮舊僚褒之也。史言中宗命相，非以德授。

21 乙亥，以張柬之爲中書令。

22 戊寅，追贈故邵王重潤爲懿德太子。

23 五月，壬午，遷周廟七主於西京崇尊廟。周立七廟，見二百四卷武后天授元年；崇尊廟見天授二年。制：「武氏三代諱，奏事者皆不得犯。」

24 乙酉，立太廟、社稷於東都。

25 以張柬之等及武攸暨、武三思、鄭普思等十六人皆爲立功之人，賜以鐵券，自非反逆，各恕十死。

26 癸巳，敬暉等帥百官上表，以爲：「五運迭興，五運謂五德之運。帥，讀曰率。事不兩大。天授革命之際，宗室誅竄殆盡，豈得與諸武並封！今天命惟新，而諸武封建如舊，並居京師，開闢以來未有斯理。願陛下爲社稷計，順遐邇心，降其王爵以安內外。」上不許。敬暉等畏武三思之讒，以考功員外郎崔湜爲耳目，伺其動靜。湜，常職翻。伺，相吏翻。湜見上親三思而忌暉等，乃悉以暉等謀告三思，反爲三思用；三思引爲中書舍人。湜，仁師之孫也。崔仁師見一百九十二卷太宗貞觀元年。

先是，殿中侍御史南皮鄭愔諂事二張，南皮縣，漢屬勃海郡，唐武德初屬景州，貞觀初屬滄州。先，悉薦翻。愔，於今翻。二張敗，貶宣州司士參軍，坐贓，亡入東都，舊志，宣州至東都二千五百一十里。私謁武三思。初見三思，哭甚哀，既而大笑。三思素貴重，甚怪之，愔曰：「始見大王而哭，哀大王將戮死而滅族也。後乃大笑，喜大王之得愔也。大王雖得天子之意，彼五人皆據將相之權，五人謂張柬之、敬暉、桓彥範、崔玄暐、袁恕己也。膽略過人，廢太后如反掌。大王自視勢位與太后孰重？彼五人日夜切齒欲噬大王之肉，非盡大王之族不足以快其志。大王不去此五人，危如朝露，去，羌呂翻。朝露易晞。而晏然尙自以爲泰山之安，此愔所以爲大王寒心也。」爲，于僞翻；下因爲同。三思大悅，與之登樓，問自安之策，引爲中書舍人，與崔湜皆爲三思謀主。

三思與韋后日夜譖暉等，云「恃功專權，將不利於社稷。」上信之。三思等因爲上畫策，「不若封暉等爲王，罷其政事，外不失尊寵功臣，內實奪之權。」上以爲然，甲午，以侍中齊公敬暉爲平陽王，桓【章：十二行本「桓」上有「譙公」二字；乙十一行本同；孔本同；張校同。】彥範爲扶陽王，中書令漢陽公張柬之爲漢陽王，南陽公袁恕己爲南陽王，特進、同中書門下三品博陵公崔玄暐爲博陵王，考異曰：統紀曰：「太后善自粉飾，雖子孫在側，不覺其衰老。及在上陽宮，不復櫛頮，形容羸悴。上入見，大驚。太后泣曰：『我自房陵迎汝來，固以天下授汝矣，而五賊貪功，驚我至此。』上悲泣不自勝，伏地拜謝死罪。由是三思等得入其謀。」按中宗頑鄙不仁，太后雖毀容涕泣，未必能感動移其意。其所以疏忌五王，自用韋后、三思之言耳。今不取。五王尊卑，先後不定。實錄，誅張易之時以張柬之爲首，賜鐵券以崔玄暐爲首，封王及謫爲司馬、長流皆以敬暉爲首，舊傳及開元復官詔並以桓彥範爲首。按長安四年，六月，玄暐爲鸞臺侍郎、平章事。十月，張柬之自秋官侍郎同平章事，十一月，守鳳閣侍郎。誅易之時，唯此二人爲相。神龍元年，正月，袁恕己自司刑少卿爲鳳閣侍郎、同平章事；庚戌，張柬之爲夏官尚書，玄暐守內史，敬暉、桓彥範並爲納言；三月，恕己守中書令；四月，柬之爲中書令，敬暉爲侍中。五王遷轉先後如此。疑實錄但以誅易之時柬之首謀，故以柬之爲首。暉與彥範同爲侍中，疑侍中在中書令上，故削諸武表及罷政事皆以暉爲首。賜鐵券時，玄暐已加特進，暉等罷政方加特進，而玄暐如舊，疑特進雖散階而品秩最高，故以玄暐爲首。彥範與暉同爲侍中，而彥範被禍最酷，疑開元詔及史官特以爲首，未必以當時位次也。天后、中宗時，侍中疑在中書令上。罷知政事，賜金帛鞍馬，令朝朔望；朝，直遙翻。仍賜彥範姓韋氏，與皇后同籍。尋又以玄暐檢校益州長史、知都督事，又改梁州刺史。益州，京師西南二千三百七十九里，至東都三千二百一十六里。梁州至京師一千二百二十三里，東都二千七十八里。三思令百官復脩則天之政，復，扶又翻，下溫復同。不附武氏者斥之，爲五王所逐者復之，大權盡歸三思矣。

五王之請削武氏諸王也，求人爲表，衆莫肯爲。中書舍人岑羲爲之，語甚激切；中書舍人偃師畢構次當讀表，辭色明厲。三思既得志，羲改祕書少監，出構爲潤州刺史。潤州，京師東南二千八百二十一里，至東都一千七百九十七里。

易州刺史趙履溫，桓彥範之妻兄也。彥範之誅二張，稱履溫預其謀，召爲司農少卿，履溫以二婢遺彥範；遺，于季翻。及彥範罷政事，履溫復奪其婢。

上嘉宋璟忠直，屢遷黃門侍郎。武三思嘗以事屬璟，屬，之欲翻。璟正色拒之曰：「今太后既復子明辟，王當以侯就第，何得尚干朝政！朝，直遙翻。獨不見產、祿之事乎！」

27 以韋安石兼檢校中書令，魏元忠兼檢校侍中，又以李湛爲右散騎常侍，趙承恩爲光祿卿，楊元琰爲衞尉卿。

先是，元琰知三思浸用事，請棄官爲僧，上不許。敬暉聞之，笑曰：「使我早知，勸上許之，髡去胡頭，豈不妙哉！」先，悉薦翻。去，羌呂翻。元琰多鬚類胡，故暉戲之。元琰曰：「功成名遂，不退將危。此乃由衷之請，衷，誠也；由衷，言出於誠心。非徒然也。」暉知其意，瞿然不悅。瞿，九遇翻。瞿然，驚視貌。及暉等得罪，元琰獨免。

28 上官婕妤勸韋后襲則天故事，上表請天下士庶爲出母服喪三年，上，時掌翻。爲，于僞翻。所以感動帝心，令其念武后也。又請百姓年二十三爲丁，五十九免役，唐制，二十一爲丁，六十爲老。改易制度以收時望。制皆許之。

29 癸卯，制，降諸武，梁王三思爲德靜王，定王攸曁爲樂壽王，皆降封縣王也。德靜縣屬夏州；

樂壽縣屬深州。河內王懿宗等十二人皆降爲公，以厭人心。樂，音洛。厭，於協翻。

30 甲辰，以唐休璟爲左僕射，同中書門下三品如故；璟，俱永翻。豆盧欽望爲右僕射。

31 六月，壬子，以左驍衛大將軍裴思說充靈武軍大總管，以備突厥。驍，堅堯翻。說，讀曰悅。厥，九勿翻。

32 癸亥，命右僕射豆盧欽望，有軍國重事，中書門下可共平章。先是，僕射爲正宰相，先，悉薦翻。其後多兼中書門下之職，午前決朝政，朝，直遙翻。午後決省事。省事，尚書省事也。至是，欽望專爲僕射，不敢預政事，故有是命。是後專拜僕射者，不復爲宰相矣。復，扶又翻。

又以韋安石爲中書令，魏元忠爲侍中，楊再思檢校中書令。

33 丁卯，祔孝敬皇帝於太廟，號義宗。故太子弘謚孝敬皇帝，帝兄也。

34 戊辰，洛水溢，流二千餘家。

35 秋，七月，辛巳，以太子賓客韋巨源同中書門下三品，西京留守如故。守，式又翻。

36 特進漢陽王張柬之表請歸襄州養疾；乙未，以柬之爲襄州刺史，不知州事，給全俸。唐制，特進正二品，郡王從一品；從品高給一品，月俸八千，食料一千八百，雜用一千二百。上州刺史從三品，月俸五千一百，雜用九百。

37 河南、北十七州大水。八月，戊申，以水災求直言。右衛騎曹參軍西河宋務光上疏，唐諸衛府有倉、兵、騎、胄四曹參軍，騎曹參軍掌外内雜畜簿帳牧養，凡府馬承直，以遠近分七番，月一易之，以敕出宮城者給馬。西河縣屬汾州。騎，奇寄翻。上，時掌翻。疏，所去翻。以爲：「水陰類，臣妾之象，恐後庭有干外朝之政者，朝，直遙翻。宜杜絶其萌。今霖雨不止，乃閉坊門以禳之，至使里巷謂坊門爲宰相，言朝廷使之燮理陰陽也。宋白曰：唐制，久雨則閉坊市北門以祈晴。又，太子國本，宜早擇賢能而立之。又，外戚太盛，如武三思等，宜解其機要，厚以祿賜。又，鄭普思、葉靜能以小技竊大位，亦朝政之蠹也。」疏奏，不省。技，渠綺翻。朝，直遙翻。省，悉景翻。

38 壬戌，追立妃趙氏爲恭皇后，趙妃死見二百二卷高宗上元二年。考異曰：舊本紀云「甲子」，今從實録。孝敬皇帝妃裴氏爲哀皇后。

39 九月，壬午，上祀昊天上帝、皇地祇于明堂，以高宗配。

40 初，上在房陵，州司制約甚急；刺史河東張知謇、靈昌崔敬嗣河東，舊蒲阪也，帶河東郡；隋廢郡，改蒲阪爲河東縣；唐因之，帶蒲州。隋分酸棗縣，置靈昌縣，因河津以爲名；唐屬滑州。謇，九輦翻。獨待遇以禮，供給豐贍。贍，而豔翻。上德之，擢知謇自貝州刺史爲左衛將軍，賜爵范陽公。敬嗣已卒，求得其子汪，嗜酒，不堪釐職，除五品散官。唐六典，隋煬帝置朝請大夫爲正五品散官。隋文帝置朝散大夫爲正四品散官，煬帝改從五品下。

41 改葬上洛王韋玄貞，其儀皆如太原王故事。武士彠封太原王。

42 癸巳，太子賓客、同中書門下三品韋巨源罷爲禮部尚書，以其從父安石爲中書令故也。從，才用翻。

43 以左衞將軍上邽紀處訥兼檢校太府卿，處訥娶武三思之妻姊故也。處，昌呂翻。

44 冬，十月，命唐休璟留守京師。守，式又翻。

45 癸亥，上幸龍門；乙丑，獵於新安而還。還，從宣翻，又如字。

46 辛未，以魏元忠爲中書令，楊再思爲侍中。

47 十一月，戊寅，羣臣上皇帝尊號曰應天皇帝，皇后曰順天皇后。上，時掌翻。壬午，上與后謁謝太廟，赦天下；相王、太平公主加實封，皆滿萬戶。相，息亮翻。

48 己丑，上御洛城南樓，洛陽皇城之西南曰洛城門，門內卽洛城殿。觀潑寒胡戲。潑寒胡戲卽乞寒胡戲，本出於胡中西域康國，十一月鼓舞乞寒，以水交潑爲樂，武后末年始以季冬爲之。清源尉呂元泰上疏，以爲「謀時寒若，清源縣屬幷州，隋於古梗陽城置，以水爲名。書洪範曰：謀時寒若。註云：君能謀則時寒順之。若，順也。上，時掌翻。疏，所去翻。何必裸身揮水，鼓舞衢路以索之！」裸，郎果翻。索，山客翻。疏奏，不納。

49 壬寅，則天崩於上陽宮，年八十二。遺制：「去帝號，去，羌呂翻。稱則天大聖皇后。王、蕭二族及褚遂良、韓瑗、柳奭親屬皆赦之。」武后之立也，王皇后、蕭淑妃幽廢，不得良死，褚遂良、韓瑗以諫死，柳奭以王后親屬死，其親屬皆流竄。

上居諒陰，以魏元忠攝冢宰三日。元忠素負忠直之望，中外賴之；武三思憚之，矯太后遺制，慰諭元忠，賜實封百戶。元忠捧制，感咽涕泗，見者曰：「事去矣！」知其不敢復論武氏事也。

十二月，丁卯，上始御同明殿見羣臣。見，賢遍翻。六典：東都皇宮南面三門，中曰應天，左曰興教，右曰光政。光政之北曰明福，明福之西曰崇賢門，其內曰集賢殿，集賢之東曰億歲殿，又東曰同明殿。

50 太后將合葬乾陵，給事中嚴善思上疏，以爲：「乾陵玄宮以石爲門，鐵錮其縫，縫，扶用翻。今啓其門，必須鐫鑿。神明之道，體尚幽玄，動衆加功，恐多驚黷。況合葬非古，漢時諸陵，皇后多不合葬，魏、晉已降，始有合者。望於乾陵之傍更擇吉地爲陵，若神道有知，幽塗自當通會；若其無知，合之何益！」不從。

51 是歲，戶部奏天下戶六百一十五萬，口三千七百一十四萬有畸。

二年（丙午、七〇六）

1 春，正月，戊戌，以吏部尚書李嶠同中書門下三品，中書侍郎于惟謙同平章事。

2 閏月，丙午，制：「太平、長寧、安樂、宜城、新都、定安、金城公主並開府，置官屬。」自長寧以下皆皇女也。樂，音洛。

3 武三思以敬暉、桓彥範、袁恕己尚在京師，忌之，乙卯，出爲滑、洺、豫三州刺史。舊志，滑州去京師一千四百四十里，東都五百三十里。洺州，京師東北一千五百八十五里，至東都八百五十七里。豫州，去京師一千五百四十里，至東都六百七十里。考異曰：實錄、新紀、新舊列傳皆不見崔玄暐及暉等出爲刺史年月，惟舊紀及統紀、唐曆有此三人。蓋玄暐先已出矣，但不知何時。然暉等貶爲司馬時，乃刺朗、亳、郢、均四州，蓋於後又經遷徙矣。唐曆、統紀以爲在王同皎誅後，今從之。

4 賜閿鄉僧萬回號法雲公。萬回姓張氏。初，母祈於觀音像而妊回，回生而愚，八九歲乃能語，雖父母亦以豚犬畜之。其兄戍役於安西，音問隔絕，父母遣其問訊，一日，朝齎所備而往，夕返其家，父母異之。弘農去安西萬里，以其萬里而回，因號萬回。武后賜之錦袍金帶。

5 甲戌，以突騎施酋長烏質勒爲懷德郡王。騎，奇寄翻。酋長，上慈由翻，下知兩翻。

6 二月，乙未，以刑部尚書韋巨源同中書門下三品，仍與皇后敘宗族。

7 丙申，僧慧範等九人並加五品階，賜爵郡、縣公；道士史崇恩等加【章：十一行本「加」上有「三人」二字；乙十一行本同。】五品階，除國子祭酒，同正；唐會要曰：永徽五年，蔣孝璋除尚藥奉御，員外特置，仍同正員。員外官自此始也。葉靜能加金紫光祿大夫。

8 選左、右臺及內外五品以上官二十人爲十道巡察使，使，疏吏翻。委之察吏撫人，薦賢直獄，二年一代，考其功罪而進退之。易州刺史魏人姜師度、禮部員外郎馬懷素、殿中侍御史臨漳源乾曜、監察御史靈昌盧懷慎、衛尉少卿滏陽李傑皆預焉。魏縣，漢屬魏郡，時屬魏州，晉愍帝諱鄴，改鄴爲臨漳，時鄴城已淪覆矣。後趙復爲鄴縣。東魏分鄴、內黄、斥丘、肥鄉，置臨漳縣，屬魏郡，周、隋、唐屬相州。滏陽，漢武安縣地，後周置滏陽縣，屬相州。滏，音釜。

9 三月，甲辰，中書令韋安石罷爲戶部尚書；戶部尚書蘇瓌爲侍中、西京留守。守，手又翻。瓌，頲之父也。頲，他鼎翻。唐休璟致仕。

10 初，少府監丞弘農宋之問及弟兗州司倉之遜弘農縣帶虢州，治弘農川。唐制，倉曹司倉參軍事掌租調、公廨、庖廚、倉庫、市肆。皆坐附會張易之貶嶺南，逃歸東都，匿於友人光祿卿、駙馬都尉王同皎家。同皎疾武三思及韋后所爲，每與所親言之，輒切齒。之遜於簾下聞之，密遣其子曇及甥校書郎李悛告三思，欲以自贖。三思使曇、悛及撫州司倉冉祖雍撫州，漢南昌南城縣地，吳孫亮分置臨川郡，隋平陳，置撫州。曇，徒含翻。悛，丑緣翻。上書告同皎與洛陽人張仲之、祖延慶、武當丞壽春周憬等壽春縣，漢屬淮南郡，晉避鄭太后諱，改曰壽陽，隋復曰壽春縣，帶壽州。憬，俱永翻。潛結壯士，謀殺三思，因勒兵詣闕，廢皇后。上命御史大夫李承嘉、監察御史姚紹之按其事，又命楊再思、李嶠、韋巨源參驗。仲之言三思罪狀，事連宮壼。壼，苦本翻。再思、巨源陽寐不聽；嶠與紹之命反接送獄。仲之還顧，言不已，紹之命檛之，折其臂。仲之大呼曰：檛，則瓜翻。折，而設翻。呼，火故翻。「吾已負汝，死當訟汝於天！」庚戌，同皎等皆坐斬，考異曰：御史臺記曰：「同皎與張仲之等謀誅三思，爲宋曇所發。御史大夫李承嘉、御史姚紹之按問，事連椒宮，內敕宰相問對。諸宰佯假寐無所聞，獨嶠與承嘉竊議，同皎、仲之等遇族。」又曰：「張仲之等謀誅武三思，宋之遜子曇知其謀，將發之，未果。會冉祖雍、李悛於路白之，雍、悛以聞。」又曰：「張仲之、宋之遜、祖延慶謀於衣袖中發銅弩射三思，伺其便未果。之遜子曇密發之，敕李承嘉與紹之按於新開門內。初，紹之將直其事，未定，敕宰相對問。諸相畏三思，但僶俛佯不聞仲之、延慶言。諸相中有附會三思者，屢與承嘉耳言，復說誘紹之，事乃變，遂密置人力十餘，命引仲之對問，至則塞口反接，送繫所。紹之還謂仲之曰：『張三，事不諧矣！』仲之固言三思反狀，紹之命檛之而臂折，仲之大呼天者六七，謂紹之：『反賊！我臂且折矣，已輸你，當訴爾於天曹！』乃自誣反而遇族。」朝野僉載曰：「初，之遜諂附張易之兄弟，出爲兗州司倉，遂亡歸，王同皎匿之於小房。皎，慷慨之士也，忿逆韋與武三思亂國，與一二所親論之，每至切齒。之遜於簾下竊聽之，遣姪曇上書告之，以希逆韋之旨。武三思等果大怒，奏誅同皎之黨。」實錄：「同皎與周憬等潛謀誅三思，乃招集將士，期以則天靈駕發引因劫殺三思。李悛等知而告三思，三思因言同皎等謀反，竟坐斬。」唐曆、統紀亦與實錄略同，而云「仲之誤泄於友人宋之問，之問僞應之，祖雍、之遜亦預其謀，既而背之。李悛，之問甥也，命以告三思，因言同皎謀反。」舊傳云：「之問左遷瀧州參軍，未幾逃還，匿於張仲之家。仲之與同皎等謀殺武三思，之問令兄子發其事以自贖。及同皎等獲罪，起之問爲鴻臚主簿。」按三思得幸於中宗、韋后，權傾天下，同皎等若擅殺之，豈得晏然無事！苟無脅君之志，豈得輕爲此謀！又云「袖中發銅弩」，此則殆同兒戲。蓋忿疾三思，或與仲之、憬等有欲殺之言，而之遜等以告三思，三思因教曇等誣告同皎，云謀於靈駕發引日劫殺三思，因廢皇后謀反耳。今從僉載。籍沒其家。周憬亡入比干廟中，大言曰：「比干古之忠臣，知吾此心。三思與皇后淫亂，傾危國家，行當梟首都市，恨不及見耳！」遂自剄。梟，堅堯翻。

到，古頂翻。之問、之遜、曇、悛、祖雍並除京官，京官，謂在京職官也，亦謂之京司官。加朝散大夫。朝，直遙翻。散，悉亶翻。

11武三思與韋后日夜譖敬暉等不已，復左遷暉爲朗州刺史，崔玄暐爲均州刺史，桓彥範爲亳州刺史，袁恕己爲郢州刺史；郢州，漢竟陵縣地，江左置竟陵郡，西魏置溫州，後周置郢州。復，扶又翻。與暉等同立功者皆【章：十二行本「皆」上有「薛思行等」四字；乙十一行本同；孔本同；張校同；退齋校同。】以爲黨與坐貶。

12大置員外官，自京司及諸州凡二千餘人，宦官超遷七品以上員外官者又將千人。

魏元忠自端州還，爲相，魏元忠先貶高要尉。高要縣帶端州。相，息亮翻。不復強諫，復，扶又翻。惟與時俯仰，中外失望。酸棗尉袁楚客酸棗縣，漢、晉屬陳留郡，後齊廢，隋開皇六年復置，屬鄭州，唐屬滑州。致書元忠，以爲：「主上新服厥命，惟新厥德，引書咸有一德之文。當進君子，退小人，以興大化，豈可安其榮寵，循默而已！今不早建太子，擇師傅而輔之，一失也。公主開府置僚屬，二失也。崇長緇衣，使遊走權門，借勢納賂，三失也。俳優小人，盜竊品秩，四失也。有司選進賢才，皆以貨取勢求，五失也。寵進宦者，殆滿千人，爲長亂之階，六失也。長，知兩翻。王公貴戚，賞賜無度，競爲侈靡，七失也。廣置員外官，傷財害民，八失也。先朝宮女，得自便居外，出入無禁，交通請謁，九失也。九失，指言上官婕妤、賀婁尚宮之類。朝，直遙翻。左道之人，熒惑主聽，盜竊祿位，十失也。十失指言葉靜能、鄭普思之類。凡此十失，君侯不正，誰與正之哉！」元忠得書，愧謝而已。

13 夏，四月，改贈后父韋玄貞爲酆王，后四弟皆贈郡王。四弟，洵、浩、洞、泚也。

14 己丑，左散騎常侍、同中書門下三品李懷遠致仕。

15 處士韋【章：十二行本「韋」上有「京兆」二字；乙十一行本同；孔本同。】月將上書告武三思潛通宮掖，必爲逆亂；處，昌呂翻。上大怒，命斬之。黄門侍郎宋璟奏請推按，璟，俱永翻。上益怒，不及整巾，屣履出側門，側門，非正出之門。程大昌曰：唐大明宮朝堂外左、右金吾仗之側，有曰側門者，以其在端門旁側也。以長安大明宮之側門推之，則洛陽宮之側門從可知也。屣，所徙翻，履不躡跟也。謂璟曰：「朕謂已斬，乃猶未邪！」命趣斬之。趣，與趨同，尺玉翻。璟曰：「人言宮中私於三思，陛下不問而誅之，臣恐天下必有竊議。」固請按之，上不許，璟曰：「必欲斬月將，請先斬臣！不然，臣終不敢奉詔。」上怒少解。少，詩沼翻。左御史大夫蘇珦、珦，式亮翻。給事中徐堅、大理卿長安尹思貞皆以爲方夏行戮，有違時令。上乃命與杖，流嶺南。過秋分一日，平曉，廣州都督周仁軌斬之。考異曰：朝野僉載曰：「周仁軌過秋分一日平曉斬之，有敕捨之而不及。」統紀，月將死附於此年末，唐紀在二月，舊傳、唐曆皆在五王死後。按此年七月殺敬暉等，若在後，徐堅表不得云「朱夏在辰」，思貞不得云「發生之月也」。今約其事附於此月。

16御史大夫李承嘉附武三思，詆尹思貞於朝，朝，直遙翻。思貞曰：「公附會姦臣，將圖不軌，先除忠臣邪！」承嘉怒，劾奏思貞，出爲青州刺史。舊志，青州，京師東北二千五百二十里，至東都一千五百七里。或謂思貞曰：「公平日訥於言，及廷折承嘉，何其敏邪？」折，之舌翻。思貞曰：「物不能鳴者，激之則鳴。承嘉恃威權相陵，僕義不受屈，亦不知言之從何而至也。」

17武三思惡宋璟，惡，烏路翻。出之檢校貝州刺史。舊志：貝州，京師東北一千七百八十二里，至東都九百九十三里。

18五月，庚申，葬則天大聖皇后於乾陵。

19武三思使鄭愔告朗州刺史敬暉、亳州刺史韋彥範、桓彥範時賜姓韋，因而稱之。愔，於今翻。亳，旁各翻。襄州刺史張柬之、郢州刺史袁恕己、均州刺史崔玄暐與王同皎通謀，六月，戊寅，貶暉崖州司馬，彥範瀧州司馬，柬之新州司馬，恕己竇州司馬，玄暐白州司馬，瀧，所江翻。白州，漢合浦縣地，武德初置南州，仍分合浦置博白縣，六年改曰白州。考異曰：唐曆、統紀，皆於王同皎誅後即云「三思令宣州司功鄭愔誣柬之等與王同皎謀反，又貶玄暐等四人爲僻遠州刺史。」按愔若於時已告云謀反，則豈應猶得刺史？又云告柬之等，而柬之豈得獨不貶！今從實錄。並員外置，仍長任，削其勳封；復彥範姓桓氏。

20初，韋玄貞流欽州而卒，流欽州見二百三卷武后光宅元年。卒，子恤翻。蠻酋甯承基兄弟逼取其女，酋，慈由翻。妻崔氏不與，承基等殺之，及其四男洵、浩、洞、泚，洵，音荀。泚，且禮翻。上命廣州都督周仁軌使將兵二萬討之。將，卽亮翻。承基等亡入海，仁軌追斬之，以其首祭崔氏墓，殺掠其部衆殆盡。上喜，加仁軌鎭國大將軍，唐武散官無鎭國大將軍，蓋中宗創置以寵仁軌也。充五府大使，五府，廣、桂、邕、容、瓊五都督府也。使，疏吏翻。賜爵汝南郡公。韋后隔簾拜仁軌，以父事之。及韋后敗，仁軌以黨與誅。考異曰：朝野僉載曰：「韋氏遭則天廢廬陵之後，后父韋玄貞與妻女等並流嶺南，被首領甯氏大族逼奪其女，不伏，遂殺貞夫妻，七娘等並奪去。及孝和卽位，皇后當途，廣州都督周仁軌將兵誅甯氏，走入南海，軌追之，殺掠並盡。韋后隔簾拜，以父事之，用爲幷州長史。後阿韋作逆，軌以黨與誅。」今從實錄，參取諸書。

21 秋，七月，戊申，立衞王重俊爲太子。重，直龍翻。太子性明果，而官屬率貴遊子弟，所爲多不法；左庶子姚珽屢諫，不聽，爲太子不終張本。珽，待鼎翻。珽，璹之弟也。姚璹相武后。璹，殊玉翻。

22 丙寅，以李嶠爲中書令。

23 上將還西京，辛未，左散騎常侍李懷遠同中書門下三品，充東都留守。散，悉亶翻。騎，奇寄翻。守，式又翻。

24 武三思陰令人疏皇后穢行，牓於天津橋，行，下孟翻。請加廢黜。上大怒，命御史大夫李承嘉窮覈其事。承嘉奏言：「敬暉、桓彥範、張柬之、袁恕己、崔玄暐使人爲之，雖云廢后，實謀大逆，請族誅之。」三思又使安樂公主譖之於內，安樂公主下嫁三思子崇訓，故得使之譖五王。樂音洛。侍御史鄭愔言之於外，上命法司結竟。結竟者，結其罪、竟其獄也。或曰：竟，盡也，盡其命也。愔，於今翻。大理丞三原李朝隱奏稱：「暉等未經推鞫，不可遽就誅夷。」朝，直遙翻。大理丞裴談奏稱：「暉等宜據制書處斬籍沒，不應更加推鞫。」處，昌呂翻。上以暉等嘗賜鐵券，許以不死，乃長流暉於瓊州，考異曰：實錄初云「嘉州」，後云「崔州」；新本紀作「嘉州」；舊傳作「崔州」。今從統紀、新傳。彥範於瀼州，柬之於瀧州，武德四年，平蕭銑，分隋永熙郡之瀧水縣置瀧州。瀧，所江翻。瀼州，隋將劉方始開此路。貞觀十二年，尋劉方故道，行達交趾，開拓夷獠，置瀼州。州在鬱林西南交趾之東，北有瀼水，以爲州名。恕己於環州，貞觀十二年，李弘節開拓生蠻，置環州，取環王國爲名，屬嶺南道。玄暐於古州，古州，亦李弘節開夷獠置。子弟年十六以上，皆流嶺外。擢承嘉爲金紫光祿大夫，進爵襄武郡公，談爲刑部尚書；出李朝隱爲聞喜令。

三思又諷太子上表，請夷暉等三族；上不許。

中書舍人崔湜說三思曰：「暉等異日北歸，終爲後患，不如遣使矯制殺之。」三思問誰可使者，湜薦大理正周利用。【嚴：「用」改「貞」；下同。】利用先爲五王所惡，貶嘉州司馬，乃以利用攝右臺侍御史，奉使嶺外。比至，柬之、玄暐已死，遇彥範於貴州，說，輸芮翻。使，疏吏翻。惡，烏路翻。比，毗至翻。貴州，漢廣鬱縣地，古西甌駱越所居，後漢谷永爲鬱林太守，降烏滸人十餘萬，開置七縣，卽此處也。地在廣州西南、安南府之北，邕管所管郡縣是也。隋分鬱林置鬱平縣，屬南定州，武德曰南尹州，貞觀八年曰貴州。令左右縛之，曳於竹槎之上，槎，鉏加翻。肉盡至骨，然後杖殺。得暉，咼而殺之。恕己素服黃金，利用逼之使飲野葛汁，本草：鉤吻，一名野葛。陶弘景曰：言其入口鉤人喉吻。覈事而言，乃是兩物，未詳云何。嶺表錄異曰：野葛，毒草也，俗呼爲胡蔓草，誤食之則用羊血解之。陳藏器曰：人食其葉，飲冷水卽死，冷水發其毒也。彼人以野葛飼人，勿與冷水，至肥大，以冷水飲之，至死。懸尸於樹，汁滴地生菌子，收之，名菌藥，烈於野葛。盡數升不死，不勝毒憤，掊地，勝，音升。掊，薄侯翻。爪甲殆盡，仍捶殺之。捶，止橤翻。利用還，擢拜御史中丞。薛季昶累貶儋州司馬，飲藥死。儋，都甘翻。

三思既殺五王，權傾人主，常言：「我不知代間何者謂之善人，何者謂之惡人；但於我善者則爲善人，於我惡者則爲惡人耳。」

時兵部尚書宗楚客、將作大匠宗晉卿、太府卿紀處訥、鴻臚卿甘元柬皆爲三思羽翼。臚，陵如翻。御史中丞周利用、侍御史冉祖雍、太僕丞李俊、光祿丞宋之遜、監察御史姚紹之皆爲三思耳目，時人謂之五狗。

25 九月，戊午，左散騎常侍、同中書門下三品李懷遠薨。

26 初，李嶠爲吏部侍郎，欲樹私恩，再求入相，奏大置員外官，廣引貴勢親識。既而爲相，銓衡失序，府庫減耗，相，息亮翻。乃更表言濫官之弊，且請遜位；上慰諭不許。

冬，十月，己卯，車駕發東都，以前檢校并州長史張仁愿檢校左屯衛大將軍兼洛州長史。戊戌，車駕至西京。十一月，乙巳，赦天下。

27 丙辰，以蒲州刺史竇從一爲雍州刺史。雍，於用翻。從一，德玄之子也，竇德玄見二百一卷高宗麟德元年。初名懷貞，避皇后父諱，更名從一，更，工衡翻。多諂附權貴。太平公主與僧寺爭碾磑，碾，魚蹇翻。磑，五對翻。激水爲之，不勞人功而自運。雍州司戶李元紘判歸僧寺。唐制：戶曹司戶參軍事掌戶籍計帳、道路過所、蠲符、雜傜、逋負、良賤芻藁、逆旅、婚姻、田訟、旌別孝悌。從一大懼，亟命元紘改判。元紘大署判後曰：「南山可移，此判無動！」從一不能奪。元紘，道廣之子也。李道廣見二百五卷武后萬歲通天元年。

28 初，祕書監鄭普思納其女於後宮，監察御史靈昌崔日用劾奏之，上不聽。監，古銜翻。劾，戶概翻，又戶得翻。普思聚黨於雍、岐二州，謀作亂。事覺，西京留守蘇瓌收繫，窮治之。普思妻第五氏以鬼道得幸於皇后，上敕瓌勿治。及車駕還西京，瓌廷爭之，守，式又翻。瓌，古回翻。治，直之翻。爭，讀曰諍。上抑瓌而佑普思；侍御史范獻忠進曰：「請斬蘇瓌！」上曰：「何故？」對曰：「瓌爲留守大臣，不能先斬普思，然後奏聞，使之熒惑聖聽，其罪大矣。且普思反狀明白，而陛下曲爲申理。臣聞王者不死，殆謂是乎！臣願先賜死，不能北面事普思。」魏元忠曰：「蘇瓌長者，用刑不枉。普思法當死。」上不得已，戊午，流普思於儋州，儋，都甘翻。餘黨皆伏誅。

29 十二月，己卯，突厥默啜寇鳴沙，靈州有鳴沙府。武德二年，以鳴沙縣置會州，貞觀六年，州廢，更置環州，以大河環曲爲名。九年州廢，以縣還屬靈州，是年爲默啜所寇，移治故豐安城。宋白曰：鳴沙本漢富平縣地，後周於此置會州，尋立鳴沙鎮，隋立環州，以大山環曲爲名。此地人馬行沙有聲，異於餘沙，故曰鳴沙。靈武軍大總管沙吒忠義與戰，軍敗，死者六千餘人。吒，初加翻。丁【嚴：「丁」改「辛」。】巳，突厥進寇原、會等州，武德二年以平涼郡會寧鎮置西會州，貞觀八年更名會州。掠隴右牧馬萬餘匹而去。免忠義官。

30 安西大都護郭元振詣突騎施烏質勒牙帳議軍事，騎，奇寄翻。天大風雪，元振立於帳前，與烏質勒語。久之，雪深，元振不移足；烏質勒老，不勝寒，勝，音升。會罷而卒。卒，子恤翻。其子娑葛勒兵將攻元振，娑，素何翻。副使御史中丞解琬知之，使，疏吏翻。解，戶買翻，姓也。勸元振夜逃去，元振曰：「吾以誠心待人，何所疑懼！且深在寇庭，逃將安適！」安臥不動。明旦，入哭，甚哀，娑葛感其義，待元振如初。戊戌，以娑葛襲嗢鹿州都督、懷德王。高宗顯慶元年以突騎施索葛莫賀部置嗢鹿州都督府。嗢，烏沒翻。

31 安樂公主恃寵驕恣，賣官鬻獄，勢傾朝野。朝，直遙翻。或自爲制敕，掩其文，令上署之；上笑而從之，竟不視也。自請爲皇太女，上雖不從，亦不譴責。考異曰：統紀云：「安樂公主私請廢皇太子而立己爲皇太女，帝以問魏元忠，元忠曰：『皇太子國之儲君，生人之本，今既無罪，豈得輒有動搖，欲以公主爲皇太女，駙馬復若爲名號？天下必甚怪愕，恐非公主自安之道。』公主知之，乃奏曰：『元忠，山東木強田舍漢，豈足與論國家權宜盛事、儀注好惡！阿母子尙自爲天子，況兒是公主，作皇太女，有何不可！』」按中宗雖愚，豈不知立皇太女爲不可，何必待元忠之言！今從舊傳。

景龍元年（丁未、七〇七）是年九月方改元。

1春，正月，庚戌，制以突厥默啜寇邊，命內外官各進平突厥之策。右補闕盧俌上疏，俌，方矩翻。以爲：「郤縠悅禮樂，敦詩書，爲晉元帥；左傳：晉文公蒐于被廬，作三軍，謀元帥。趙衰曰：「郤縠可。臣亟聞其言矣，說禮樂而敦詩書。詩書，義之府也；禮樂，德之則也；德義，利之本也。君其試之。」乃使郤縠將中軍。帥，所類翻。杜預射不穿札，建平吳之勳。見八十一卷晉武帝太康元年。是知中權制謀，不取一夫之勇。左傳曰：中權後勁。註曰：中軍制謀。如沙吒忠義，驍將之材，本不足以當大任。又，鳴沙之役，主將先逃，鳴沙之敗，亦指言沙吒忠義。驍，堅堯翻。將，即亮翻。宜正邦憲；賞罰既明，敵無不服。又，邊州刺史，宜精擇其人，使之蒐卒乘，乘，繩證翻。積資糧，來則禦之，去則備之。去歲四方旱災，未易興師。易，以豉翻。當理內以及外，綏近以來遠，俟倉廩實，士卒練，然後大舉以討之。」上善之。

2二月，丙戌，上遣武攸暨、武三思詣乾陵祈雨。既而雨降，上喜，制復武氏崇恩廟及昊陵、順陵，帝既復辟，改武氏崇尊廟爲崇恩廟；太后崩，廢崇恩廟。昊陵、順陵，見二百四卷天授二年。考異曰：舊本紀，「正月己巳，遣武攸暨、武三思往乾陵祈雨於則天皇后。」新本紀，「甲午，褒德榮先陵置令丞。」按長曆，正月庚子朔，無己巳；二月庚午朔，無甲午。今從實錄。因名酆王廟曰褒德，陵曰榮先；去年追封后父韋玄貞爲酆王。又詔崇恩廟齋郎取五品子充。太常博士楊孚曰：「太廟皆取七品已下子爲齋郎，今崇恩廟取五品子，未知太廟當如何？」上命太廟亦準崇恩廟。孚曰：「以臣準君，猶爲僭逆，況以君準臣乎！」上乃止。

3 庚寅，敕改諸州中興寺、觀爲龍興，唐會要，神龍元年，敕天下諸州各置大唐中興寺、觀。觀，古玩翻。自今奏事不得言中興。示襲武氏後，不改其政也。右補闕權若訥上疏，以爲「天、地、日、月等字改制字見二百四卷武后天授元年。皆則天能事，賊臣敬暉等輕紊前規；今削之無益於淳化，存之有光於孝理。又，神龍元年制書，一事以上，並依貞觀故事，豈可近捨母儀，遠尊祖德！」疏奏，手制褒美。史言中宗無是非之心。

4 三月，庚子，吐蕃遣其大臣悉薰熱入貢。吐，從暾入聲。

5 夏，四月，辛巳，以上所養雍王守禮女金城公主妻吐蕃贊普。雍，於用翻。妻，七細翻。

6 五月，戊戌，以左屯衞大將軍張仁愿爲朔方道大總管，以備突厥。

7 上以歲旱穀貴，召太府卿紀處訥謀之。明日，武三思使知太史事迦葉志忠奏：「是夜，攝提入太微宮，姓譜：迦葉，天竺姓。迦，居伽翻。晉天文志，攝提六星直斗杓之南，主建時節，伺機祥。三思特使志忠傅會以獻諛耳。至帝座，太微宮中有太帝之座。主大臣宴見納忠於天子。」上以爲然。史言帝愚暗，爲下所罔。見，賢遍翻。敕稱處訥忠誠，徹於玄象，賜衣一襲，帛六十段。

8 六月，丁卯朔，日有食之。

9 姚嶲道討擊使、監察御史晉昌唐九徵擊姚州叛蠻，破之，晉昌，漢敦煌郡冥安縣地，河西張氏置晉昌郡，隋置瓜州，改冥安爲常樂縣，武德四年復改常樂爲晉昌縣。嶲，音髓。使，疏吏翻。監，古銜翻。斬獲三千餘人。

10 皇后以太子重俊非其所生，惡之；重俊，後宮所生，史失其姓氏。惡，烏路翻。特進德靜王武三思尤忌太子。上官婕妤以三思故，每下制敕，推尊武氏。安樂公主與駙馬左衞將軍武崇訓常陵侮太子，或呼爲奴。婕妤，音接予。樂，音洛。崇訓又教公主言於上，請廢太子，立己爲皇太女。太子積不能平。

秋，七月，辛丑，太子與左羽林大將軍李多祚、將軍李思沖、李承況、獨孤禕、【章：十二行本「禕」下有「之」字；乙十一行本同；孔本同。】沙吒忠義等，禕，吁韋翻。吒，初加翻。矯制發羽林千騎兵三百餘人，騎，奇寄翻。殺三思、崇訓于其第，并親黨十餘人。又使左金吾大將軍成王千里及其子天水王禧分兵守宮城諸門，太子與多祚引兵自肅章門斬關而入，叩閤索上官婕妤。索，山客翻；下同。考異曰：舊紀作「庚子」，今從實錄。實錄云：「斬關而入，索韋氏所在。」舊重俊傳亦云：「求韋庶人及安樂公主所在。」今從舊后妃傳。婕妤大言曰：「觀其意欲先索婉兒，婉兒，上官婕妤名也。次索皇后，次及大家。」上乃與韋后、安樂公主、上官婕妤登玄武門樓以避兵鋒，使右羽林大將軍劉景仁帥飛騎百餘人屯於樓下以自衞。楊再思、蘇瓌、李嶠與兵部尚書宗楚客、左衞將軍紀處訥擁兵二千餘人屯太極殿前，閉門自守。多祚先至玄武樓下，欲升樓，宿衞拒之。多祚與太子狐疑，按兵不戰，冀上問之。宮闈令石城楊思勗在上側，唐制：宮闈局令從七品下，屬內侍省，掌侍奉宮闈，出入管籥。石城縣屬羅州，漢合浦縣地。劉昫曰：宋將檀道濟於綾羅江口築石城，後因置羅州，唐置石城縣。歐陽修曰：以石城水爲名。請擊之。多祚壻羽林中郎將野呼利爲前鋒總管，將，卽亮翻；下同。思勗挺刃斬之，挺，拔也。多祚軍奪氣。上據檻俯謂多祚所將千騎曰：「汝輩皆朕宿衞之士，何爲從多祚反！苟能斬反者，勿患不富貴。」於是千騎斬多祚、承況、禕之、忠義，餘衆皆潰。成王千里、天水王禧攻右延明門，閣本太極宮圖，太極殿之左曰左延明門，右曰右延明門。將殺宗楚客、紀處訥，不克而死。太子以百騎走終南山，至鄠西，能屬者纔數人，走，音奏。鄠，音戶。屬，之欲翻。憩於林下，爲左右所殺。上以其首獻太廟及祭三思、崇訓之柩，然後梟之朝堂。柩，音舊。梟，堅堯翻。朝，直遙翻。更成王千里姓曰蝮氏，同黨皆伏誅。更，工衡翻。蝮，芳福翻。

東宮僚屬無敢近太子尸者，近，其靳翻。唯永和縣丞甯嘉勗解衣裹太子首號哭，貶興平丞。永和，漢狐讘縣地，後周置臨河縣及臨河郡，隋廢郡，改縣曰永和，唐屬隰州。讘，之涉翻。「興平」，新書作「平興」。平興，漢高要縣地，宋置平興縣，帶宋熙郡，隋廢郡，以平興縣屬端州。岐州有興平，畿內也；永和，外縣。嘉勗若自外縣丞得畿縣丞，則非貶矣；此必貶嶺外之平興也。當從新書。號，戶高翻。

太子兵所經諸門守者皆坐流；韋氏之黨奏請悉誅之，上更命法司推斷。大理卿宋城鄭惟忠曰：「大獄始決，人心未安，若復有改推，則反仄者衆矣。」上乃止。守，手又翻。更，工衡翻。斷，丁亂翻。復，扶又翻。

以楊思勗爲銀青光祿大夫，行內常侍。唐內常侍，正五品下，漢世之中常侍也。六典：內侍省內侍四人，內常侍六人。內侍之職，掌在內侍奉，出入宮掖，宣傳詔令，總掖庭宮闈奚官、內僕、內府、五局之官屬；內常侍爲之貳。癸卯，赦天下。

贈武三思太尉、梁宣王，武崇訓開府儀同三司、魯忠王。安樂公主請用永泰公主故事，以崇訓墓爲陵，給事中盧粲駁之，以爲「永泰事出特恩，永泰主死見上卷元年。帝復辟，以主禮改葬，特恩號墓爲陵，亦非禮也。駮，北角翻。今魯王主壻，不可爲比。」上手敕曰：「安樂與永泰無異，同穴之義，今古不殊。」粲又奏：「陛下以膝下之愛施及其夫，施，以豉翻。豈可使上下無辨，君臣一貫哉！」上乃從之。公主怒，出粲爲陳州刺史。舊志，陳州，京師一千五百二十里，東都七百一十七里。

襄邑尉襄陽席豫襄邑縣，漢、晉屬陳留郡，後魏屬陽夏郡，後齊廢，隋開皇十六年復置，屬宋州。襄陽縣帶襄州。聞安樂公主求爲太女，歎曰：「梅福譏切王氏，梅福事見三十一卷漢成帝永始三年。獨何人哉！」乃上書請立太子，言甚深切。太平公主欲表爲諫官，豫恥之，逃去。

11 八月，戊寅，皇后及王公已下表上尊號曰應天神龍皇帝，改玄武門爲神武門，樓爲制勝樓。宗楚客又帥百官表請加皇后尊號曰順天翊聖皇后。帥，讀曰率。上並許之。

12 初，右臺大夫蘇珦治太子重俊之黨，囚有引相王者，珦密爲之申理，珦，許亮翻。治，直之翻。重，直龍翻。相，息亮翻。爲，于僞翻。上乃不問。自是安樂公主及兵部尚書宗楚客日夜謀譖相王，樂，音洛。尚，辰羊翻。使侍御史冉祖雍誣奏相王及太平公主，云「與重俊通謀，請收付制獄。」上召吏部侍郎兼御史中丞蕭至忠，使鞫之，至忠泣曰：「陛下富有四海，不能容一弟一妹，而使人羅織害之乎！相王昔爲皇嗣，固請於則天，以天下讓陛下，事見二百六卷武后聖曆元年。嗣，祥吏翻。累日不食，此海內所知。柰何以祖雍一言而疑之！」上素友愛，遂寢其事。

右補闕浚儀吳兢聞祖雍之謀，浚儀，古大梁也，自漢以來，屬陳留郡。竹書紀年：梁惠王爲大溝，以行圃田之水，縣北有浚水，像而儀之，故曰浚儀。上疏，以爲：「自文明以來，國之祚胤，不絕如綫，上，時掌翻。疏，所去翻。綫，私箭翻。陛下龍興，恩及九族，求之瘴海，升之闕庭。事見上神龍元年。況相王同氣至親，六合無貳，而賊臣日夜連謀，乃欲陷之極法；禍亂之根，將由此始。夫任以權則雖疏必重，奪其勢則雖親必輕。夫，音扶。自古委信異姓，猜忌骨肉，以覆國亡家者，幾何人矣。況國家枝葉無幾，陛下登極未久，而一子以弄兵受誅，一子以愆違遠竄，受誅，謂重俊；遠竄，謂重福。惟餘一弟朝夕左右，尺布斗粟之譏，不可不慎，尺布、斗粟，見十四卷漢文帝七年。青蠅之詩，良可畏也。」青蠅之詩，周人刺幽王信讒也。考異曰：實錄載此事於今年八月，而兢疏云：「陛下登極，于今四稔。」則是明年所上也。蓋至忠所對在今年，而實錄因載兢疏耳。相王寬厚恭謹，安恬好讓，故經武、韋之世，竟免於難。好，呼到翻。難，乃旦翻。

13 初，右僕射、中書令魏元忠以武三思擅權，意常憤鬱。及太子重俊起兵，遇元忠子太僕少卿升於永安門，唐六典：太極宮城南面三門，中曰承天，東曰長樂，西曰永安。脅以自隨；太子死，并【章：十二行本「并」作「升」；乙十一行本同；孔本同；退齋校同；熊校同。】為亂兵所殺。元忠揚言曰：「元惡已死，雖鼎鑊何傷！但惜太子隕沒耳。」上以其有功，且為高宗、武后所重，故釋不問。兵部尚書宗楚客、太府卿紀處訥等共證元忠，云「與太子通謀，請夷其三族。」制不許。元忠懼，表請解官爵，以散秩還第。散，悉亶翻。丙戌，上手敕聽解僕射，以特進、齊公致仕，考異曰：實錄，元忠致仕在九月。今從舊本紀。仍朝朔望。朝，直遙翻。

14 九月，丁卯，以吏部侍郎蕭至忠為黃門侍郎，兵部尚書宗楚客為左衞將軍，兼太府卿紀處訥為太府卿，並同中書門下三品；中書侍郎、同中書門下三品于惟謙罷為國子祭酒。

15 庚子，赦天下，改元。改元景龍。

16 宗楚客等引右衞郎將姚廷筠為御史中丞，使劾奏魏元忠，劾，戶概翻，又戶得翻。以為：

「侯君集社稷元勳，及其謀反，太宗就羣臣乞其命而不得，竟流涕斬之。見一百九十七卷太宗貞觀十七年。其後房遺愛、薛萬徹、齊王祐等爲逆，雖復懿親，皆從國法。齊王祐見一百九十六卷貞觀十七年。房、薛見一百九十九卷高宗永徽四年。復，扶又翻；下一復同。元忠功不逮君集，身又非國戚，與李多祚等謀反，男入逆徒，是宜赤族汙宮。但有朋黨飾辭營救，以惑聖聽，陛下仁恩，欲掩其過。臣所以犯龍鱗，忤聖意者，忤，五故翻。正以事關宗社耳。」上頗然之。元忠坐繫大理，貶渠州司馬。渠州，漢宕渠縣地，後魏置流江縣及流江郡，梁置渠州，後周又爲北宕渠郡，隋復置渠州。舊志：渠州，京師西南二千二百七十里，至東都三千一百九十里。

宗楚客令給事中冉祖雍奏言：「元忠既犯大逆，不應出佐渠州。」楊再思、李嶠亦贊之。上謂再思等曰：「元忠驅使日久，朕特矜容，制命已行，豈容數改！數，所角翻。輕重之權，應自朕出。卿等頻奏，殊非朕意！」再思等惶懼拜謝。

監察御史袁守一復表彈元忠曰：「重俊乃陛下之子，猶加昭憲；元忠非勳非戚，焉得獨漏嚴刑！」甲辰，又貶元忠務川尉。務川，漢西陽縣地。隋開皇末，招慰蟄獠，置務川縣，屬巴東郡；唐置思州。監，古銜翻；下同。彈，徒丹翻。重，直龍翻。焉，於虔翻。

頃之，楚客又令袁守一奏言：令，力丁翻。「則天昔在三陽宮不豫，狄仁傑奏請陛下監國，元忠密奏以爲不可，此則元忠懷逆日久，請加嚴誅！」上謂楊再思等曰：「以朕思之，人臣事主，必在一心；豈有主上小疾，遽請太子知事！此乃仁傑欲樹私恩，未見元忠有失。守一欲借前事以陷元忠，其可乎！」楚客乃止。

元忠行至涪陵而卒。涪，音浮。卒，子恤翻。

17 銀青光祿大夫、上庸公、聖善・中天・西明三寺主慧範於東都作聖善寺，聖善寺蓋爲武后資福，取「母氏聖善」之義。唐會要：聖善寺在長安城中章善坊，神龍二年，中宗爲武后追福。西明寺在延康坊，本隋越國公楊素宅，貞觀初賜濮長（王）泰，泰死乃立爲寺。長樂坡作大像，長樂坡在長安城東，亦謂之滻坡。樂，音洛。府庫爲之虛耗。爲，于僞翻。上及韋后皆重之，勢傾內外，無敢指目者。戊申，侍御史魏傳弓發其姦贓四十餘萬，請寘極法。上欲宥之，傳弓曰：「刑賞國之大事，陛下賞已妄加，豈宜刑所不及！」上乃削黜慧範，放于家。

宦官左監門大將軍薛思簡等有寵於安樂公主，監，古銜翻。樂，音洛。縱暴不法，傳弓奏請誅之，御史大夫竇從一懼，固止之。時宦官用事，從一爲雍州刺史及御史大夫，雍，於用翻。誤見訟者無須，必曲加承接。意以爲宦官而然。須，與鬚同。

18 以楊再思爲中書令，韋巨源、紀處訥並爲侍中。考異曰：新表，「九月辛亥，蘇瓌罷爲行吏部尚書。」按二年瓌請察正員官殿負者，擇員外官代之；三年面折祝欽明請皇后亞獻，於時更爲侍中。表云今年罷，誤也。

19 壬戌，改左、右羽林千騎爲萬騎。騎，奇寄翻。

20冬，十月，丁丑，命左屯衛將軍張仁愿充朔方道大總管，以擊突厥；「左屯衛」之下逸「大」字。比至，虜已退，比，必利翻。追擊，大破之。

21習藝館內教蘇安恆，習藝館，本名內文學館，選宮人有文學者一人爲學士，教習宮人。武后改爲習藝館，又改爲翰林內教坊，以地在禁中故也。新書曰：掌教習宮人書算衆藝。恆，戶登翻。矜高好奇，好，呼到翻。太子重俊之誅武三思也，安恆自言「此我之謀」。太子敗，或告之；戊寅，伏誅。

22十二月，乙丑朔，日有食之。

23是歲，上遣使者分道詣江、淮贖生。帝以江、淮之人採捕魚鼈爲傷生，分道遣使以錢物贖之。使，疏吏翻。中書舍人房子李乂房子縣，漢屬常山郡，晉、後魏屬趙郡，隋、唐屬趙州。上疏諫曰：「江南鄉人鄉人，猶言鄉民，避太宗諱，改「民」曰「人」。上，時掌翻。疏，所去翻。采捕爲業，魚鼈之利，黎元所資。雖雲雨之私有霑於末利；【章：十二行本「利」作「類」；乙十一行本同；孔本同。】而生成之惠未洽於平人。何則？江湖之饒，生育無限；府庫之用，支供易殫。易，以豉翻。費之若少，則所濟何成！少，詩沼翻。用之儻多，則常支有闕。在其拯物，豈若憂人！且鬻生之徒，惟利是視，錢刀日至，古有金刀錢布，故曰錢刀。網罟年滋，施之一朝，營之百倍。施，式豉翻。未若迴救贖之錢物，減貧無之傜賦，活國愛人，其福勝彼。」

資治通鑑卷第二百九

端明殿學士兼翰林侍讀學士太中大夫提舉西京嵩山崇福宮上柱國河內郡開國公食邑二千二百戶食實封九百戶賜紫金魚袋臣　司馬光　奉敕編集

後　學　天　台　胡三省　音　註

唐紀二十五起著雍涒灘（戊申），盡上章閹茂（庚戌）七月，凡二年有奇。

中宗大和大聖大昭孝皇帝下

景龍二年（戊申、七〇八）

1 春，二月，庚寅，【嚴：「寅」改「辰」。】宮中言皇后衣笥裙上有五色雲起，上令圖以示百官。韋巨源請布之天下，從之，仍赦天下。

2 迦葉志忠奏：「昔神堯皇帝未受命，天下歌桃李子；桃李子見一百八十卷隋煬帝大業十三年。文武皇帝未受命，天下歌秦王破陣樂；破陣樂見一百九十二卷太宗貞觀元年。天皇大帝未受命，天下歌堂堂；調露初，京城民謠有「側堂堂，撓堂堂」之言，太常丞李嗣眞曰：「側者不正，撓者不安。自隋以來，樂府有堂堂曲，再言堂者，唐再受命之象。」鄭樵曰：堂堂，陳後主所作，唐高宗常歌之。則天皇后未受命，天下歌娬媚娘；永徽後，民歌娬媚娘曲，蓋隋時已有此曲矣。娬，音武。應天皇帝未受命，天下歌英王石州；其歌不見於史志。忠以上初封英王，遂傅會以爲受命之符。順天皇后未受命，天下歌桑條韋，永徽末，里歌有桑條韋也，女時韋也。樂志：忠遂傅會以爲后妃之德，專蠶桑，供宗廟事，上桑韋歌十二篇。蓋天意以爲順天皇后宜爲國母，主蠶桑之事，謹上桑韋歌十二篇，上，時掌翻；下同。請編之樂府，皇后祀先蠶則奏之。」太常卿鄭愔又引而申之。愔，於今翻。上悅，皆受厚賞。

3 右補闕趙延禧上言：「周、唐一統，符命同歸，故高宗封陛下爲周王；顯慶二年，帝封周王，儀鳳二年，徙封英王。則天時，唐同泰獻洛水圖。見二百四卷武后垂拱三年。孔子曰：『其或繼周者，雖百代可知也。』陛下繼則天，子孫當百代王天下。」王，于況翻。上悅，擢延禧爲諫議大夫。

4 丁亥，蕭至忠上疏，以爲：「恩倖者止可富之金帛，食以粱肉，上，時掌翻。疏，所去翻。食，讀曰飤，祥吏翻。不可以公器爲私用。今列位已廣，冗員倍之，干求未厭，日月增數，陛下降不貲之澤，近戚有無涯之請，賣官利己，鬻法徇私。臺寺之內，朱紫盈滿，忽事則不存職務，恃勢則公違憲章，徒忝官曹，無益時政。」上雖嘉其意，竟不能用。

5 三月，丙辰，朔方道大總管張仁愿築三受降城於河上。中受降城在黃河北岸，南去朔方千三百餘里，安北都護府治焉。東受降城在勝州東北二百里，西南去朔方千六百餘里。西受降城在豐州北黃河外八十里，東南去朔方千餘里。宋祁曰：中城南直朔方，西城南直靈武，東城南直榆關。宋白曰：東受降城東北至單于都護府百二十里，東南至朔州四百里，西南渡河至勝州八里，西至中受降城三百里，本漢雲中郡地。中受降城西北至天德軍二百里，南至麟州四百里，北至磧口五百里，本秦九原郡地，在榆林，漢更名五原，開元十年於此置安北大都護府。西受降城東南渡河至豐州八十里，西南至定遠城七百里，東北至磧口三百里。降，戶江翻。

初，朔方軍與突厥以河爲境，河北有拂雲祠，祠在拂雲堆，因以爲名。厥，九勿翻。突厥將入寇，必先詣祠祈禱，牧馬料兵而後渡河。時默啜悉衆西擊突騎施，騎，奇寄翻。仁愿請乘虛奪取漢南地，於河北築三受降城，首尾相應，以絕其南寇之路。太子少師唐休璟以爲「兩漢以來皆北阻大河，今築城寇境，恐勞人費功，終爲虜有。」璟，俱永翻。仁愿固請不已，上竟從之。仁愿表留歲滿鎮兵以助其功，戍邊歲滿當歸者，留以助城築之功。咸陽兵二百餘人逃歸，仁愿悉擒之，斬於城下，軍中股慄，六旬而成。以拂雲祠爲中城，距東西兩城各四百餘里，皆據津要，宋白曰：東受降城本漢雲中郡地，中受降城本秦九原郡地，西受降城蓋漢臨河縣舊理處。拓地三百餘里。於牛頭朝那山北，朝那山，註見二百三卷高宗弘道元年。置烽候千八百所，以左玉鈐衞將軍論弓仁爲朔方軍前鋒遊弈使，戍諾眞水爲邏衞。遊弈使，領遊兵以巡弈者也。中受降城西二百里至大同川，北行二百四十餘里至步越多山，又東北三百餘里至帝割達城，又東北至諾眞水。杜佑曰：遊弈，於軍中選驍勇諳山川、泉井者充，日夕邏候於亭障之外，捉生問事；其副使、子將，並久軍行人，取善騎射人。使，疏吏翻。自是突厥不敢渡山畋牧，朔方無復寇掠，復，扶又翻。減鎮兵數萬人。

仁愿建三城，不置壅門及備守之具。壅門，卽古之懸門也。或曰：門外築垣以遮壅城門，今之甕城是也。壅城之外，又有八卦牆、萬人敵，皆以遮壅城門。范祖禹曰：張仁愿築三受降城，不置甕門、曲敵、戰格。或問之，仁愿曰：「兵貴進取，不利退守。寇至，當併力出戰，回首望城者，猶應斬之，安用守備，生其退恧之心也！」恧，女六翻。其後常元楷爲朔方軍總管，始築壅門。人是以重仁愿而輕元楷。

6夏，四月，癸未，置修文館大學士四員，直學士八員，學士十二員，選公卿以下善爲文者李嶠等爲之。武德四年，置修文館于門下省，九年，改曰弘文館。五品已上曰學士，六品已上曰直學士，又有文學直館，皆他官領之。武后垂拱後，以宰相兼領館事，號曰館主。神龍元年，避孝敬皇帝諱，改曰昭文館，二年改曰修文館。上官昭容勸帝置大學士四人以象四時，直學士八人以象八節，學士十二人以象十二時。每遊幸禁苑，或宗戚宴集，學士無不畢從，賦詩屬和，從，才用翻。屬，之欲翻。和，戶臥翻。使上官昭容第其甲乙，北齊河清新令有昭容，八十一御女之一也。唐昭容位亞昭儀，於九品之次第二。是年冬，方以上官婕妤爲昭容。優者賜金帛；同預宴者，惟中書、門下及長參王公、親貴數人而已，至大宴，方召八座、九列、諸司五品以上預焉。於是天下靡然爭以文華相尚，儒學忠讜之士莫得進矣。讜，音黨。

7秋，七月，癸巳，以左屯衞大將軍、朔方道大總管張仁愿同中書門下三品。

8甲午，清源尉呂元泰上疏，上，時掌翻。疏，所去翻；下同。以爲：「邊境未寧，鎮戍不息，士卒困苦，轉輸疲弊，而營建佛寺，日廣月滋，勞人費財，無有窮極。昔黃帝、堯、舜、禹、湯、文、武惟以儉約仁義立德垂名，晉、宋以降，塔廟競起，而喪亂相繼，由其好尚失所，奢靡相高，人不堪命故也。伏願回營造之資，充疆埸之費，使烽燧永息，羣生富庶，則如來慈悲之施，喪，息浪翻。好，呼到翻。施，式豉翻。平等之心，孰過於此！」疏奏，不省。省，悉景翻。

9 安樂、長寧公主及皇后妹郕國夫人、上官婕妤、婕妤母沛國夫人鄭氏、尚宮柴氏、賀婁氏，唐宮官有六尚，職掌如六尚書。尚宮二人，正五品，掌導引中宮，總司記、司言、司薄、司闈四司之官。賀婁氏後爲臨淄王所誅。樂，音洛。婕妤，音接予。女巫第五英兒、隴西夫人趙氏，皆依勢用事，請謁受賕，雖屠沽臧獲，臧獲，奴婢也。方言曰：陑、岱之間，罵奴曰臧，罵婢曰獲；燕之北郊，民而壻婢謂之臧，女而婦奴謂之獲。用錢三十萬，則別降墨敕除官，斜封付中書，時人謂之「斜封官」；錢三萬則度爲僧尼。其員外、同正、試、攝、檢校、判、知官凡數千人。時有員外置之官，有員外同正之官，有試官，有攝官，有檢校官。判，謂判某官事；知，謂知某官事也。西京、東都各置兩吏部侍郎，爲四銓，選者歲數萬人。選，須絹翻。上官婕妤及後宮多立外第，出入無節，朝士往往從之遊處，以求進達。安樂公主尤驕橫，朝，直遙翻。處，昌呂翻。橫，下孟翻。宰相以下多出其門。與長寧公主競起第舍，長寧公主，上女也，下嫁楊慎交。以侈麗相高，擬於宮掖，而精巧過之。安樂公主請昆明池，上以百姓蒲魚所資，不許。公主不悅，乃更奪民田作定昆池，延袤數里，新書曰：定，言可抗訂之也。朝野僉載：定昆池方四十九里，直抵南山。考異曰：新傳云，四十九里，直抵南山。蓋併主田言之。今從舊傳。累石象華山，華，戶化翻。引水象天津，天津，謂天河也。河圖括地象曰：河精上爲天漢。鄭玄曰：天河，水氣也，精光運轉於天。楊泉物理論曰：星者，元氣之英也；漢，水之精也。氣發而著，精華浮上，宛轉隨流，名曰天河，一曰雲漢。欲以勝昆明，故名定昆。安樂有織成裙，直錢一億，花卉鳥獸，皆如粟粒，正視旁視，日中影中，各爲一色。

上好擊毬，好，呼到翻。由是風俗相尚，駙馬武崇訓、楊慎交灑油以築毬場。慎交，恭仁曾孫也。恭仁，楊師道之兄也。

上及皇后、公主多營佛寺。左拾遺京兆辛替否上疏諫，略曰：「臣聞古之建官，員不必備，士有完行，行，下孟翻。家有廉節，朝廷有餘俸，百姓有餘食。伏惟陛下百倍行賞，十倍增官，金銀不供其印，束帛不充於錫，錫，賜也，予也。遂使富商豪賈，盡居纓冕之流；鬻伎行巫，或涉膏腴之地。」賈，音古。伎，渠綺翻。又曰：「公主，陛下之愛女，然而用不合於古義，行不根於人心，將恐變愛成憎，翻福爲禍。何者？竭人之力，費人之財，奪人之家；愛數子而取三怨，使邊疆之士不盡力，朝廷之士不盡忠，人之散矣，獨持所愛，何所恃乎！君以人爲本，本固則邦寧，書五子之歌曰：民惟邦本，本固邦寧。邦寧則陛下之夫婦母子長相保也。」又曰：「若以造寺必爲理體，理體，猶言治體也，避高宗諱，以「治」爲「理」。養人不足經邦，則殷、周已往皆暗亂，漢、魏已降皆聖明，殷、周已往爲不長，漢、魏已降爲不短矣。陛下緩其所急，急其所緩，親未來而疏見在，見，賢遍翻。失眞實而冀虛無，重俗人之爲，輕天子之業，雖以陰陽爲炭，萬物爲銅，役不食之人，使不衣之士，猶尚不給，用漢劉陶語意。況資於天生地養，風動雨潤，而後得之乎！一旦風塵再擾，霜雹荐臻，沙彌不可操干戈，寺塔不足攘饑饉，臣竊惜之。」疏奏，不省。操，千高翻。省，悉景翻。

時斜封官皆不由兩省而授，兩省莫敢執奏，卽宣示所司。吏部員外郞李朝隱前後執破一千四百餘人，怨謗紛然，朝隱一無所顧。朝，直遥翻。

10冬，十月，己酉，修文館直學士、起居舍人武平一上表請抑損外戚權寵；不敢斥言韋氏，但請抑損己家。上優制不許。平一名甄，以字行；載德之子也。武氏之盛，載德封潁川郡王。

11十一月，庚申，突騎施酋長娑葛自立爲可汗，殺唐使者御史中丞馮嘉賓，遣其弟遮努等帥衆犯塞。騎，奇寄翻。酋，慈由翻。長，知兩翻。娑，素何翻。可，從刊入聲。汗，音寒。使，疏吏翻。帥，讀曰率。

初，娑葛旣代烏質勒統衆，見上卷神龍二年。父時故將闕啜忠節不服，將，卽亮翻。啜，陟劣翻。考異曰：郭元振傳作「阿史那闕啜忠節」，突厥傳止謂之「闕啜忠節」，文館記謂之「阿史那忠節」。元振疏皆云「忠節」，乃其名也。突厥有五啜，其一曰胡祿居闕啜。或者忠節官爲闕啜歟？今從突厥傳。今按西突厥亦姓阿史那氏；闕，部落之名；啜，官名也；忠節，人名也。諸家有書阿史那闕啜忠節者，詳書之也；或書官以綴其名，或書姓以綴其名者，約文也。數相攻擊。忠節衆弱不能支，金山道行軍總管郭元振奏追忠節入朝宿衛。數，所角翻。朝，直遙翻；下同。使，疏吏翻；下間使同。說，輸芮翻。

忠節行至播仙城，經略使、右威衛將軍周以悌說之曰：唐置四鎮經略使於安西府。「國家不愛高官顯爵以待君者，以君有部落之衆故也。今脫身入朝，一老胡耳，豈惟不保寵祿，死生亦制於人手。方今宰相宗楚客、紀處訥用事，不若厚賂二公，請留不行，發安西兵及引吐蕃以擊娑葛，相，息亮翻。處，昌呂翻。訥，內骨翻。吐，從暾入聲。求阿史那獻爲可汗以招十姓，獻，阿史那彌射之孫，元慶之子。使郭虔瓘發拔汗那兵以自助；杜環經行記：拔汗那國在怛邏斯南千里，東隔山，去疏勒二千餘里，西去石國千餘里。既不失部落，又得報仇，比於入朝，豈可同日語哉！」郭虔瓘者，歷城人，歷城縣，漢、晉屬濟南郡，後魏以來帶齊州。時爲西邊將。忠節然其言，遣間使賂楚客、處訥，請如以悌之策。將，卽亮翻。間，古莧翻。

元振聞其謀，上疏，以爲：「往歲吐蕃所以犯邊，正爲求十姓、四鎮之地不獲故耳。求十姓、四鎮事，始二百五卷武后萬歲通天元年。爲，于僞翻；下能爲同。比者息兵請和，謂入貢而金城公主下嫁也。比，毗至翻。非能慕悅中國之禮義也，直以國多內難，謂贊普南征而死，國中大亂，嫡庶競立，將相爭權，自相屠滅。難，乃旦翻。人畜疫癘，恐中國乘其弊，故且屈志求自昵。昵，尼質翻。使其國小安，豈能忘取十姓、四鎮之地哉！今忠節不論國家大計，直欲爲吐蕃鄉導，畜，許救翻。鄉，讀曰嚮。恐四鎮危機，將從此始。頃緣默啜憑陵，所應者多，兼四鎮兵疲弊，勢未能爲忠節經略，非憐突騎施也。忠節不體國家中外之意而更求吐蕃；吐蕃得志，則忠節在其掌握，豈得復事唐也！復，扶又翻。往年吐蕃無恩於中國，猶欲求十姓、四鎮之地；即謂萬歲通天元年事。今若破娑葛有功，請分于闐、疏勒，不知以何理抑之！又，其所部諸蠻及婆羅門等方不服，若借唐兵助討之，亦不知以何詞拒之！是以古之智者皆不願受夷狄之惠，蓋豫憂其求請無厭，厭，於鹽翻。終爲後患故也。又，彼請阿史那獻者，豈非以獻爲可汗子孫，欲依之以招懷十姓乎！按獻父元慶，叔父僕羅，兄俀子及斛瑟羅、懷道等，皆可汗子孫也。往者唐及吐蕃徧曾立之以爲可汗，欲以招撫十姓，武后垂拱元年册元慶爲可汗，見二百三卷。册斛瑟羅，按舊書亦在是卷二年。俀子見二百五卷延載元年。長安四年册懷道爲可汗，見二百七卷。僕羅、俀子，蓋皆吐蕃所立。俀，吐猥翻。皆不能致，尋自破滅。何則？此屬非有過人之才，恩威不足以動衆，雖復可汗舊種，復，扶又翻。種，章勇翻。衆心終不親附，況獻又疏遠於其父兄乎？若使忠節兵力自能誘脅十姓，誘，音酉。則不必求立可汗子孫也。又，欲令郭虔瓘入拔汗那，發其兵。虔瓘前此已嘗與忠節擅入拔汗那發兵，不能得其片甲匹馬，而拔汗那不勝侵擾，勝，音升。南引吐蕃，奉娑子，還侵四鎮。時拔汗那四旁無強寇爲援，虔瓘等恣爲侵掠，如獨行無人之境，猶引娑子爲患。今北有娑葛，急則與之并力，內則諸胡堅壁拒守，外則突厥伺隙邀遮。伺，相吏翻。臣料虔瓘等此行，必不能如往年之得志；內外受敵，自陷危亡，徒與虜結隙，令四鎮不安。以臣愚揣之，實爲非計。」揣，初委翻。

楚客等不從，建議「遣馮嘉賓持節安撫忠節，侍御史呂守素處置四鎮，處，昌呂翻。以將軍牛師奬爲安西副都護，發甘、涼以西兵，兼徵吐蕃，以討娑葛。」娑葛遣使娑臘獻馬在京師，聞其謀，馳還報娑葛。於是娑葛發五千騎出安西，五千騎出撥換，五千騎出焉耆，五千騎出疏勒，入寇。騎，奇寄翻。元振在疏勒，栅於河口，不敢出。忠節逆嘉賓於計舒河口，娑葛遣兵襲之，生擒忠節，殺嘉賓，擒呂守素於僻城，縛於驛柱，冎而殺之。冎，古瓦翻。考異曰：御史臺記云：「嘉賓爲中丞，神龍中，起復，持節甘、涼。時郭元振都督涼州，奏中書令宗楚客受娑葛金兩石，請紹封爲可汗。楚客憾之，既用事，時議云委嘉賓與侍御史呂守素按元振。元振竊知之，乃諷番落害嘉賓于驛中，獲函中敕，云『元振父亡，匿不發喪，至是爲發之，仍按其不臣之狀，便誅之。』元振以爲僞敕，具以聞。」今從舊傳。

12 上以安樂公主將適左衞中郎將武延秀，遣使召太子賓客武攸緒於嵩山。郎將，卽亮翻。使，疏吏翻。攸緒將至，上敕禮官於兩儀殿設別位，欲行問道之禮，聽以山服葛巾入見，不名不拜。見，賢遍翻；下辭見同。仗入，自太極殿前喚仗從東、西上閤門入，立於兩儀殿前。通事舍人引攸緒就位；引就問道之位。攸緒趨立辭見班中，再拜如常儀。凡百官自中朝出爲外官赴朝辭，自外官入朝覲者引入見，其辭見者不與百官序班，自爲班立，謂之辭見班。杜佑曰：唐制：供奉官（左右散騎常侍，門下、中書侍郎，諫議大夫，給事中，中書舍人，左・右遺補，通事舍人在橫班），辭見者，各從兼官，班在正官之次。品式令，前官被召見，及赴朝參，致仕者在本品見任上，以理解官者在同品下。上愕然，竟不成所擬之禮。上屢延之內殿，頻煩寵錫，皆謝不受；親貴謁候，寒溫之外，不交一言。

初，武崇訓之尚公主也，帝蓋自房陵還，始以公主適崇訓。延秀數得侍宴。數，所角翻。延秀美姿儀，善歌舞，公主悅之。及崇訓死，見上卷元年。遂以延秀尚焉。

己卯，成禮，假皇后仗，唐六典，宮官六尚，尚服局有司仗、典仗、掌仗之官，掌羽儀仗衞之事。又按唐制，皇后乘重翟、厭翟、翟車、安車、四望車、金根車，而公主乘厭翟車，則下皇后一等。此時蓋以重翟及皇后儀衞假之也。分禁兵以盛其儀衞，命安國相王障車。相，息亮翻。庚辰，赦天下。考異曰：實錄、新舊紀皆云「己卯大赦」。今從景龍文館記，成禮之明日。以延秀爲太常卿，兼右衞將軍。辛巳，宴羣臣于兩儀殿，命公主出拜公卿，公卿皆伏地稽首。稽，音啓。

13 癸未，牛師奬與突騎施娑葛戰于火燒城，師奬兵敗沒。娑葛遂陷安西，安西都護府，時在龜茲。斷四鎮路。斷，音短。遣使上表，求宗楚客頭。使，疏吏翻。上，時掌翻。楚客又奏以周以悌代郭元振統衆，徵元振入朝；朝，直遙翻。以阿史那獻爲十姓可汗，置軍焉耆以討娑葛。

娑葛遺元振書，遺，于季翻。稱：「我與唐初無惡，但讎闕啜。宗尚書受闕啜金，欲枉破奴部落，馮中丞、牛都護相繼而來，宗尚書謂楚客，馮中丞謂嘉賓，牛都護謂師獎，各稱其官也。奴豈得坐而待死！又聞史獻欲來，史獻即阿史那獻，約言之。徙擾軍州，恐未有寧日。乞大使商量處置。」元振奏娑葛書。楚客怒，奏言元振有異圖，召，將罪之。元振使其子鴻間道具奏其狀，乞留定西土，不敢歸。周以悌竟坐流白州，復以元振代以悌，處，昌呂翻。間，古莧翻。復，扶又翻。考異曰：元載玄宗實錄、舊傳皆云「復以元振代以悌，元振奏稱西土未寧，逗留不敢歸京師。」按既代以悌，則復留居西邊矣，何所逗留！今從新傳。赦娑葛罪，册爲十四姓可汗。西突厥先有十姓，今併咽麪、葛邏祿、莫賀達干、都摩支爲十四姓。

14 以婕妤上官氏爲昭容。

15 十二月，御史中丞姚廷筠奏稱：「比見諸司不遵律令格式，事無大小皆悉聞奏。臣聞爲君者任臣，爲臣者奉法。萬機叢委，不可徧覽，豈有脩一水竇，伐一枯木，皆取斷宸衷！比，毗至翻。斷，丁亂翻。自今若軍國大事及條式無文者，聽奏取進止，自餘各準法處分。處，昌呂翻。分，扶問翻。其有故生疑滯，致有稽失，望令御史糾彈。」從之。

16 丁巳晦，敕中書、門下與學士、諸王、駙馬入閤守歲，設庭燎，置酒，奏樂。閤，內殿也。守歲之宴，古無之。梁庾肩吾除夕詩：「聊傾柏葉酒，試奠五辛盤。」蓋江左已有此矣，然未至君臣相與酣適也。隋煬帝淫侈，每除夜，殿前諸院設火山數十，盡沈香木根，每一山皆焚沈香數車，火光暗則以甲煎沃之，焰起數丈，香聞數十里，一夜之間，用沈香二百餘乘，甲煎過二百餘石。歐陽修詩：「隋宮守夜沈香火」，謂此也。帝之爲此，亡隋之續耳。酒酣，上謂御史大夫竇從一曰：「聞卿久無伉儷，酣，戶甘翻。伉，苦浪翻。儷，力計翻。朕甚憂之。今夕歲除，爲卿成禮。」從一但唯唯拜謝。爲，于僞翻。唯，于癸翻。俄而內侍引燭籠、步障、金縷羅扇自西廊而上，內侍之官，唐從四品上，掌在內侍奉、出入宮掖宣傳之事。後魏曰長秋卿，北齊曰中侍中，後周曰司內上士，隋曰內侍，唐因之；中官之貴，極于此矣。若有殊勳懋績，則有拜大將軍者，仍兼內侍之官。上，時掌翻。扇後有人衣禮衣，花釵，唐制：命婦之服有翟衣，內命婦受册、從蠶、朝會，外命婦嫁及受册、從蠶、大朝會之服也，青質，繡翟，編次於衣及裳，重爲九等。一品翟九等，花釵九樹；二品翟八等，花釵八樹；三品至五品皆降殺以一。禮衣者，內命婦常參、外命婦朝參、辭見禮會之服也，制同翟衣，加雙佩、小綬，去舄加履。人衣，於既翻。令與從一對坐。上命從一誦卻扇詩數首。唐人成婚之夕，有催妝詩、卻扇詩。李商隱代董秀才卻扇詩云：「莫將畫扇出帷來，遮掩春山滯上才。若道團圓是明月，此中須放桂花開。」扇卻，去花易服而出，去，羌呂翻。徐視之，乃皇后老乳母王氏，本蠻婢也。上與侍臣大笑。詔封莒國夫人，嫁爲從一妻。俗謂乳母之壻曰「阿㸙」，從一每謁見及進表狀，自稱「翊聖皇后阿㸙」，時人謂之「國㸙」。阿，烏葛翻。㸙，正奢翻。見，賢遍翻。從一欣然有自負之色。

三年（己酉、七〇九）

1 春，正月，丁卯，制廣東都聖善寺，按西京已有聖善寺，東都亦有聖善寺，皆帝所建，爲武后追福。居民失業者數十家。

2長寧、安樂諸公主多縱僮奴掠百姓子女爲奴婢，侍御史袁從之收繫獄，治之。樂，音洛。治，直之翻。公主訴於上，上手制釋之。從之奏稱：「陛下縱奴掠良人，何以理天下！」上竟釋之。

3二月，己丑，上幸玄武門，與近臣觀宮女拔河。以麻絙巨竹分朋而挽水，謂之拔河，以定勝負。考異曰：唐紀云：「觀宮女大酺。」今從實錄。又命宮女爲市肆，公卿爲商旅，與之交易，因爲忿爭，言辭褻慢，上與后臨觀爲樂。褻，息列翻。樂，音洛。

4丙申，監察御史崔琬對仗彈宗楚客、紀處訥潛通戎狄，受其貨賂，致生邊患。謂受闕啜忠節賂，以致娑葛畔換也。考異曰：景龍文館記曰：「監察御史崔琬具衣冠，對仗彈大學士、兵部尚書郢國公宗楚客及侍中紀處訥。時楚客在列，奏言：『臣以庸妄，叨居樞密，中外朋結謀臣，臣先奏聞，計垂天鑒。』上領之，謂琬曰：『楚客事朕知，且去，待仗下來。』至仗下後，琬方續奏；敕令於西省對問。中書門下奏無狀；有進止卽令復位。初，娑葛父子與阿史那忠節代爲仇讎，娑葛頻乞國家爲除忠節，安西都護郭元振表請如其奏。宗楚客固執，言『忠節竭誠於國，作扞玉關，若許娑葛除之，恐非威強拯弱之義。』上由是不許。無何，娑葛擅殺御史中丞馮嘉賓、殿中侍御史呂守素，破滅忠節，侵擾四鎭。時碎葉鎭守使中郎周以悌率鎭兵數百人大破之，奪其所侵忠節及于闐部衆數萬口。奏到，上大悅，拜以悌左屯衞將軍，仍以元振四鎭經略使授之；敕書簿責元振。宗議發勁卒，令以悌及郭虔瓘北討，仍邀吐蕃及西域諸部計會同擊娑葛；右臺御史大夫解琬議稱不可。後竟與之和。娑葛聞前議，大怨，乃付元振狀，稱宗先取忠節金。上以問之，宗具以前事奏。時太平、安樂二公主以親貴權寵，各立黨與，陰相傾奪，爰自要官宰臣皆分爲兩。時太平尤與宗不善，故諷琬以彈之；外傳取娑葛金，非也。」今從實錄、記。故事，大臣被彈，被，皮義翻。俯僂趨出，俛首爲俯；傴背爲僂。僂，力主翻。立於朝堂待罪。朝，直遙翻。至是，楚客更憤怒作色，自陳忠鯁，爲琬所誣。上竟不窮問，命琬與楚客結爲兄弟以和解之，時人謂之「和事天子」。

5 壬寅，韋巨源爲左僕射，楊再思爲右僕射，並同中書門下三品。

6 上數與近臣學士宴集，令各效伎藝以爲樂。數，所角翻。伎，渠綺翻。樂，音洛。工部尚書張錫舞談容娘，將作大匠宗晉卿舞渾脫，長孫無忌以烏羊毛爲渾脫氈帽，人多效之，謂之趙公渾脫，因演以爲舞。左衞將軍張洽舞黃麞，如意初，里歌曰：「黃麞黃麞草裏藏，彎弓射爾傷。」亦演以爲舞。左金吾將軍杜元談誦婆羅門呪，今所謂天竺神呪也。中書舍人盧藏用效道士上章。國子司業河東郭山惲獨曰：「臣無所解，上，時掌翻。惲，於粉翻。解，戶買翻，曉也。請歌古詩。」上許之。山惲乃歌鹿鳴、蟋蟀。鹿鳴，宴羣臣、嘉賓；蟋蟀，取好樂無荒之義。然山惲欲以所業自見，以附於儒學而已，非能納君於善。明日，上賜山惲敕，嘉美其意，賜時服一襲。

上又嘗宴侍臣，使各爲迴波辭，時內宴酒酣，侍臣率起爲迴波舞，故使爲迴波辭。衆皆爲諂語，或自求榮祿，諫議大夫李景伯曰：「迴波爾時酒卮。微臣職在箴規。侍宴既過三爵，左傳曰：

臣侍君，宴不過三爵；過三爵，非禮也。諠譁竊恐非儀！」上不悅。蕭至忠曰：「此眞諫官也。」

7 三月，戊午，以宗楚客爲中書令，蕭至忠爲侍中，太府卿韋嗣立爲中書侍郎、同中書門下三品。考異曰：新表云：「嗣立守兵部尚書」。今從實錄。中書侍郎崔湜、趙彥昭並同平章事。崔湜通於上官昭容，故昭容引以爲相。湜，常職翻。相，息亮翻。彥昭，張掖人也。張掖，故匈奴渾邪王地，漢武帝開置張掖郡及觻得縣。應劭曰：張國臂掖，故曰張掖。觻得，郡所治，匈奴王號也。晉改觻得爲永平。後魏置張掖軍。隋開皇十七年，改永平爲酒泉，大業初改爲張掖縣。其地自西魏以來，爲甘州治所，取州甘峻山爲名。觻，音祿。

時政出多門，濫官充溢，人以爲三無坐處，謂宰相、御史及員外官也。韋嗣立上疏，以爲：「比者造寺極多，比，毗至翻。務取崇麗，大則用錢百數十萬，小則三五萬，無慮所費千萬以上，人力勞弊，怨嗟盈路。佛之爲教，要在降伏身心，降，戶江翻。豈彫畫土木，相誇壯麗！萬一水旱爲災，戎狄構患，雖龍象如雲，將何救哉！又，食封之家，其數甚衆，昨問戶部，云用六十餘萬丁；一丁絹兩匹，凡百二十餘萬匹。唐初之制，一丁歲輸絹二匹。臣頃在太府，每歲庸絹，多不過百萬，少則六七十萬匹，少，詩沼翻；下同。比之封家，所入殊少。夫有佐命之勳，始可分茅胙土。國初，功臣食封者不過三二十家，今以恩澤食封者乃踰百數；國家租賦，太半私門，私門有餘，徒益奢侈，公家不足，坐致憂危，制國之方，豈謂爲得！封戶之物，諸家自徵，僮僕依勢，陵轢州縣，多索裹頭，轢，郎狄翻。裹頭，謂行橐齎裹以自資者，今謂答頭。裹，古臥翻。轉行貿易，煩擾驅迫，不勝其苦。不若悉計丁輸之太府，使封家於左藏受之，勝，音升。藏，徂浪翻。於事爲愈。謂猶勝於封家自徵也。又，員外置官，數倍正闕，曹署典吏，困於祗承，府庫倉儲，竭於資奉。又，刺史、縣令，近年以來，不存簡擇，京官有犯及聲望下者方遣刺州，吏部選人，衰耄無手筆者方補縣令，選，須絹翻；下選法同。以此理人，何望率化！望自今應除三省、兩臺及五品以上清望官，兩臺，謂左、右御史臺。皆先於刺史、縣令中選用，則天下理矣。」上弗聽。

8 戊寅，以禮部尚書韋溫爲太子少保、同中書門下三品，太常卿鄭愔爲吏部尚書、同平章事。按下書「吏部侍郎同平章事鄭愔」。又考新書本紀，是年是月是日書「太常少卿鄭愔守吏部侍郎同中書門下平章事」。則知傳寫通鑑者誤以侍郎爲尚書也。溫，皇后之兄也。

9 太常博士唐紹以武氏昊陵、順陵置守戶五百，與昭陵數同，梁宣王、魯忠王墓守戶多於親王五倍，梁宣王，武三思；魯忠王，武崇訓。韋氏褒德廟衞兵多於太廟，立褒德廟見上卷元年。上疏請量裁減，不聽。量，音良。紹，臨之孫也。唐臨歷事高祖、太宗、高宗。

10 中書侍郎兼知吏部侍郎、同平章事崔湜、吏部侍郎同平章事鄭愔俱掌銓衡，傾附勢要，贓賄狼籍，數外留人，授擬不足，逆用三年闕，選法之壞，至於我宋極矣。吏部注擬，率一官而三人共之，居之者一人，未至者一人，伺之者又一人；稍有美闕，伺之者又不特一人也，豈止逆用三年闕哉！選法大壞。湜父挹爲司業，受選人錢，湜不之知，長名放之。高宗總章二年，裴行儉始設長名牓，凡選人之集于吏部者，得者留，不得者放。宋白曰：長名牓定留放，留者入選，放者不得入選。其人訴曰：「公所親受某賂，柰何不與官？」湜怒曰：「所親爲誰，當擒取杖殺之！」其人曰：「公勿杖殺，將使公遭憂。」湜大慚。侍御史靳恆與監察御史李尙隱對仗彈之，靳，居焮翻。恆，戶登翻。監，古銜翻。彈，徒丹翻。上下湜等獄，命監察御史裴漼按之。漼，七罪翻。安樂公主諷漼寬其獄，漼復對仗彈之。夏，五月，丙寅，愔免死，流吉州，湜貶江州司馬。舊志：江州，京師東南二千九百四十八里，至東都二千一百九十七里。上官昭容密與安樂公主、武延秀曲爲申理，復，扶又翻。爲，于僞翻。明日，以湜爲襄州刺史。舊志：襄州，京師〔東南〕一千一百八十三里，至東都八百五十三里。愔爲江州司馬。

11 六月，右僕射、同中書門下三品楊再思薨。

12 秋，七月，突騎施娑葛遣使請降；騎，奇寄翻。娑，素何翻。使，疏吏翻。降，戶江翻。庚辰，拜欽化【嚴：「欽化」改「歸化」。】可汗，賜名守忠。

13 八月，己【嚴：「己」改「乙」。】酉，以李嶠同中書門下三品，韋安石爲侍中，蕭至忠爲中書令。至忠女適皇后舅子崔無詖，詖，彼義翻。成昏日，上主蕭氏，后主崔氏，時人謂之「天子嫁女，皇后娶婦」。

14上將祀南郊，丁酉，國子祭酒祝欽明、國子司業郭山惲建言：「古者大祭祀，后裸獻以瑤爵。皇后當助祭天地。」太常博士唐紹、蔣欽緒駮之，以爲：「鄭玄註周禮內司服，惟有助祭先王先公，無助祭天地之文。皇后不當助祭南郊。」周禮內宰：大祭祀，后裸獻則贊，瑤爵亦如之。註云：謂祭宗廟，王既裸而出迎牲，后乃從後裸也。獻，謂薦腥薦熟，后亦從後獻也。瑤爵，謂尸卒食，王既酳尸，后亞獻之，其爵以瑤爲飾。又內司服：掌王后之六服：褘衣、揄狄、闕狄、鞠衣、展衣、褖衣素沙。註云：褘衣、揄狄、闕狄，三者皆祭服，從王祭先王則服褘衣，祭先公則服揄狄，祭羣小祀則服闕狄。今世有圭衣者，蓋三狄之遺俗。據周禮，則內宰所謂大祭祀，指言祭宗廟也。祝欽明等因唐制以天地、宗廟並爲大祀，遂以周禮大祭祀傅會其說以諂韋后。而周禮鄭義所謂裸也、獻也、瑤爵也，乃祭時行禮之三節；今欽明言后裸獻以瑤爵，亦背鄭義，自爲之說也。裸，古玩翻。駮，北角翻。國子司業鹽官褚無量議，鹽官，漢海鹽地，舊有鹽官，吳因立爲縣名，唐屬杭州。以爲：「祭天惟以始祖爲主，不配以祖妣，故皇后不應預祭。」韋巨源定儀注，請依欽明議。上從之，以皇后爲亞獻，仍以宰相女爲齋娘，助執豆籩。欽明又欲以安樂公主爲終獻，紹、欽緒固爭，乃止；以巨源攝太尉爲終獻。欽緒，膠水人也。膠水，漢膠東國地，晉武帝置長廣郡，後魏爲光州治所，隋仁壽元年，改長廣爲膠水縣，屬萊州。

15己【張：「己」作「乙」。】巳，上幸定昆池，命從官賦詩。黃門侍郎李日知詩曰：「所願蹔思居者逸，勿使時稱作者勞。」從，才用翻。蹔，與暫同。及睿宗卽位，謂日知曰：「當是時，朕亦不敢言之。」睿宗之言，蓋謂當時畏安樂公主之勢也。

16 九月，戊辰，以蘇瓌爲右僕射、同中書門下三品。瓌，古回翻。

17 太平、安樂公主各樹朋黨，更相譖毁，更，工衡翻。上患之。冬，十一月，癸亥，上謂修文館直學士武平一曰：「比聞内外親貴多不輯睦，以何法和之？」平一以爲：「此由讒諂之人陰爲離間，比，毗至翻。間，古莧翻。宜深加誨諭，斥逐姦險。若猶未已，伏願捨近圖遠，抑慈存嚴，示以知禁，無令積惡。」上賜平一帛而不能用其言。

18 上召前修文館學士崔湜、鄭愔入陪大禮。乙丑，上祀南郊，赦天下，并十惡咸赦除之；十惡恩赦之所不原。流人並放還；齋娘有壻者，皆改官。

19 甲戌，開府儀同三司、平章軍國重事豆盧欽望薨。平章軍國重事，蓋自豆盧欽望始。

20 乙亥，吐蕃贊普遣其大臣尚贊咄等千餘人逆金城公主。咄，當沒翻。考異曰：實録：「乙亥，吐蕃大臣尚贊吐等來逆女。」文館記云：「吐蕃使其大首領瑟瑟告身贊咄、金告身尚欽藏以下來迎金城公主。」譯者云：「贊咄，猶此左僕射；欽藏，猶此侍中。」蓋贊咄即贊吐也。今從文館記。

21 河南道巡察使、監察御史宋務光，使，疏吏翻；下同。以「於時食實封者凡一百四十餘家，唐制：食實封者，得眞戶，戶皆三丁以上，一分入國。開元定制，以三丁爲限，租賦全入封家。應出封戶者凡五十四州，皆割上腴之田，或一封分食數州；而太平、安樂公主又取高貲多丁者，刻剝過苦，應充封戶者甚於征役；滑州地出綾縑，唐六典，滑州貢方紋綾。人多趨射，趨，七喻翻。射，而亦翻。

尤受其弊，人多流亡；請稍分封戶散配餘州。又，徵封使者煩擾公私，請附租庸，每年送納。」上弗聽。

22 時流人皆放還，均州刺史譙王重福獨不得歸，重福徙均州，見上卷神龍元年。重，直龍翻。乃上表自陳曰：「陛下焚柴展禮，郊祀上玄，蒼生並得赦除，赤子偏加擯棄，赤子，重福自謂也。皇天平分之道，固若此乎！天下之人聞者爲臣流涕。爲，于僞翻。況陛下慈念，豈不愍臣栖遑！」栖遑者，離索憂迫之意。表奏，不報。

23 前右僕射致仕唐休璟，年八十餘，進取彌銳，娶賀婁尚宮養女爲其子婦。十二月，壬辰，以休璟爲太子少師、同中書門下三品。璟，俱永翻。考異曰：舊紀誤作「壬戌」，今從實錄。

24 甲午，上幸驪山溫湯；庚子，幸韋嗣立莊舍。別業爲莊。以嗣立與周高士韋敻同族，賜爵逍遙公。韋敻事見一百六十七卷陳高祖永定三年。敻，休正翻。嗣立，皇后之疏屬也。由是顧賞尤重。乙巳，還宮。

25 是歲，關中饑，米斗百錢。運山東、江、淮穀輸京師，牛死什八九。羣臣多請車駕復幸東都，韋后家本杜陵，不樂東還，乃使巫覡彭君卿等說上云：「今歲不利東行。」後復有言者，復，扶又翻。樂，音洛。覡，刑狄翻。說，輸芮翻。上怒曰：「豈有逐糧天子邪！」乃止。

睿宗玄眞大聖大興孝皇帝上諱旦，高宗第八子也。初名旭輪，後去旭名輪，後改名旦。初謚大聖眞皇帝，廟號睿宗；天寶八載，追尊玄眞大聖皇帝；十三載，加尊玄眞大聖大興孝皇帝。

景雲元年（庚戌、七一〇）是年六月改元唐隆，七月始改元景雲。

1 春，正月，丙寅夜，中宗與韋后微行觀燈於市里，又縱宮女數千人出遊，多不歸者。

2 上命紀處訥送金城公主適吐蕃，處訥辭；又命趙彥昭，彥昭亦辭。丁丑，命左驍衞大將軍楊矩送之。驍，堅堯翻。己卯，上自送公主至始平；二月，癸未，還宮。公主至吐蕃，贊普爲之別築城以居之。

3 庚戌，上御梨園毬場，程大昌曰：梨園在光化門北。光化門者，禁苑南面西頭第一門，在芳林、景曜門之西也。中宗令學士自芳林門入，集於梨園，分朋拔河；則梨園在太極宮西，禁苑之內矣。開元二年，玄宗置教坊於蓬萊宮，上自教法曲，謂之梨園弟子。至天寶中，卽東宮置宜春北苑，命宮女數百人爲梨園弟子卽是。梨園者按樂之地，而預教者名爲弟子耳。凡蓬萊宮、宜春院，皆不在梨園之內也。命文武三品以上拋毬及分朋拔河，韋巨源、唐休璟衰老，隨絙踣地，絙，古登翻。踣，蒲北翻。久之不能興；上及皇后、妃、主臨觀，大笑。

4 夏，四月，丙戌，上遊芳林園，按唐禁苑廣矣，漢長安都城，盡入唐苑之內，而漕渠首受豐水，北流矩折入于禁苑而東流，又矩折北流而入于渭。苑地自漕渠之東，大安宮垣之西，南出與宮城齊，南列三門，中曰芳林。自芳林門而入禁苑，其地以芳林園爲稱。命公卿馬上摘櫻桃。櫻桃，按爾雅名楔荊桃。樹多陰，先百果熟，大如拇指，圓而色朱，味甜。每一朵率一二十顆，核如豆大。以鶯所含，亦名含桃。

5 初，則天之世，長安城東隅民王純家井溢，浸成大池數十頃，號隆慶池。池在隆慶坊南。程大昌曰：帝王之興，若符瑞，理固有之，然而傅會者多。六典所記，隆慶坊有井，忽湧爲小池，周袤十數丈，常有雲氣，或黃龍出其中。至景雲間，潛復出水，其沼浸廣，里人悉移居，遂澒洞爲龍池。然予詳而考之，長安志曰：龍池在躍龍門南，本是平地，自垂拱初載後，因雨水流潦爲小流；後又引龍首渠水分溉之，日以滋廣。至景龍中，彌亙數頃，深至數丈，常有雲龍之謂，後因謂之龍池。志又曰：隋城外東南角有龍首堰，自此堰分滻水北流至長樂坡，分爲二渠，其西渠自永嘉坊西南流經興慶宮。則是興慶之能變平地爲龍池者，實引滻之力也。至六典所紀，則全沒導滻之實，乃言初時井溢，已乃泉生，合二水以成此池，專以歸諸變化也。相王子五王列第於其北，壽春王成器、臨淄王隆基、衡陽王成義、巴陵王隆範、彭城王隆業。五王皆相王子。望氣者言，「常鬱鬱有帝王氣，比日尤盛。」比，毗至翻。乙未，上幸隆慶池，考異曰：景龍文館記以爲其月十二日。按長曆，是月壬午朔。今從實錄、本紀。結綵爲樓，宴侍臣，泛舟戲象以厭之。厭，於葉翻。時人以爲玄宗受命之祥。

6 定州人郎岌上言，「韋后、宗楚客將爲逆亂，」岌，魚及翻。上，時掌翻。韋后白上杖殺之。五月，丁卯，許州司兵參軍偃師燕欽融復上言，「皇后淫亂，干預國政，唐諸州兵曹司兵參軍事掌武官選、兵甲、器仗、門禁管籥、軍防烽候、傳驛、畋獵。燕，因肩翻。復，扶又翻。上，時掌翻。宗族強盛；安樂公主、武延秀、宗楚客圖危宗社。」上召欽融面詰之。欽融頓首抗言，神色不橈；上默然。宗楚客矯制令飛騎撲殺之，詰，去吉翻。橈，奴敎翻。騎，奇寄翻。撲，弼角翻。投於殿庭石上，折頸而死，楚客大呼稱快。折，而設翻。呼，火故翻。上雖不窮問，意頗怏怏不悅；怏，於兩翻。由是韋后及其黨始憂懼。爲韋后弒逆張本。

7己卯，上宴近臣，國子祭酒祝欽明自請作八風舞，搖頭轉目，備諸醜態；祝欽明所謂八風舞，非春秋魯大夫衆仲所謂舞者所以節八音行八風者也，借八風之名而備諸淫醜之態耳。今人謂淫放不返爲風，此則欽明所謂八風也。上笑。欽明素以儒學著名，吏部侍郎盧藏用私謂諸學士曰：「祝公五經掃地盡矣！」諸學士者，修文館學士及直學士也。

8散騎常侍馬秦客以醫術，光祿少卿楊均以善烹調，皆出入宮掖，得幸於韋后，恐事泄被誅；散，悉亶翻。騎，奇寄翻。被，皮義翻。安樂公主欲韋后臨朝，自爲皇太女；乃相與合謀，於餅餤中進毒，六月，壬午，中宗崩於神龍殿。年五十五。神龍殿，以年號名；自兩儀殿東入神龍門至神龍殿。六典，兩儀殿之北曰甘露門，其內甘露殿；左曰神龍門，其內則神龍殿。樂，音洛。朝，直遙翻。餤，弋廉翻，又徒甘翻。

韋后祕不發喪，自總庶政。癸未，召諸宰相入禁中，徵諸府兵五萬人屯京城，使駙馬都尉韋捷、韋灌、韋捷尚中宗女成安公主；韋灌尚定安公主。衛尉卿韋璿、左千牛中郎將韋錡、長安令韋播、郎將高嵩分領之。璿，似宣翻。將，即亮翻。考異曰：景龍文館記：「徵諸兵士二千人，屯皇城左右衛，令韋捷、韋濯押當；又令韋錡押羽林軍，韋播、高嵩分押左右營萬騎，韋元巡六街。」實錄，「兵五萬人」，「韋濯」作「韋灌」，今從之。璿，溫之族弟；播，從子；嵩，其甥也。從，才用翻；下同。中書舍人韋元徼巡六街。長安城中左、右六街，金吾街使主之；左、右金吾將軍，掌晝夜巡警之法，以執禦非違。徼，吉弔翻。又命左監門大將軍兼內侍薛思簡等將兵五百人馳驛戍均州，以備譙王重福。等將，卽亮翻。重，直龍翻；下同。以刑部尚書裴談、工部尚書張錫並同中書門下三品，仍充東都留守。守，式又翻。吏部尚書張嘉福、中書侍郎岑羲、吏部侍郎崔湜並同平章事。羲，長倩之從子也。

太平公主與上官昭容謀草遺制，立溫王重茂爲皇太子，皇后知政事，相王旦參謀政事。宗楚客密謂韋溫曰：「相王輔政，於理非宜；且於皇后，嫂叔不通問，引記曲禮之言。相，息亮翻。聽朝之際，何以爲禮！」遂帥諸宰相表請皇后臨朝，罷相王政事。朝，直遙翻。帥，讀曰率。蘇瓌曰：「遺詔豈可改邪！」溫、楚客怒，瓌懼而從之，乃以相王爲太子太師。

甲申，梓宮遷御太極殿，西內正殿曰太極殿。集百官發喪，皇后臨朝攝政，赦天下，改元唐隆。進相王旦太尉，雍王守禮爲豳王，雍，於用翻。壽春王成器爲宋王，以從人望。命韋溫總知內外守捉兵馬事。

丁亥，殤帝卽位，時年十六。尊皇后爲皇太后；立妃陸氏爲皇后。

壬辰，命紀處訥持節巡撫關內道，岑羲河南道，張嘉福河北道。

宗楚客與太常卿武延秀、司農卿趙履溫、國子祭酒葉靜能及諸韋共勸韋后遵武后故事，欲遵武后易姓事也。南北衛軍、南軍，十六衛軍；北軍，羽林及萬騎也。臺閣要司臺閣，尚書諸司也。皆以韋氏子弟領之，廣聚黨衆，中外連結。楚客又密上書稱引圖讖，謂韋氏宜革唐命。讖，楚譖翻。考異曰：舊傳：「安樂府倉曹苻鳳說武延秀曰：『天下之心，未忘武氏。讖云：「黑衣神孫披天裳。」公，神皇之孫也。大周之業，可以再興。』勸延秀常衣皁袍以應之。」中宗實錄云：「宗楚客與弟將作大匠晉卿、太常少卿李㥩、將作少監李守貞日夜潛圖令延秀速起事。」太上皇實錄云：「楚客，神龍初爲太僕卿，與武三思潛謀篡逆，累遷同三品。及三思誅，附安樂，而韋氏尤信任之。楚客嘗謂所親曰：『始吾在卑位，尤愛宰相；及居之，又思太極，南面一日足矣。』雖附韋氏，志窺宸極。」此所謂天下之惡皆歸焉者也，今所不取。謀害殤帝，深忌相王及太平公主，密與韋溫、安樂公主謀去之。去，羌呂翻。

相王子臨淄王隆基，先罷潞州別駕，唐制：上州別駕從四品下，中州正五品下，下州從五品上。在京師，陰聚才勇之士，謀匡復社稷。初，太宗選官戶及蕃口驍勇者，著虎文衣，跨豹文韉，驍，堅堯翻。著，則略翻。韉，則前翻，馬被具也。從遊獵，於馬前射禽獸，謂之百騎；射，而亦翻。騎，奇寄翻；下同。則天時稍增爲千騎，隸左右羽林；中宗謂之萬騎，置使以領之。使，疏吏翻。隆基皆厚結其豪傑。

兵部侍郎崔日用素附韋、武，與宗楚客善，知楚客謀，恐禍及己，遣寶昌寺僧普潤密詣隆基告之，勸其速發。隆基乃與太平公主及公主子衛尉卿薛崇暕，【嚴：「暕」改「簡」；下同。】暕，古限翻。苑總監贑人鍾紹京，鍾紹京，西京苑總監也。唐京都苑各有總監一人，從五品下，掌宮苑內館、園池之事，凡禽魚果木皆總而司之。贑縣，漢屬豫章郡，吳、晉屬廬陵郡，宋以下爲南康郡治所，唐帶虔州。贑，師古暗翻，劉昫古濫翻。尚衣奉御王崇曄、前朝邑尉劉幽求、朝，直遥翻。利仁府折衝麻嗣宗唐雍州有府百三十一，其逸者百二十；利仁府必屬雍州。謀先事誅之。韋播、高嵩數榜捶萬騎，欲以立威，先，悉薦翻。數，所角翻。榜，音彭。捶，止橤翻。萬騎皆怨。果毅葛福順、陳玄禮見隆基訴之，隆基諷以誅諸韋，皆踴躍請以死自效。萬騎果毅李仙鳧亦預其謀。或謂隆基當啓相王，隆基曰：「我曹爲此以徇社稷，事成福歸於王，不成以身死之，不以累王也。累，力瑞翻。今啓而見從，則王預危事；不從，將敗大計。」遂不啓。史言隆基有大略，所以能平內難。敗，補邁翻。

庚子，晡時，隆基微服與幽求等入苑中，唐禁苑在皇城之北，苑城東西二十七里，南北三十里，東抵霸水，西連故長安城，南連京城，北枕渭水。苑內離宮亭觀二十四所，漢長安故城東西十三里，皆隸入苑中。會鍾紹京廨舍；廨，古隘翻。紹京悔，欲拒之，其妻許氏曰：「忘身徇國，神必助之。且同謀素定，今雖不行，庸得免乎！」紹京乃趨出拜謁，隆基執其手與坐。紹京趨出拜謁者，示尊奉隆基也；隆基執手與坐，示不敢當，且以結其心也。時羽林將士皆屯玄武門，逮夜，葛福順、李仙鳧皆至隆基所，請號而行。凡用兵下營及攻襲，就主帥取號以備緩急，相照應。向二鼓，天星散落如雪，劉幽求曰：「天意如此，時不可失！」福順拔劍直入羽林營，斬韋璿、韋播、高嵩以徇，曰：「韋后酖殺先帝，謀危社稷，今夕當共誅諸韋，馬鞭以上皆斬之；言諸韋男女長及馬鞭以上者皆斬。立相王以安天下。敢有懷兩端助逆黨者，罪及三族。」羽林之士皆欣然聽命。乃送璿等首於隆基，隆基取火視之，遂與幽求等出苑南門，禁苑南門，直宮城之玄武門。紹京帥丁匠二百餘人，執斧鋸以從，帥，讀曰率；下同。從，才用翻。使福順將左萬騎攻玄德門，仙鳧將右萬騎攻白獸門，白獸門卽白獸闥，卽杜甫北征詩所謂「寂寞白獸闥」者是也，與玄德門皆通內諸門之數。將，卽亮翻；下同。約會於凌煙閣前，卽大譟，譟，蘇到翻。福順等共殺守門將，斬關而入。隆基勒兵玄武門外，三鼓，聞譟聲，帥總監及羽林兵而入，諸衞兵在太極殿宿衞梓宮者，此南牙諸衞兵也。聞譟聲，皆被甲應之。被，皮義翻。韋后惶惑走入飛騎營，有飛騎斬其首獻於隆基。安樂公主方照鏡畫眉，軍士斬之。斬武延秀於肅章門外，斬內將軍賀婁氏於太極殿西。時韋氏以婦人爲內將軍，蓋卽賀婁尚宮爲之也。

初，上官昭容引其從母之子王昱爲左拾遺，母之姊妹謂之從母。從，才用翻。昱說昭容母鄭氏曰：說，輸芮翻。「武氏，天之所廢，不可興也。今婕妤附於三思，此滅族之道也，願姨思之！」鄭氏以戒昭容，昭容弗聽。及太子重俊起兵討三思，索昭容，事見上卷景龍元年。索，山客翻；下同。昭容始懼，思昱言；自是心附帝室，與安樂公主各樹朋黨。及中宗崩，昭容草遺制立溫王，以相王輔政；宗、韋改之。及隆基入宮，昭容執燭帥宮人迎之，以制草示劉幽求。幽求爲之言，爲，于僞翻。隆基不許，斬於旗下。

時少帝在太極殿，少，詩照翻。劉幽求曰：「衆約今夕共立相王，何不早定！」隆基遽止之，捕索諸韋在宮中及守諸門，并素爲韋后所親信者皆斬之。比曉，內外皆定。辛巳，隆基出見相王，比，必利翻。見，賢遍翻。叩頭謝不先啓之罪。相王抱之泣曰：「社稷宗廟不墜於地，汝之力也。」遂迎相王入輔少帝。

閉宮門及京城門，分遣萬騎收捕諸韋親黨。斬太子少保、同中書門下三品韋溫於東市之北。中書令宗楚客衣斬衰、乘青驢逃出，至通化門，衣，於既翻。衰，倉回翻。通化門，京城東面北來第一門。門者曰：「公，宗尚書也。」去布帽，執而斬之，并斬其弟晉卿。考異曰：太上皇實録云：「斬楚客于春明門外」。今從僉載。太上録，「殺晉卿于定陵」。按定陵，中宗陵也，於時未有；今不取。去，羌呂翻。相王奉少帝御安福門，慰諭百姓。唐六典曰：皇城西面二門，北曰安福，南曰順義。安福門西直開遠門。初，趙履溫傾國資以奉安樂公主，爲之起第舍，築臺穿池無休已，擫紫衫，以項挽公主犢車。爲，于僞翻。擫，益涉翻。公主死，履溫馳詣安福樓下舞蹈稱萬歲；聲未絕，相王令萬騎斬之。百姓怨其勞役，爭割其肉立盡。祕書監汴王邕娶韋后妹崇國夫人，崇，古國名。與御史大夫竇從一各手斬其妻首以獻。邕，鳳之孫也。鳳，高祖之子。左僕射、同中書門下三品韋巨源聞亂，家人勸之逃匿，巨源曰：「吾位大臣，豈可聞難不赴！」射，寅謝翻。難，乃旦翻。出至都街，爲亂兵所殺，時年八十。於是梟馬秦客、楊均、葉靜能等首，尸韋后於市。崔日用將兵誅諸韋於杜曲，唐京城南，韋、杜二族居之，謂之韋曲、杜曲。語云：「城南韋、杜，去天尺五。」時諸韋門宗強盛，侵杜曲而居之。梟，堅堯翻。將，知亮翻，又音如字。襁褓兒無免者，襁，居兩翻。褓，音保。諸杜濫死非一。

是日，赦天下，云：「逆賊魁首已誅，自餘支黨一無所問。」以臨淄王隆基爲平王，兼知內外閑廄，平王固以平州爲國名，實以平內難，褒以此名。六典：尚乘奉御，掌內外閑廄之馬，一曰左、右飛黃閑，二曰左、右吉良閑，三曰左右龍媒閑，四曰左、右騊駼閑，五曰左、右駃騠閑，六曰左、右天苑閑。開元時，仗內六閑曰飛龍、翔麟、鳳苑、鵷鸞、吉良、六羣等六廄，奔星、內駒等兩閑；仗外有左飛、右飛、左萬、右萬等四閑，東南內、西南內等兩廄。押左右廂萬騎。左右廂，卽前所謂左萬騎、右萬騎也。薛崇暕賜爵立節王。以鍾紹京守中書侍郎，劉幽求守中書舍人，並參知機務。麻嗣宗行右金吾衞中郎將。武氏宗屬，誅死流竄殆盡。武氏宗屬至是時誅竄宜盡矣，而史曰殆盡者，攸緒、平一能避權遠勢，而武惠妃者猶足以成殺三子之禍也。侍中紀處訥行至華州，吏部尚書同平章事張嘉福行至懷州，皆收斬之。舊志，華州，京師東百八十里。懷州，京師東九百六十九里。華，戶化翻。

壬寅，劉幽求在太極殿，有宮人與宦官令幽求作制書立太后，幽求曰：「國有大難，難，乃旦翻。人情不安，山陵未畢，遽立太后，不可！」平王隆基曰：「此勿輕言。」遣十道使齎璽書宣撫，及詣均州宣慰譙王重福。使，疏吏翻。璽，斯氏翻。重，直龍翻。貶竇從一爲濠州司馬。舊志，濠州，京師東南二千一百五十里。罷諸公主府官。中宗時，太平、安樂等七公主皆開府置官屬。

癸卯，太平公主傳少帝命，請讓位於相王，相王固辭。以平王隆基爲殿中監、同中書門下三品，以宋王成器爲左衛大將軍，衡陽王成義爲右衛大將軍，巴陵王隆範爲左羽林大將軍，彭城王隆業爲右羽林大將軍，光祿少卿嗣道王微檢校右金吾衛大將軍。微，元慶之孫也。道王元慶，高祖之子。以黄門侍郎李日知、中書侍郎鍾紹京並同中書門下三品。太平公主之子薛崇訓爲右千牛衛將軍。隆基有二奴，王毛仲、李守德，皆趫勇善騎射，趫，巨嬌翻，善走也。常侍衛左右。隆基之入苑中也，毛仲避匿不從，從，才用翻。事定數日方歸，隆基不之責，仍超拜將軍。毛仲，本高麗也。爲王毛仲貴寵致禍張本。麗，力知翻。汴王邕貶沁州刺史，舊志：沁州，京師東北一千二十五里。沁，七鴆翻。左散騎常侍、駙馬都尉楊愼交貶巴州刺史，中書令蕭至忠貶許州刺史，舊志，許州，京師東一千二百里。兵部尚書、同中書門下三品韋嗣立貶宋州刺史，中書侍郎、同平章事趙彦昭貶絳州刺史，吏部侍郎、同平章事崔湜貶華州刺史。

劉幽求言於宋王成器、平王隆基曰：「相王疇昔已居宸極，羣望所屬。嗣聖元年，則天廢中宗而立相王，及革命，以王爲皇嗣。屬，之欲翻。今人心未安，家國事重，相王豈得尙守小節，不早卽位以鎭天下乎！」隆基曰：「王性恬淡，不以代事嬰懷。代事卽世事，避太宗諱云爾。雖有天下，猶讓於人，謂既讓武后，又讓中宗也。況親兄之子，安肯代之乎！」幽求曰：「衆心不可違，王雖欲高居獨善，其如社稷何！」成器、隆基入見相王，見，賢遍翻。極言其事，相王乃許之。甲辰，少帝在太極殿東隅西向，相王立於梓宮旁，太平公主曰：「皇帝欲以此位讓叔父，可乎？」幽求跪曰：「國家多難，皇帝仁孝，追蹤堯、舜，誠合至公；相王代之任重，慈愛尤厚矣。」難，乃旦翻。任，音壬。乃以少帝制傳位相王。時少帝猶在御座，太平公主進曰：「天下之心已歸相王，此非兒座！」遂提下之。下，遐嫁翻。睿宗卽位，御承天門，赦天下。京城西內正門曰承天門。復以少帝爲溫王。

以鍾紹京爲中書令。鍾紹京少爲司農錄事，唐九寺皆有錄事，官九品，蓋流外也。少，詩照翻。既典朝政，朝，直遙翻；下同。縱情賞罰，衆皆惡之。惡，烏路翻。太常少卿薛稷勸其上表禮讓，上，時掌翻。紹京從之。稷入言於上曰：「紹京雖有勳勞，素無才德，出自胥徒，一旦超居元宰，恐失聖朝具瞻之美。」詩云：赫赫師尹，民具爾瞻。上以爲然。丙午，改除戶部尙書，尋出爲蜀州刺史。舊志，蜀州去京師三千三百三十二里。

9 上將立太子，以宋王成器嫡長，而平王隆基有大功，疑不能決。成器辭曰：「國家安則先嫡長，國家危則先有功；苟違其宜，長，知兩翻。先，悉薦翻。四海失望。臣死不敢居平王之上。」涕泣固請者累日。大臣亦多言平王功大宜立。劉幽求曰：「臣聞除天下之禍者，當享天下之福。平王拯社稷之危，救君親之難，難，乃旦翻。論功莫大，語德最賢，無可疑者。」上從之。丁未，立平王隆基爲太子。考異曰：劉子玄先撰太上皇實錄，盡傳位；後又撰睿宗實錄，終橋陵；文字頗不同。睿宗錄及舊紀皆云「丙午，立太子」。今從太上皇錄。隆基復表讓成器，不許。復，扶又翻。

10 則天大聖皇后復舊號爲天后。追謚雍王賢曰章懷太子。賢廢見二百二卷高宗永隆元年。雍，於用翻；下同。

11 戊申，以宋王成器爲雍州牧、揚州大都督、太子太師。

12 置溫王重茂於內宅。恐羣不逞挾之以爲變也。

13 以太常少卿薛稷爲黃門侍郎，參知機務。稷以工書，事上於藩邸，其子伯陽尚仙源公主，仙源公主，帝女也，後封荊山公主。故爲相。

14 追削武三思、武崇訓爵謚，斲棺暴尸，平其墳墓。

15 以許州刺史姚元之爲兵部尚書、同中書門下三品，宋州刺史韋嗣立、許州刺史蕭至忠爲中書令，絳州刺史趙彥昭爲中書侍郎，華州刺史崔湜爲吏部侍郎，並同平章事。

16 越州長史宋之問、饒州刺史冉祖雍，坐諂附韋、武，皆流嶺表。

17 己酉，立衡陽王成義爲申王，巴陵王隆範爲岐王，彭城王隆業爲薛王；加太平公主實封滿萬户。

太平公主沈敏多權略，沈，持林翻。武后以爲類己，故於諸子中獨愛幸，頗得預密謀，然尚畏武后之嚴，未敢招權勢；及誅張易之，公主有力焉。誅張易之見二百七卷中宗神龍元年。中宗之世，韋后、安樂公主皆畏之，又與太子共誅韋氏。既屢立大功，益尊重，上常與之圖議大政，每入奏事，坐語移時；或時不朝謁，朝，直遥翻。則宰相就第咨之。每宰相奏事，上輒問：「嘗與太平議否？」又問：「與三郎議否？」然後可之。三郎，謂太子也。公主所欲，上無不聽，自宰相以下，進退繫其一言，其餘薦士驟歷清顯者不可勝數，權傾人主，趨附其門者如市。勝，音升。趨，七喻翻。子薛崇行、崇敏、崇簡皆封王，田園遍於近甸，收市營造諸器玩，遠至嶺、蜀，輸送者相屬於路，屬，之欲翻。居處奉養，擬於宫掖。處，昌呂翻。

18 追贈郎岌、燕欽融諫議大夫。

19 秋，七月，庚戌朔，贈韋月將宣州刺史。韋月將死見上卷中宗神龍二年。

20 癸丑，以兵部侍郎崔日用爲黄門侍郎，參知機務。

21 追復故太子重俊位號；太子重俊死見上卷中宗景龍元年。雪敬暉、桓彦範、崔玄暐、張柬之、袁恕己、成王千里、李多祚等罪，復其官爵。五王事見上卷神龍二年。千里、多祚與重俊同死，見景龍元年。

22 丁巳，以洛州長史宋璟檢校吏部尚書、同中書門下三品；岑羲罷爲右散騎常侍，兼刑部尚書。璟與姚元之協心革中宗弊政，進忠良，退不肖，賞罰盡公，請託不行，綱紀脩舉，當時翕然以爲復有貞觀、永徽之風。復，扶又翻，又如字。

23 壬戌，崔湜罷爲尚書左丞，張錫爲絳州刺史，蕭至忠爲晉州刺史，舊志：晉州，京師東北七百二十五里。韋嗣立爲許州刺史，趙彥昭爲宋州刺史。丙寅，姚元之兼中書令，兵部尚書、同中書門下三品李嶠貶懷州刺史。

丁卯，太子少師、同中書門下三品唐休璟致仕，右武衛大將軍、同中書門下三品張仁愿罷爲左衛大將軍。

24 黃門侍郎、參知機務崔日用與中書侍郎、參知機務薛稷爭於上前，稷曰：「日用傾側，曏附武三思，非忠臣；賣友邀功，非義士。」日用曰：「臣往雖有過，今立大功。立大功，謂誅韋氏之謀，日用發之。稷外託國姻，謂稷子伯陽尚主。內附張易之、宗楚客，非傾側而何！」上由是兩罷之，戊辰，以日用爲雍州長史，稷爲左散騎常侍。

25 己巳，赦天下，改元；改元景雲。凡韋氏餘黨未施行者，咸赦之。

26 乙亥，廢武氏崇恩廟及昊陵、順陵，中宗景龍元年復武氏陵廟。追廢韋后爲庶人，安樂公主爲悖逆庶人。悖，蒲內翻，又蒲沒翻。

27 韋后之臨朝也，吏部侍郎鄭愔貶江州司馬，朝，直遙翻。愔，於今翻。潛過均州，與刺史譙王重福及洛陽人張靈均謀舉兵誅韋氏，未發而韋氏敗。重福遷集州刺史，未行，靈均說重福曰：「大王地居嫡長，當爲天子。長，知兩翻。相王雖有功，不當繼統。東都士庶，皆願王來。若潛入洛陽，發左右屯營兵，東都置左、右屯營兵以衛宮城。襲殺留守，據東都，如從天而下也。然後西取陝州，東取河南北，天下指麾可定。」守，式又翻。陝，式冉翻。重福從之。靈均乃密與愔結謀，聚徒數十人。時愔自祕書少監左遷沅州刺史，武后天授二年，改巫州爲沅州。舊志：沅州，京師南四千一百九十七里，至東都三千九百里。遲留洛陽以俟重福，【章：十二行本「福」下有「爲重福」三字；乙十一行本同；孔本同；張校同。】草制，立重福爲帝，改元爲中元克復。考異曰：太上皇實錄云：「改元爲中宗克復元年。」今從新書。尊上爲皇季叔，以溫王爲皇太弟，愔爲左丞相知內外文事，靈均爲右丞相、天柱大將軍知武事，右散騎常侍嚴善思爲禮部尙書知吏部事。重福與靈均詐乘驛詣東都，愔先供張駙馬都尉裴巽第以待重福。供，居用翻。張，知亮翻。洛陽縣官微聞其謀。

齊思和標點聶崇岐覆校

資治通鑑卷第二百一十

端明殿學士兼翰林侍讀學士太中大夫提舉西京嵩山崇福宮上柱國河內郡開國公食邑二千二百戶食實封九百戶賜紫金魚袋臣司馬光奉敕編集
後學天台胡三省音註

唐紀二十六起上章閹茂（庚戌）八月，盡昭陽赤奮若（癸丑），凡三年有奇。

睿宗玄眞大聖大興孝皇帝下

景雲元年（庚戌、七一〇）

1 八月，庚寅，往巽第按問。此承上卷洛陽縣官微聞其謀。重福奄至，縣官馳出，白留守；羣官皆逃匿，洛州長史崔日知獨帥衆討之。重，直龍翻。守，式又翻。長，知兩翻。帥，讀曰率。留臺侍御史李邕遇重福於天津橋，從者已數百人；馳至屯營，從，才用翻。卽洛城左、右屯營也。告之曰：「譙王得罪先帝，言重福得罪中宗，居之均州。今無故入都，此必爲亂；君等宜立功取富貴。」又告皇城東都皇城也。使閉諸門。重福先趣左、右屯營，營中射之，趣，七喻翻。射，而亦翻。矢如雨下。乃還趣左掖門，還，從宣翻。掖，音亦。欲取留守兵，見門閉，大怒，命焚之。

火未及然，左屯營兵出逼之，重福窘迫，策馬出上東，然，與燃同。窘，渠隕翻。上東，洛城上東門也，東面北來第一門。逃匿山谷。明日，留守大出兵搜捕，重福赴漕渠溺死。考異曰：睿宗實錄、舊本紀皆云「癸巳重福反」。今從太上皇實錄。日知，日用之從父兄也。從，才用翻。以功拜東都留守。

鄭愔貌醜多須，既敗，梳髻，著婦人服，匿車中；愔，於今翻。著，陟略翻。擒獲，被鞫，股慄不能對。被，皮義翻。張靈均神氣自若，顧愔曰：「吾與此人舉事，宜其敗也！」與愔皆斬於東都市。初，愔附來俊臣得進；俊臣誅，附張易之；易之誅，附韋氏；韋氏敗，又附譙王重福，竟坐族誅。史言張靈均雖幸禍好亂之人，猶能臨死不變。鄭愔者，反覆於羣憸之間，冒利不顧，而畏死乃爾，烏足以權大事乎！嚴善思免死，流靜州。嶺南之靜州，貞觀中已改爲富州。此靜州屬劍南，儀鳳元年，以悉州之悉唐縣置南和州，武后天授二年，更名靜州。嚴善思免死而流此，夙依嬖倖，今從亂又得以偷生。

2 萬騎恃討諸韋之功，多暴橫，騎，奇寄翻。橫，戶孟翻。長安中苦之；詔並除外官。又停以戶奴爲萬騎；戶奴爲萬騎，蓋必起於永昌之後。更置飛騎，隸左、右羽林。更，工衡翻。

3 姚元之、宋璟及御史大夫畢構上言：「先朝斜封官悉宜停廢。」璟，居影翻。上，時掌翻。朝，直遙翻。上從之。癸巳，罷斜封官凡數千人。斜封官見上卷中宗景龍三年。

4 刑部尚書、同中書門下三品裴談貶蒲州刺史。舊志：蒲州，京師東北三百二十四里。尚，辰羊翻。

5 贈蘇安恆諫議大夫。蘇安恆死見二百八卷中宗景龍元年。恆，戶登翻。

6 九月，辛未，以太子少師致仕唐休璟爲朔方道大總管。少，始照翻。

7 冬，十月，甲申，禮儀使姚元之、宋璟奏：唐世凡有國恤，皆以宰相爲禮儀使，掌山陵、祔廟等事。使，疏吏翻。「大行皇帝神主，應祔太廟，請遷義宗神主於東都，別立廟。」從之。義宗祔廟見二百八卷中宗神龍元年。

8 乙未，追復天后尊號爲大聖天后。

9 丁酉，以幽州鎮守經略節度大使薛訥爲左武衛大將軍兼幽州都督。節度使之名自訥始。使，疏吏翻。考異曰：統紀：「景雲二年，四月，以賀拔延秀爲河西節度使，節度之名自此始。」會要云：「景雲二年，賀拔延嗣爲涼州都督，充河西節度，始有節度之號。」又云：「范陽節度自先天二年始除甄道一。」新表：「景雲元年置河西諸軍州節度、支度、營田大使。」按訥先已爲節度大使，則節度之名不始於延嗣也。今從太上皇實錄。是後天寶緣邊御戎之地，置八節度使，其任愈重。受命之日，賜雙旌、雙節，得以專制軍事。行則建節，樹六纛，入境，州縣築節樓，迎以鼓角，衙仗居前，旌幢居中，大將鳴珂，金鉦、鼓角居後，州縣齎印迎于道左。又唐之制，有節度大使、副大使、節度使；其親王領節度大使而不出閤，則在鎮知節度者爲副大使；其異姓爲節度使者有節度副使。至後唐開成二年七月敕：「頃因本朝親王遙領方鎮，其在鎮者，遂云副大使知節度事，但年代已深，相沿未改。今天下侯伯並正節旄，其未落副大使者，祇言節度使。」

10 太平公主以太子年少，意頗易之；既而憚其英武，欲更擇闇弱者立之以久其權，數爲流言，云「太子非長，不當立。」少，詩照翻。易，以豉翻。數，所角翻。己亥，制戒諭中外，以息浮議。

公主每覘伺太子所爲，纖介必聞於上，覘，丑廉翻，又丑豔翻。伺，相吏翻。太子左右，亦往往爲公主耳目，太子深不自安。爲誅太平公主及其支黨張本。

11 諡故太子重俊曰節愍。太府少卿萬年韋湊上書，以爲：「賞罰所不加者，則考行立諡以褒貶之。上，時掌翻。行，下孟翻。故太子重俊，與李多祚等稱兵入宮，中宗登玄武門以避之，太子據鞍督兵自若；及其徒倒戈，多祚等死，太子方逃竄。嚮使宿衞不守，其爲禍也胡可忍言！明日，中宗雨泣，雨泣者，淚下如雨也。謂供奉官曰：中書、門下兩省官謂之供奉官。『幾不與卿等相見。』其危如此。幾，居希翻。今聖朝禮葬，諡爲節愍，臣竊惑之。夫臣子之禮，過廟必下，下，遐嫁翻。過位必趨。漢成帝之爲太子，不敢絕馳道。漢成帝爲太子，初居桂宮。元帝嘗急召之，太子出龍樓門，不敢絕馳道，西至直城門，得絕乃度，還入作室門。上遲之，問其故，以狀對；乃著令太子得絕馳道。而重俊稱兵宮內，跨馬御前，無禮甚矣。若以其誅武三思父子而嘉之，則興兵以誅姦臣而尊君父可也；今欲自取之，是與三思競爲逆也，又足嘉乎！若以其欲廢韋氏而嘉之，則韋氏於時逆狀未彰，大義未絕，苟無中宗之命而廢之，是脅父廢母也，庸可乎！漢戾太子困於江充之讒，發忿殺充，雖興兵交戰，非圍逼君父也；兵敗而死，事見二十二卷武帝征和二年。及其孫爲天子，始得改葬，猶諡曰戾。見二十四卷宣帝本始元年。況重俊可諡之曰節愍乎！臣恐後之亂臣賊子，得引以爲比，開悖逆之原，非所以彰善癉惡也，彰，明也；癉，病也。

明其爲善，病其爲惡者也。癉，丁但翻。請改其謚。多祚等從重俊興兵，不爲無罪。陛下今宥之可也，名之爲雪，亦所未安。」上甚然其言，而執政以爲制命已行，不爲追改，爲，于僞翻。但停多祚等贈官而已。

12 十一月，戊申朔，以姚元之爲中書令。

13 己酉，葬孝和皇帝于定陵，定陵在雍州富平城西北十五里。廟號中宗。朝議以韋后有罪，不應祔葬。追謚故英王妃趙氏曰和思順聖皇后，求其瘞，莫有知者，妃死見二百二卷高宗上元二年。乃以褘衣招魂，唐制：皇后之服三：褘衣、鞠衣、襢衣。褘衣者，受册、助祭、朝會大事之服也。深青織成爲之，畫翬，赤質，五色，十二等，素紗中單，黼領，朱羅縠褾襈，蔽膝隨裳色，以緅領爲緣，用翟爲章，三等，青衣革帶，大帶隨衣色，裨約紐佩綬如天子，青韈，舄加金舄。覆以夷衾，覆，敷又翻。祔葬定陵。

14 壬子，侍中韋安石罷爲太子少保，左僕射、同中書門下三品蘇瓌罷爲少傅。

15 甲寅，追復裴炎官爵。

初，裴伷先自嶺南逃歸，復杖一百，徙北庭。伷，讀曰胄。復，扶又翻。至徙所，殖貨任俠，常遣客詗都下事。武后之誅流人也，裴炎死，伷先流嶺南，見二百三卷武后光宅元年。誅流人見二百五卷長壽二年。詗，休正翻。伷先先知之，逃奔胡中；北庭都護追獲，囚之以聞。使者至，流人盡死，伷先以待報未殺。既而武后下制安撫流人，有未死者悉放還，伷先由是得歸。至是求炎後，獨伷先在，拜詹事丞。詹事丞，正六品上，掌判詹事府事。

16 壬戌，追復王同皎官爵。王同皎死見二百八卷中宗神龍二年。

17 庚午，許文貞公蘇瓌薨。制起復其子頲爲工部侍郎，頲固辭。頲，他鼎翻。上使李日知諭旨，日知終坐不言而還。坐，徂臥翻。奏曰：「臣見其哀毀，不忍發言，恐其隕絕。」上乃聽其終制。

18 十二月，癸未，上以二女西城、隆昌公主爲女官，以資天皇太后之福，仍欲於城西造觀。觀，古玩翻。道士所居曰觀。諫議大夫甯原悌上言：以爲「先朝悖逆庶人以愛女驕盈而及禍，新城、宜都以庶孽抑損而獲全。新城公主下嫁武延暉，宜城公主下嫁裴巽，皆中宗女。又釋、道二家皆以清淨爲本，不當廣營寺觀，勞人費財。梁武帝致敗於前，先帝取災於後，殷鑒不遠。今二公主入道，將爲之置觀，觀，古玩翻。爲，于僞翻。不宜過爲崇麗，取謗四方。又，先朝所親狎諸僧，尚在左右，宜加屏斥。」朝，直遙翻。屏，卑郢翻。上覽而善之。

19 宦者閭興貴以事屬長安令李朝隱，屬，之欲翻。朝，直遙翻；下同。朝隱繫於獄。上聞之，召見朝隱，勞之曰：「卿爲赤縣令，能如此，朕復何憂！」勞，力到翻。復，扶又翻；下無復同。因御承天門，集百官及諸州朝集使，宣示以朝隱所爲。且下制稱「宦官遇寬柔之代，必弄威權。朕覽前載，每所歎息。能副朕意，實在斯人，可加一階爲太中大夫，賜中上考及絹百匹。」

20 壬辰，奚、霫犯塞，掠漁陽、雍奴，出盧龍塞而去。漁陽縣本屬幽州，中宗神龍元年分屬營州。雍奴縣，漢以來屬漁陽郡，隋屬涿郡，唐屬幽州。盧龍，漢肥如縣也，屬遼西郡，隋開皇十八年，更名盧龍，屬北平郡，唐帶平州。霫，而立翻。幽州都督薛訥追擊之，弗克。

21 舊制，三品以上官册授，五品以上制授，六品以下敕授，唐王言之制有七：一曰册書，二曰制書，三曰慰勞制書，四曰發敕，五曰敕旨，六曰論事敕書，七曰敕牒。皆委尚書省奏擬，文屬吏部，武屬兵部，尚書曰中銓，侍郎曰東西銓。所謂三銓也。中宗之末，嬖倖用事，選舉混淆，無復綱紀。至是，以宋璟爲吏部尚書，李乂、盧從愿爲侍郎，皆不畏強禦，請謁路絕。集者萬餘人，留者三銓不過二千，人服其公。以姚元之爲兵部尚書，陸象先、盧懷慎爲侍郎，武選亦治。選，須絹翻。治，直吏翻。從愿，承慶之族子；盧承慶，見二百卷高宗顯慶四年。象先，元方之子也。陸元方，見二百五卷天后證聖元年。

22 侍御史藁城倪若水，藁城縣，前漢屬眞定國，後漢以來屬鉅鹿郡，唐屬恆州。奏彈國子祭酒祝欽明、司業郭山惲亂常改作，希旨病君；謂郊祀請以韋后亞獻也。於是左授欽明饒州刺史，山惲括州長史。舊志：饒州，京師東南三千二百六十三里。括州後爲處州，京師東南四千二百七十八里。

23 侍御史楊孚，彈糾不避權貴，權貴毁之，上曰：「鷹搏狡兔，須急救之，不爾必反爲所噬。御史繩姦慝亦然。苟非人主保衞之，則亦爲姦慝所噬矣。」孚，隋文帝之姪孫也。

24置河西節度、支度、營田等使，領涼、甘、肅、伊、瓜、沙、西七州，治涼州。唐制，凡天下邊軍，皆有支度使，以計軍資糧仗之用。節度不兼支度者，支度自爲一司；其兼支度者，則節度使自支度。凡邊防鎮守轉運不給，則開置屯田以益軍儲，於是有營田使。使，疏吏翻。度，徒洛翻。

25姚州羣蠻，先附吐蕃，攝監察御史李知古請發兵擊之；既降，降，戶江翻。又請築城，列置州縣，重稅之。黃門侍郎徐堅以爲不可；句斷。不從。知古發劍南兵築城，因欲誅其豪傑，掠子女爲奴婢。羣蠻怨怒，蠻酋傍名引吐蕃攻知古，殺之，以其尸祭天，由是姚、巂路絕，連年不通。酋，慈由翻。巂，音髓。

安西都護張玄表侵掠吐蕃北境，吐蕃雖怨而未絕和親，乃賂鄯州都督楊矩，請河西九曲之地以爲公主湯沐邑；矩奏與之。九曲者，去積石軍三百里，水甘草良，宜畜牧，蓋即漢大、小榆谷之地，吐蕃置洪濟、大漠門等城以守之。史爲楊矩後悔懼自殺張本。鄯，時戰翻，又音善。

二年（辛亥、七一一）

1春，正月，癸丑，突厥可汗默啜遣使請和；許之。厥，九勿翻。可，從刊入聲。汗，音寒。使，疏吏翻。

2己未，以太僕卿郭元振、中書侍郎張說並同平章事。說，讀曰悅。

3以淄王重茂爲襄王，充集州刺史，遣中郎將將兵五百就防之。舊志：集州，京師西南一千四百二十五里。將，即亮翻。

4 乙丑，追立妃劉氏曰肅明皇后，陵曰惠陵；德妃竇氏曰昭成皇后，陵曰靖陵。皆招魂葬於東都城南，二妃死見二百五卷武后長壽二年。立廟京師，號儀坤廟。會要，儀坤廟在親仁里。竇氏，太子之母也。

5 太平公主與益州長史竇懷貞等結爲朋黨，欲以危太子，使其壻唐晙邀韋安石至其第，晙，子峻翻。安石固辭不往。上嘗密召安石，謂曰：「聞朝廷皆傾心東宮，卿宜察之。」對曰：「陛下安得亡國之言！此必太平之謀耳。太子有功於社稷，仁明孝友，天下所知，願陛下無惑讒言。」上瞿然曰：瞿，俱遇翻。瞿然，驚視之貌。「朕知之矣，卿勿言。」時公主在簾下竊聽之，以飛語陷安石，欲收按之，賴郭元振救之，得免。

公主又嘗乘輦邀宰相於光範門內，唐六典曰：宣政殿前西廊曰月華門，門西中書省，省西南北街，南直昭慶門，出光範門。韓愈伏光範門下上宰相書卽此。諷以易置東宮，衆皆失色，宋璟抗言曰：「東宮有大功於天下，眞宗廟社稷之主，公主奈何忽有此議！」

璟與姚元之密言於上曰：「宋王陛下之元子，豳王高宗之長孫，豳王守禮，章懷太子賢之子。長，知兩翻。太平公主交構其間，將使東宮不安。請出宋王及豳王皆爲刺史，罷岐、薛二王左、右羽林，使爲左、右率以事太子。韋氏初平，二王領羽林。東宮五率，分爲左、右十率。此指左右衞率。太平公主請與武攸暨皆於東都安置。」上曰：「朕更無兄弟，惟太平一妹，豈可遠置東都！

諸王惟卿所處。」處，昌呂翻。乃先下制云：「諸王、駙馬自今毋得典禁兵，見任者皆改他官。」見，賢遍翻。

頃之，上謂侍臣曰：「術者言五日中當有急兵入宮，卿等爲朕備之。」爲，于季翻；下爲陛同。張說曰：「此必讒人欲離間東宮。間，古莧翻。願陛下使太子監國，監，古銜翻。則流言自息矣。」姚元之曰：「張說所言，社稷之至計也。」上說。說，與悅同。

二月，丙子朔，以宋王成器爲同州刺史，豳王守禮爲豳州刺史，舊志：同州，京師東北二百五十五里；豳州，京師西北四百九十三里。左羽林大將軍岐王隆範爲左衛率，右羽林大將軍薛王隆業爲右衛率；太平公主蒲州安置。

丁丑，命太子監國，六品以下除官及徒罪以下，並取太子處分。處，昌呂翻。分，扶問翻。

6 殿中侍御史崔蒞、太子中允薛昭素言於上曰：「斜封官皆先帝所除，恩命已布，斜封官，見上卷中宗景龍二年。姚元之等建議，一朝盡奪之，彰先帝之過，爲陛下招怨。爲，于僞翻。今衆口沸騰，徧於海內，恐生非常之變。」太平公主亦言之，上以爲然。戊寅，制：「諸緣斜封別敕授官，先停任者，並量材敍用。」量，音良。考異曰：朝野僉載云：「宋璟、畢構出後，見鬼人彭君卿受斜封人賄奏云：『孝和怒曰：「我與人官，何因奪卻！」』於是斜封皆復舊職。」今不取。

7 太平公主聞姚元之、宋璟之謀，大怒，以讓太子。太子懼，奏元之、璟離間姑、兄，姑，謂太平公主；兄，謂宋王、豳王。間，古莧翻。請從極法。甲申，貶元之爲申州刺史，璟爲楚州刺史。舊志：申州至京師一千七百九十六里；楚州，京師東南二千五百一里。丙戌，宋王、豳王亦寢刺史之命。

8 中書舍人、參知機務劉幽求罷爲戶部尚書；以太子少保韋安石爲侍中。安石與李日知代姚、宋爲政，自是綱紀紊亂，復如景龍之世矣。紊，音問。復，扶又翻，又如字。前右率府鎧曹參軍柳澤上疏，以爲：「斜封官皆因僕妾汲引，豈出孝和之意！中宗謚孝和皇帝。率，所律翻。上，時掌翻。疏，所去翻。陛下一切黜之，天下莫不稱明。一旦忽盡收敍，善惡不定，反覆相攻，何陛下政令之不一也！議者咸稱太平公主令胡僧慧範曲引此曹，誑誤陛下。誑，居況翻。臣恐積小成大，爲禍不細。」上弗聽。澤，亨之孫也。柳亨事隋爲王屋長，歸高祖，以女孫竇氏妻之，歷事太宗，位至檢校岐州刺史。

9 左、右萬騎與左、右羽林爲北門四軍，使葛福順等將之。騎，奇寄翻。將，即亮翻，又音如字。

10 三月，以宋王成器女爲金山公主，許嫁突厥默啜。厥，九勿翻。啜，叱劣翻。

11 夏，四月，甲申，宋王成器讓司徒；許之，以爲太子賓客。以韋安石爲中書令。

12 上召羣臣三品以上，謂曰：「朕素懷澹泊，不以萬乘爲貴，澹，徒覽翻。乘，繩證翻。曩爲皇嗣，又爲皇太弟，皆辭不處。爲皇嗣見二百四卷天授元年；辭太弟見二百八卷神龍元年。嗣，祥吏翻。處，昌呂翻。今欲傳位太子，何如？」羣臣莫對。太子使右庶子李景伯固辭，不許。殿中侍御史和逢堯附太平公主，言於上曰：「陛下春秋未高，方爲四海所依仰，豈得遽爾！」上乃止。

戊子，制：「凡政事皆取太子處分。處，昌呂翻。分，扶問翻。其軍旅死刑及五品已上除授，皆先與太子議之，然後以聞。」

13 辛卯，以李日知守侍中。

14 壬寅，赦天下。

15 五月，太子請讓位於宋王成器；不許。請召太平公主還京師；許之。

16 庚戌，制：「則天皇后父母墳仍舊爲昊陵、順陵，量置官屬。」廢武氏二陵見上卷元年。量，音良。太平公主爲武攸暨請之也。爲，于僞翻；下各爲同。

17 辛酉，更以西城爲金仙公主，隆昌爲玉眞公主，各爲之造觀，金仙、玉眞二觀皆造於京城內輔興坊；玉眞觀，本竇誕舊宅，與金仙觀相對。更，工衡翻。逼奪民居甚多，用功數百萬。右散騎常侍魏知古、黃門侍郎李乂諫，不聽。散，悉亶翻。騎，奇寄翻。

18 壬戌，殿中監竇懷貞爲御史大夫、同平章事。

19 僧慧範恃太平公主勢，逼奪民產，御史大夫薛謙光與殿中侍御史慕容珣奏彈之。公主訴於上，出謙光爲岐州刺史。考異曰：統紀曰：「監察御史慕容珣奏彈西明寺僧慧範，以其通宮人張氏，張即太平公主乳母也，侵奪百姓。上以爲御史當不避豪貴；見公主出居蒲州，乃敢彈射，在日不言，狀涉離間骨肉，遂貶爲密州員外司馬。」今從舊傳。

20 時遣使按察十道，太宗貞觀十八年，遣十七道巡察；武后垂拱初，亦嘗遣九道巡察，天授二年又遣十道存撫使。至是分爲十道按察使，以廉按州郡，二周年一替。使，疏吏翻。議者以山南所部闊遠，乃分爲東西道；又分隴右爲河西道。六月，壬午，又分天下置汴、齊、兗、魏、冀、并、蒲、鄜、涇、秦、益、綿、遂、荆、岐、通、梁、襄、揚、安、閩、越、洪、潭二十四都督，武德元年，改蜀郡爲益州。綿州，漢涪縣地，江左置巴西郡，西魏曰潼州，隋開皇改綿州，大業初廢州爲金山郡，唐武德初復曰綿州。又武德二年置閩州於閩縣，開元十三年更閩州爲福州。鄜，音膚。各糾察所部刺史以下善惡，惟洛及近畿州不隸都督府。雍、華、同、商、岐、豳爲京畿；洛、汝爲都畿。太子右庶子李景伯、舍人盧俌等上言：俌，音甫。「都督專殺生之柄，權任太重，或用非其人，爲害不細。今御史秩卑望重，以時巡察，姦宄自禁。」宄，音軌。其後竟罷都督，但置十道按察使而已。

21 秋，七月，癸巳，追復上官昭容，謚曰惠文。追復其昭容之職而加之以謚。

22 乙卯，以高祖故宅枯柿復生，赦天下。時詔以興聖寺是高祖舊宅，有柿樹，天授中枯死，至是重生，大赦天下。復，扶又翻，又如字。

23 己巳，以右御史大夫解琬爲朔方大總管。琬考按三城戍兵，三城，三受降城也。解，戶買翻。奏減十萬人。

24庚午，以中書令韋安石爲左僕射兼太子賓客、同中書門下三品。太平公主以安石不附己，故崇以虛名，實去其權也。去，羌呂翻。

25九月，庚辰，以竇懷貞爲侍中。懷貞每退朝，必詣太平公主第。朝，直遥翻。時脩金仙、玉眞二觀，羣臣多諫，懷貞獨勸成之，身自督役。時人謂懷貞前爲皇后阿𤕤，事見上卷中宗景龍二年。𤕤，正奢翻。今爲公主邑司。唐公主有邑司令、丞，掌其主家財貨出入、田園徵封之事。考異曰：睿宗實錄云：「乙卯，御史大夫竇懷貞爲侍中。」太上皇實錄云：「庚辰，御史大夫、同中書門下三品竇懷貞爲侍中，知金仙、玉眞公主邑司事」。舊紀：「己卯，懷貞爲侍中。」新紀、新表：「乙亥，懷貞守侍中。」按是月癸酉朔，無乙卯。又懷貞以自督脩二觀之故，時人語曰：「竇僕射前爲皇后國𤕤，今爲公主邑丞。」非眞知邑司也。今從舊紀。

26冬，十月，甲辰，上御承天門，引韋安石、郭元振、竇懷貞、李日知、張說宣制，責以「政教多闕，水旱爲災，府庫益竭，僚吏日滋；雖朕之薄德，亦輔佐非才。安石可左僕射、東都留守，守，手又翻。元振可吏部尚書，懷貞可左御史大夫，日知可戶部尚書，說可左丞，並罷政事。」以吏部尚書劉幽求爲侍中，右散騎常侍魏知古爲左散騎常侍，太子詹事崔湜爲中書侍郎，並同中書門下三品；中書侍郎陸象先同平章事。皆太平公主之志也。

象先清淨寡欲，言論高遠，爲時人所重。湜私侍太平公主，公主欲引以爲相，相，息亮翻。湜請與象先同升，公主不可，湜曰：「然則湜亦不敢當。」公主乃爲之幷言於上，爲，于僞翻。

上不欲用湜，公主涕泣以請，乃從之。考異曰：朝野僉載云：「湜妻美，并二女皆得幸於太子。時人牓之曰：『託庸才於主第，進黷婦於春宮。』」今不取。

27 右補闕辛替否上疏，以爲：「自古失道破國亡家者，口說不如身逢，耳聞不如目覩；臣請以陛下所目覩者言之。太宗皇帝，陛下之祖也，撥亂返正，用太史公撥亂世返之正語意。開基立極，官不虛授，財無枉費；不多造寺觀而有福，不多度僧尼而無災，觀，古玩翻；下同。尼，女夷翻。天地垂祐，風雨時若，若，順也。粟帛充溢，蠻夷率服，享國久長，名高萬古。陛下何不取而法之！中宗皇帝，陛下之兄，棄祖宗之業，徇女子之意；無能而祿者數千人，無功而封者百餘家；造寺不止，費財貨者數百億，度人無窮，免租庸者數十萬，所出日滋，所入日寡；奪百姓口中之食以養貪殘，剝萬人體上之衣以塗土木，於是人怨神怒，衆叛親離，水旱並臻，公私俱罄，享國不永，禍及其身。陛下何不懲而改之！自頃以來，水旱相繼，兼以霜蝗，人無所食，未聞賑恤，賑，津忍翻。而爲二女造觀，用錢百餘萬緡。指言金仙、玉眞二觀。爲，于僞翻。陛下豈可不計當今府庫之蓄積有幾，中外之經費有幾，而輕用百餘萬緡，以供無用之役乎！陛下族韋氏之家而不去韋氏之惡，去，羌呂翻。忍棄太宗之法，不忍棄中宗之政乎！且陛下與太子當韋氏用事之時，日夕憂危，切齒於羣兇；羣兇，謂韋溫、宗楚客等。今幸而除之，乃不改其所爲，臣恐復有切齒於陛下者也。然則陛下又何惡於羣凶而誅之！復，扶又翻。惡，烏路翻。昔先帝之憐悖逆也，帝追廢安樂公主爲悖逆庶人，故稱之。悖，蒲内翻，又蒲沒翻。宗晉卿爲之造第，趙履溫爲之葺園，爲，于僞翻。殫國財，竭人力，第成不暇居，園成不暇遊，而身爲戮沒。今之造觀崇侈者，必非陛下、公主之本意，殆有宗、趙之徒從而勸之，不可不察也。陛下不停斯役，臣恐人之愁怨，不減前朝之時。人人知其禍敗而口不敢言，言則刑戮隨之矣。韋月將、燕欽融之徒，先朝誅之，陛下賞之，豈非陛下知直言之有益於國乎！臣今所言，亦先朝之直也，朝，直遙翻；下同。惟陛下察之。」上雖不能從，而嘉其切直。

28 御史中丞和逢堯攝鴻臚卿，使于突厥，臚，陵如翻。使，疏吏翻。說默啜曰：「處密、堅昆聞可汗結婚於唐，皆當歸附。可汗何不襲唐冠帶，使諸胡知之，豈不美哉！」默啜許諾，明日，襆頭、衣紫衫，南向再拜，稱臣，襆頭、紫衫，唐三品已上之服也。襆頭起於後周，便武事者也。太宗時，馬周上議，以禮無服衫之文，請加襴袖褾襈。說，輸芮翻。襆，防玉翻。衣，於既翻。遣其子楊我支及國相隨逢堯入朝，十一月，戊寅，至京師。逢堯以奉使功，遷戶部侍郎。

29 壬辰，令天下百姓二十五入軍，五十五免。

30 十二月，癸卯，以興昔亡可汗阿史那獻爲招慰十姓使。

31 上召天台山道士司馬承禎，臨海記：天台山超然秀出，山有八重，視之如一，高一萬八千丈，周回八百里。又有飛泉，垂流千仞。時屬台州唐興縣界。我朝太祖建隆元年，始改唐興縣爲天台縣。其山在今縣西二十餘里。問以陰陽數術，對曰：「道者，損之又損，以至於無爲，安肯勞心以學術數乎！」上曰：「理身無爲則高矣，如理國何？」對曰：「國猶身也，順物自然而心無所私，則天下理矣。」上歎曰：「廣成之言，無以過也。」廣成子居崆峒之上，黄帝立下風而問道。承禎固請還山，上許之。

尚書左丞盧藏用指終南山程大昌曰：終南山横亙關中，南面西起秦、隴，東徹藍田，凡雍、岐、郿、鄠、長安、萬年相去且八百里，而連綿峙據其南者，皆此一山也。毛公曰：終南，周之名山中南也，中南卽終南也。關中記曰：言居天之中、都之南也。謂承禎曰：「此中大有佳處，何必天台！」承禎曰：「以愚觀之，此乃仕宦之捷徑耳！」藏用嘗隱終南，則天時徵爲左拾遺，故承禎言之。

玄宗至道大聖大明孝皇帝上之上諱隆基，睿宗第三子也。此謚，廣德元年所定。

先天元年（壬子、七一二）是年八月方改元先天。

1 春，正月，考異曰：新紀、表：「壬辰，以陸象先同中書門下三品。」太上皇、睿宗實錄、舊紀皆無之。不知新書何出，今不取。辛巳，睿宗祀南郊，初因【章：十二行本「因」作「用」；乙十一行本同；孔本同。】諫議大夫賈曾議合祭天地。歐陽修曰：古者祭天於圜丘，在國之南，祭地於澤中之方丘，在國之北。所以順陰陽，因高下，以事天地，以其類也。而後世有合祭之文。則天天册萬歲元年，親享南郊，始合祭天地。至是曾議曰：有虞氏禘黄帝而郊嚳，夏后氏禘黄帝而郊鯀，郊之與廟，皆有禘也。禘於廟則祖宗合食於太祖，禘於郊則地祇羣望皆合食於圜丘，以始祖配享；蓋有事之大祭，非常祭也。三輔故事：祭於圜丘，上帝、后土，位皆南面。則漢嘗合祭也。時皆以曾言爲然。曾，言忠之子也。言忠見二百一卷高宗總章元年。

2 戊子，幸滻東，水經註：霸水北歷藍田川，又左合滻水。滻水逕長樂坡西，是後韋堅引爲廣運潭，在京師苑城之東；此地又在滻水之東。耕藉田。藉，在亦翻。

3 己丑，赦天下；改元太極。

4 乙未，上御安福門，宴突厥楊我支，以金山公主示之；既而會上傳位，婚竟不成。

5 以左御史大夫竇懷貞、戶部尚書岑羲並同中書門下三品。

6 二月，考異曰：太上皇實錄云：「命皇太子送金山公主往幷州，令幽州都督裴懷古節度内發三萬兵赴黑山道，幷州長史薛訥節度内發四萬兵於汾州迎皇太子，右御史大夫朔方大總管解琬節度内發二萬兵赴單于道。太子既親征，諸軍一事以上並取處分，按以軍法從事。」他書皆無此事。按太子送公主與突厥和親，安用九萬兵！又豈得謂之親征！今不取。辛酉，廢右御史臺。武后光宅元年，改御史臺爲肅政臺，分左、右。神龍元年，爲左、右御史臺。

7 蒲州刺史蕭至忠自託於太平公主，公主引爲刑部尚書。考異曰：舊傳及劉餗小說，皆云「自晉州刺史入爲尚書。」今從太上皇、睿宗錄。華州刺史蔣欽緒，其妹夫也，謂之曰：「如子之才，何憂不達！勿爲非分妄求。」分，扶問翻。至忠不應。欽緒退，歎曰：「九代卿族，一舉滅之，可哀也哉！」引左傳衞太叔儀之言。至忠，蕭德言之曾孫，故云然。至忠素有雅望，嘗自公主第門出，遇宋璟，璟曰：「非所望於蕭君也。」至忠笑曰：「善乎宋生之言！」遽策馬而去。

8 幽州大都督薛訥鎮幽州二十餘年，按武后聖曆元年，薛訥方自藍田令擢爲安東道經略。吏民安之，未嘗舉兵出塞，虜亦不敢犯。與燕州刺史李璡有隙，武德六年，自營州遷燕州於幽州城中。燕，因肩翻。璡，將鄰翻，又卽刃翻。璡毀之於劉幽求，幽求薦左羽林將軍孫佺代之。佺，此緣翻。三月，丁丑，以佺爲幽州大都督，徙訥爲并州長史。

9 夏，五月，益州獠反。獠，魯皓翻。

10 戊寅，上祭北郊。

11 辛巳，赦天下，改元延和。

12 六月，丁未，右散騎常侍武攸暨卒。卒，子恤翻。追封定王。

13 上以節愍太子之亂，岑羲有保護之功，節愍之難，冉祖雍誣帝及太平與太子連謀，賴羲與蕭至忠保護得免。癸丑，以羲爲侍中。

14 庚申，幽州大都督孫佺與奚酋李大酺戰于冷陘，貞觀中，奚酋可度者內附，賜姓李，後遂以李爲姓。酋，慈由翻。酺，音蒲。陘，音刑。考異曰：上皇錄云「甲子」，今從睿宗錄。全軍覆沒。是時，佺帥左驍衞將軍李楷洛，左威衞將軍周以悌發兵二萬、騎八千，分爲三軍，以襲奚、契丹。帥讀曰率。驍，堅堯翻。騎，奇寄翻。契，欺訖翻，又音喫。將軍烏可利諫曰：「道險而天熱，懸軍遠襲，往必敗。」佺曰：「薛訥在邊積年，竟不能爲國家復營州。營州陷見二百五卷武后萬歲通天元年。爲，于僞翻。今乘其無備，往必有功。」使楷洛將騎四千前驅，遇奚騎八千，楷洛戰不利。佺怯懦，不敢救，將，卽亮翻。懦，奴臥翻，又奴亂翻。引兵欲還，虜乘之，唐兵大敗。佺阻山爲方陳以自固，陳，讀曰陣。大酺使謂佺曰：「朝廷既與我和親，今大軍何爲而來？」佺曰：「吾奉敕來招慰耳。楷洛不稟節度，輒與汝戰，請斬以謝。」大酺曰：「若然，國信安在？」佺悉斂軍中帛，得萬餘段，幷紫袍、金帶、魚袋以贈之。高宗永徽二年，在京文武職事官五品已上，並給隨身魚袋。天后垂拱二年，諸州都督並準京官帶魚。唐六典曰：隨身魚符，所以明貴賤、應徵召，其制左二右一，太子以玉，親王以金，庶官以銅，皆題云某位姓名，並以袋盛。其袋三品已上飾以金，五品已上飾以銀。大酺曰：「請將軍南還，勿相驚擾。」將士懼，無復部伍，復，扶又翻，又如字。虜追擊之，士卒皆潰。佺、以悌爲虜所擒，獻於突厥，默啜皆殺之；楷洛、可利脫歸。

15 秋，七月，彗星出西方，經軒轅入太微，至于大角。

16 有相者謂同中書門下三品竇懷貞曰：「公有刑厄。」相，息亮翻。懷貞懼，請解官爲安國寺奴；雍錄曰：安國寺在朱雀街東第四街之長樂坊。唐會要：景雲元年，敕捨潛龍舊宅爲寺，便以本封安國爲名。敕聽解官。乙亥，復以懷貞爲左僕射兼御史大夫、平章軍國重事。復，扶又翻。

17 太平公主使術者言於上曰：「彗所以除舊布新，又帝座及心前星皆有變，帝座在中宮華蓋之下。心三星，中星爲明堂，天子位，前星爲太子。彗，祥歲翻，又音歲，又音遂。皇太子當爲天子。」上曰：「傳德避災，吾志決矣。」太平公主及其黨皆力諫，以爲不可，上曰：「中宗之時，羣姦用事，天變屢臻。朕時請中宗擇賢子立之以應災異，中宗不悅，朕憂恐數日不食。豈可在彼則能勸之，在己則不能邪！」太子聞之，馳入見，見，賢遍翻。自投於地，叩頭請曰：「臣以微功，不次爲嗣，懼不克堪，未審陛下遽以大位傳之，何也？」上曰：「社稷所以再安，吾之所以得天下，皆汝力也。今帝座有災，故以授汝，轉禍爲福，汝何疑邪！」太子固辭。上曰：「汝爲孝子，何必待柩前然後卽位邪！」柩，音舊。太子流涕而出。

壬辰，制傳位於太子，太子上表固辭。上，時掌翻。太平公主勸上雖傳位，猶宜自總大政。上乃謂太子曰：「汝以天下事重，欲朕兼理之邪？昔舜禪禹，猶親巡狩，舜既禪禹，南巡狩而崩於蒼梧；引此爲據也。朕雖傳位，豈忘家國！其軍國大事，當兼省之。」省，悉景翻。考異曰：太上皇錄全以爲上皇之意。睿宗錄云：「太子既爲太平公主所構，或唯遣皇帝知三品以下除授及徒罪，其軍國大務幷重刑獄，上仍兼省之，五日一受朝于太極殿。」今兩取之。

八月，庚子，玄宗卽位，尊睿宗爲太上皇。上皇自稱曰朕，命曰誥，五日一受朝於太極殿。皇帝自稱曰予，命曰制、敕，日受朝於武德殿。朝，直遙翻。三品以上除授及大刑政決於上皇，餘皆決於皇帝。

18 壬寅，上大聖天后尊號曰聖帝天后。

19 甲辰，赦天下，改元。

20 乙巳，於鄚州北置渤海軍，莫縣，自漢以來屬涿郡，唐屬瀛州。景雲二年分置鄚州，開元十三年復單用莫字。恆、定州境置恆陽軍，杜佑曰：恆陽軍在恆州城東。恆，戶登翻。嬀、蔚州境置懷柔軍，屯兵五萬。嬀，居爲翻。蔚，紆勿翻。

21 丙午，立妃王氏爲皇后；以后父仁皎爲太僕卿。仁皎，下邽人也。戊申，立皇子許昌王嗣直爲郯王，眞定王嗣謙爲郢王。

22 以劉幽求爲右僕射、同中書門下三品，魏知古爲侍中，崔湜爲檢校中書令。

23 初，河内人王琚預於王同皎之謀，謂中宗神龍二年王同皎謀殺武三思也。亡命，傭書於江都。上之爲太子也，琚還長安，選補諸暨主簿，諸暨，越王允常故都也，自漢以下爲縣，屬會稽。過謝太子。琚至廷中，故徐行高視，宦者曰：「殿下在簾内。」琚曰：「何謂殿下？當今獨有太平公主耳！」用范睢故智，爲此言以激發太子。太子遽召見，與語，琚曰：「韋庶人弑逆，人心不服，誅之易耳。易，以豉翻。太平公主，武后之子，凶猾無比，大臣多爲之用，琚竊憂之。」太子引與同榻坐，泣曰：「主上同氣，唯有太平，言之恐傷主上之意，不言爲患日深，爲之柰何？」琚曰：「天子之孝，異於匹夫，當以安宗廟社稷爲事。蓋主，漢昭帝之姊，自幼供養，有罪猶誅之。事見漢紀。蓋，古盍翻。供，居用翻。養，羊尚翻。爲天下者，豈顧小節！」太子悅曰：「君有何藝，可以與寡人遊？」琚曰：「能飛煉、詼嘲。」飛煉，謂飛丹砂以鍊丹也。舊書載琚之言曰：「飛丹煉砂，詼諧嘲詠，可與優人比肩。」太子乃奏爲詹事府司直，唐六典：詹事府司直掌彈劾官寮，糾舉職事。日與遊處，處，昌呂翻。累遷太子中舍人；唐六典曰：太子中舍人，本漢、魏太子舍人也。晉惠帝在儲宮，以舍人四人有文學才美者，與中庶子共理文書。至咸寧三年，齊王攸爲太傅，遂加名爲中舍人，與中庶子共掌禁令，糾正違闕，侍從左右，儐相威儀，盡規獻納。及卽位，以爲中書侍郎。考異曰：鄭綮開天傳信記云：「上於藩邸時，每戲遊城南韋、杜之間，因逐狡兔，意樂忘返，與其徒十數人，倦甚，休息於封部大樹下。適有書生延上過其家，甚貧，止於村妻、一驢而已。上坐未久，書生殺驢拔蒜備饌，酒肉霶霈。上顧而奇之。及與語，磊落不凡，問其姓名，乃王琚也。自是上每遊韋、杜間，必過琚家，琚所諮議合上意，上益親善焉。及韋氏專制，上憂甚，獨密言於琚。琚曰：『亂則殺之，又何疑也！』上遂納琚之謀，戡定禍難，累拜爲中書侍郎，實預配享焉。」今從舊傳。

是時，宰相多太平公主之黨，劉幽求與右羽林將軍張暐謀以羽林兵誅之，使暐密言於上曰：「竇懷貞、崔湜、岑羲皆因公主得進，日夜爲謀不輕。若不早圖，一旦事起，太上皇何以得安！請速誅之。考異曰：舊傳云，「幽求自謂功在朝臣之右，志求左僕射兼領中書令。俄而竇懷貞爲左僕射，崔湜爲中書令，幽求心甚不平，形於言色，乃與張暐請誅之。」按幽求素盡心於玄宗；湜等附太平，非幽求因私忿而害之也，今不取。臣已與幽求定計，惟俟陛下之命。」上深以爲然。暐洩其謀於侍御史鄧光賓，上大懼，遽列上其狀。丙辰，幽求下獄。有司奏：「幽求等離間骨肉，罪當死。」上爲言幽求有大功，不可殺。列上，時掌翻。下，遐嫁翻。間，古莧翻。爲，于僞翻。癸亥，流幽求于封州，封州，漢廣信封陽縣地，梁置成州，隋改封州，唐屬廣州都督府。舊志：封州去京師水陸四千五百一十里。張暐于峯州，光賓于繡州。舊志：峯州，隋交趾郡之嘉寧縣，武德四年置。峯州去京師七千七百一十里；繡州去京師六千九十里。

初，崔湜爲襄州刺史，密與譙王重福通書，重福遺之金帶。遺，于季翻。重福敗，湜當死，張說、劉幽求營護得免。既而湜附太平公主，與公主謀罷說政事，以左丞分司東都。及幽求流封州，湜諷廣州都督周利貞，使殺之。封州，屬廣州都督。桂州都督王【章：十二行本「王」上有「景城」二字；乙十一行本同；孔本同；張校同。】晙知其謀，留幽求不遣。晙，子峻翻。利貞屢移牒索之，索，山客翻。晙不應，利貞以聞。湜屢逼晙，使遣幽求，幽求謂晙曰：「公拒執政而保流人，勢不能全，徒仰累耳。」累，力瑞翻。固請詣廣州，晙曰：「公所坐非可絕於朋友者也。晙因公獲罪，無所恨。」竟逗遛不遣。幽求由是得免。

24 九月，丁卯朔，日有食之。

25 辛卯，立皇子嗣昇爲陝王。陝，失冉翻。考異曰：睿宗實錄作「甲申」，太上皇錄作「甲午」。今從玄宗實錄。嗣昇母楊氏，士達之曾孫也。楊士達仕隋，官至納言。王后無子，母養之。

26 冬，十月，庚子，上謁太廟，赦天下。

27 癸卯，上幸新豐，獵於驪山之下。驪，力知翻。

28 辛酉，沙陀金山遣使入貢。沙陀者，處月之別種也，姓朱邪氏。使，疏吏翻。種，章勇翻。邪，音耶。處月居金娑山之陽、蒲類之東，有大磧，名沙陀，故號沙陀。考異曰：薛居正五代史後唐太祖紀曰：「太祖姓朱邪氏，始祖拔野古，貞觀中爲墨離軍使。太宗平薛延陀，分同羅、僕骨之人，置沙陀都督府，蓋北庭有磧曰沙陀，因以名焉。永徽中，以拔野古爲都督。其後子孫五世相承，曾祖盡忠，貞元中繼爲沙陀府都督。」歐陽修五代史記曰：「李氏之先，蓋出於西突厥，本號朱邪，至其後世，別自號曰沙陀，而以朱邪爲姓，拔野古爲始祖。其自序云『沙陀者，北庭之磧也。當唐太宗時，破西突厥諸部，分同羅、僕骨之人於此磧，置沙陀府，而以其始祖拔野古爲都督，且傳子孫數世，皆爲沙陀都督，故其後世因自號沙陀。』然予考于傳記，其說皆非也。夷狄無姓氏，朱邪，部族之號耳。拔野古與朱邪同時人，非其始祖，而唐太宗時未嘗有沙陀府也。唐太宗破西突厥，分其諸部置十三州，以同羅爲龜林都督府，僕骨爲金微都督府，拔野古爲幽陵都督府，未嘗有沙陀府也。當是時，西突厥有鐵勒、薛延陀、阿史那之類爲最大，其別部有同羅、僕骨、拔野古等以十數，蓋其小者也。又有處月、處密諸部，又其小者也。朱邪者，處月別部之號耳。太宗二十二年已降拔野古，其明年，阿史那賀魯叛，至高宗永徽二年，處月朱邪孤注從賀魯戰于牢山，爲契苾何力所敗，遂沒不見。後百五六十年，當憲宗時，有朱邪盡忠及子執宜見于中國，而自號沙陀，以朱邪爲姓矣。蓋沙陀者大磧也，在金莎山之陽，蒲類海之東，自處月以來居此磧，號沙陀突厥。而夷狄無文字傳記，朱邪又微不足錄，故其後世自失其傳，至盡忠孫始賜姓李氏。李氏後大，而夷狄之人遂以沙陀爲貴種云。」今從之。

29 十一月，乙酉，奚、契丹二萬騎寇漁陽，幽州都督宋璟閉城不出，虜大掠而去。

30上皇誥遣皇帝巡邊，西自河、隴，東及燕、薊，選將練卒。燕，因肩翻。薊，音計。將，卽亮翻。甲午，以幽州都督宋璟爲左軍大總管，幷州長史薛訥爲中軍大總管，朔方大總管、兵部尙書郭元振爲右軍大總管。

31十二月，刑部尙書李日知請致仕。日知在官，不行捶撻而事集。捶，止橤翻；下同。刑部有令史，受敕三日，忘不行。忘，巫放翻。日知怒，索杖，集羣吏欲捶之，索，山客翻。既而謂曰：「我欲捶汝，天下人必謂汝能撩李日知嗔，撩，落蕭翻，取動也。嗔，昌眞翻。受李日知杖，不得比於人，妻子亦將棄汝矣。」遂釋之。吏皆感悅，無敢犯者，脫有稽失，衆共謫之。

開元元年（癸丑、七一三）是年十二月方改元。

1春，正月，乙亥，誥：「衞士自今二十五入軍，五十免；羽林飛騎並以衞士簡補。」騎，奇寄翻。

2以吏部尙書蕭至忠爲中書令。

3皇帝巡邊改期，所募兵各散遣，約八月復集，復，扶又翻。竟不成行。

4二月，庚子夜，開門然燈，按舊書嚴挺之傳：先天二年正月望，胡僧婆陀請夜開門燃千百燈。又追作去年大酺，元年，受內禪，不及賜天下酺，乃追爲之。酺，音蒲。大合伎樂。上皇與上御門樓臨觀，或以夜繼晝，凡月餘。帝之侈心蓋已發露於此矣。伎，其綺翻。左拾遺華陰嚴挺之上疏諫，以爲「酺者因人所利，合醵爲歡。醵，其虐翻，合錢飲酒也。今乃損萬人之力，營百戲之資，非所以光聖德美風化也。」乃止。

5 初，高麗既亡，高麗亡見二百一卷高宗總章元年。其別種大祚榮徙居營州。及李盡忠反，李盡忠反見二百五卷武后萬歲通天元年。風俗通：大姓，大庭氏之後；大款爲顓帝師。按禮記曰：大連善居喪，東夷之子也。蓋東夷之有大姓尙矣。種，章勇翻。祚榮與靺鞨乞四北羽聚衆東走，阻險自固，靺鞨，音末曷。盡忠死，武后使將軍李楷固討其餘黨。楷固擊乞四北羽，斬之，引兵踰天門嶺，逼祚榮。新書：天門嶺在土護眞河北三百里。祚榮逆戰，楷固大敗，僅以身免。祚榮遂帥其衆東據東牟山，築城居之。東牟山在挹婁國界，地直營州東二千里，南北（與？）新羅以泥河爲境，東窮海，西契丹。帥，讀曰率。祚榮驍勇善戰，驍，堅堯翻；下同。高麗、靺鞨之人稍稍歸之，地方二千里，戶十餘萬，勝兵數萬人，勝，音升。自稱振國王，附于突厥。時奚、契丹皆叛，道路阻絕，武后不能討。中宗卽位，遣侍御史張行岌招慰之，岌，魚及翻。祚榮遣子入侍。至是，以祚榮爲左驍衞大將軍、勃海郡王；以其所部爲忽汗州，令祚榮兼都督。靺鞨自此盛矣；始去靺鞨，專號勃海。

6 庚申，赦以嚴挺之忠直宣示百官，厚賞之。

7 三月，辛巳，皇后親蠶。舊制：有皇后祀先蠶親桑之禮。後周制，皇后衣十二等，採桑服鶉衣。唐制，皇后親蠶服鞠衣，黃羅爲之。考異曰：玄宗實錄脫此年二月、三月事。祀先蠶詔，乃三月丁卯也，而唐曆承其誤，云

「正月辛巳，皇后祀先蠶。」太上皇錄云：「三月辛巳，皇后親蠶，自嗣聖、光宅以來，廢闕此禮，至是重行。」太上皇、睿宗實錄、舊本紀皆云「辛卯」。按制書云：「以今月十八日祀先蠶。」是月甲子朔。今從玄宗實錄。

8 晉陵尉楊相如上疏言時政，其略曰：「煬帝自恃其強，不憂時政，雖制敕交行，而聲實舛謬，言同堯、舜，迹如桀、紂，舉天下之大，一擲而棄之。」又曰：「隋氏縱欲而亡，太宗抑欲而昌，願陛下詳擇之！」又曰：「人主莫不好忠正而惡佞邪，好，呼到翻。惡，烏路翻；下同。然忠正者常疏，佞邪者常親，以至於覆國危身而不寤者，何哉？誠由忠正者多忤意，佞邪者多順指，積忤生憎，積順生愛，此親疏之所以分也。明主則不然。愛其忤以收忠賢，惡其順以去佞邪，忤，五故翻。去，羌呂翻；下除去同。則太宗太平之業，將何遠哉！」又曰：「夫法貴簡而能禁，罰貴輕而必行；陛下方興崇至德，大布新政，請一切除去碎密，不察小過。小過不察則無煩苛，大罪不漏則止姦慝，使簡而難犯，寬而能制，則善矣。」上覽而善之。

9 先是，脩大明宮未畢，先，悉薦翻。夏，五月，庚寅，敕以農務方勤，罷之以待閒月。閒月，謂農功畢入之後。

10 六月，丙辰，以兵部尚書郭元振同中書門下三品。考異曰：六月，辛丑，郭元振同三品。下註曰：舊紀在丙辰，今從睿宗實錄。據考異，則通鑑正文當改「丙辰」爲「辛丑」。

11 太平公主依上皇之勢，擅權用事，與上有隙，宰相七人，五出其門。考異曰：唐曆曰：「宰相有七，四出其門；天子孤立而無援。」新、舊傳皆云：「宰相七人，五出主門下。」按是時竇懷貞、蕭至忠、岑羲、崔湜與主連謀，其不附主者，郭元振、魏知古、陸象先三人也。薛稷太子少保，不爲宰相，或者新、舊傳幷象先數之，唐曆不數象先耳。文武之臣，太半附之，與竇懷貞、岑羲、蕭至忠、崔湜及太子少保薛稷、雍州長史新興王晉、雍，於用翻。左羽林大將軍常元楷、知右羽林將軍事李慈、左金吾將軍李欽、中書舍人李猷、右散騎常侍賈膺福、鴻臚卿唐晙、及僧慧範等謀廢立，晙，子峻翻。又與宮人元氏謀於赤箭粉中置毒進於上。陶弘景曰：赤箭，亦是芝類，莖赤如箭簳，葉生其端，根如人足，又如芋魁，有十二子爲衞。其苗爲粉，久服益氣力，長陰肥健，輕身增年。沈括曰：赤箭，天麻苗也。根則抽苗徑直而上，苗則結子成熟而落，返從簳中而下，至土而生。赤箭則言苗，用之有自表入裏之功。天麻則言根，用之有自内達外之理。本草圖經曰：赤箭，莖中空，依半而上，貼莖微有尖葉，梢頭生成穗，開花結子如豆粒大，其子至夏不落，卻透虛入莖中潛生土内。晉，德良之孫也。德良，長平王叔良之弟，武德初封新興王。元楷、慈數往來主第，相與結謀。數，所角翻。

王琚言於上曰：「事迫矣，不可不速發。」左丞張說自東都遣人遺上佩刀，意欲上斷割。遺，于季翻。君臣之禮，當言獻佩刀。此因舊史成文，失於改定耳。斷，丁亂翻。荆州長史崔日用入奏事，言於上曰：「太平謀逆有日，陛下往在東宮，猶爲臣子，若欲討之，須用謀力。今既光臨大寶，但下一制書，誰敢不從？萬一姦宄得志，悔之何及！」上曰：「誠如卿言；直恐驚動上皇。」日用曰：「天子之孝在於安四海。若姦人得志，則社稷爲墟，安在其爲孝乎！請先定北軍，北軍，謂左右羽林、左右萬騎也。後收逆黨，則不驚動上皇矣。」上以爲然。以日用爲吏部侍郎。

秋，七月，魏知古告公主欲以是月四日作亂，考異曰：上皇錄云：「公主謀不利於上，與今上更立皇子，獨專權，期以是月七日作亂。今上密知其事，勒左右禁兵誅之。」按是月壬戌朔，玄宗以三日甲子誅之。今從玄宗錄。令元楷、慈以羽林兵突入武德殿，時上於武德殿受羣臣朝，故欲突入爲變。懷貞、至忠、羲等於南牙舉兵應之。西内以太極殿爲正牙，自北門言之曰南牙。上乃與岐王範、薛王業、郭元振及龍武將軍王毛仲、景雲初，以左、右萬騎與左、右羽林爲北門四軍，置左、右龍武將軍，以領萬騎，位從三品。殿中少監姜皎、太僕少卿李令問、尚乘奉御王守一、内給事高力士、乘，繩證翻。内給事屬内侍省，從五品下，掌判省事；元正、冬至，羣臣朝賀中宮，則出入宣傳；凡宮人衣服費用，則具其品秩，計其多少，春秋二時，宣送中書。果毅李守德等定計誅之。皎，謩之曾孫；姜謩見一百八十四卷隋恭帝義寧元年。令問，靖弟客師之孫；李客師亦有戰功。守一，仁皎之子；力士，潘州人也。潘州，古西甌、駱越地，漢屬合浦郡界。江左置定州郡，隋廢郡爲縣，唐武德四年置南宕州，貞觀八年改潘州，以潘水爲名。

甲子，上因王毛仲取閑廄馬及兵三百餘人，自【章：十二行本「自」上有「與同謀十餘人」六字；乙十一行本同；孔本同；退齋校同；張校同，云無註本亦無。】武德殿入虔化門，西内太極殿北曰朱明門，左曰虔化門，右曰肅章門；虔化之東曰武德西門，門内則武德殿。召元楷、慈，先斬之，擒膺福、猷於内客省以出，四方館隸中書省，故內客省在焉。中書省在太極門之右。膺福、猷皆中書省官也。執至忠、義於朝堂，東西朝堂在承天門內，分左右。朝，直遙翻。皆斬之。考異曰：玄宗實錄作「乙丑」。按僉載，「七月三日誅常元楷」。今從睿宗、上皇實錄。唐曆、新、舊本紀、舊王琚傳，「琚與岐王範、薛王業、姜皎、王毛仲等並預誅逆，以鐵騎至承天門。時睿宗聞鼓譟聲，召郭元振升承天樓，宣詔下關，令侍御史任知古召募數百人於朝堂，不得入。頃間，琚等從玄宗至樓上。」太上皇實錄：「公主期以是月七日令常元楷以羽林兵自北門入，竇懷貞等於南衙舉兵應之。今上密知其事，登時勒左右禁兵出北門，召常元楷、李慈，即斬於闕下。還至承天門，執岑義、蕭至忠，斬於朝堂。」舊蕭至忠傳曰：「至忠遽遁入山寺，數日，捕而伏誅。」蓋誤以太平公主事爲至忠事。今從玄宗實錄。朝野僉載曰：「羽林將軍常元楷三代告密得官，至先天二年七月三日，楷以反逆誅，家口配沒。」玄宗實錄云：「上誅凶逆，睿宗恐宮中有變，御承天門，號令南衙兵士以備非常。郭元振帥兵侍衛，登樓奏曰：『皇帝前奉誥誅竇懷貞等，惟陛下勿憂。』睿宗大喜。」今擇其可信者取之。懷貞逃入溝中，自縊死，戮其尸，改姓曰毒。縊，於計翻。上皇聞變，登承天門樓。郭元振奏，皇帝前奉誥誅竇懷貞等，無他也。上尋至樓上，上皇乃下誥罪狀懷貞等，因赦天下，惟逆人親黨不赦。薛稷賜死於萬年獄。

乙丑，上皇誥：「自今軍國政刑，一皆取皇帝處分。處，昌呂翻。分，扶問翻。考異曰：舊本紀云：「七月三日，誅懷貞等。睿宗明日下詔，軍國政刑，並取皇帝處分。」新本紀云：「乙丑，始聽政。」唐曆亦無乙丑下誥；唯玄宗實錄云丙寅。今從諸書。朕方無爲養志，以遂素心。」是日，徙居百福殿。唐六典曰：兩儀殿之右曰宜秋門，宜秋之右曰百福門，其內百福殿。

太平公主逃入山寺，三日乃出，賜死于家，考異曰：新傳云，「三日乃出」。太上皇實錄曰：「公主聞難作，遁入山寺，數日方出，禁錮終身，諸子皆伏誅。」今從新、舊傳，睿宗實錄。公主諸子及黨與死者數十人。薛崇簡以數諫其母被撻，特免死，數，所角翻。賜姓李，官爵如故。崇簡，卽崇暕。籍公主家，財貨山積，珍物侔於御府，廄牧羊馬、田園息錢，收之數年不盡。慧範家亦數十萬緡。改新興王晉之姓曰厲。姓譜本自有厲姓，漢有魏郡太守義陽侯厲溫。

初，上謀誅竇懷貞等，召崔湜，將託以心腹，湜弟滌謂湜曰：「主上有問，勿有所隱。」湜不從。懷貞等既誅，湜與右丞盧藏用俱坐私侍太平公主，湜流竇州，舊志：竇州至京師水陸六千一百二里。藏用流瀧州。瀧，閭江翻。新興王晉臨刑歎曰：「本爲此謀者崔湜，今吾死湜生，不亦冤乎！」會有司鞫宮人元氏，元氏引湜同謀進毒，乃追賜死於荆州。舊志：荆州，京師東南一千七百三十里。薛稷之子伯陽以尚主免死，流嶺南，於道自殺。

初，太平公主與其黨謀廢立，竇懷貞、蕭至忠、岑羲、崔湜皆以爲然，陸象先獨以爲不可。公主曰：「廢長立少，宋王成器長也。長，知兩翻。少，詩照翻。已爲不順；且又失德，若之何不去！」去，羌呂翻。象先曰：「既以功立，當以罪廢。言上平內難有大功，於天下國家無罪，不可廢。今實無罪，象先終不敢從。」公主怒而去。上既誅懷貞等，召象先謂曰：「歲寒知松柏，信哉！」論語孔子曰：「歲寒然後知松柏之後凋也。」時窮治公主枝黨，當坐者衆，象先密爲申理，所全甚多；治，直之翻。爲，于僞翻。然未嘗自言，當時無知者。百官素爲公主所善及惡之者，惡，烏路翻。或黜或陟，終歲不盡。

丁卯，上御承天門樓，赦天下。

己巳，賞功臣郭元振等官爵、第舍、金帛有差。以高力士爲右監門將軍，知內侍省事。監，古銜翻。

初，太宗定制，內侍省不置三品官，內侍省，內侍四人，以久次一人知省事，從四品上。黃衣廩食，守門傳命而已。天后雖女主，宦官亦不用事。中宗時，嬖倖猥多，宦官七品以上至千餘人，然衣緋者尚寡。嬖，卑義翻，又博計翻。衣，於既翻；下同。上在藩邸，力士傾心奉之，力士，馮盎曾孫也。聖曆初，嶺南討擊使李千里上二閹兒，曰金剛，曰力士，中人高延福養爲子，故冒高姓。既壯，爲宮闈丞。帝在藩，力士傾心附結。及爲太子，奏爲內給事，至是以誅蕭、岑功賞之。是後宦官稍增至三千餘人，除三品將軍者浸多，衣緋、紫至千餘人，宦官之盛自此始。衣，去聲。

12 壬申，遣益州長史畢構等六人宣撫十道。

13 乙亥，以左丞張說爲中書令。

14 庚辰，中書侍郎、同平章事陸象先罷爲益州長史、劍南按察使。使，疏吏翻。八月，癸巳，以封州流人劉幽求爲左僕射、平章軍國大事。

15 丙辰，突厥可汗默啜遣其子楊我支來求婚；丁巳，許以蜀王女南和縣主妻之。妻，七細翻。

16 中宗之崩也，同中書門下三品李嶠密表韋后，請出相王諸子於外。相，息亮翻。上卽位，於禁中得其表，以示侍臣。嶠時以特進致仕，或請誅之，張說曰：「嶠雖不識逆順，然爲當時之謀則忠矣。」上然之。九月，壬戌，以嶠子率更令暢爲虔州刺史，唐六典曰：漢率更令、丞主庶子、舍人更直，職似光祿勳；晉率更令掌宮殿門戶之禁、郎將屯衞之士；北齊率更令掌周衞禁防、漏刻鍾鼓。更，工衡翻。令嶠隨暢之官。

17 庚午，以劉幽求同中書門下三品。

18 丙戌，復置右御史臺，督察諸州；去年春廢右御史臺。復，扶又翻。罷諸道按察使。使，疏吏翻。

19 冬，十月，辛卯，引見京畿縣令，唐京城兩赤縣爲京縣，畿內諸縣爲畿縣。京縣令正五品上，畿縣令正六品下。見，賢遍翻。戒以歲饑惠養黎元之意。

20 己亥，上幸新豐；癸卯，講武於驪山之下，徵兵二十萬，旌旗連亙五十餘里。亙，古鄧翻。以軍容不整，坐兵部尚書郭元振於纛下，將斬之。劉幽求、張說跪於馬前諫曰：「元振有大功於社稷，不可殺。」乃流新州。舊志：新州去京師五千五十二里。斬給事中、知禮儀事唐紹，以其制軍禮不肅故也。上始欲立威，亦無殺紹之意，金吾衞將軍李邈遽宣敕斬之。上尋罷邈官，廢棄終身。時二大臣得罪，諸軍多震懾失次。懾，之涉翻。惟左軍節度薛訥、時講武分左右軍，以訥爲左軍節度。朔方道大總管解琬二軍不動，上遣輕騎召之，皆不得入其陳。解，戶買翻。騎，奇寄翻。陳，讀曰陣。上深歎美，慰勉之。

甲辰，獵于渭川。此卽新豐界之渭川。上欲以同州刺史姚元之爲相，張說疾之，使御史大夫趙彥昭彈之，彈，徒丹翻。上不納。又使殿中監姜皎言於上曰：「陛下常欲擇河東總管而難其人，臣今得之矣。」上問爲誰，皎曰：「姚元之文武全才，眞其人也。」上曰：「此張說之意也，汝何得面欺，罪當死！」皎叩頭首服，首，式又翻。上卽遣中使召元之詣行在。使，疏吏翻。旣至，上方獵，引見，見，賢遍翻。卽拜兵部尚書、同中書門下三品。考異曰：世傳升平源，以爲吳兢所撰，云：「姚元崇初拒太平得罪，上頗德之。旣誅太平，方任元崇以相，進拜同州刺史。張說素不叶，命趙彥昭驟彈之；不許。居無何，上將獵於渭濱，密召元崇會於行所。初，元崇聞上講武於驪山，謂所親曰：『準式，車駕行幸，三百里內刺史合朝覲。元崇必爲權臣所擠，若何？』參軍李景初進曰：『某有兒母者，其父卽教坊長入內，相公儻致厚賂，使其冒法進狀可達。』公然之，輒效。燕公說使姜皎入曰：『陛下久卜河東總管，重難其人，臣有所得，何以見賞？』上曰：『誰邪？如愜，有萬金之賜。』乃曰：『馮翊太守姚崇，文武全材，卽其人也。』上曰：『此張說意也。卿罔上，當誅。』皎首服萬死。卽詔中官追赴行在。上方獵于渭濱，公至，拜馬首。上曰：『卿頗知獵乎？』元崇曰：『臣少孤，居廣成澤，目不知書，唯以射獵爲事。四十年方遇張憬藏，謂臣當以文學備位將相，無爲自棄，爾來折節讀書。今雖官位過忝，至於馳射，老而猶能。』於是呼鷹放犬，遲速稱旨；上大悅。上曰：『朕久不見卿，思有顧問，卿可於宰相行中行。』公行猶後，上縱轡久之，顧曰：『卿行何後？』公曰：『臣官疏賤，不合參宰相行。』上曰：『可兵部尚書、同平章事。』公不謝。上顧訝焉。至頓，上命宰臣坐，公跪奏：『臣適奉作弼之詔而不謝者，欲以十事上獻，有不可行，臣不敢奉詔。』上曰：『悉數之，朕當量力而行，然定可否。』公曰：『自垂拱已來，朝廷以刑法理天下；臣請聖政先仁義，可乎？』上曰：『朕深心有望於公也。』又曰：『聖朝自喪師青海，未有牽復之悔；臣請三數十年不求邊功，可乎？』上曰：『可。』又曰：『自太后臨朝以來，喉舌之任，或出於閹人之口；臣請中官不預公事，可乎？』上曰：『懷之久矣。』又曰：『自武氏諸親猥侵清切權要之地，繼以韋庶人、安樂、太平用事，班序荒雜；臣請國親不任臺省官，凡有斜封、待闕、員外等官，悉請停罷，可乎？』上曰：『朕素志也。』又曰：『比來近密佞幸之徒，冒犯憲網者，皆以寵免；臣請行法，可乎？』上曰：『朕切齒久矣。』又曰：『比因豪家戚里，貢獻求媚，延及公卿、方鎮亦爲之；臣請除租、庸、賦稅之外，悉杜塞之，可乎？』上曰：『願行之。』又曰：『太后造福先寺，中宗造聖善寺，上皇造金仙、玉眞觀，皆費鉅百萬，耗蠹生靈；凡寺觀宮殿，臣請止絕建造，可乎？』上曰：『朕每覩之，心即不安，而況敢爲者哉！』又曰：『先朝褻狎大臣，或虧君臣之敬；臣請陛下接之以禮，可乎？』上曰：『事誠當然，有何不可！』又曰：『自燕欽融、韋月將獻直得罪，由是諫臣沮色；臣請凡在臣子，皆得觸龍鱗，犯忌諱，可乎？』上曰：『朕非唯能容之，亦能行之。』又曰：『呂氏產、祿幾危西京，馬、竇、閻、梁亦亂東漢，萬古寒心，國朝爲甚；臣請陛下書之史册，永爲殷鑒，作萬代法，可乎？』上乃潸然良久曰：『此事眞可爲刻肌刻骨者也。』公再拜曰：『此誠陛下致仁政之初，是臣千載一遇之日，臣敢當弼諧之地，天下幸甚！天下幸甚！』又再拜蹈舞稱萬歲者三。從官千萬皆出涕。上曰：『坐。』公坐於燕公之下。燕公讓不敢坐，上問，對曰：『元崇是先朝舊臣，合首坐。』公曰：『張說是紫微宮使，今臣是客宰相，不合首坐。』上曰：『可紫微宮使居首座。』」果如所言，則元崇進不以正。又，當時天下之事，止此十條，須因事啓沃，豈一旦可邀！似好事者爲之，依託兢名，難以盡信，今不取。

元之吏事明敏，三爲宰相，皆兼兵部尚書，姚崇始相武后，後相睿宗，今復爲相。緣邊屯戍斥候，士馬儲械，無不默記。上初卽位，勵精爲治，治，直之翻。每事訪於元之，元之應答如響，同僚唯諾而已，唯，于癸翻。故上專委任之。元之請抑權倖，愛爵賞，納諫諍，卻貢獻，不與羣臣褻狎；上皆納之。此卽前所獻十事之二三也。

乙巳，車駕還京師。

21 姚元之嘗奏請序進郎吏，考異曰：此出李德裕次柳氏舊聞，不知郎吏爲何官。若郎中、員外郎則是清要官，不得云秩卑；恐是郎將，又不敢必，故仍用舊文。上仰視殿屋，元之再三言之，終不應；元之懼，趨出。罷朝，高力士諫曰：「陛下新總萬機，宰臣奏事，當面加可否，柰何一不省察！」朝，直遙翻。省，悉景翻。上曰：「朕任元之以庶政，大事當奏聞共議之；郎吏卑秩，乃一一以煩朕邪！」會力士宣事至省中，唐世，凡機事皆使內臣宣旨於宰相。爲元之道上語，爲，于僞翻。元之乃喜。聞者皆服上識君人之體。

左拾遺曲江張九齡，曲江縣，漢屬桂陽郡，江左置始興郡，唐武德四年置番州，尋改東衡州，貞觀元年改韶州。以元之有重望，爲上所信任，奏記勸其遠諂躁，進純厚，遠，于願翻。躁，則到翻。其略曰：「任人當才，爲政大體，與之共理，無出此途。而曏之用才，非無知人之鑒，其所以失溺，在緣情之舉。」溺，奴狄翻。又曰：「自君侯職相國之重，持用人之權，而淺中弱植之徒，已延頸企踵而至，諂親戚以求譽，媚賓客以取容，其間豈不有才，所失在於無耻。」元之嘉納其言。

新興王晉之誅也，僚吏皆奔散，惟司功李撝步從，從，才用翻。唐制，諸州功曹司功參軍事掌考課、假使、祭祀、禮樂、學校、表疏、書啓、祿食、祥異、醫藥、卜筮、陳設、喪葬。不失在官之禮，仍哭其尸。姚元之聞之，曰：「欒布之儔也。」欒布哭彭越。及爲相，擢爲尚書郎。

22 己酉，以刑部尚書趙彥昭爲朔方道大總管。

23 十一月，乙丑，劉幽求兼侍中。

24 辛巳，羣臣上表請加尊號爲開元神武皇帝；從之。戊子，受册。上，時掌翻。

25 中書侍郎王琚爲上所親厚，羣臣莫及。每進見，侍笑語，逮夜方出；或時休沐，往往遣中使召之。或言於上曰：「王琚權譎縱橫之才，見，賢遍翻。使，疏吏翻。譎，古穴翻。縱，子容翻。可與之定禍亂，難與之守承平。」上由是浸疏之。是月，命琚兼御史大夫，按行北邊諸軍。行，下孟翻。考異曰：朝野僉載曰：「琚以諂諛自進，未周年爲中書侍郎。其母氏聞之，自洛赴京戒之曰：『汝徒以諂媚險詖取容，色交自達，朝廷側目，海內切齒，吾嘗恐汝家墳隴無人守之。』琚慚懼，表請侍母。上初大怒，後許之。」按舊傳，琚未嘗去官侍母。今不取。舊傳又云：「使琚按行天兵以北諸軍」。按五年始置天兵軍於幷州。蓋琚傳追言之耳。

26 十二月，庚寅，赦天下，改元。改元開元。尚書左、右僕射爲左、右丞相；中書省爲紫微省；門下省爲黃門省，侍中爲監；雍州爲京兆府，洛州爲河南府，長史爲尹，司馬爲少尹。隋以京守爲牧。武德初，因隋置牧，以親王爲之，或不出閤，以長史知府事。至是改爲府，升長史爲尹，從三品，專總府事。魏、晉以下，州府皆有治中，隋文帝改爲司馬，煬帝改爲贊理，又爲丞，武德改爲治中，永徽避高宗名，改爲司馬，至是改爲少尹，從四品下。雍，於用翻。

27 甲午，吐蕃遣其大臣來求和。

28 壬寅，以姚元之兼紫微令。元之避開元尊號，復名崇。姚元之本名元崇，武后長安四年命以字行；今復舊名，而省元字。復，扶又翻。

29 敕：「都督、刺史、都護將之官，皆引面辭畢，側門取進止。」東内有左右側門，左右側門之外，卽金吾左右仗。

30 姚崇旣爲相，紫微令張說懼，乃潛詣岐王申款。款，誠也。他日，崇對於便殿，行微蹇。上問：「有足疾乎？」對曰：「臣有腹心之疾，非足疾也。」上問其故。對曰：「岐王陛下愛弟，張說爲輔臣，而密乘車入王家，恐爲所誤，故憂之。」癸丑，說左遷相州刺史。考異曰：松窗雜錄：「姚崇爲相，忽一日對於便殿，舉右足不甚輕利。上曰：『卿有足疾邪？』崇奏曰：『臣有腹心之疾，非足疾也。』因前奏張說罪狀數百言。上怒曰：『卿歸中書，宜宣與御史中丞共按其事。』而說未之知。會朱衣吏報午後三刻，說乘馬先歸，崇急呼御史中丞李林甫以前詔付之。林甫語崇曰：『說多智謀，是必困之，宜以劇地。』崇曰：『丞相得罪，未宜太逼。』林甫又曰：『公必不忍，卽說當無害。』林甫止將詔付於小御史，中路以馬墜告。說未遭崇奏前旬月，家有教授書生，通於說侍兒最寵者，會擒得姦狀，以聞於說。說怒甚，將窮獄於京兆尹。書生厲聲言曰：『覩色不能禁，人之常情也。公貴爲宰相，豈無緩急用人，胡靳靳於一婢女邪？』說奇其言而釋之，兼以侍兒與歸。書生跳跡去，旬餘無所聞知。忽一日直訪於說，憂色滿面而言曰：『某感公之恩，當有謝者久矣。今聞公爲姚相所構，外獄將具，公不之知，危將至矣。某願得公平生所寶者，用計於九公主，必能立釋之。』說因自歷指狀所寶者，書生皆曰：『未足解公之難。』又凝思久之，忽曰：『近有以雞林郡夜明簾爲寄信者。』書生曰：『吾事濟矣。』因請說手筆數行，懇以情言，遂急趨出。逮夜，始及九公主邸第，書生具以說言之，兼用夜明簾爲贄，且謂主曰：『上獨不念在東宮時思必始終恩加於張丞相乎？而今反用快不利張丞相者之心邪！』明早，公主上謁，具爲奏之。上感動，因急命高力士就御史臺宣前所按獄事，並宜罷之。書生迄亦不再見於張丞相也。」此說亦似出於好事者。又元崇開元四年罷相，林甫十四年始爲御史中丞。今從新傳。

右僕射、同中書門下三品劉幽求亦罷爲太子少保。甲寅，以黃門侍郎盧懷慎同紫微黃門平章事。

齊思和標點聶崇岐覆校

資治通鑑卷第二百一十一

端明殿學士兼翰林侍讀學士太中大夫提舉西京嵩山崇福宮上柱國河內郡開國公食邑二千二百戶食實封九百戶賜紫金魚袋臣司馬光奉敕編集

後學天台胡三省音註

唐紀二十七起閼逢攝提格（甲寅），盡強圉大荒落（丁巳），凡四年。

玄宗至道大聖大明孝皇帝上之中

開元二年（甲寅、七一四）

1春，正月，壬申，制：「選京官有才識者除都督、刺史，都督、刺史有政迹者除京官，京官即在朝官也。使出入常均，永爲恆式。」恆，戶登翻。

2己卯，以盧懷慎檢校黃門監。去年改門下省爲黃門，侍中爲監。檢校黃門監，檢校侍中也。

3舊制，雅俗之樂，皆隸太常。上精曉音律，以太常禮樂之司，不應典倡優雜伎；倡，音昌。伎，渠綺翻；下同。乃更置左右教坊以教俗樂，命右驍衞將軍范及爲之使。更，工衡翻。使，疏吏翻。又選樂工數百人，自教法曲於梨園，謂之「皇帝梨園弟子」。梨園在禁苑中，註已見前。又教宮中使習之。又選伎女，置宜春院，宜春院當在西內宜春門內，近射殿。給賜其家。禮部侍郎張廷珪、酸棗尉袁楚客皆上疏，以爲「上春秋鼎盛，宜崇經術，邇端士，尚樸素；深以悅鄭聲、好遊獵爲戒。」上，時掌翻。疏，所去翻。好，呼到翻。上雖不能用，咸【章：十二行本「咸」上有「欲開言路」四字；乙十一行本同；孔本同；退齋校同。】嘉賞之。

4 中宗以來，貴戚爭營佛寺，奏度人爲僧，兼以僞妄；富戶強丁多削髮以避傜役，所在充滿。姚崇上言：「佛圖澄不能存趙，石虎敬重佛圖澄，澄死而趙亡。鳩摩羅什不能存秦，姚興師鳩摩羅什，興死而秦亡。齊襄、梁武，未免禍殃。但使蒼生安樂，即是福身；何用妄度姦人，使壞正法！」樂，音洛。壞，音怪。上從之。丙寅，命有司沙汰天下僧尼，尼，女夷翻。以僞妄還俗者萬二千餘人。

5 初，營州都督治柳城以鎭撫奚、契丹，則天之世，都督趙文翽失政，奚、契丹攻陷之，見二百五卷武后萬歲通天元年。契，欺訖翻，又音喫。翽，呼會翻。是後寄治幽州東漁陽城。據舊書，漁陽城在幽州東二百里。或言：「靺鞨、奚、霫大欲降唐，正以唐不建營州，無所依投，爲默啜所侵擾，故且附之；靺鞨，音末曷。霫，而立翻。降，戶江翻。啜，陟劣翻。若唐復建營州，則相帥歸化矣。」復，扶又翻。帥，讀曰率。幷州長史、和戎·大武等軍州節度大使薛訥信之，大武軍在代州北，後改曰大同軍。使，疏吏翻。奏請擊契丹，復置營州；上亦以冷陘之役，欲討契丹。冷陘敗見上卷先天元年。

羣臣姚崇等多諫。甲申，以訥同紫微黃門三品，將兵擊契丹，將，卽亮翻。羣臣乃不敢言。

6 薛王業之舅王仙童，侵暴百姓，御史彈奏；業爲之請，彈，徒丹翻。爲，于僞翻。敕紫微、黃門覆按。姚崇、盧懷慎等奏：「仙童罪狀明白，御史所言無所枉，不可縱捨。」上從之。由是貴戚束手。

7 二月，庚寅朔，太史奏太陽應虧不虧。姚崇表賀，請書之史册；從之。

8 乙未，突厥可汗默啜遣其子同俄特勒及妹夫火拔頡利發、厥，九勿翻。可，從刊入聲。汗，音寒。頡，戶結翻。考異曰：舊郭虔瓘傳云「默啜壻」，今從舊突厥傳及唐曆。舊虔瓘傳作「移江可汗」，突厥傳作「移涅可汗」，今從唐紀。石阿失畢將兵圍北庭都護府，都護郭虔瓘擊破之。阿，烏葛翻。將，卽亮翻。同俄單騎逼城下，虔瓘伏壯士於道側，突起斬之。騎，奇寄翻。突厥請悉軍中資糧以贖同俄，聞其已死，慟哭而去。

9 丁未，敕：「自今所在毋得創建佛寺；舊寺頹壞應葺者，詣有司陳牒檢視，然後聽之。」

10 閏月，以鴻臚少卿、朔方軍副大總管王晙兼安北大都護、朔方道行軍大總管，令豐安、定遠、三受降城及旁側諸軍皆受晙節度。靈州界有豐安、定遠等軍，在黃河外。武德四年，分豐州迴樂縣置豐安縣，貞觀十三年，省入迴樂。杜佑曰：豐安軍在靈武西黃河外百八十餘里；定遠軍在靈武東北二百里黃河外。臚，陵如翻。晙，子峻翻。降，戶江翻。徙大都護府於中受降城，杜佑曰：安北府東至榆林三百五十里，南至朔方八百里，西至九原三百五十里，北至回紇界七百里。置兵屯田。

11 丁卯，復置十道按察使，罷十道按察使，見上卷上年。復，扶又翻。使，疏吏翻。以益州長史陸象先等爲之。長，知兩翻。

12 上思徐有功用法平直，乙亥，以其子大理司直惀爲恭陵令。惀，力迍翻，又力尹翻。恭陵，孝敬皇帝陵。竇孝諶之子光祿卿豳公希瑊等請以己官爵讓惀以報其德，竇孝諶事見二百五卷武后長壽二年。諶，氏壬翻。瑊，古咸翻。由是惀累遷申王府司馬。唐制：大理司直從六品上，親王府司馬從四品下。

13 丙子，申王成義請以其府錄事閻楚珪爲其府參軍，唐親王府錄事從九品上，流外官也；參軍，正七品上。上許之。姚崇、盧懷慎上言，「先嘗得旨，云王公、駙馬有所奏請，非墨敕皆勿行。引近旨以寢格其請。臣竊以量材授官，當歸有司；量，音良。若緣親故之恩，得以官爵爲惠，踵習近事，近事，謂中宗朝濫官之弊。實紊紀綱。」紊，音問。事遂寢。由是請謁不行。

14 突厥石阿失畢既失同俄，不敢歸；癸未，與其妻來奔，以爲右衛大將軍，封燕北郡王。燕，因肩翻。命其妻曰金山公主。

15 或告太子少保劉幽求、太子詹事鍾紹京有怨望語，下紫微省按問，幽求等不服。姚崇、盧懷慎、薛訥言於上曰：「幽求等皆功臣，乍就閒職，微有沮喪，下，遐嫁翻。沮，在呂翻。喪，息浪翻。人情或然。功業既大，榮寵亦深，一朝下獄，恐驚遠聽。」戊子，貶幽求爲睦州刺史，紹京爲果州刺史。果州，漢安漢縣地。宋於安漢故城置南宕渠郡，隋廢郡，改安漢縣曰南充縣，屬隆州；武德四年，置果州。舊志：睦州，京師東南三千六百五十九里，果州至京師二千五百五十八里。考異曰：幽求傳曰：「姚崇素嫉忌之，乃奏言幽求鬱怏於散職，兼有怨言，貶授睦州刺史。」紹京傳曰：「姚崇素惡紹京之爲人，因奏紹京發言怨望，左遷綿州刺史。」今從實錄。紫微侍郎王琚行邊軍未還，去年遣王琚按行北邊諸軍。行，下孟翻。還，從宣翻，又如字。亦坐幽求黨貶澤州刺史。澤州，京師東北一千三十里。

16 敕：「涪州刺史周利貞等十三人，皆天后時酷吏，周利貞、裴談、張栖正、張思敬、王承本、劉暉、楊允、康暐、封珣行、張知默、衞遂忠、公孫琰、鍾思廉等凡十三人。涪，音浮。比周興等情狀差輕，宜放歸草澤，終身勿齒。」

17 西突厥十姓酋長都擔叛。三月，己亥，磧西節度使阿史那獻克碎葉等鎮，擒斬都擔，降其部落二萬餘帳。厥，九勿翻。酋，慈由翻。長，知兩翻。擔，都甘翻。磧，七迹翻。降，戶江翻。考異曰：實錄此月云，「獻擒賊帥都擔，六月，梟都擔首。」蓋此月奏擒之，六月傳首方至耳。實錄此月又云，「以西域二萬餘帳內附」，六月云「擒其部落五萬餘帳」，新傳云「三萬帳」。蓋兵家好虛聲，今從其少者。

18 御史中丞姜晦以宗楚客等改中宗遺詔，事見二百九卷睿宗景雲元年。青州刺史韋安石、太子賓客韋嗣立、刑部尚書趙彥昭、特進致仕李嶠，於時同爲宰相，不能匡正，令監察御史郭震彈之；監，古銜翻。彈，徒丹翻。且言彥昭拜巫趙氏爲姑，蒙婦人服，與妻乘車詣其家。甲辰，貶安石爲沔州別駕，嗣立爲岳州別駕，彥昭爲袁州別駕，舊志：岳州，京師東南二千二百二十七里；袁州，京師東南三千五百八十里。沔，彌兗翻。考異曰：彥昭傳曰：「姚崇素惡彥昭之爲人。」今從實錄。嶠爲滁州別駕。滁州，漢全椒縣地，江左爲南、北二譙州及新昌郡，隋改南譙州曰滁州。舊志：滁州，京師東南二千五百六十四里。滁，音除。安石至沔州，晦又奏安石嘗檢校定陵，定陵，中宗陵。盜隱官物，下州徵贓。下，遐嫁翻。安石歎曰：「此祇應須我死耳。」憤恚而卒。恚，於避翻。卒，子恤翻。晦，皎之弟也。

19 毀天樞，造天樞見二百五卷武后延載元年。發匠鎔其鐵錢，【章：十二行本作「銅鐵」；乙十一行本同；孔本同；張校同。】歷月不盡。先是，韋后亦於天街作石臺，高數丈，以頌功德，天街卽京城朱雀街。先，悉薦翻。高，古號翻。至是幷毀之。

20 夏，四月，辛巳，突厥可汗默啜復遣使求婚，復，扶又翻。使，疏吏翻。自稱「乾和永清太駙馬、天上得果報天男、突厥聖天骨咄祿可汗。」天男，猶云天子也。咄，當沒翻。

21 五月，己丑，以歲饑，悉罷員外、試、檢校官，員外官，一也；試官，二也；檢校官，三也。罷之，以其宂濫，且縻俸廩也。自今非有戰功及別敕，毋得注擬。此三項官，今後非有戰功及別敕特行錄用，吏、兵部毋得注擬。

22 己酉，吐蕃相坌達延吐，從暾入聲。相，息亮翻。坌，蒲頓翻。遺宰相書，遺，于季翻。請先遣解琬至河源正二國封疆，然後結盟。琬嘗爲朔方大總管，故吐蕃請之。前此琬以金紫光祿大夫致仕，復召拜左散騎常侍而遣之。復，扶又翻，又如字。又命宰相復坌達延書，招懷之。琬上言，吐蕃必陰懷叛計，請預屯兵十萬於秦、渭等州以備之。史言解琬所言，其識遠過崔漢衡。上，時掌翻。

23 黃門監魏知古，本起小吏，因姚崇引薦，以至同爲相。崇意輕之，請知古攝吏部尚書、知東都選事，遣吏部尚書宋璟於門下過官；唐制：凡文武職事官六品以下，吏、兵部進擬必過門下省，量其階資，校其才用，以審定之；若擬職不當，隨其優屈退而量焉，謂之過官。選，須絹翻。知古銜之。崇二子分司東都，恃其父有德於知古，頗招權請託；知古歸，悉以聞。他日，上從容問崇：從，千容翻。「卿子才性何如？今何官也？」崇揣知上意，揣，初委翻。對曰：「臣有三子，兩在東都，爲人多欲而不謹；是必以事干魏知古，臣未及問之耳。」上始以崇必爲其子隱，爲，于僞翻。及聞崇奏，喜問：「卿安從知之？」對曰：「知古微時，臣卵而翼之。左傳：楚子西謂白公勝曰：「勝如卵，余翼而長之。」臣子愚，以爲知古必德臣，容其爲非，故敢干之耳。」上於是以崇爲無私，而薄知古負崇，欲斥之。崇固請曰：「臣子無狀，撓陛下法，撓，奴巧翻，又奴教翻。陛下赦其罪，已幸矣；苟因臣逐知古，天下必以陛下爲私於臣，累聖政矣。」累，力瑞翻。上久乃許之。辛亥，知古罷爲工部尚書。考異曰：舊知古傳：「二年還京，上屢有顧問，恩意甚厚，尋改紫微令。姚崇深忌憚之，陰加讒毁，乃除工部尚書，罷知政事。」新傳亦云「由黃門監改紫微令」。今據實錄，知古自黃門監罷政事；其所以罷，從柳氏舊聞。
24 宋王成器，申王成義，於上兄也；岐王範，薛王業，上之弟也；豳王守禮，上之從兄也。從，才用翻。上素友愛，近世帝王莫能及；初卽位，爲長枕大被，與兄弟同寢。諸王每旦朝於側門，朝，直遙翻；下同。退則相從宴飲，鬬雞，擊毬，或獵於近郊，遊賞別墅，中使存問相望於道。墅，承與翻。使，疏吏翻；下同。上聽朝罷，多從諸王遊，在禁中，拜跪如家人禮，飲食起居，相與同之。於殿中設五幄，與諸王更處其中。【章：十二行本「中」下有「謂之五王帳」五字；乙十一行本同；孔本同。】更，工衡翻；下更奏同。處，昌呂翻。或講論賦詩，間以飲酒、博弈、游獵，間，古莧翻；下讒間同。或自執絲竹；成器善笛，範善琵琶，與上更奏之。諸王或有疾，上爲之終日不食，終夜不寢。業嘗疾，上方臨朝，須臾之間，使者十返。上親爲業煮藥，爲，于僞翻。回飆吹火，誤爇上須，左右驚救之。上曰：「但使王飲此藥而愈，須何足惜？」爇，如悅翻。須，與鬚同。成器尤恭慎，未嘗議及時政，與人交結；上愈信重之，故讒間之言無自而入。然專以【章：十二行本「以」下有「衣食」二字；乙十一行本同。】聲色畜養娛樂之，畜，吁玉翻。樂，音洛。不任以職事。羣臣以成器等地逼，請循故事出刺外州。六月，丁巳，以宋王成器兼岐州刺史，舊志：岐州，京師西三百一十五里。申王成義兼豳州刺史，考異曰：實錄、舊傳作「幽州」，今從唐曆、舊紀。豳王守禮兼虢州刺史，虢州西至京師四百三十里。令到官但領大綱，自餘州務，皆委上佐主之。上佐，長史、司馬也。是後諸王爲都護、都督、刺史者並準此。

25 丙寅，吐蕃使其宰相尚欽藏來獻盟書。尚，吐蕃之貴姓也。

26 上以風俗奢靡，秋，七月，乙未，制：「乘輿服御、金銀器玩，宜令有司銷毀，以供軍國之用；其珠玉、錦繡，焚於殿前；乘，繩證翻。后妃以下，皆毋得服珠玉錦繡。」戊戌，敕：「百官所服帶及酒器、馬銜、鐙，鐙，都鄧翻，鞍鐙也。三品以上，聽飾以玉，四品以金，五品以銀，自餘皆禁之；婦人服飾從其夫、子。夫、子者，夫若子也。其舊成錦繡，聽染爲皂。自今天下更毋得采珠玉，織錦繡等物，違者杖一百，工人減一等。」唐法：杖一百，決臀杖二十；減一等則杖八十。罷兩京織錦坊。

臣光曰：明皇之始欲爲治，治，直吏翻。能自刻厲節儉如此，晚節猶以奢敗；甚哉奢靡之易以溺人也！詩云：「靡不有初，鮮克有終。」詩蕩之辭。易，以豉翻。鮮，息淺翻。可不愼哉！

27 薛訥與左監門衛將軍杜賓客、定州刺史崔宣道等將兵六萬監，古銜翻。將，即亮翻。考異曰：舊傳云「兵二萬」，僉載云「八萬人皆沒」。今從唐紀。出檀州擊契丹。賓客以爲「士卒盛夏負戈甲，齎資糧，深入寇境，難以成功。」訥曰：「盛夏草肥，羔犢孳息，小羊曰羔，小牛曰犢。孳，津之翻，生也。因糧於敵，正得天時，一舉滅虜，不可失也。」行至灤水山峽中，薊州雄武軍東北行百二十里至鹽城守捉，又東北渡灤河。灤，落官翻。契丹伏兵遮其前後，從山上擊之，唐兵大敗，死者什八九。訥與數十騎突圍，得免，虜中嗤之，謂之「薛婆」。俗謂婦人之老曰婆。言薛訥老怯如老婦人也。薛【章：十二行本「薛」作「崔」；乙十一行本同；張校同。】宣道將後軍，聞訥敗，亦走。訥歸罪於宣道及胡將李思敬等八人，將，卽亮翻。制悉斬之於幽州。庚子，赦免訥死，削除其官爵；獨赦杜賓客之罪。

28 壬寅，以北庭都護郭虔瓘爲涼州刺史、河西諸軍州節度使。使，疏吏翻。

29 果州刺史鍾紹京心怨望，數上疏妄陳休咎；數，所角翻。乙巳，貶溱州刺史。溱，側詵翻。

30 丁未，房州刺史襄王重茂薨，輟朝三日，追謚曰殤皇帝。以韋氏所立，故仍謚曰皇帝。重，直龍翻。朝，直遙翻。

31 戊申，禁百官家毋得與僧、尼、道士往還。壬子，禁人間鑄佛、寫經。

32 宋王成器等請獻興慶坊宅爲離宮；甲寅，制許之，始作興慶宮，興慶宮，後謂之南內，在皇城東南，距京城之東，直東內之南。自東內達南內，有夾城複道，經通化門達南內，人主往來兩宮，外人莫知之。仍各賜成器等宅，環於宮側。寧王、岐王宅在安興坊，薛王宅在勝業坊，二坊相連，皆在興慶宮西。寧王卽宋王也。環，音宦。又於宮西南置樓，題其西曰「花萼相輝之樓」，南曰「勤政務本之樓」。上或登樓，聞王奏樂，則召升樓同宴，或幸其所居盡歡，賞賚優渥。

33 乙卯，以岐王範兼絳州刺史，薛王業兼同州刺史。考異曰：實錄云「八月，乙卯」。據長曆，八月丙辰朔。實錄自此以下脫少；今取唐曆、舊本紀補之。仍敕宋王以下每季二人入朝，朝，直遙翻。周而復始。

34 民間訛言，上采擇女子以充掖庭，掖，音亦。上聞之，八月，乙丑，令有司具車牛於崇明門，唐六典：大明宮紫宸殿，內朝正殿也。殿之南面紫宸門，紫宸門之左曰崇明門，右曰光順門。自選後宮無用者載還其家；敕曰：「燕寢之內，尙令罷遣；閭閻之間，足可知悉。」

35 乙亥，吐蕃將坌達延、乞力徐帥衆十萬寇臨洮，軍蘭州，至于渭源，果如解琬之言。岷州溢樂縣，古臨洮縣，義寧二年更名渭源，漢隴西之首陽縣也。後魏分隴西置渭源郡，又改首陽爲渭源縣。唐以縣屬渭州。將，卽亮翻。坌，蒲頓翻。帥，讀曰率；下同。洮，土刀翻。掠取牧馬；命薛訥白衣攝左羽林將軍，爲隴右防禦使，薛訥以灤河之敗削除官爵，故命以白衣攝官出隴右。使，疏吏翻；下同。以右驍衞將軍常樂郭知運爲副使，常樂，漢廣至縣地，曹魏分廣至置宜禾縣，李暠於此置涼興郡，隋置常樂鎭，武德五年改鎭爲縣，屬瓜州。驍，堅堯翻。樂，音洛。與太僕少卿王晙帥兵擊之。辛巳，大募勇士，詣河、隴就訥教習。

初，鄯州都督楊矩以九曲之地與吐蕃，事見上卷睿宗景雲元年。鄯，時戰翻，又音善。其地肥饒，吐蕃就之畜牧，畜，吁玉翻。因以入寇。矩悔懼自殺。

36 乙酉，太子賓客薛謙光獻武后所製豫州鼎銘，武后鑄九州鼎，自製銘。其末云：「上玄降鑒，方建隆基。」通典載豫州鼎銘曰：「羲、農首出，軒、昊應期，唐、虞繼踵，湯、武乘時。天下光宅，域內雍熙。上玄降鑒，方建隆基。」以爲上受命之符。姚崇表賀，且請宣示史官，頒告中外。

臣光曰：日食不驗，太史之過也；而君臣相賀，是誣天也。采偶然之文以爲符命，小臣之諂也；而宰相因而實之，是侮其君也。上誣於天，下侮其君，以明皇之明，姚崇之賢，猶不免於是，豈不惜哉！

37 九月，戊申，上幸驪山溫湯。

38 敕以歲稔傷農，令諸州脩常平倉法；太宗時置義倉及常平倉，以備凶荒。高宗以後，稍假以給他費，至神龍中略盡，至是復置之。江、嶺、淮、浙、劍南地下濕，不堪貯積，不在此例。貯，丁呂翻。

39 突厥可汗默啜衰老，昏虐愈甚；壬子，葛邏祿等部落詣涼州降。邏，郎佐翻。降，戶江翻。

40 冬，十月，吐蕃復寇渭源。復，扶又翻。丙辰，上下詔欲親征，發兵十餘萬人，馬四萬匹。

41 戊午，上還宮。

42 甲子，薛訥與吐蕃戰於武街，水經註：武街城在漢狄道縣東白石山西北。唐爲武街驛，與大來谷皆屬臨洮渭源縣界。劉昫曰：武街驛在渭州西界。大破之。時太僕少卿隴右羣牧使王晙帥所部二千人與訥會擊吐蕃。坌達延將吐蕃兵十萬屯大來谷，晙選勇士七百，衣胡服，夜襲之，晙，子峻翻。

帥，讀曰率。坌，蒲頓翻。將，即亮翻。衣，於既翻。多置鼓角於其後五里，前軍遇敵大呼，後人鳴鼓角以應之。虜以爲大軍至，驚懼，自相殺傷，死者萬計。訥時在武街，去大來谷二十里，虜軍塞其中間；呼，火故翻。塞，悉則翻。晙復夜出襲之，虜大潰，始得與訥軍合。追奔至洮水，復戰於長城堡，秦築長城，起臨洮，因以名堡。復，扶又翻。又敗之，敗，補邁翻。前後殺獲數萬人。豐安軍使王海賓戰死。【章：十二行本「死」下有「乙丑，敕罷親征」六字；乙十一行本同；孔本同；張校同；退齋校同。】使，疏吏翻。

戊辰，姚崇、盧懷慎等奏：「頃者吐蕃以河爲境，神龍中尙公主，遂踰河築城，置獨山、九曲兩軍，即楊矩所與九曲之地也。去積石三百里，又於河上造橋。今吐蕃旣叛，宜毀橋拔城。」從之。

以王海賓之子忠嗣爲朝散大夫、尙輦奉御，朝，直遙翻。散，悉亶翻。養之宮中。

43 己巳，突厥可汗默啜又遣使求婚，上許以來歲迎公主。

44 突厥十姓胡祿屋等諸部詣北庭請降，此西突厥也。降，戶江翻；下同。命都護郭虔瓘撫存之。

45 乙酉，命左驍衞郎將尉遲瓌使于吐蕃，宣慰金城公主。吐蕃遣其大臣宗俄因矛【嚴：「矛」改「子」。】至洮水請和，用敵國禮；驍，堅堯翻。將，即亮翻。尉，紆勿翻。使，疏吏翻。洮，土刀翻。上不許。自是連歲犯邊。考異曰：唐曆：「四年七月丁丑，吐蕃以去年之敗，遣其大臣宋俄因矛款塞請和，自恃兵強，求敵國之禮；天子忿之。」按自此至四年，非去年也。既云以敗請和，又何得云自恃兵強；既云天子忿之，又當年八月已許其和！今從舊傳。

46 十一月，辛卯，葬殤皇帝。

47 丙申，遣左散騎常侍解琬詣北庭宣慰突厥降者，隨便宜區處。處，昌呂翻。

48 十二月，壬戌，沙陀金山入朝。

49 甲子，置隴右節度大使，須鄯、奉、河、渭、蘭、臨、武、洮、岷、郭、疊、宕十二州，「須」當作「領」。「嗣」字衍。「奉」當作「秦」，「郭」當作「廓」。臨州本漢隴西之狄道地，晉置武始郡，隋廢郡復爲狄道縣，屬蘭州，天寶三載始分置臨州，新、舊志皆云然。據此，則已置臨州久矣。武州，古白馬之地，漢武帝開置武都郡，西魏改曰石門縣，置武州。宕州，後魏宕昌羌之地，後周置宕昌郡，天和元年置宕州。鄯，時戰翻，又音善。宕，徒浪翻。以隴右防禦副使郭知運爲之。

50 乙丑，立皇子嗣眞爲鄫王，考異曰：實錄於此作「鄫王」，於後作「郯王」。今從舊傳。余詳考新、舊二史，嗣眞是年與嗣初、嗣玄同封，然嗣眞實帝之第四子，非長子也。長子乃嗣直也，次子則嗣謙也。先天元年，封嗣直郯王，嗣謙郢王。嗣初爲鄂王，嗣主爲鄄王。「嗣主」當作「嗣玄」。【章：乙十一行本正作「嗣玄」。】辛巳，立郢王嗣謙爲皇太子。嗣眞，上之長子，母曰劉華妃。劉華妃，郯王嗣直之母。若鄫王嗣眞之母則錢妃也。亦誤。嗣謙，次子也，母曰趙麗妃；帝置惠妃、麗妃、華妃，以代三夫人。麗妃以倡進，有寵於上，故立之。以母寵而立其子，母寵衰則子愛弛矣。爲後廢太子張本。倡，音昌。

51 是歲，置幽州節度、經略、鎮守大使，領幽、易、平、檀、嬀、燕六州。嬀，居爲翻。燕，因肩翻。

52 突騎施可汗守忠之弟遮弩恨所分部落少於其兄，遂叛入突厥，請爲鄉導，以伐守忠。騎，奇寄翻。少，詩沼翻。鄉，讀曰嚮。默啜遣兵二萬擊守忠，虜之而還。還，從宣翻，又如字。考異曰：舊傳以爲景龍三年事。按實錄，娑葛既爲十四姓可汗，自後無娑葛名，但屢云突騎施守忠入朝，或者守忠即娑葛賜名邪？景雲以後，守忠猶在。又，開元二年六月，阿史那獻奏有龍見于北庭，爲鎮將妻馮言之，曰突騎施娑葛三年後破散，默啜八年後自滅。然則娑葛於時尚在也；竟不知死於何年，故附此。謂遮弩曰：「汝叛其兄，何有於我！」遂并殺之。書此，以戒兄弟日尋干戈而假手於他人以逞其志者。

三年（乙卯、七一五）

1 春，正月，癸卯，以盧懷慎檢校吏部尚書兼黄門監。懷慎清謹儉素，不營資產，雖貴爲卿相，所得俸賜，隨散親舊，俸，芳用翻。妻子不免飢寒，所居不蔽風雨。

姚崇嘗有子喪，喪，息浪翻。謁告十餘日，政事委積，懷慎不能決，惶恐，入謝於上。上曰：「朕以天下事委姚崇，以卿坐鎮雅俗耳。」崇既出，須臾，裁決俱盡，頗有得色，顧謂紫微舍人齊澣曰：「余爲相，可比何人？」澣未對。崇曰：「何如管、晏？」澣曰：「管、晏之法雖不能施於後，猶能沒身。公所爲法，隨復更之，似不及也。」復，扶又翻。更，工衡翻。觀姚崇之所以問，齊澣之所以對，皆揣己以方人，欲不失其實。今之好議論者，當大臣得權之時，則譽之爲伊、傅、周、召；爲大臣者安受之而不愧。失權之後，則詆之爲王莽、董卓、李林甫、楊國忠，爲大臣者亦受之而不得以自明。則今日之諂我者，乃他日之毁我者也。崇曰：「然則竟如何？」澣曰：「公可謂救時之相耳。」崇喜，投筆曰：「救時之相，豈易得乎！」

懷慎與崇同爲相，自以才不及崇，每事推之，易，以豉翻。推，吐雷翻，又如字。時人謂之「伴食宰相」。

臣光曰：昔鮑叔之於管仲，子皮之於子產，皆位居其上，能知其賢而下之，授以國政；孔子美之。管仲請囚於魯，鮑叔受之以歸，言於桓公曰：「管夷吾治於高傒，使相可也。」桓公用之，遂霸諸侯。鄭子皮當國，授子產政，子產辭。子皮曰：「虎帥以聽，孰敢不聽！」遂授以政，鄭國大治。下，遐稼翻。曹參自謂不及蕭何，一遵其法，無所變更；漢業以成。事見十二卷漢惠帝二年。更，工衡翻。夫不肖用事，爲其僚者，愛身保祿而從之，不顧國家之安危，是誠罪人也。賢智用事，爲其僚者，愚惑以亂其治，專固以分其權，媢嫉以毁其功，愎戾以竊其名，是亦罪人也。治，直吏翻。媢，音冒。愎，弼力翻。崇，唐之賢相，懷慎與之同心戮力，以濟明皇太平之政，夫何罪哉！秦誓曰：「如有一介臣，斷斷猗，無他技；斷，丁亂翻。猗，於綺翻，又於宜翻。技，渠綺翻；下同。其心休休焉，其如有容；人之有技，若己有之，人之彥聖，其心好之，好，呼到翻。不啻如自其口出，是能容之，以保我子孫黎民，亦職有利哉。」懷慎之謂矣。

2 御史大夫宋璟坐監朝堂杖人杖輕，貶睦州刺史。監，古銜翻。朝，直遙翻。

3 突厥十姓降者前後萬餘帳。高麗莫離支文簡，十姓之壻也，二月，與䟫跌都督思泰等亦自突厥帥衆來降；麗，力知翻。䟫，奚結翻。跌，徒結翻。帥，讀曰率。考異曰：實錄，二年九月壬子，「葛邏祿、車鼻施失鉢羅俟斤等十二人詣涼州內屬。」乙卯，「胡祿屋闕及首領等一千三十一人來降。」十月庚辰，「胡祿屋二萬帳詣北庭內屬。」明年正月，「突厥葛邏祿下首領裴羅達干來降。」二月，「突厥十姓部落左廂五咄陸啜、右廂五弩失畢俟斤等相繼內屬，前後二千餘帳。」三月，「突厥支副忌等來朝，詔曰『胡祿屋大首領之匐忌』」。四月，「三姓葛邏祿率衆歸國」。五月「詔葛邏祿、胡屋、鼠尼施等」。又云：「宜令北庭都護湯嘉惠與葛邏祿、胡屋等相應。安西都護呂休璟與鼠尼施相應。」又云：「及新來十姓大首領計會掎角。」唐曆，九月云「胡祿屋闕啜」，十月云「胡祿屋二萬帳」。新傳前云「胡祿屋」，後云「胡屋」。按十姓有胡祿屋闕啜、鼠尼施處半啜。諸書名號雖各參差，要之葛邏、胡祿屋、鼠尼施爲三姓必矣。然胡祿屋以二萬帳，而云十姓內屬前後二千餘帳，參差難據，今從舊傳。余考新、舊史，時默啜既破突騎施，不能撫安，西突厥十姓故來降，而高文簡則默啜之子壻也。制皆以河南地處之。處，昌呂翻。

4 三月，胡祿屋酋長支匐忌等入朝。上以十姓降者浸多，夏，四月，庚申，以右羽林大將軍薛訥爲涼州鎮〔軍〕大總管，赤水等軍並受節度，居涼州；涼州有赤水軍，本赤烏鎮，有赤青泉，因名之；幅員五千一百八十里，軍之最大者也。左衛大將軍郭虔瓘爲朔州鎮〔軍〕大總管，和戎等軍並受節度，居幷州，「朔州」，蜀本作「朔川」；新紀亦然。【章：十二行本正作「川」；乙十一行本同。】勒兵以備默啜。

默啜發兵擊葛邏祿、胡祿屋、鼠尼施等，屢破之；葛邏祿本突厥諸族，在北庭西北金山之西，有三族，一謀落，二熾俟，三踏實力；當東西突厥間，後稍南徙，自號三姓葉護。邏，郎佐翻。尼，女夷翻。敕北庭都護湯嘉惠、左散騎常侍解琬等發兵救之。五月，壬辰，敕嘉惠等與葛邏祿、胡祿屋、鼠尼施及定邊道大總管阿史那獻互相應援。

5 山東大蝗，民或於田旁焚香膜拜設祭而不敢殺，姚崇奏遣御史督州縣捕而瘞之。膜，莫胡翻。膜拜，胡禮拜也。瘞，於計翻。考異曰：舊傳：「開元四年，山東蝗大起，崇奏請捕瘞。」按本紀：「三年六月，山東諸州大蝗，姚崇奏差御史下諸道促官吏遣人驅撲焚瘞；從之。是歲，田收有獲，人不甚飢。」四年又云，「是夏，山東、河南、河北蝗蟲大起，遣使分捕而瘞之。」又實錄，今年十一月，「制以間者河南、河北災蝗水潦。」明年正月辛未，「以右丞倪若水爲汴州刺史。」五月敕曰：「今年蝗暴，乃是孽生，所由官司不早除遏，信蟲成長，看食田苗，不恤人災，自爲身計。向若信其拘忌，不有指麾，則山東之苗，掃地俱盡。」然則三年有蝗，崇令討捕不能盡，明年又有蝗也。今從本紀。議者以爲蝗衆多，除不可盡；上亦疑之。崇曰：「今蝗滿山東，河南、北之人，流亡殆盡，豈可坐視食苗，曾不救乎！借使除之不盡，猶勝養以成災。」上乃從之。盧懷慎以爲殺蝗太多，恐傷和氣。崇曰：「昔楚莊呑蛭而愈疾，賈誼書曰：楚王食寒葅而得蛭，因遂呑之，腹有疾而不能食。令尹入問疾。曰：「吾食葅而得蛭，不行其罪，是法廢而威不立也；譴而誅之，恐監食者皆死，遂呑之。」令尹曰：「天道無親，唯德是輔。王有仁德，疾不爲傷。」王疾果愈。蛭，之日翻。孫叔殺蛇而致福，說苑：孫叔敖爲兒時，出遊見兩頭蛇，殺而埋之，還家而哭。母問其故，曰：「見兩頭蛇，恐死。」母曰：「蛇安在？」曰：「聞見兩頭蛇者死，恐人復見，已殺而埋之矣。」母曰：「毋憂，汝不死矣，吾聞有陰德者天必報以福。」柰何不忍於蝗而忍人之飢死乎！若使殺蝗有禍，崇請當之。」

6 秋，七月，庚辰朔，日有食之。

7 上謂宰相曰：「朕每讀書有所疑滯，無從質問；可選儒學之士，日使入內侍讀。」盧懷愼薦太常卿馬懷素，九月，戊寅，以懷素爲左散騎常侍，使與右散騎常侍褚無量更日侍讀。更，工衡翻。每至閤門，令乘肩輿以進；或在別館道遠，聽於宮中乘馬。親送迎之，待以師傅之禮。以無量羸老，特爲之造腰輿，羸，倫爲翻。腰輿，令人舉之，適與腰平。爲，于僞翻。在內殿令內侍舁之。舁，羊茹翻。

8 九姓思結都督磨散等來降；己未，悉除官遣還。

9 西南蠻寇邊，遣右驍衛將軍李玄道發戎、瀘、夔、巴、梁、鳳等州兵三萬人戎州本犍爲郡，梁置戎州。瀘，音盧。幷舊屯兵討之。

10 壬戌，以涼州大總管薛訥爲朔方道行軍大總管，太僕卿呂延祚、靈州刺史杜賓客副之，以討突厥。

11 甲子，上幸鳳泉湯；唐六典：岐州郿縣有鳳凰湯。十一月，乙卯，還京師。

12 劉幽求自杭州刺史徙郴州刺史，郴州，漢郴縣地，爲桂陽郡治所，隋平陳，置郴州。郴，丑林翻。憤恚，恚，於避翻。甲申，卒于道。卒，子恤翻。

13 丁酉，以左羽林大將軍郭虔瓘兼安西大都護、四鎮經略大使。虔瓘請自募關中兵萬人詣安西討擊，皆給遞馱及熟食；遞馱者，沿路遞發馬、牛、驢馱運兵器什物也。唐六典曰：驢載曰馱，每馱一百斤，其脚直一百里一百文，山阪處一百二十文，驢少處不得過一百五十文，平易處不得下八十文；其有人負處，兩人分一馱。又給熟食，欲其速達安西。馱，徒何翻。敕許之。將作大匠韋湊上疏，以爲：「今西域服從，雖或時有小盜竊，舊鎮兵足以制之。關中常宜充實，以強幹弱枝。自頃西北二虜寇邊，凡在丁壯，征行略盡，豈宜更募驍勇，遠資荒服！驍，堅堯翻。又，一萬征人行六千餘里，咸給遞馱熟食，道次州縣，將何以供！秦、隴之西，戶口漸少，涼州已往，沙磧悠然，少，詩沼翻；下同。磧，七迹翻；下同。遣彼居人，如何取濟？縱令必克，其獲幾何？儻稽天誅，無乃甚損！請計所用、所得，校其多少，則知利害。昔唐堯之代，兼愛夷、夏，中外乂安；漢武窮兵遠征，雖多克獲，而中國疲耗。唐堯協和萬邦。韋湊所謂兼愛夷、夏也。漢武事見漢紀。夏，戶雅翻。今論帝王之盛德者，皆歸唐堯，不歸漢武；況邀功不成者，復何足比議乎！」時姚崇亦以虔瓘之策爲不然。既而虔瓘卒無功。復，扶又翻。卒，子恤翻。

14初，監察御史張孝嵩奉使廓州，監，古銜翻。使，疏吏翻；下同。還，陳磧西利害，請往察其形勢；上許之，聽以便宜從事。

拔汗那者，古烏孫也，內附歲久。吐蕃與大食共立阿了達爲王，發兵攻之，拔汗那王兵敗，奔安西求救。孝嵩謂都護呂休璟曰：「不救則無以號令西域。」遂帥旁側戎落兵萬餘人，出龜茲西數千里，下數百城，璟，俱永翻。帥，讀曰率。龜茲，音丘慈。下，遐嫁翻。長驅而進。是月，攻阿了達于連城。孝嵩自擐甲督士卒急攻，自巳至酉，屠其三城，俘斬千餘級，阿了達與數騎逃入山谷。擐，音宦。騎，奇寄翻。孝嵩傳檄諸國，威振西域，大食、康居、大宛、罽賓等八國皆遣使請降。【章：十二行本「降」下有「勒石紀功而還」六字；乙十一行本同；孔本同；張校同；退齋校同。】罽，音計。會有言其贓汚者，坐繫涼州獄，貶靈州兵曹參軍。兵曹參軍，卽司兵參軍。是後復用孝嵩爲都護，著名西域。

15京兆尹崔日知貪暴不法，御史大夫李傑將糾之，日知反構傑罪。十二月，侍御史楊瑒廷奏曰：「若糾彈之司，使姦人得而恐愒，瑒，雉杏翻，又音暢。愒，呼葛翻。則御史臺可廢矣。」上遽命傑視事如故，貶日知爲歙縣丞。歙縣，漢屬丹陽郡，縣南有歙浦，因以爲名；唐帶歙州。歙，書涉翻。

16或上言：「按察使徒煩擾公私，考異曰：開元宰臣奏云李伯等，不知伯何人也，今去其名。請精簡刺史、縣令，停按察使。」上命召尚書省官議之。姚崇以爲：「今止擇十使，猶患未盡得人，況天下三百餘州，縣多數倍，安得刺史縣令皆稱其職乎！」稱，尺證翻；下不稱同。乃止。

17尚書左丞韋玢玢，方貧翻。奏：「郎官多不舉職，請沙汰，改授他官。」玢尋出爲刺史，宰相奏擬冀州，敕改小州。姚崇奏言：「臺郎寬怠及不稱職，玢請沙汰，乃是奉公。臺郎甫爾改官，玢即貶黜於外，議者皆謂郎官謗傷；臣恐後來左右丞指以爲戒，則省事何從而舉矣！省事，謂尚書省之事也。伏望聖慈詳察，使當官者無所疑懼。」乃除冀州刺史。

18突騎施守忠既死，默啜兵還，守忠部將蘇祿鳩集餘衆，爲之酋長。騎，奇寄翻。將，即亮翻。酋，慈由翻。長，知兩翻。蘇祿頗善綏撫，十姓部落稍稍歸之，有衆二十萬，遂據有西方，尋遣使入見。使，疏吏翻；下同。見，賢遍翻。是歲，以蘇祿爲左羽林大將軍、金方道經略大使。西方屬金，故曰金方道。

19皇后妹夫尚衣奉御長孫昕以細故與御史大夫李傑不協。殿中省有尚食、尚藥、尚衣、尚舍、尚乘、尚輦六局，各有奉御二人。尚衣奉御掌供天子衣服，詳其制度，辯其名數，而供其進御。

四年（丙辰、七一六）

1春，正月，昕與其妹夫楊仙玉於里巷伺傑而毆之。伺，相吏翻。毆，烏口翻。傑上表自訴曰：「髮膚見毀，雖則痛身，冠冕被陵，誠爲辱國。」上大怒，命於朝堂杖殺，以謝百僚。上，時掌翻。被，皮義翻。朝，直遙翻。仍以敕書慰傑曰：「昕等朕之密戚，不能訓導，使陵犯衣冠，雖寘以極刑，未足謝罪。卿宜以剛腸疾惡，勿以凶人介意。」

2丁亥，宋王成器更名憲，申王成義更名撝。二王以成字犯昭成皇后謚號更名。更，工衡翻。

3乙酉，隴右節度使郭虔瓘奏，奴石良才等八人皆有戰功，請除游擊將軍。唐制：游擊將軍從五品下。敕下，下，遐嫁翻。盧懷慎等奏曰：「郭虔瓘恃其微效，輒侮彝章，爲奴請五品，爲，于僞翻。實亂綱紀，不可許。」上從之。

4丙午，以鄫王嗣眞爲安北大都護、安撫河東·關內·隴右諸蕃大使，據新、舊書，此亦郯王嗣直，以爲鄫王嗣眞，誤也。而新、舊書以安北爲安西，亦誤。使，疏吏翻；下同。以安北大都護張知運爲之副。陝王嗣昇爲安西大都護、安撫河西四鎮諸蕃大使，以安西都護郭虔瓘爲之副。陝，失冉翻。二王皆不出閤。諸王遙領節度自此始。

5二月，丙辰，上幸驪山溫湯。

6吐蕃圍松州。

7丁卯，上還宮。

8辛未，以尚書右丞倪若水爲汴州刺史兼河南采訪使。唐會要：開元二十二年二月十九日，初置十道採訪處置使。據此，則先置采訪使，二十二年始置採訪處置使也。舊志：汴州，京師東一千三百五十里。

上雖欲重都督、刺史，選京官才望者爲之，然當時士大夫猶輕外任。揚州采訪使班景倩入爲大理少卿，過大梁，唐汴州治浚儀縣，古之大梁也。若水餞之行，立望其行塵，久之乃返，謂官屬曰：「班生此行，何異登仙！」

9 癸酉，松州都督孫仁獻襲擊吐蕃於城下，大破之。

10 上嘗遣宦官詣江南取鵁鶄、鸂鶒等，鵁，居肴翻。鶄，咨盈翻。鵁鶄似鳧而大腳、高毛冠，水鳥也。爾雅曰：鳽，鵁鶄。陸佃新義曰：鵁鶄鬭視不流，其睛交據，洴出不流，所謂鵁鶄旋目者也。爾雅翼：鳽似鳧而脛高，有毛冠，江東人養之以厭火災，又謂之交精。精，目精也；其目精交也。陸龜蒙曰：鵁鶄，黑襟，靑脛，丹爪喝，色幾及項。鸂，苦奚翻。鶒，恥力翻。鸂鶒，亦水鳥也，毛有五色。陸佃埤雅曰：鸂鶒五色，尾有毛如船柂，小於鴨，性食短狐，在山澤中，無復毒氣。故淮賦云：「鸂鶒尋邪而逐害。」此鳥蓋溪中之敕邪逐害者，故以名云。陳昭裕建州圖經曰：鸂鶒於水中宿，先少若有敕令也。亦以浮游，雄者左，雌者右，羣伍皆有式度。欲置苑中，使者所至煩擾。道過汴州，倪若水上言：「今農桑方急，而羅捕禽鳥以供園池之翫，遠自江、嶺，水陸傳送，食以粱肉。傳，張戀翻。食，祥吏翻。道路觀者，豈不以陛下賤人而貴鳥乎！陛下方當以鳳凰爲凡鳥，麒麟爲凡獸，況鵁鶄、鸂鶒，曷足貴也！」上手敕謝若水，賜帛四十段，縱散其鳥。

11 山東蝗復大起，復，扶又翻。姚崇又命捕之。倪若水謂：「蝗乃天災，非人力所及，宜脩德以禳之。禳，如羊翻。劉聰時，常捕埋之，爲害益甚。」拒御史，不從其命。崇牒若水曰：「劉聰僞主，德不勝妖；今日聖朝，妖不勝德。妖，於喬翻。朝，直遙翻。古之良守，守，手又翻。蝗不入境。若其脩德可免，彼豈無德致然！」若水乃不敢違。夏，五月，甲辰，敕委使者詳察州縣捕蝗勤惰者，各以名聞。由是連歲蝗災，不至大饑。

12 或言於上曰：「今歲選敍大濫，選，須絹翻；下典選同。縣令非才。」及入謝，上悉召縣令於宣政殿庭，大明宮正殿曰含元殿，其北曰宣政殿。試以理人策。惟鄄城令韋濟詞理第一，鄄城古縣，漢屬濟陰郡，後漢爲兗州治所，晉屬濮陽郡，唐帶濮州。鄄，吉掾翻。擢爲醴泉令。自緊縣擢爲次赤縣也。餘二百餘人不入第，且令之官；「百」當作「十」。四十五人放歸學問。吏部侍郎盧從愿左遷豫州刺史，李朝隱左遷滑州刺史。舊志：滑州去京師一千四百四十里。朝，直遙翻。考異曰：韋濟傳云「問安人策一道」。今從唐曆。盧從愿傳曰：「上盡召新授縣令，一時於殿庭策試，考入下第者，一切放歸學問。」唐曆試在四月，從愿、朝隱貶在五月。朝隱傳云：「四年春，以授縣令非其人，貶。」今從唐曆。又韋濟傳曰：「時有人密奏上曰：『今歲吏部選敍大濫，縣令非才，全不簡擇。』及縣令謝官日，引入殿庭問安人策，試者二百餘人，獨濟策第一，或有不書紙者。擢濟爲醴泉令，二十餘人還舊官，四十五人放歸習讀。」今亦從唐曆。從愿典選六年，與朝隱皆名稱職。史以從愿、朝隱爲稱職，則或言爲非矣。稱，尺證翻。初，高宗之世，馬載、裴行儉在吏部最有名，時人稱吏部前有馬、裴，後有盧、李。濟，嗣立之子也。韋嗣立，思謙之子，長安中爲相。

13 有胡人上言海南多珠翠奇寶，海南謂林邑、扶南、眞臘諸國也。上，時掌翻。可往營致，因言市舶之利；舶，音白。又欲往師子國師子國，天竺旁國也，居西南海中，舊無人民，止有鬼神及龍居之。諸國商賈來共市易，鬼神不見其形，但出珍寶，顯其所堪價，商賈依價取之。其地和適，無冬夏之異。諸國人聞其土樂，因此競至，或有停住者，遂成大國。能馴養師子，因以名國。求靈藥及善醫之嫗，寘之宮掖。嫗，威遇翻。掖，音亦。上命監察御史楊範臣與胡人偕往求之，範臣從容奏曰：「陛下前年焚珠玉、錦繡，示不復用。今所求者何以異於所焚者乎！彼市舶與商賈爭利，殆非王者之體。從，千容翻。復，扶又翻。賈，音古。胡藥之性，中國多不能知；況於胡嫗，豈宜寘之宮掖！夫御史，天子耳目之官，必有軍國大事，臣雖觸冒炎瘴，死不敢辭。此特胡人眩惑求媚，無益聖德，竊恐非陛下之意，願熟思之。」上遽自引咎，慰諭而罷之。

14 六月，癸亥，上皇崩于百福殿。年五十五。考異曰：睿宗、玄宗實錄皆曰甲子。按下云，「己巳，睿宗一七齋，度萬安公主爲女道士。」今從舊本紀、唐曆。己巳，以上女萬安公主爲女官，欲以追福。

15 癸酉，拔曳固斬突厥可汗默啜首來獻。時默啜北擊拔曳固，大破之於獨樂水，樂，音洛。恃勝輕歸，不復設備，遇拔曳固迸卒頡質略，自柳林突出，斬之。兵敗潰散，士卒迸走，故曰迸卒。復，扶又翻。迸，北孟翻。時大武軍子將郝靈荃奉使在突厥，子將，小將也。唐令，制每軍大將一人，別奏八人，傔十六人。副二人，分掌軍務，奏、傔減大將半，判官二人，典四人。總管四人，二主左、右虞候，二主左、右押銜，傔各五人。子將八人，資其分行陣，辯金鼓及部署，傔各二人。頡質略以其首歸之，考異曰：唐曆作「勃曳固」，今從實錄。唐曆又云「靈荃引特勒回紇部落斬默啜于毒樂河」，今從舊傳。舊傳云「入蕃使郝靈佺」，今從唐曆。又新舊紀皆云六月癸酉斬默啜，唐曆亦在六月。玄宗實錄，七月戊寅詔書與降附突厥云：「乘其衰弱，早就翦除，其能捉獲默啜者，已立賞格。」蓋未奏到耳。與偕詣闕，懸其首於廣街。拔曳固、回紇、同羅、霫、僕固五部皆來降，置於大武軍北。

默啜之子小可汗立，骨咄祿之子闕特勒擊殺之，骨咄祿卽骨篤祿，默啜之兄也，永淳二年反，天授二年死，默啜代立。及默啜諸子、親信略盡；立其兄左賢王默棘連，是爲毗伽可汗，國人謂之「小殺」。毗伽以國固讓闕特勒，闕特勒不受；乃以爲左賢王，專典兵馬。

16 秋，七月，壬辰，太常博士陳貞節、蘇獻以太廟七室已滿，請遷中宗神主於別廟，奉睿宗神主祔太廟；從之。又奏遷昭成皇后祔睿宗室，肅明皇后留祀於儀坤廟。肅明皇后，睿宗之元妃也。昭成后，次妃也，以生帝升祔睿宗，而肅明后祀於別廟，非禮也。儀坤廟，見上卷景雲二年。八月，乙巳，立中宗廟於太廟之西。

17 辛未，契丹李失活、奚李大酺帥所部來降。武后萬歲通天時，奚、契丹叛。帝卽位之後，孫佺、薛訥相繼喪師，兩蕃不敢乘勝憑陵中國，乃相帥來降，中國之勢安強，有以服其心故也。酺，音蒲。帥，讀曰率。降，戶江翻；下同。制以失活爲松漠郡王、行左金吾大將軍兼松漠都督，因其八部落酋長，拜爲刺史；貞觀末，以契丹達稽部爲峭落州，紇便部爲彈汗州，獨活部爲無逢州，芬問部爲羽陵州，突便部爲日連州，芮奚部爲徒河州，墜斤部爲萬丹州，伏部爲匹黎、赤山二州，幷松漠府凡六部十州；今復以其酋長各爲刺史。又以將軍薛泰督軍鎭撫之。大酺爲饒樂郡王、行右金吾大將軍兼饒樂都督。失活，盡忠之從父弟也。李盡忠卽萬歲通天叛者。樂，音洛。從，才用翻。

18 吐蕃復請和；復，扶又翻；下祿復、多復、必復、無復同。上許之。

19 突厥默啜旣死，奚、契丹、拔曳固等諸部皆內附，突騎施蘇祿復自立爲可汗。突厥部落多離散，毗伽可汗患之，乃召默啜時牙官暾欲谷，以爲謀主。暾欲谷年七十餘，暾，乃昆翻。多智略，國人信服之。突厥降戶處河曲者，北河之曲。處，昌呂翻。聞毗伽立，多復叛歸之。幷州長史王晙上言：「此屬徒以其國喪亂，喪，息浪翻。故相帥來降；若彼安寧，必復叛去。今置之河曲，此屬桀黠，實難制御，往往不受軍州約束，興兵剽掠；黠，戶八翻。剽，匹妙翻。聞其逃者已多與虜聲問往來，通傳委曲。乃是畜養此屬使爲間諜，畜，吁玉翻。間，工莧翻。日月滋久，姦詐逾深，窺伺邊隙，將成大患。虜騎南牧，必爲內應，伺，相吏翻。騎，奇寄翻。來逼軍州，表裏受敵，雖有韓、彭，不能取勝矣。願以秋、冬之交，大集兵衆，諭以利害，給其資糧，徙之內地。二十年外，漸變舊俗，皆成勁兵；雖一時暫勞，然永久安靖。比者守邊將吏及出境使人，多爲諛辭，皆非事實，比，毗至翻。將，卽亮翻。或云北虜破滅，或云降戶妥帖，皆欲自衒其功，非能盡忠徇國。願察斯利口，孔子曰：「惡利口之覆邦家者。」勿忘遠慮。議者必曰：『國家曏時已嘗寘降戶於河曲，皆獲安寧，謂貞觀時也。今何所疑！』此則事同時異，不可不察。曏者，頡利旣亡，降者無復異心，故得久安無變。今北虜尙存，謂默啜雖死，毗伽又立也。此屬或畏其威，或懷其惠，或其親屬，豈樂南來！較之彼時，固不侔矣。彼時，謂貞觀之時。樂，音洛。以臣愚慮，徙之內地，上也；多屯士馬，大爲之備，華、夷相參，人勞費廣，次也；正如今日，下也。願審茲三策，擇利而行，縱使因徙逃亡，得者皆爲唐有；若留至河冰，恐必有變。」

疏奏，未報；降戶跌跌思泰、阿悉爛等果叛。冬，十月，甲辰，命朔方大總管薛訥發兵追討之。王晙引幷州兵西濟河，晝夜兼行，追擊叛者，破之，斬獲三千級。

先是，單于副都護張知運悉收降戶兵仗，先，悉薦翻。令渡河而南，降戶怨怒。御史中丞姜晦爲巡邊使，使，疏吏翻。降戶訴無弓矢，不得射獵，晦悉還之；降戶得之，遂叛。張知運不設備，與之戰於靑剛嶺，靑剛嶺在慶州方渠縣北，靈州之南。爲虜所擒，欲送突厥；至綏州境，將軍郭知運以朔方兵邀擊之，大破其衆於黑山呼延谷，虜釋張知運而去。上以張知運喪師，斬之以徇。

毗伽可汗旣得思泰等，欲南入爲寇。暾欲谷曰：「唐主英武，民和年豐，未有間隙，不可動也。喪，息浪翻。間，古莧翻。我衆新集，力尚疲羸，且當息養數年，始可觀變而舉。」毗伽又欲築城，并立寺觀，羸，倫爲翻。寺觀，古玩翻。暾欲谷曰：「不可。突厥人徒稀少，少，詩沼翻。不及唐家百分之一，所以能與爲敵者，正以逐水草，居處無常，處，昌呂翻。射獵爲業，人皆習武，强則進兵抄掠，弱則竄伏山林，唐兵雖多，無所施用。若築城而居，變更舊俗，更，工衡翻。一朝失利，必爲所滅。釋、老之法，教人仁弱，非用武爭勝之術，不可崇也。」毗伽乃止。

20 庚午，葬大聖皇帝于橋陵，橋陵在同州蒲城縣三十里。是歲改蒲城縣爲奉先縣，屬京兆尹。廟號睿宗。御史大夫李傑護橋陵作，判官王旭犯贓，傑按之，反爲所構，左遷衢州刺史。衢州，漢新安、太末之地，晉改新安爲信安，改太末爲龍丘，屬東陽郡，唐武德四年分置衢州。衢州，京師東南四千七百十二里。

21 十一月，己卯，黄門監盧懷慎疾亟，上表薦宋璟、李傑、李朝隱、盧從愿並明時重器，所坐者小，所棄者大，望垂矜錄；上深納之。乙未，薨。考異曰：鄭處誨明皇雜錄云：「懷慎爲黄門監、吏部尚書，臥病既久，宋璟、盧從愿相與訪焉。懷慎常器重二人，持二人手謂曰：『公出入爲藩輔，主上求治甚切，然享國歲久，近者稍倦于勤，必有人乘此而進矣，君其志之。』」按懷慎初爲吏部時，璟貶睦州；及卒，璟猶未歸。從愿未嘗入相。又，四年未爲享國歲久。今不取。家無餘蓄，惟一老蒼頭，請自鬻以辦喪事。史言盧懷慎之奴異乎人奴。

22 丙申，以尚書左丞源乾曜爲黄門侍郎、同平章事。

姚崇無居第，寓居罔極寺，以病痁謁告，唐會要，神龍元年，太平公主爲天后立罔極寺於大寧坊，開元二十年改爲興唐寺。痁，失廉翻，瘧疾也。上遣使問飲食起居狀，日數十輩。使，疏吏翻。源乾曜奏事或稱旨，上輒曰：「此必姚崇之謀也。」或不稱旨，輒曰：「何不與姚崇議之！」稱，尺證翻。乾曜常謝實然。每有大事，上常令乾曜就寺問崇。癸卯，乾曜請遷崇於四方館，四方館屬中書省。仍聽家人入侍疾；上許之。崇以四方館有簿書，非病者所宜處，固辭。上曰：「設四方館，爲官吏也；使卿居之，爲社稷也。處，昌呂翻。爲，于僞翻。恨不可使卿居禁中耳，此何足辭！」

崇子光祿少卿彝、宗正少卿异，廣通賓客，頗受饋遺，爲時所譏。遺，于季翻。主書趙誨爲崇所親信，唐中書省有主書四人，從七品上。受胡人賂，事覺，上親鞫問，下獄當死，崇復營救，下，遐稼翻。復，扶又翻。上由是不悅。會曲赦京城，敕特標誨名，杖之一百，流嶺南。考異曰：朝野僉載：「紫微舍人倪若水贓至八百貫，因諸王內宴，姚元崇諷之曰：『倪舍人正直，百司嫉之，欲成事，何不爲上言之！』諸王入，衆共救之，遂釋，一無所問。主書趙誨受蕃餉一刀子，或直六七百錢；元崇宣敕處死。後有降，崇乃勘曰：『別敕處死者，決一百，配流。』大理決趙誨一百不死，夜，遣給使縊殺之。」「勘」蓋「批」字也。今從舊傳。崇由是憂懼，數請避相位，數，所角翻。薦廣州都督宋璟自代。

十二月，上將幸東都，以璟爲刑部尚書、西京留守，璟，俱永翻。守，式又翻。令馳驛詣闕，遣內侍、將軍楊思勗迎之。按舊書楊思勗傳，時爲內常侍、右監門衛將軍。內侍，內侍省官之長，內常侍則爲之貳者也。內侍，從四品下；內常侍，正五品上。璟風度凝遠，人莫測其際，在塗竟不與思勗交言。思勗素貴幸，歸，訴於上，上嗟歎良久，益重璟。

23 丙辰，上幸驪山溫湯；乙丑，還宮。

24 閏月，己亥，姚崇罷爲開府儀同三司，源乾曜罷爲京兆尹、西京留守，守，手又翻。以刑部尚書宋璟守吏部尚書兼黃門監，紫微侍郎蘇頲同平章事。頲，他鼎翻。璟爲相，務在擇人，隨材授任，使百官各稱其職；稱，尺證翻。刑賞無私，敢犯顏直諫。上甚敬憚之，雖不合意，亦曲從之。

突厥默啜自則天世爲中國患，朝廷旰食，朝，直遙翻。旰，古按翻。傾天下之力不能克；郝靈荃得其首，自謂不世之功。璟以天子好武功，恐好事者競生心徼倖，好，呼到翻。徼，工堯翻。痛抑其賞，逾年始授郎將；靈荃慟哭而死。郝靈荃因人以爲功，授以郎將，非抑之也。將，卽亮翻。

璟與蘇頲相得甚厚，頲遇事多讓於璟，璟每論事則頲爲之助。璟嘗謂人曰：「吾與蘇氏父子皆同居相府，僕射寬厚，誠爲國器，僕射，謂蘇瓌也。然獻可替否，吏事精敏，則黃門過其父矣。」按舊書蘇頲傳，頲以紫微侍郎同紫微黃門平章事。

姚、宋相繼爲相，崇善應變成務，璟善守法持正；二人志操不同，然協心輔佐，使賦役寬平，刑罰清省，百姓富庶。唐世賢相，前稱房、杜，後稱姚、宋，他人莫得比焉。二人每進見，上輒爲之起，去則臨軒送之。見，賢遍翻。輒爲，于僞翻。及李林甫爲相，雖寵任過於姚、宋，然禮遇殊卑薄矣。史終言之。紫微舍人高仲舒博通典籍，齊澣練習時務，姚、宋每坐二人以質所疑，既而歎曰：「欲知古，問高君，欲知今，問齊君，可以無闕政矣。」

25 辛丑，罷十道按察使。開元二年復置按察使。

26 舊制，六品以下官皆委尚書省奏擬，是歲，始制員外郎、御史、起居、遺、補不擬。員外郎、御史、起居、遺、補，皆臺省要官，由人主親除，不由尚書奏擬。按唐制，員外郎從六品，侍御史、起居郎亦從六品，補闕七品，拾遺及監察御史則八品耳。

五年（丁巳、七一七）

1 春，正月，癸卯，太廟四室壞，上素服避正殿。時上將幸東都，舊志：東都至西京八百五十里。以問宋璟、蘇頲，對曰：「陛下三年之制未終，去年六月睿宗崩，故云然。遽爾行幸，恐未契天心，災異爲戒；願且停車駕。」又問姚崇，對曰：「太廟屋材，皆苻堅時物，歲久朽腐而壞，適與行期相會，何足異也！言不足以爲災異。且王者以四海爲家，陛下以關中不稔幸東都，百司供擬已備，不可失信；但應遷神主於太極殿，更脩太廟，更，工衡翻。如期自行耳。」上大喜，從之。賜崇絹二百匹。己酉，上行享禮於太極殿，命姚崇五日一朝，仍入閤供奉，入閤供奉者，應內殿朝參立於供奉班中。姚崇舊相也，蓋立於供奉班首。朝，直遙翻。恩禮更厚，有大政輒訪焉。右散騎常侍褚無量上言：「隋文帝富有天下，遷都之日，豈取苻氏舊材以立太廟乎！此特諛臣之言耳。願陛下克謹天戒，納忠諫，遠諂諛。」褚無量之言，讜言也。上，時掌翻。遠，于願翻。上弗聽。

辛亥，行幸東都。過崤谷，道隘不治；崤谷在陝州硤石縣。上欲免河南尹及知頓使官，車駕行幸有知頓使。使，疏吏翻。宋璟諫曰：「陛下方事巡幸，今以此罪二臣，臣恐將來民受其弊。」上遽命釋之。璟曰：「陛下罪之，以臣言而免之，是臣代陛下受德也；請令待罪朝堂而後赦之。」朝，直遙翻。上從之。考異曰：實錄：「此年五月乙巳，以李朝隱爲河南尹。」宋璟傳云：「上次永寧之崤谷，馳道隘狹，車騎停擁，河南尹李朝隱、知頓使王怡失於部伍，上令黜其官爵。」二傳相違。蓋當時河南尹不知何人，非朝隱耳。又明皇雜錄曰：「上幸東都，至繡嶺宮，當時炎酷，上以行宮狹隘，謂左右曰：『此有佛寺乎？吾將避暑於廣廈。』或云：『六軍塡委於其中，不可速行。』上謂高力士曰：『姚崇多計，第往覘之。』力士回奏云：『姚崇方紾絺綌乘小駟按轡於木陰下。』上悅曰：『吾得之矣。』遽命小駟，而頓消暑溽，乃歎曰：『小事尙如此，觸類而長之，天下固受其惠矣。』」按正月東幸，二月至東都，未炎暑也。今不取。

二月，甲戌，至東都，赦天下。

2 奚、契丹旣內附，貝州刺史宋慶禮建議，請復營州。三月，庚戌，制復置營州都督於柳城，制復，扶又翻，又如字。兼平盧軍使，管內州縣鎭戍皆如其舊；武后萬歲通天元年營州陷，至是乃復。以太子詹事姜師度爲營田、支度使，與慶禮等築之，三旬而畢。慶禮清勤嚴肅，開屯田八十餘所，招安流散，數年之間，倉廩充實，市里浸繁。

3夏，四月，甲戌，賜奚王李大酺妃辛氏號固安公主。酺，音蒲。

4己丑，皇子嗣一卒，追立爲夏王，謚曰悼。夏，戶雅翻。嗣一母武惠妃，攸止之女也。武攸止，武后從子也。

5突騎施酋長左羽林大將軍蘇祿部衆浸強，雖職貢不乏，陰有窺邊之志。五月，十姓可汗阿史那獻欲發葛邏祿兵擊之，上不許。

6初，上微時，與太常卿姜皎親善，及誅竇懷貞等，誅懷貞等，見上卷元年。皎預有功，由是寵遇羣臣莫及，常出入臥內，與后妃連榻宴飲，賞賜不可勝紀。勝，音升。弟晦，亦以皎故累遷吏部侍郎。宋璟言皎兄弟權寵太盛，非所以安之，上亦以爲然。秋，七月，庚子，以晦爲宗正卿，因下制曰：「西漢諸將，以權貴不全；謂漢高帝時也。將，卽亮翻。南陽故人，以優閒自保。謂漢光武時也。皎宜放歸田園，散官、勳、封皆如故。」散，悉亶翻。

7壬寅，隴右節度使郭知運大破吐蕃於九曲。

8安西副大都護湯嘉惠奏突騎施引大食、吐蕃，謀取四鎮，圍鉢換及大石城，鉢換卽撥換城。大石城蓋石國城也。已發三姓葛邏祿兵與阿史那獻擊之。

9 并州長史張嘉貞上言：「突厥九姓新降者，散居太原以北，請宿重兵以鎮之。」辛酉，置天兵軍於并州，集兵八萬；以嘉貞爲天兵軍大使。天兵軍在并州城中。

10 太常少卿王仁惠奏則天立明堂不合古制；又，明堂尚質，而窮極奢侈，密邇宮掖，人神雜擾。甲子，制復以明堂爲乾元殿，毁乾元殿見二百四卷武后垂拱四年。復，扶又翻，又如字。冬至、元日受朝賀，朝，直遥翻。季秋大享，復就圜丘。

11 九月，中書、門下省及侍中皆復舊名。改中書、門下省及省官名，見上卷元年。

12 貞觀之制，中書、門下及三品官入奏事，必使諫官、史官隨之，有失則匡正，美惡必記之；諸司皆於正牙奏事，御史彈百官，服豸冠，對仗讀彈文；獬豸冠，法冠也，一曰柱後惠文，高五寸，以纚爲展筩，鐵柱卷，執法者服之，觀王義方彈李義府事可見。彈，徒丹翻；下同。故大臣不得專君而小臣不得爲讒慝。慝，吐得翻。及許敬宗、李義府用事，政多私僻，奏事官多俟仗下，於御坐前屏左右密奏，坐，徂臥翻。屏，必郢翻。監奏御史監奏御史，意即殿中侍御史也。監，古銜翻；下同。及待制官永徽中，命弘文館學士一人日待制于武德殿西門。文明元年，詔京官五品已上清官日一人待制于章善明福門；先天末，又命朝集使六品已上二人隨仗待制。遠立以俟其退；諫官、御史【章：十二行本作「史官」；乙十一行本同；孔本同。】皆隨仗出，仗下後事，不復預聞。復，扶又翻。武后以法制羣下，諫官、御史得以風聞言事，自御史大夫至監察得互相彈奏，率以險詖相傾覆。詖，彼義翻。及宋璟爲相，欲復貞觀之政，戊申，制：「自今事非的須祕密者，皆令對仗奏聞，史官自依故事。」唐制：天子御正殿，則左右皆俯陛而聽，有命則退而書之；若仗在紫宸內閤，則夾香案分立殿下。自永徽之後，唯得對仗承旨，仗下之後，謀議皆不得預聞。

13冬，十月，癸酉，伊闕人孫平子上言：「春秋譏魯躋僖公；春秋文二年：大事于太廟，躋僖公。傳曰：逆祀也，君子以爲失禮。禮無不順；祀，國之大事也，而逆之，可謂禮乎！子雖齊聖，不先父食久矣。故禹不先鯀，湯不先契，文、武不先不窋。宋祖帝乙，鄭祖厲王，猶上祖也。上，時掌翻。今遷中宗於別廟而祀睿宗，正與魯同。兄臣於弟，猶不可躋，謂魯僖公嘗臣於閔公也。況弟臣於兄，謂睿宗之於中宗也。可躋之於兄上乎！若以兄弟同昭，昭，讀曰佋。則不應出兄置於別廟。願下羣臣博議，遷中宗入廟。」事下禮官，下，遐嫁翻。太常博士陳貞節、馮宗、蘇獻議，以爲：「七代之廟，不數兄弟。殷代或兄弟四人相繼爲君，殷時陽甲、盤庚、小辛、小乙兄弟四人相繼爲君。若數以爲代，則無祖禰之祭矣。禰，乃禮翻。今睿宗之室當亞高宗，故爲中宗特立別廟。中宗既升新廟，睿宗乃祔高宗，何嘗躋居中宗之上？而平子引躋僖公爲證，誣罔聖朝，漸不可長。」時論多是平子，上亦以爲然，故議久不決。蘇獻，頲之從祖兄也，長，知兩翻。從，才用翻。考異曰：唐曆曰：獻，頲之再從叔。今從舊志、新表。故頲右之。左傳：天子之所右者，寡君右之。右，音又。卒從禮官議。卒，子恤翻。平子論之不已，謫爲康州都城尉。都城，漢端溪縣地，晉立都城縣，屬晉康郡，隋省併入端溪，屬信安郡，唐分端溪置康州，都城屬焉。

14 新廟成。更作太廟成也。戊寅，神主祔廟。

15 上命宋璟、蘇頲爲諸皇子制名及國邑之號，爲，于僞翻。又令別制一佳名及佳號進之。璟等上言：「七子均養，著於國風。詩曹國風曰：鳲鳩在桑，其子七兮。淑人君子，其儀一兮。註云：鳲鳩之養其子，朝從上下，暮從下上，平均如一。上，時掌翻。今臣等所制名號各三十餘，輒混同以進，以彰陛下覆燾無偏之德。」覆，敷又翻。上甚善之。

16 十一月，丙申，契丹王李失活入朝。朝，直遙翻。考異曰：長曆，十一月丁酉朔，丙申，十月晦也，與實錄差一日。舊紀、唐曆皆云「十一月己亥，契丹李失活來朝。」今從實錄。十二月，壬午，以東平王外孫楊氏爲永樂公主，妻之。東平王續，紀王慎之子也。慎，太宗子。樂，音洛。妻，子細翻。

17 祕書監馬懷素奏：「省中書散亂訛缺，請選學術之士二十人整比校補。」從之。比，毗至翻。於是搜訪逸書，選吏繕寫，命國子博士尹知章、桑泉尉韋述等二十人同刊正，桑泉縣，隋開皇十六年分猗氏縣置，屬蒲州。考異曰：舊傳爲櫟陽尉，今從韋述集賢註記。以左散騎常侍褚無量爲之使，使，疏吏翻。於乾元殿前編校羣書。

資治通鑑卷第二百一十二

端明殿學士兼翰林侍讀學士太中大夫提舉西京嵩山崇福宮上柱國河內郡開國公食邑二千二百戶食實封九百戶賜紫金魚袋臣　司馬光　奉敕編集
後　學　天　台　胡三省　音　註

唐紀二十八

起著雍敦牂（戊午），盡旃蒙赤奮若（乙丑），凡八年。

玄宗至道大聖大明孝皇帝上之下

開元六年（戊午、七一八）

1 春，正月，辛丑，突厥毗伽可汗來請和；許之。厥，九勿翻。伽，求迦翻。可，從刊入聲。汗，音寒。

2 廣州吏民爲宋璟立遺愛碑。去年宋璟自廣州入相。爲，于僞翻。璟，居永翻。璟上言：「臣在州無他異迹，今以臣光寵，成彼諂諛；欲革此風，望自臣始，請敕下禁止。」上，時掌翻。下，遐稼翻。上從之。於是他州皆不敢立。

3 辛酉，敕禁惡錢。武德四年鑄開元通寶錢。其後盜鑄漸起，顯慶五年以惡錢多，官爲市之，以一善錢售五惡錢。民間藏惡錢以待禁弛。乾封以後，私錢犯法日蕃，有以舟筏鑄於江中者。詔所在納惡錢，而姦亦不息。武后時，錢非穿穴及鐵錫銅液，皆得用之，熟銅排斗沙澀之錢皆售。自是盜鑄蜂起，吏莫能捕。先天之際，兩京錢益濫，或鎔錫模錢，須臾百十，故禁之。重二銖四分以上乃得行。斂人間惡錢鎔之，更鑄如式錢。更，工衡翻。於是京城紛然，賣買殆絕。宋璟、蘇頲請出太府錢二萬緡置南北市，以平價買百姓不售之物可充官用者，及聽兩京百官豫假俸錢，庶使良錢流布人間，從之。頲，他鼎翻。俸，芳用翻。

4 二月，戊子，移蔚州橫野軍於山北，杜佑曰：橫野軍在蔚州東北百四十里，去太原九百里。此蓋指言開元所移軍之地。蔚，紆勿翻。屯兵三萬，爲九姓之援；以拔曳固都督頡質略、同羅都督毗伽末啜、霫都督比言、回紇都督夷健頡利發、僕固都督曳勒歌等各出騎兵爲前、後、左、右軍討擊大使，頡，戶結翻。啜，陟劣翻。霫，而立翻。騎，奇寄翻。使，疏吏翻；下同。皆受天兵軍節度。天兵軍在并州城中。考異曰：實錄：「壬辰，制大舉擊突厥，五都督及拔悉密金山道總管處木昆執米啜、堅昆都督骨篤祿毗伽、契丹都督李失活、奚都督李大酺及默啜之子右賢王默特勒逾輪等夷夏之師，凡三十萬，並取朔方道行軍大總管王晙節度；」而於後俱不見出師勝敗。按此年正月，突厥請和，帝有答詔；而二月伐之，恐無此事。舊紀及王晙、突厥傳皆無此月出兵事。新突厥傳云：「默棘連遣使請和，帝以不情，答而不許，俄下詔伐之，以王晙統之，期以八年並集稽落水上。」行兵貴密，不應前二年早先下詔，蓋取實錄附會舊傳耳。有所討捕，量宜追集；量，音良。無事各歸部落營生，仍常加存撫。

5 三月，乙巳，徵嵩山處士盧鴻入見，見，賢遍翻。拜諫議大夫；鴻固辭。考異曰：舊傳作「盧鴻一」，本紀、新傳皆作「鴻」。按中岳眞人劉君碑，云盧鴻撰，今從之。

6 天兵軍使張嘉貞入朝，朝，直遙翻。有告其在軍奢僭及贓賄者，按驗無狀；上欲反坐告者，反坐者，以誣告人所得罪坐之。嘉貞奏曰：「今若罪之，恐塞言路，塞，悉則翻。使天下之事無由上達，願特赦之。」其人遂得減死。上由是以嘉貞爲忠，有大用之意。爲張嘉貞入相張本。

7 有薦山人范知璿文學者，并獻其所爲文，璿，從宣翻。宋璟判之曰：「觀其良宰論，頗涉佞諛。良宰論蓋稱美當時宰相。山人當極言讜議，讜，音黨。豈宜偷合苟容！文章若高，自宜從選舉求試，不可別奏。」

8 夏，四月，戊子，河南參軍鄭銑、朱陽丞郭仙舟投匭獻詩，河南參軍，河南府參軍也。唐制：諸府州諸曹參軍之外，又有參軍事，掌出使贊導。新志註曰：武德初，改行書佐曰行參軍，尋又改曰參軍事。朱陽，漢弘農縣南界地，後魏分置朱陽郡，屬析州；後周廢郡爲縣，隋屬弘農郡，唐龍朔初屬商州，萬歲通天二年度屬洛州。匭，居洧翻。敕曰：「觀其文理，乃崇道法；至於時用，不切事情。宜各從所好。」好，呼到翻。並罷官，度爲道士。

9 五月，辛亥，以突騎施都督蘇祿爲左羽林大將軍、順國公，充金方道經略大使。騎，奇寄翻。

10 契丹王李失活卒，癸巳，以其弟娑固代之。契，欺訖翻，又音喫。娑，素何翻。

11 秋，八月，頒鄉飲酒禮於州縣，令每歲十二月行之。唐鄉飲酒之禮，刺史爲主人，先召致仕鄉有德者謀之，賢者爲賓，其次爲介，其次爲衆賓，與之行禮。縣則令爲主人，鄉之老人年六十以上有德望者一人爲賓，次一人爲介，又其次爲三賓，又其次爲衆賓。年六十者三豆，七十者四豆，八十者五豆，九十者及主人皆六豆。主、賓、介、三賓、衆賓既升，卽席，工持瑟升自階就位，鼓鹿鳴。卒歌，笙入立於堂下北面，奏南陔。乃間歌，歌南有嘉魚，笙崇丘，乃合樂周南關雎、召南鵲巢。司正升自西階，贊禮，揚觶，而戒之以忠孝之本，主、賓、介以下皆再拜。奠酬既畢，乃行無算爵，無算樂。

12 唐初，州縣官俸，皆令富戶掌錢，出息以給之；息至倍稱，多破產者。唐初，在京諸司官及天下官置公廨本錢，以典史主之，收贏十之七，富戶幸免傜役，貧者破產甚衆。稱，音尺證翻。祕書少監崔沔上言，請計州縣官所得俸，於百姓常賦之外，微有所加以給之。時沔請計戶均出，每丁加升尺以給之。從之。

13 冬，十一月，辛卯，車駕至西京。

14 戊辰，吐蕃奉表請和，乞舅甥親署誓文；吐蕃以尚文成公主，與唐爲舅甥之國。吐，從暾入聲。又令彼此宰相皆著名於其上。

15 宋璟奏：「括州員外司馬李邕、儀州司馬鄭勉，並有才略文詞，先天元年，避帝名，改箕州爲儀州。但性多異端，好是非改變；若全引進，則咎悔必至，若長棄捐，則才用可惜，請除渝、硤二州刺史。」又奏：「大理卿元行沖素稱才行，初用之時，實允僉議；當事之後，頗非稱職，請復以爲左散騎常侍，以李朝隱代之。好，呼到翻。行，下孟翻。稱，尺證翻。復，扶又翻。散，悉亶翻。騎，奇寄翻。朝，直遙翻。陸象先閑於政體，寬不容非，請以爲河南尹。」從之。

七年（己未、七一九）

1春，二月，俱密王那羅延、俱密國治山中，在吐火羅東北，南臨黑河；其王，突厥延陀種。康王烏勒伽、安王篤薩波提杜佑曰：康國在米國西南三百餘里，漢康居國也。薩，桑葛翻。皆上表言爲大食所侵掠，乞兵救援。

2敕太府及府縣出粟十萬石糶之，府，謂京兆府；縣，謂京縣及畿縣也。糶，他弔翻。以斂人間惡錢，送少府銷毀。

3三月，乙卯，以左武衛大將軍、檢校內外閑廄使、苑內營田使王毛仲行太僕卿。唐初以尚乘局掌內外閑廄之馬十二閑；既置內外閑廄使專掌御馬，因以尚乘局隸閑廄使。苑內諸監本隸司農寺，今亦隸苑內營田使。毛仲嚴察有幹力，萬騎功臣、閑廄官吏皆憚之，騎，奇寄翻。苑內所收常豐溢。上以爲能，故有寵。雖有外第，常居閑廄側內宅，上或時不見，則悄然若有所失；宦官楊思勗、高力士皆畏避之。

4勃海王大祚榮卒；考異曰：實錄：「六月，丁卯，祚榮卒，遣左監門率吳思謙攝鴻臚卿，充使弔祭。」按此月丙辰已云祚榮卒；蓋六月方遣思謙弔祭耳。丙辰，命其子武藝襲位。

5夏，四月，壬午，開府儀同三司祁公王仁皎薨。其子駙馬都尉守一請用竇孝諶例，築墳高五丈二尺；竇孝諶，上外祖也。諶，氏壬翻。上許之。宋璟、蘇頲固爭，以爲：「準令，一品墳高一丈九尺，高，居號翻。其陪陵者高出三丈而已。竇太尉墳，議者頗譏其高大，當時無人極言其失，豈可今日復踵而爲之！復，扶又翻；下蕃復同。昔太宗嫁女，資送過於長公主，魏徵進諫，太宗既用其言，文德皇后亦賞之，事見一百九十四卷太宗貞觀六年。長，知兩翻。豈若韋庶人崇其父墳，號曰酆陵，事見二百八卷中宗景龍元年。以自速其禍乎！夫以后父之尊，欲高大其墳，何足爲難！而臣等再三進言者，蓋欲成中宮之美耳。況今日所爲，當傳無窮，永以爲法，可不慎乎！」上悅曰：「朕每欲正身率下，況於妻子，何敢私之！然此乃人所難言，卿能固守典禮，以成朕美，垂法將來，誠所望也。」賜璟、頲帛四百匹。

6 五月，己丑朔，日有食之。上素服以俟變，徹樂減膳，命中書、門下察繫囚，賑飢乏，勸農功。賑，津忍翻。辛卯，宋璟等奏曰：「陛下勤恤人隱，此誠蒼生之福。然臣聞日食脩德，月食脩刑；親君子，遠小人，絕女謁，除讒慝，所謂脩德也。君子恥言浮於行，論語孔子曰：「君子恥其言而過其行。」遠，于願翻。慝，吐得翻。行，下孟翻。苟推至誠而行之，不必數下制書也。」數，所角翻。下，遐稼翻。

7 六月，戊辰，吐蕃復遣使請上親署誓文；上不許，曰：「昔歲誓約已定，苟信不由衷，亟誓何益！」用左傳語意。吐，從暾入聲。復，扶又翻。亟，去吏翻。

8 秋，閏七月，右補闕盧履冰上言：「禮，父在爲母服周年，則天皇后改服齊衰三年，事見二百二卷高宗上元元年。爲，于僞翻。齊，音咨。衰，倉回翻。上，時掌翻。請復其舊。」上下其議。下，遐嫁翻。左散騎常侍褚無量以履冰議爲是；諸人爭論，連年不決。八月，辛卯，敕自今五服並依喪服傳文，散，悉亶翻。騎，奇寄翻。傳，直戀翻。然士大夫議論猶不息，行之各從其意。無量歎曰：「聖人豈不知母恩之厚乎？厭降之禮，厭，於叶翻。所以明尊卑、異戎狄也。俗情膚淺，不知聖人之心，一紊其制，誰能正之！」紊，音問。

9 九月，甲寅，徙宋王憲爲寧王。四年，成器更名憲。上嘗從複道中見衞士食畢，棄餘食於竇中，怒，欲杖殺之；左右莫敢言。憲從容諫曰：「陛下從複道中窺人過失而殺之，臣恐人人不自安。且陛下惡棄食於地者，爲食可以養人也；憲從，千容翻。惡，烏路翻。爲，于僞翻。今以餘食殺人，無乃失其本乎！」上大悟，蹶然起曰：「微兄，幾至濫刑。」幾，居希翻。遽釋衞士。是日，上宴飲極歡，自解紅玉帶，幷所乘馬以賜憲。

10 冬，十月，辛卯，上幸驪山溫湯；癸卯，還宮。驪，力知翻。還，從宣翻，又音如字。

11 壬子，册拜突騎施蘇祿爲忠順可汗。可，從刋入聲。汗，音寒。

12 十一月，壬申。【章：十二行本「申」下有「契丹王李婆固與公主入朝」十一字；乙十一行本同，惟「婆」作「娑」；孔本同；張校同，「固」作「圉」；退齋校本仍作「固」。】上以岐山令王仁琛，岐山縣，隋置，屬岐州。琛，丑林翻。藩邸故吏，墨敕令與五品官。宋璟奏：「故舊恩私，則有大例，除官資歷，非無公道。

仁琛屬緣舊恩，已獲優改，今若再蒙超獎，遂於諸人不類；又是后族，王仁琛，蓋仁皎羣從。須杜輿言。輿，衆也。乞下吏部檢勘，苟無負犯，於格應留，請依資稍優注擬。」從之。

選人宋元超於吏部自言侍中璟之叔父，冀得優假。璟聞之，牒吏部云：「元超，璟之三從叔，三從，同高祖。下，遐嫁翻。選，須絹翻。從，才用翻。常在洛城，不多參見。見，賢遍翻。既不敢緣尊輒隱，又不願以私害公。向者無言，自依大例，既有聲聽，事須矯枉；請放。」元超冀得饒假，今乃不得留注，所謂矯枉過正也。

寧王憲奏選人薛嗣先請授微官，事下中書、門下。選，須絹翻。事下，遐嫁翻。璟奏：「嗣先兩選齋郎，雖非灼然應留，以懿親之故，固應微假官資。在景龍中，常有墨敕處分，謂之斜封。處，昌呂翻。分，扶問翻。自大明臨御，茲事杜絕，行一賞，命一官，必是緣功與才，皆歷中書、門下。至公之道，唯聖能行。嗣先幸預姻戚，不爲屈法，許臣等商量，望付吏部知，不出正敕。」從之。量，音良。

先是，朝集使往往齎貨入京師，先，悉薦翻。及春將還，多遷官；宋璟奏一切勒還以革其弊。

13 是歲，置劍南節度使，領益、彭等二十五州。

八年（庚申、七二〇）

1 春，正月，丙辰，左散騎常侍褚無量卒。按通鑑例，惟公輔書薨，偏王者公輔書卒。今書褚無量卒，以整比羣書未竟，改命元行沖，故書以始事。考異曰：舊本紀：「正月甲子朔，皇太子加元服；壬申，右散騎常侍褚無量卒。」按長曆，正月甲寅朔；甲子十一日也。唐曆亦云，「壬申無量卒。」今從實錄。辛酉，命右散騎常侍元行沖整比羣書。比，毗至翻。

2 侍中宋璟疾負罪而妄訴不已者，悉付御史臺治之。治，直之翻。謂中丞李謹度曰：「服不更訴者出之，尚訴未已者且繫。」由是人多怨者。會天旱有魃，魃，蒲撥翻，旱神也。神異經曰：南方有人長二三尺，袒身，目在頂上，走行如風，其名曰魃，所見之國大旱，赤地千里。一名旱母，遇者得之，投溷中卽死。優人作魃狀戲於上前，問魃：「何爲出？」對曰：「奉相公處分。」相，息亮翻。處，昌呂翻。分，扶問翻。又問：「何故？」魃曰：「負冤者三百餘人，相公悉以繫獄抑之，故魃不得不出。」上心以爲然。

時璟與中書侍郎、同平章事蘇頲建議嚴禁惡錢，江、淮間惡錢尤甚，璟以監察御史蕭隱之充使括惡錢。監，工銜翻。使，疏吏翻。隱之嚴急煩擾，怨嗟盈路，上於是貶隱之官。辛巳，罷璟爲開府儀同三司，頲爲禮部尚書。考異曰：唐曆云「二十八日辛卯」，舊紀云「己卯」。按是月無辛卯。今從實錄。以京兆尹源乾曜爲黃門侍郎，并州長史張嘉貞爲中書侍郎，並同平章事。於是弛錢禁，惡錢復行矣。復，扶又翻。

3 二月，戊戌，皇子敏卒，追立爲懷王，此懷王以州爲國號。謚曰哀。

4壬子，敕以役莫重於軍府，一爲衞士，六十乃免，宜促其歲限，使百姓更迭爲之。更，工衡翻。

5夏，四月，丙午，遣使賜烏長王、骨咄王、俱位王册命。三國皆在大食之西。烏長卽烏萇。又曰烏茶。骨咄在鑊沙之東，或曰阿咄羅，治思助建城。俱位，或曰商彌，治阿賒颶師多城，在大雪山勃律河北，地寒，冬窟室。咄，當沒翻。大食欲誘之叛唐，誘，音酉。三國不從，故褒之。

6五月，辛酉，復置十道按察使。罷按察見上卷五年。

7丁卯，以源乾曜爲侍中，張嘉貞爲中書令。

乾曜上言：「形要之家多任京官，使俊乂之士沈廢於外。沈，持林翻。臣三子皆在京，請出其二人。」上從之。因下制稱乾曜之公，命文武官效之，於是出者百餘人。

張嘉貞吏事強敏，而剛躁自用。躁，則到翻。中書舍人苗延嗣、呂太一、考功員外郎員嘉靜、殿中侍御史崔訓皆嘉貞所引進，常與之議政事。四人頗招權，時人語曰：「令公四俊，苗、呂、崔、員。」員，音運。

8六月，瀍、穀漲溢，漂溺幾二千人。溺，奴狄翻。幾，居希翻。考異曰：實錄云「漂居人四百餘家」。舊紀云：「漂沒九百餘戶，溺死八百餘人，掌閑溺死者千一百餘人。」今從舊紀人數。按舊紀，「掌閑」之下有「番兵」二字。

9突厥降戶僕固都督勺磨及𧿹跌部落散居受降城側，降，戶江翻。勺，職略翻。𧿹，奚結翻。跌，徒結翻。朔方大使王晙言其陰引突厥，謀陷軍城，密奏請誅之。誘勺磨等宴於受降城，伏兵悉殺之，河曲降戶殆盡。拔曳固、同羅諸部在大同、橫野軍之側者，聞之皆恟懼。大同軍卽大武軍，武后大足元年更名。杜佑曰：在代州北三百里，去并州八百餘里。晙，子峻翻。誘，音酉。恟，許拱翻。秋，并州長史、天兵節度大使張說引二十騎，持節卽其部落慰撫之，說，讀曰悅。騎，奇寄翻。因宿其帳下；副使李憲以虜情難信，馳書止之。說復書曰：「吾肉非黃羊，必不畏食；北人謂麏爲黃羊。血非野馬，必不畏刺。非人家及廄牧所畜而自孳生於野者，謂之野馬。士見危致命，論語載子張之言。此吾效死之秋也。」拔曳固、同羅由是遂安。

10 冬，十月，辛巳，上行幸長春宮；壬午，畋于下邽。

11 上禁約諸王，不使與羣臣交結。光祿少卿駙馬都尉裴虛己與岐王範遊宴，仍私挾讖緯；讖，楚譖翻。緯，于貴翻。戊子，流虛己於新州，離其公主。睿宗女霍國公主，下嫁虛己。舊志：新州至京師五千五十二里。萬年尉劉庭琦、太祝張諤唐太常寺有太祝六人，正九品上。數與範飲酒賦詩，貶庭琦雅州司戶，諤山茌丞。山茌縣，漢、晉屬泰山郡，宋屬東太原郡，隋廢入濟州長淸縣；武德元年分置山茌縣，屬齊州。數，所角翻。然待範如故，謂左右曰：「吾兄弟自無間，但趨競之徒強相託附耳。間，古莧翻。強，其兩翻。吾終不以此責兄弟也。」上嘗不豫，薛王業妃弟內直郎韋賓唐六典：東宮有內直局，內直郎二人，掌符璽、繖扇、几案、衣服之事，職擬尚輦奉御。與殿中監皇甫恂私議休咎；事覺，賓杖死，恂貶錦州刺史。武后垂拱二年以辰州麻陽縣地及開山洞置錦州。業與妃惶懼待罪，上降階執業手曰：「吾若有心猜兄弟者，天地實殛之。」即與之宴飲，仍慰諭妃，令復位。

12 十一月，乙卯，上還京師。

13 辛未，突厥寇甘、涼等州，涼州西至甘州五百里。考異曰：唐曆，突厥寇涼州在九月。舊突厥傳云：「八年冬，御史大夫王晙爲朔方大總管，奏請西徵拔悉密、東發奚、契丹兩蕃，期以明年秋初，引朔方兵數道俱入，掩突厥牙帳於稽落河上。」按王晙此月爲幽州都督，今從實錄、舊紀。敗河西節度使楊敬述，敗，補邁翻。掠契苾部落而去。貞觀中，契苾來降，處其部落於涼州。契，欺訖翻。苾，毗必翻。

先是，朔方大總管王晙奏請西發拔悉密，拔悉密酋長姓阿史那氏，蓋亦突厥之種也，居北庭。先，悉薦翻。東發奚、契丹，期以今秋掩毗伽牙帳於稽落水上；稽落水蓋導源稽落山。毗伽聞之，大懼。暾欲谷曰：「不足畏也。拔悉密在北庭，與奚、契丹相去絕遠，勢不相及；朔方兵計亦不能來此。若必能來，俟其垂至，徙牙帳北行三日，唐兵食盡自去矣。且拔悉密輕而好利，輕，牽正翻。好，呼到翻。得王晙之約，必喜而先至。晙與張嘉貞不相悅，奏請多不相應，必不敢出兵。史言在廷在邊之謀不叶，爲夷狄所窺。晙兵不出，拔悉密獨至，擊而取之，勢甚易耳。」易，以豉翻。

既而拔悉密果發兵逼突厥牙帳，而朔方及奚、契丹兵不至，拔悉密懼，引退。毗伽欲擊之，暾欲谷曰：「此屬去家千里，將死戰，未可擊也。不如以兵躡之。」去北庭二百里，暾欲谷分兵間道先圍北庭，間，古莧翻。因縱兵擊拔悉密，大破之。拔悉密衆潰走，趨北庭，不得入，趨，逡喻翻。盡爲突厥所虜。

暾欲谷引兵還，出赤亭，掠涼州羊馬，楊敬述遣裨將盧公利、判官元澄將兵邀擊之。將，即亮翻。暾欲谷謂其衆曰：「吾乘勝而來，敬述出兵，破之必矣。」公利等至删丹，删丹縣，漢屬張掖郡，後漢、晉屬西郡，後魏曰山丹，隋復曰删丹，屬甘州。與暾欲谷遇，唐兵大敗，公利、澄脱身走。毗伽由是大振，盡有默啜之衆。

14 契丹牙官可突干驍勇得衆心，李娑固猜畏，欲去之。驍，堅堯翻。娑，素何翻。去，羌呂翻。是歲，可突干舉兵擊娑固，娑固敗奔營州。營州都督許欽澹遣安東都護薛泰帥驍勇五百與奚王李大酺奉娑固以討之，戰敗，娑固、李大酺皆爲可突干所殺，帥，讀曰率。酺，音蒲。生擒薛泰，營州震恐。許欽澹移軍入渝關，可突干立娑固從父弟鬱干爲主，遣使請罪。上赦可突干之罪，以鬱干爲松漠都督，以李大酺之弟魯蘇爲饒樂都督。使，疏吏翻；下同。樂，音洛。

九年（辛酉、七二一）

1 春，正月，制削楊敬述官爵，以删丹之敗也。以白衣檢校涼州都督，仍充諸使。諸使，謂節度、支度、營田等使也。

2 丙辰，改蒲州爲河中府，置中都官僚，一準京兆、河南。

3 丙寅，上幸驪山温湯；乙亥，還宮。

4監察御史宇文融上言，天下戶口逃移，巧僞甚衆，請加檢括。融，弼之玄孫也，宇文弼，見一百七十二卷陳宣帝太建七年。監，古銜翻。上，時掌翻。弼，古弼字。源乾曜素愛其才，贊成之。二月，乙酉，敕有司議招集流移、按詰巧僞之法以聞。詰，去吉翻。

5丙戌，突厥毗伽復使來求和。上賜書，諭以「曩昔國家與突厥和親，華、夷安逸，甲兵休息；國家買突厥羊馬，突厥受國家繒帛，彼此豐給。自數十年來，不復如舊，正由默啜無信，口和心叛，數出盜兵，寇抄邊鄙，人怨神怒，隕身喪元，復，扶又翻；下今復同。數，所角翻。喪，息浪翻。元，首也。斬默啜，事見上卷四年。吉凶之驗，皆可汗所見。今復蹈前迹，掩襲甘、涼，隨遣使人，更來求好。國家如天之覆，如海之容，好，呼到翻。覆，敷又翻。但取來情，不追往咎。可汗果有誠心，則共保遐福；不然，無煩使者徒爾往來。若其侵邊，亦有以待。可汗其審圖之！」

6丁亥，制：「州縣逃亡戶口聽百日自首，或於所在附籍，或牒歸故鄉，各從所欲。過期不首，首，式又翻。卽加檢括，謫徙邊州；公私敢容庇者抵罪。」以宇文融充使，括逃移戶口及籍外田，所獲巧僞甚衆。使，疏吏翻。還兵部員外郎兼侍御史。融奏置勸農判官十人，通典及新書並云二十九人，通典且列其姓名。並攝御史，分行天下。其新附客戶，免六年賦調。調，徒弔翻。使者競爲刻急，州縣承風勞擾，百姓苦之。陽翟尉皇甫憬上疏言其狀；陽翟縣，漢屬潁川郡，晉屬河南郡，後魏置陽翟郡，隋廢郡爲縣，屬襄城郡，唐初屬嵩州，貞觀元年屬許州，龍朔二年度屬洛州爲畿縣。憬，居永翻。上方任融，貶憬盈川尉。州縣希旨，務於獲多，虛張其數，或以實戶爲客，凡得戶八十餘萬，田亦稱是。稱，尺證翻。

7 蘭池州胡康待賓誘諸降戶同反，夏，四月，攻陷六胡州，誘，音酉。降，戶江翻。高宗調露元年，於靈夏南境以降突厥置魯州、麗州、含州、塞州、依州、契州，以唐人爲刺史，謂之六胡州，長安二年併爲匡、長二州，神龍三年置蘭池都督府，分六州爲縣。宋白曰：六胡州在夏州德靜縣北。考異曰：實錄：「四月庚寅，康待賓反，命王晙討平之，斬于都市。五月丁巳，既誅康待賓，下詔云云。壬寅，叛胡康待賓僞稱葉護安慕容以叛，七月，己酉，王晙擒康待賓至京師，腰斬之。」前後重複，交錯相違。今從舊紀。有衆七萬，進逼夏州；夏，戶雅翻。命朔方大總管王晙、隴右節度使郭知運共討之。

8 戊戌，敕：「京官五品以上，外官刺史、四府上佐，四府，謂京兆府、河南府、河中府、太原府。各舉縣令一人，視其政善惡，爲舉者賞罰。」

9 以太僕卿王毛仲爲朔方道防禦討擊大使，與王晙及天兵軍節度大使張說相知討康待賓。

10 六月，己卯，罷中都，復爲蒲州。復，扶又翻。

蒲州刺史陸象先政尚寬簡，吏民有罪，多曉諭遣之。州錄事言於象先曰：「明公不施箠撻，何以示威！」唐上州置錄事三人，正九品上，中下州各一人，下州從九品下。箠，止垂翻。象先曰：「人情不遠，此屬豈不解吾言邪！解，戶買翻，曉也。必欲箠撻以示威，當從汝始！」錄事慚而退。象先嘗謂人曰：「天下本無事，但庸人擾之耳。苟清其源，何憂不治！」治，直吏翻。

11 秋，七月，己酉，王晙大破康待賓，生擒之，殺叛胡萬五千人。辛酉，集四夷酋長，腰斬康待賓於西市。酋，慈由翻。長，知兩翻。

先是，叛胡潛與党項通謀，攻銀城、連谷，據其倉庾，後周置銀城縣，後改曰銀城防。貞觀四年以銀城屬銀州，八年屬勝州；又以隋連谷戍置連谷縣，亦屬勝州。杜佑曰：銀城、連谷皆漢圁陰縣地，漢光祿塞在今縣北。先，悉薦翻。党，底朗翻。張說將步騎萬人出合河關掩擊，大破之。嵐州合河縣北有合河關。宋白曰：合河縣城下有蔚汾水，西與黃河合，故曰合河。趙珣聚米圖經：合河關在府州南二百里。將，卽亮翻。騎，奇寄翻。追至駱駝堰，堰，於扇翻。党項乃更與胡戰，胡衆潰，西走入鐵建山。說安集党項，使復其居業。討擊使阿史那獻以党項翻覆，請并誅之，說曰：「王者之師，當伐叛柔服，豈可殺已降邪！」因奏置麟州，以鎭撫党項餘衆。分勝州銀城、連谷置麟州，又置新秦縣爲麟州治所。杜佑曰：麟州，漢新秦中地。

12 九月，乙巳朔，日有食之。

13 康待賓之反也，詔郭知運與王晙相知討之；晙上言，朔方兵自有餘力，請敕知運還本軍。上，時掌翻。未報，知運已至，由是與晙不協。晙所招降者，知運復縱兵擊之；虜以晙爲賣己，由是復叛。降，戶江翻。復，扶又翻。上以晙不能遂定羣胡，丙午，貶晙爲梓州刺史。梓州，漢郪、廣漢、氏道之地，西魏、梁末置新州，隋改梓州。王晙貶官，未必離任也。如婁師德以素羅汗山之敗貶，亦此類。

14 丁未，梁文獻公姚崇薨，遺令：「佛以清淨慈悲爲本，而愚者寫經造像，冀以求福。昔周、齊分據天下，周則毀經像而脩甲兵，齊則崇塔廟而弛刑政，一朝合戰，齊滅周興。近者諸武、諸韋，造寺度人，不可勝紀，勝，音升。無救族誅。汝曹勿效兒女子終身不寤，追薦冥福！道士見僧獲利，效其所爲，尤不可延之於家。當永爲後法！」

15 癸亥，以張說爲兵部尚書、同中書門下三品。考異曰：朝野僉載曰：「說爲幷州刺史，諂事王毛仲。毛仲巡邊，說於天兵軍大設酒肴，恩敕忽降，授兵部尚書同中書門下三品，謝訖，便抱毛仲起舞，嗚其靴鼻。」今不取。

16 冬，十月，河西、隴右節度大使郭知運卒。知運與同縣【嚴：「縣」改「郡」。】右衛副率王君㚟，率，所律翻。㚟，丑略翻。郭知運，瓜州晉昌人；王君㚟，瓜州常樂人。皆以驍勇善騎射著名西陲，爲虜所憚。驍，堅堯翻。騎，奇寄翻。時人謂之王、郭。㚟遂自知運麾下代爲河西、隴右節度使，判涼州都督。

17 十一月，丙辰，國子祭酒元行沖上羣書四錄，甲部經錄，乙部史錄，丙部子錄，丁部集錄。考異曰：集賢註記在九年春。今從唐曆、統紀、舊紀。凡書四萬八千一百六十九卷。

18 庚午，赦天下。

19 十二月，乙酉，上幸驪山溫湯；壬辰，還宮。

20是歲，諸王爲都督、刺史者，悉召還京師。開元二年，有司請依故事出諸王刺外州。

21新作蒲津橋，鎔鐵爲牛以繫絙。時鑄八牛，牛下有山，皆鐵也，夾岸以維浮梁。蒲津東岸卽河東縣，西岸卽河西縣。絙，居登翻，大索也。

22安州別駕劉子玄卒。子玄卽知幾也，避上嫌名，以字行。劉子玄卒，重史臣也；例猶褚無量。上名隆基，知幾犯嫌名。幾，居希翻。

著作郎吳兢撰則天實錄，言宋璟激張說使證魏元忠事。事今見二百七卷武后長安三年。撰，士免翻。說脩史見之，知兢所爲，謬曰：「劉五殊不相借！」知幾第五，唐人多以第行相呼。兢起對曰：「此乃兢所爲，史草具在，不可使明公枉怨死者。」同僚皆失色。其後說陰祈兢改數字，兢終不許，曰：「若徇公請，則此史不爲直筆，何以取信於後！」

23太史上言，麟德曆浸疏，是曆行於高宗麟德二年。上，時掌翻。日食屢不效。上命僧一行更造新曆，此所謂大衍曆也。歐陽修曰：自太初至麟德，曆有二十三家，與天雖近而未密也。至一行密矣，其倚數立法，固無以易也。後世雖有改作者，皆依倣而已。行，下孟翻。更，工衡翻。率府兵曹梁令瓚造黃道遊儀以測候七政。唐東宮十率府各有兵曹參軍，從九品上，掌判句大朝會，及皇太子出，則從鹵簿而涖其儀。一行更造新曆，欲知黃道進退，而太史無黃道儀，令瓚以木爲遊儀。一行是之，請更鑄銅鐵，使黃道運行以追列舍之變。因二分之中以立黃道，交於奎、軫之間，二至升降，各十四度；黃道內施，白道月環，用究陰陽朓朒，動合天運。七政，日、月、五星也。

24 置朔方節度使，領單于都護府，夏、鹽等六州，定遠、豐安二軍，三受降城。單，音蟬。夏，戶雅翻。降，戶江翻。

十年（壬戌、七二二）

1 春，正月，丁巳，上行幸東都，以刑部尚書王志愔爲西京留守。愔，於今翻。

2 癸亥，命有司收公廨錢，以稅錢充百官俸。武德元年，制京司及州縣官各給公廨田，課其管種，以供公私之費。又有公廨園、公廨地，皆收其稅以給百官。廨，古隘翻。俸，方用翻。

3 乙丑，收職田。唐文武官有職分田，一品十二頃，二品十頃，三品九頃，四品七頃，五品六頃，六品四頃，七品三頃五十畝，八品二頃五十畝，九品二頃，皆給百里內之地。諸州都督、都護、親王府官，二品十二頃，三品十頃，四品八頃，五品七頃，六品五頃，七品四頃，八品三頃，九品二頃五十畝。鎮，戍、關、津、嶽、瀆官，五品五頃，六品三頃五十畝，七品三頃，八品二頃，九品一頃五十畝。貞觀十一年，以職田侵漁百姓，詔給逃還貧戶，視職田多少，每畝給粟二斗，謂之地租；尋以水旱復罷之。畝率給倉粟二斗。

4 二月，戊寅，上至東都。

5 夏，四月，己亥，以張說兼知朔方軍節度使。

6 五月，伊、汝水溢，漂溺數千家。溺，奴狄翻。漢志：伊水出弘農郡盧氏縣，東北入洛。汝水出弘農，入淮。史言伊、汝溢而漂數千家。既二水分流，相去日益遠，何至能漂流數千家！此必於發源之地水溢而并流也。

被災之家，當在虢、洛二州界。

7 閏月，壬申，張說如朔方巡邊。

8 己丑，以餘姚縣主女慕容氏爲燕郡公主，妻契丹王鬱干。燕，因肩翻。妻，七細翻。

9 六月，丁巳，博州河決，命按察使蕭嵩等治之。嵩，梁明帝之孫也。後梁主巋謚明帝。治，直之翻。

10 己巳，制增太廟爲九室，遷中宗主還太廟。中宗遷別廟，見上卷五年。

11 秋，八月，癸卯，武彊令裴景仙，武彊，漢河間之武隧縣也，晉更名武彊，唐屬冀州。坐贓五千匹，事覺，亡命；上怒，命集衆斬之。大理卿李朝隱奏景仙贓皆乞取，罪不至死；朝，直遙翻。又，其曾祖寂有建義大功，載初中以非罪破家，據裴寂傳，寂孫承先，武后時爲酷吏所殺。惟景仙獨存，今爲承嫡，宜宥其死，投之荒遠。其辭略曰：「十代宥賢，功實宜錄；左傳，晉祁奚請叔向曰：「社稷之固也，猶將十世宥之。」一門絕祀，情或可哀。」制令杖殺。朝隱又奏曰：「生殺之柄，人主得專；輕重有條，臣下當守。今若乞取得罪，便處斬刑；處，昌呂翻。後有枉法當科，欲加何辟？辟，毗亦翻。所以爲國惜法，期守律文；爲，于僞翻。非敢以法隨人，曲矜仙命。」又曰：「若寂勳都棄，仙罪特加，則叔向之賢，何足稱者；若敖之鬼，不其餒而！」左傳，楚令尹子文之言。上乃許之。杖景仙一百，流嶺南惡處。考異曰：實錄云：「初，上令集衆殺之，李朝隱執奏；

又下制云『集衆決殺』，朝隱又奏，乃流嶺南。」蓋本欲斬之也。

12 安南賊帥梅叔焉等攻圍州縣，遣驃騎將軍兼內侍楊思勗討之。帥，所類翻。驃，匹妙翻。騎，奇寄翻。考異曰：舊紀云「八月丙戌」，按八月庚子朔，無丙戌。思勗傳云：「首領梅玄成自稱黑帝，與林邑、眞臘國通謀，陷安南府。」今從本紀。周尹上神宗書作「梅叔鸞」。思勗募羣蠻子弟，得兵十餘萬，襲擊，大破之，斬叔焉，積尸爲京觀而還。觀，古玩翻。還，從宣翻，又如字。

13 初，上之誅韋氏也，王皇后頗預密謀，及卽位數年，色衰愛弛。武惠妃有寵，陰懷傾奪之志，后心不平，時對上有不遜語。上愈不悅，密與祕書監姜皎謀以后無子廢之，皎泄其言。嗣滕王嶠，按新書，滕王元嬰薨，長子脩琦嗣爲長樂王，垂拱中死詔獄；神龍初，以少子脩信子涉嗣。無嗣滕王嶠也。新書姜皎傳言，皎泄禁中語，爲嗣濮王嶠所劾。又按新書，太宗子魏王泰得罪，後封濮王，薨，子欣嗣，武后時爲酷吏所陷，貶，神龍初，子嶠嗣王。則「嗣滕王嶠」當作「嗣濮王嶠」明矣。后之妹夫也，奏之。上怒，張嘉貞希旨構成其罪，云：「皎妄談休咎。」甲戌，杖皎六十，流欽州，弟吏部侍郎晦貶春州司馬；舊志：春州，京師東南六千四百四十八里。親黨坐流、死者數人，皎卒於道。

己亥，【嚴：「己」改「乙」。】敕：「宗室、外戚、駙馬，非至親毋得往還；其卜相占候之人，皆不得出入百官之家。」相，息亮翻。

14 己卯夜，左領軍兵曹權楚璧與其黨李齊損等作亂，立楚璧兄子梁山爲光帝，詐稱襄王之子，景雲二年，重茂改封襄王。擁左屯營兵數百人入宮城，求留守王志愔，不獲。比曉，比，必利翻。屯營兵自潰，斬楚璧等，傳首東都。志愔驚怖而薨。楚璧，懷恩之姪；權懷恩爲吏，以嚴能稱。怖，普布翻。齊損，迥秀之子也。李迥秀始見二百六卷武后神功元年。迥，戶頃翻。壬午，遣河南尹王怡如京師，按問宣慰。

15 癸未，吐蕃圍小勃律王沒謹忙，小勃律在大勃律西北三百里，去京師九千里而贏，東少南三千里距吐蕃贊普牙。謹忙求救于北庭節度使張嵩曰：「勃律，唐之西門，勃律亡則西域皆爲吐蕃矣。」嵩乃遣疏勒副使張思禮將蕃、漢步騎四千救之，據新書，張嵩卽張孝嵩。使，疏吏翻。將，卽亮翻。騎，奇寄翻。晝夜倍道，與謹忙合擊吐蕃，大破之，斬獲數萬。自是累歲，吐蕃不敢犯邊。

16 王怡治權楚璧獄，連逮甚衆，久之不決；治，直之翻。上乃以開府儀同三司宋璟爲西京留守。璟至，止誅同謀數人，餘皆奏原之。

17 康待賓餘黨康願子反，自稱可汗；張說發兵追討擒之，其黨悉平。徙河曲六州殘胡五萬餘口於許、汝、唐、鄧、仙、豫等州，貞觀八年，改伊州襄城郡爲汝州。唐州，漢南陽郡東界比陽、湖陽、平氏之地，後魏於比陽置東荊州，後改爲昌州，又改爲淮州，隋改爲顯州；武德五年，以郡有唐城山，改爲唐州。開元三年，以汝州之葉襄城、唐州之方城、豫州之西平、許州之舞陽置仙州。空河南、朔方千里之地。

先是，緣邊戍兵常六十餘萬，先，悉薦翻。說以時無強寇，奏罷二十餘萬使還農。上以爲疑，說曰：「臣久在疆埸，具知其情，將帥苟以自衞及役使營私而已。埸，音亦。將，卽亮翻。帥，所類翻。若禦敵制勝，不必多擁冗卒以妨農務。陛下若以爲疑，臣請以闔門百口保之。」上乃從之。

初，諸衞府兵，自成丁從軍，六十而免，其家又不免雜徭，浸以貧弱，逃亡略盡，百姓苦之。張說建議，請召募壯士充宿衞，不問色役，優爲之制，逋逃者必爭出應募；上從之。旬日，得精兵十三萬，分隸諸衞，更番上下。更，工衡翻。上，時掌翻。兵農之分，從此始矣。史言唐養兵之弊始於張說。

18 冬，十月，癸丑，復以乾元殿爲明堂。以東都明堂復爲乾元殿，見上卷五年。復，扶又翻。

19 甲寅，上幸壽安興泰宮，壽安，古新安九曲之地，後魏置甘棠縣，隋仁壽四年改爲壽安縣，屬洛州。獵於上宜川；庚申，還宮。

20 上欲耀兵北邊，丁卯，以秦州都督張守潔等爲諸衞將軍。

21 十一月，乙未，初令宰相共食實封三百戶。唐會要曰：舊制，凡有功之臣賜實封者，皆以課戶先準戶數，州縣與國官、邑官執帳，供其租調，各準配租調遠近，州縣官司收其脚直，然後付國邑官司。其丁準此，入國邑者收其庸。

22 前廣州都督裴伷先下獄，下，遐嫁翻。伷，與胄同。上與宰相議其罪。張嘉貞請杖之，張說曰：「臣聞刑不上大夫，記曲禮之言。上，時掌翻。為其近於君，且所以養廉恥也。為，于偽翻。近，其靳翻。故士可殺不可辱。記儒行之言。臣曏巡北邊，聞杖姜皎於朝堂。朝，直遙翻。皎官登三品，亦有微功，有罪應死則死，應流則流，柰何輕加笞辱，以皁隸待之！笞，丑之翻。皁，昨早翻。姜皎事往，不可復追，伷先據狀當流，豈可復蹈前失！」復，扶又翻。上深然之。嘉貞不悅，退謂說曰：「何論事之深也！」說曰：「宰相，時來則為之。若國之大臣皆可笞辱，但恐行及吾輩。吾此言非為伷先，乃為天下士君子也。」為，于偽翻；下為農同。嘉貞無以應。

23 十二月，庚子，以十姓可汗阿史那懷道女為交河公主，武后長安四年，冊懷道為十姓可汗。嫁突騎施可汗蘇祿。

24 上將幸晉陽，因還長安。張說言於上曰：「汾陰脽上有漢家后土祠，立后土祠見二十卷漢武帝元鼎四年。脽，音誰。其禮久廢；陛下宜因巡幸脩之，為農祈穀。」上從之。

25 上女永穆公主將下嫁，永穆公主下嫁王繇。敕資送如太平公主故事。僧一行諫曰：「武后惟太平一女，故資送特厚，卒以驕敗，太平公主始嫁薛紹而敗於開元之初。卒，子恤翻。柰何為法！」上遽止之。

十一年（癸亥、七二三）

1 春，正月，己巳，車駕自東都北巡；庚辰，至潞州，給復五年；上嘗為潞州別駕故也。復，方目翻。辛卯，至幷州，置北都，以幷州爲太原府，刺史爲尹；二月，戊申，還至晉州。

2 張說與張嘉貞不平，會嘉貞弟金吾將軍嘉祐贓發，說勸嘉貞素服待罪於外。己酉，左遷嘉貞幽州刺史。

3 壬子，祭后土於汾陰。乙卯，貶平遙令王同慶爲贛尉，平遙卽漢太原郡平陶縣，後魏避國諱，改平陶爲平遙，周、隋屬介州，唐屬汾州。贛，音紺。坐廣爲儲偫，煩擾百姓也。偫，直里翻。

4 癸亥，以張說兼中書令。

5 己巳，罷天兵、大武等軍，以大同軍爲太原以北節度使，領太原、遼、石、嵐、汾、代、忻、朔、蔚、雲十州。武德三年，分幷州之樂平、遼山、平城、石艾，置遼州，八年曰箕州，先天元年，避上名改曰儀州，至中和三年方復曰遼州。此以後來一定州名書之。嵐，盧含翻。蔚，紆勿翻。

6 三月，庚午，車駕至京師。

7 夏，四月，甲子，以吏部尚書王晙爲兵部尚書、同中書門下三品。

8 五月，己丑，以王晙兼朔方軍節度大使，巡河西、隴右、河東、河北諸軍。

9 上置麗正書院，聚文學之士，漢、魏以來，有祕書之職。梁於文德殿內藏聚羣書。北齊有文林館學士，後周有麟趾殿學士，皆掌著述。隋寫羣書正副二本，藏於宮中，其餘以實祕書外閣。煬帝於東都觀文殿東西廂貯書。自漢延嘉至隋皆祕書掌圖籍，而禁中之書，時或有焉。太宗在藩，置學士十八人。其後弘文、崇文二館皆有學士。

開元五年，乾元殿寫四部書，置乾元院使，有刊正官四人、知書官八人，分掌四庫書。六年更號麗正修書院，置使及檢校官，改修書官爲麗正殿學士。八年，加文學直，又加修撰、校理、判正、校勘官。十一年，置麗正院修書學士。十三年改麗正修書院爲集賢殿書院，五品以上爲學士，六品以下爲直學士，宰相一人爲學士知院事，常侍一人爲副知院事，又置判院一人，押院中使一人，又置集賢院侍講學士、侍讀直學士。其後又增修撰官、校理官、待制官、留院官、知檢討官、文學直之類。祕書監徐堅、太常博士會稽賀知章、監察御史鼓城趙冬曦等，會稽縣帶越州。鼓城縣，漢臨平、下曲陽兩縣之地；隋分槀城，於下曲陽故城東五里置昔陽縣，尋改爲鼓城；唐屬定州。會，古外翻。監，古銜翻。或修書，或侍講；以張說爲修書使以總之。有司供給優厚。中書舍人洛陽陸堅以爲此屬無益於國，徒爲糜費，欲悉奏罷之。考異曰：舊傳作「徐堅」，今從集賢注記。張說曰：「自古帝王於國家無事之時，莫不崇宮室，廣聲色，今天子獨延禮文儒，發揮典籍，所益者大，所損者微。陸子之言，何不達也！」上聞之，重說而薄堅。

10 秋，八月，癸卯，敕：「前令檢括逃人，慮成煩擾，天下大同，宜各從所樂，樂，音洛。令所在州縣安集，遂其生業。」

11 戊申，追尊宣皇帝廟號獻祖，光皇帝廟號懿祖，宣皇帝諱熙，涼武昭王暠之曾孫，涼王歆之孫，弘農太守重耳之子也。光皇帝諱天賜，宣皇帝長子也。祔于太廟九室。

12 先是，吐谷渾畏吐蕃之強，附之者數年；先，悉薦翻。吐，從暾入聲。九月，壬申，帥衆詣沙州降，帥，讀曰率。降，戶江翻。河西節度使張敬忠撫納之。

13冬，十月，丁酉，上幸驪山，作溫泉宮；雍錄曰：驪山溫湯在臨潼縣南一百五十步，直驪山之西北。十道志曰：泉有三所，其一處卽皇堂石井，後周宇文護所造。隋文帝又修屋宇，并植松柏千餘株。貞觀十八年，詔閻立本營建宮殿、御湯，名湯泉宮，是年更名溫泉宮而改作之。甲寅，還宮。

14十一月，禮儀使張說等奏，以高祖配昊天上帝，罷三祖並配之禮。此因郊祀置禮儀使也。武德初定令，圜丘以景帝配，明堂以元帝配。貞觀奉高祖配圜丘，永徽二年又奉太宗配明堂。垂拱初用元萬頃議，奉高宗配圜丘。自是郊祀之禮，三祖並配。三祖，謂高祖、太宗、高宗。使，疏吏翻。戊寅，上祀南郊，赦天下。考異曰：實錄：「癸酉日長至，戊寅祀南郊。」唐曆：「戊寅冬至，祀南郊。」按長曆，去年閏五月，來年閏十二月，唐曆近是。

15戊子，命尚書左丞蕭嵩與京兆、蒲、同、岐、華州長官選府兵及白丁一十二萬，謂之「長從宿衛」，華，戶化翻。長，知兩翻。一年兩番，州縣毋得雜役使。

16十二月，甲午，上幸鳳泉湯；戊申，還宮。

17庚申，兵部尚書、同中書門下三品王晙坐黨引疏族，貶蘄州刺史。舊志：蘄州至京師二千五百六十里。蘄，渠希翻。考異曰：舊傳云：「上親郊祀，追晙赴京以會大禮。晙以時屬冰壯，恐虜騎乘隙入寇，表辭不赴；手敕慰勉，仍賜衣一副。會許州刺史王喬家奴告喬與晙潛謀構逆，敕侍中源乾曜、中書令張說鞫其狀。晙既無反狀，乃以違詔追不到罪之。」今從實錄。

18是歲，張說奏改政事堂曰中書門下，列五房於其後，分掌庶政。舊制：宰相常於門下省議事，謂之政事堂。永淳元年，中書令裴炎以中書執政事筆，遂移政事堂於中書省，至是說改政事堂爲中書門下，其政事印改爲中書門下之印。五房，一曰吏房，二曰樞機房，三曰兵房，四曰戶房，五曰刑禮房。

19初，監察御史濮陽杜暹因按事至突騎施，監，古銜翻。濮，博木翻。暹，息廉翻。突騎施饋之金，暹固辭。左右曰：「君寄身異域，不宜逆其情。」乃受之，埋於幕下，出境，移牒令取之。虜大驚，度磧追之，不及。及安西都護闕，或薦暹往使安西，人服其清慎。磧，七迹翻。使，疏吏翻。時暹自給事中居母憂。

十二年（甲子、七二四）

1春，三月，甲子，起暹爲安西副大都護、磧西節度等使。

2神龍初，追復澤王上金官爵，上金死見二百四卷武后天授元年。求得庶子義珣於嶺南，紹其故封。許王素節之子瓘，利其爵邑，與弟璆謀，璆，音求。使人告義珣非上金子，妄冒襲封，復流嶺南，以璆繼上金後爲嗣澤王。至是，玉眞公主表義珣實上金子，爲瓘兄弟所擯。夏，四月，庚子，復立義珣爲嗣澤王；削璆爵，貶瓘鄂州別駕。舊志：鄂州，京師東南二千九百四十八里。壬寅，敕宗室旁繼爲嗣王者並令歸宗。復，扶又翻。考異曰：舊紀在癸卯。今從實錄。

3壬子，命太史監南宮說等唐太史局屬祕書省。景龍二年，改太史局爲太史監，令名不改，不隸祕書；開元二年，又改令爲監。說，讀曰悅。於河南、北平地測日晷及極星，夏至日中立八尺之表，同時候之。陽城晷長一尺四寸八分弱，陽城縣，前漢屬潁川郡，後漢屬河南郡，後魏置陽城郡，隋置嵩州，貞觀三年廢嵩州，以縣屬洛州，武后登封元年改曰告成，中宗神龍元年復故。晷，居洧翻。長，直亮翻。夜視北極出地高三十四度十分度之四；高，古號翻。浚儀岳臺晷長一尺五寸微強，項安世曰：按日行黃道，每歲有差，地中亦當隨之，故測日景以求地中，周在洛邑，漢在潁川陽城，唐在汴州浚儀也。長，直亮翻。考異曰：新志云：浚儀岳臺晷尺五寸三分。今從僧一行大衍曆議及舊志。極高三十四度八分；南至朗州晷長七寸七分，極高二十九度半；北至蔚州，晷長二尺二寸九分，極高四十度。南北相距三千六百八十八里九十步，晷差一尺五寸三分，極差十度半。又南至交州，晷出表南三寸三分；八月，海中南望老人星下，衆星粲然，皆古所未名，大率去南極二十度以上星皆見。見，賢遍翻。溫公作通鑑，不特紀治亂之迹而已，至於禮樂、曆數、天文、地理，尤致其詳。讀通鑑者如飲河之鼠，各充其量而已。

4 五月，丁亥，停諸道按察使。八年，復置諸道按察使。使，疏吏翻；下同。

5 六月，壬辰，制聽逃戶自首，首，式又翻。闢所在閒田，隨宜收稅，毋得差科征役，租庸一皆蠲免。仍以兵部員外郎兼侍御史宇文融爲勸農使，巡行州縣，行，下孟翻。與吏民議定賦役。

6 上以山東旱，命臺閣名臣以補刺史；壬午，以黃門侍郎王丘、中書侍郎長安崔沔、沔，彌兗翻。禮部侍郎·知制誥韓休等五人出爲刺史。丘，同皎之從父兄子，王同皎預誅二張，死於武三思之手。從，才用翻。休，大敏之孫也。按舊書韓休傳，休伯父大敏，則天初，以雪反者賜死。休父曰大智。

初，張說引崔沔爲中書侍郎，故事，承宣制皆出宰相，侍郎署位而已。承宣制者，承宣及承制也。沔曰：「設官分職，上下相維，各申所見，事乃無失。侍郎，令之貳也，豈得拱默而已！」由是遇事多所異同，說不悅，故因是出之。

7 秋，七月，突厥可汗遣其臣哥解頡利發來求婚。

8 溪州蠻覃行璋反。溪州，漢沅陵、零陵二縣地，梁分置大鄉縣。舊置辰州，武后天授二年分置溪州。覃，徒含翻，姓也。姓譜，梁有東寧州刺史覃元亮。以監門衛大將軍楊思勗爲黔中道招討使，將兵擊之。監，古銜翻。黔，音琴。使，疏吏翻。將，卽亮翻。癸亥，思勗生擒行璋，斬首三萬級而歸。加思勗輔國大將軍，俸祿、防閤皆依品給。貞觀初，百官得上考者給祿一季。未幾，得上下考者給祿一年，出使者稟其家，新至官者計日給糧。中書舍人高季輔言，外官卑品貧匱，宜給祿養親。自後以地租春秋給京官，歲凡五十萬一千五百餘斛。外官降京官一等，一品以五十石爲一等，二品、三品以三十石爲一等，四品、五品以二十石爲一等，六品、七品以五石爲一等，八品、九品以二石五斗爲一等，典粟則以鹽爲祿。職事官又有防閤、庶僕，一品防閤九十六人，二品七十二人，三品四十八人，四品三十二人，五品二十四人，六品庶僕十五人，七品四人，八品二人，九品二人。外官以州、府、縣上中下爲差。又按唐六典：輔國大將軍，勳階正二品。唐制，宦官不得登三品，今思勗階二品矣。宋白曰：唐制，凡京司文武職官皆有防閤，州縣官寮皆有白直。敕行璋以爲洵水府別駕。唐志，商州有洵水府。又按唐制，諸府無別駕，各有別將一人，上府正七品下，中府從七品上，下府從七品下。「別駕」當爲「別將」。洵，須倫翻。

9 姜皎既得罪，王皇后愈憂畏不安，然待下有恩，故無隨而譖之者，上猶豫不決者累歲。后兄太子少保守一，以后無子，使僧明悟爲后祭南北斗，爲，于僞翻。剖霹靂木，書天地字及上名，合而佩之，霹靂木者，霹靂所震之木。今爲張道陵之術者，用霹靂木爲印，云有雷氣，可以鎮服鬼物。祝曰：「佩此有子，當如則天皇后。」事覺，己卯，廢爲庶人，移別室安置；貶守一潭州別駕，中路賜死。戶部尚書張嘉貞坐與守一交通，貶台州刺史。舊志：台州，京師東南四千一百七十七里。

10 八月，丙申，突厥哥解頡利發還其國；以其使者輕，禮數不備，未許婚。使，疏吏翻；下同。

11 己亥，以宇文融爲御史中丞。融乘驛周流天下，事無大小，諸州先牒上勸農使，上，時掌翻。後申中書；省司亦待融指撝，然後處決。省司，謂尚書都省左、右司主者也。處，昌呂翻。時上將大攘四夷，急於用度，州縣畏融，多張虛數，凡得客戶八十餘萬，田亦稱是。融獻策括籍外羨田逃戶，自占者給復五年，每丁稅錢千五百。州縣希旨，以正田爲羨，編戶爲客。稱，尺證翻。歲終，增緡錢數百萬，緡，眉巾翻。悉進入宮；由是有寵。議者多言煩擾，不利百姓，上亦令集百寮於尚書省議之。公卿已下，畏融恩勢，不敢立異。惟戶部侍郎楊瑒獨抗議，以爲：「括客免稅，不利居人；徵籍外田稅，使百姓困弊，所得不補所失。」未幾，瑒出爲華州刺史。瑒，雉杏翻，又音暢。幾，居豈翻。

12 壬寅，以開府儀同三司宋璟爲西京留守。

13 冬，十月，丁酉，謝䫻王特勒遣使入奏，謝䫻國居吐火羅西南，或曰漕矩吒，或曰漕矩，顯慶時曰訶達羅支，武后改曰謝䫻；東距罽賓四百里，南天竺，西波斯。䫻，于筆翻。稱「去年五月，金城公主遣使詣箇失密國，箇失密或曰迦濕彌邏，北距勃律五百里。云欲走歸汝。箇失密王從臣國王借兵，共拒吐蕃。王遣臣入取進止。」上以爲然，賜帛遣之。

14 廢后王氏卒，後宮思慕后不已，上亦悔之。

15 十一月，庚午，上幸東都；戊寅，至東都。

16 辛巳，司徒申王撝薨，贈謚惠莊太子。

17 羣臣屢上表請封禪，上，時掌翻。閏月，丁卯，制以明年十一月十日有事于泰山。時張說首建封禪之議，而源乾曜不欲爲之，由是與說不平。

18 是歲，契丹王李鬱干卒，弟吐干襲位。卒，子恤翻。吐，從暾入聲。

十三年（乙丑、七二五）

1 春，二月，庚申，以御史中丞宇文融兼戶部侍郎。制以所得客戶稅錢均充所在常平倉本；又委使司與州縣議作勸農社，使司，勸農使司也。使，疏吏翻。使貧富相恤，耕耘以時。

2 乙亥，更命長從宿衛之士曰「彍騎」，彍，虛郭翻，引滿曰彍。分隸十二衛，總十二萬人爲六番。

3 上自選諸司長官有聲望者大理卿源光裕、尚書左丞楊承令、兵部侍郎寇泚等十一人爲刺史，命宰相、諸王及諸司長官、臺郎、御史諸司長官，省、寺、監之長也。臺郎，謂尚書郎。先是改尚書爲中臺；臺郎及御史，則三省官必皆集也。長，知兩翻。泚，且禮翻，又音此。餞於洛濱，供張甚盛。供，居用翻。張，知亮翻。賜以御膳，太常具樂，御膳，尚食奉御所掌天子日供之常膳。太常具樂者，使太常爲之具樂耳。若盡具太常之樂，則雅樂鼓吹文武二舞及十部樂，恐非宴餞之所得備也。內坊歌妓；內坊，內教坊也，即開元二年選置宜春院之妓女。妓，渠綺翻。上自書十韻詩【章：十二行本「詩」下有「命將軍高力士」六字；乙十一行本同；孔本同；張校同；退齋校同。】賜之。光裕，乾曜之從孫也。從，才用翻。

4 三月，甲午，太子嗣謙更名鴻；徙郯王嗣眞爲慶王，更名潭；陝王嗣昇爲忠王，更名浚；鄫王嗣眞爲棣王，更名洽；讀通鑑至此，可以知前此「嗣直」之誤爲「嗣眞」矣。更，工衡翻；下同。鄂王嗣初更名涓；鄄王嗣玄爲榮王，更名滉。又立子琚【嚴：「琚」改「涺」。】爲光王，濰爲儀王，澐爲潁王，涓，圭淵翻。鄄，吉椽翻。澐，音云。澤爲永王，清爲壽王，洄爲延王，沭爲盛王，沭，食聿翻。溢爲濟王。濟，子禮翻。

5 丙申，御史大夫程行湛奏：「周朝酷吏朝，直遙翻。來俊臣等二十三人，情狀尤重，子孫請皆禁錮；傅遊藝等四人差輕，子孫不聽近任。」從之。

6 汾州刺史楊承令不欲外補，舊志：汾州去京師一千二百六里。意怏怏，自言「吾出守有由。」

怏，於兩翻。守，手又翻。上聞之，怒，壬寅，貶睦州別駕。

7 張說草封禪儀獻之。夏，四月，丙辰，上與中書門下及禮官、學士宴於集仙殿。上曰：「仙者憑虛之論，朕所不取。賢者濟理之具，朕今與卿曹合宴，宜更名曰集賢殿。」唐六典：洛陽宮南面三門，中曰應天，左曰興教，右曰光政；光政之內曰廣運，其北曰明福；明福之西曰崇賢門，其內曰集賢殿。其書院官五品以上爲學士，六品以下爲直學士；以張說知院事，右散騎常侍徐堅副之。上欲以說爲大學士，說固辭而止。

8 說以大駕東巡，恐突厥乘間入寇，間，古莧翻。議加兵守邊，召兵部郎中裴光庭謀之。光庭曰：「封禪者，告成功也。今將升中于天，記曰：因名山升中于天。註云：謂封泰山也。而戎狄是懼，非所以昭盛德也。」說曰：「然則若之何？」光庭曰：「四夷之中，突厥爲大，比屢求和親，而朝廷羈縻，未決許也。比，毗至翻。今遣一使，徵其大臣從封泰山，使，疏吏翻。彼必欣然承命；突厥來，則戎狄君長無不皆來。長，知兩翻。可以偃旗臥鼓，高枕有餘矣。」枕，職任翻。說曰：「善，說所不及。」卽奏行之。光庭，行儉之子也。裴行儉事高宗，典選有識鑒，爲將著功名。

上遣中書直省袁振以他官直中書省，謂之直省，今之直省吏職也。攝鴻臚卿，諭旨於突厥，臚，陵如翻。小殺與闕特勒、暾欲谷環坐帳中，置酒，謂振曰：「吐蕃，狗種；西戎，古曰犬戎，故謂吐蕃爲狗種。奚、契丹，本突厥奴也；夷言奴，猶華言臣也。皆得尚主。突厥前後求婚獨不許，何也？且吾亦知入蕃公主皆非天子女，今豈問眞僞！但屢請不獲，愧見諸蕃耳。」振許爲之奏請。小殺乃使其大臣阿史德頡利發入貢，因扈從東巡。爲，于僞翻。從，才用翻。

9 五月，庚寅，妖賊劉定高帥衆夜犯通洛門；妖，於喬翻。帥，讀曰率。悉捕斬之。

10 秋，八月，張說議封禪儀，請以睿宗配皇地祇；從之。

11 九月，丙戌，上謂宰臣曰：「春秋不書祥瑞，惟記有年。」敕自今州縣毋得更奏祥瑞。

12 冬，十月，癸丑，作水運渾天成，上具列宿，注水激輪，令其自轉，晝夜一周。別置二輪，絡在天外，綴以日月，逆天而行，淹速合度。每天西旋一周，日東行一度，月行十三度十九分度之七，二十九轉而日月會，三百六十五轉而日周天。孔穎達曰：天之晝夜以日出入爲分，人之晝夜以昏明爲限。日未出以前二刻半爲明，日入後二刻半爲昏。損夜五刻以裨於晝，則晝多於夜復校五刻。古今曆術與太史所候，皆云夏至之晝六十五刻，夜三十五刻；冬至之晝四十五刻，夜五十五刻；春分秋分之晝五十五刻，（疑下「五」字衍；下同。）夜五十五刻：此其不易之法也。然今太史細候之法，則較常法半刻也。從春分至夏至晝漸長，增九刻半；夏至至於秋分，所減亦如之。從秋分至于冬至晝漸短，減十刻半，從冬至至于春分其增亦如之。又於每氣之間，增減刻數，有多有少，不可通以爲率。漢初未能審知，率九日增減一刻，和帝時霍融始請改之。置木匱爲地平，令儀半在地下，又立二木人，每刻擊鼓，每辰擊鐘，機械皆藏匱中。

13 辛酉，車駕發東都，百官、貴戚、四夷酋長從行。酋，慈由翻。長，知兩翻。每置頓，數十里中人畜被野，畜，許救翻。被，皮義翻。有司輦載供具之物，數百里不絕。司馬法曰：夏后氏謂輦曰余車，殷曰胡奴車，周曰輜輦。輦一斧、一鑿、一梩、一鋤，周輦加二版二築。又曰：夏后氏二十人而輦，殷十八人而輦，周十五人而輦。賈公彥曰：輦以其束載輜重。余按司馬法及賈公彥所云，皆言行軍之輦；此所謂輦載，兼凡器物而言。

十一月，丙戌，至泰山下，【章：十二行本「下」下有「己丑，上備法駕至山足」九字；乙十一行本同；孔本同；張校同；退齋校同。】御馬登山。考異曰：實錄、唐曆、統紀皆云「備法駕，登泰山」。開天傳信記云：「上將封泰山，益州進白騾，上親乘之，不知登降之倦；纔下山，無疾而殪，謚曰白騾將軍。」按泰山非法駕可登，白騾近怪。今從舊志。留從官於谷口，從，才用翻。獨與宰相及祠官俱登，儀衞環列於山下百餘里。上問禮部侍郎賀知章曰：「前代玉牒之文，何故祕之？」對曰：「或密求神仙，故不欲人見。」上曰：「吾爲蒼生祈福耳。」爲，于僞翻。乃出玉牒，宣示羣臣。庚寅，上祀昊天上帝於山上，羣臣祀五帝百神於山下之壇；其餘倣乾封故事。事見二百一卷高宗乾封元年。辛卯，祭皇地祇於社首。壬辰，上御帳殿，受朝覲，野次連幄以爲殿，因謂之帳殿。朝，直遙翻。赦天下，封泰山神爲天齊王，禮秩加三公一等。古制，四岳視三公。

張說多引兩省吏兩省，中書省，門下省也。及以所親攝官登山。禮畢推恩，往往加階超入五品而不及百官；中書舍人張九齡諫，不聽。又，扈從士卒，但加勳而無賜物，從，才用翻。勳，勳級也。由是中外怨之。

14 初，隋末國馬皆爲盜賊及戎狄所掠，唐初纔得牝牡三千匹於赤岸澤，徙之隴右，命太僕張萬歲掌之。考異曰：統紀云：萬歲三世典羣牧，恩信行隴右，故隴右人謂馬歲爲齒，爲張氏諱也。按公羊傳：晉獻公謂荀息曰：「吾馬之齒則已長矣。」然則謂馬歲爲齒，有自來矣。萬歲善於其職，自貞觀至麟德，馬蕃息及七十萬匹，蕃，音煩。分爲八坊、四十八監，各置使以領之。唐制，凡馬五千匹爲上監，三千匹以上爲中監，一千匹以上爲下監。麟德中置八使，分總監坊。秦、蘭、原、渭四州及河曲之地，凡監四十八；南使有監十五，西使有監十六，北使有監七，鹽州使有監八，嵐州使有監二；自京師西屬隴右有七馬坊，置隴右三使領之。歐陽修曰：置八坊。豳、岐、涇、寧間地廣千里，一曰保樂，二曰甘露，三曰南普閏，四曰北普閏，五曰岐陽，六曰太平，七曰宜祿，八曰安定。八坊之田千二百三十頃，募民耕之以給芻秣。八坊之馬爲四十八監；而馬多地狹不能容，又析八監，列置河西豐曠之野。是時天下以一縑易一馬。垂拱以後，馬潛耗太半。上初即位，牧馬有二十四萬匹，以太僕卿王毛仲爲內外閑廄使，少卿張景順副之。至是有馬四十三萬匹，牛羊稱是。使，疏吏翻；下同。稱，尺證翻。上之東封，以牧馬數萬匹從，從，才用翻；下宴從同。色別爲羣，望之如雲錦。上嘉毛仲之功，癸巳，加毛仲開府儀同三司。

甲午，車駕發泰山；庚【嚴：「庚」改「丙」。】申，幸孔子宅致祭。

上還，至宋州，宴從官於樓上，刺史寇泚預焉。酒酣，上謂張說曰：「曏者屢遣使臣分巡諸道，察吏善惡，今因封禪歷諸州，乃知使臣負我多矣。懷州刺史王丘，餼牽之外，一無他獻。魏州刺史崔沔，供張無錦繡，示我以儉。濟州刺史裴耀卿，表數百言，莫非規諫。懷、魏二州在河北。濟州治鉅野。上行幸泰山，往還皆得迎候車駕。餼，許氣翻。供，居用翻。張，知亮翻。濟，子禮翻。且曰：『人或重擾，則不足以告成。』朕常置之坐隅，重，直用翻。坐，徂臥翻。且以戒左右。如三人者，不勞人以市恩，眞良吏矣。」顧謂寇泚曰：「比亦屢有以酒饌不豐訴於朕者，比，毗至翻。饌，雛戀翻，又雛皖翻。知卿不借譽於左右也。」自舉酒賜之。宰臣帥羣臣起賀，樓上皆稱萬歲。譽，音余。帥，讀曰率。由是以丘爲尚書左丞，沔爲散騎侍郎，耀卿爲定州【嚴：「定州」改「宣州」。】刺史。耀卿，叔業之七世孫也。尚，辰羊翻。沔，彌兗翻。散，悉亶翻。騎，奇寄翻。蕭齊東昏侯之時，裴叔業叛齊入魏。

十二月，乙巳，還東都。還，從宣翻，又如字。

15 突厥頡利發辭歸，上厚賜而遣之，竟不許婚。厥，九勿翻。頡，奚結翻。

16 王毛仲有寵於上，百官附之者輻湊。毛仲嫁女，上問何須。須，求也，索也。毛仲頓首對曰：「臣萬事已備，但未得客。」上曰：「張說、源乾曜輩豈不可呼邪？」說，讀爲悅。邪，音耶。對曰：「此則得之。」上曰：「知汝所不能致者一人耳，必宋璟也。」對曰：「然。」上笑曰：「朕明日爲汝召客。」爲，于僞翻。明日，上謂宰相：「朕奴毛仲有婚事，卿等宜與諸達官悉詣其第。」既而日中，衆客未敢舉筯，待璟，久之，方至，先執酒西向拜謝，謝爲君命而來，非爲毛仲來也。飮不盡卮，遽稱腹痛而歸。璟之剛直，老而彌篤。

17先是，契丹王李吐干與可突干復相猜忌，攜公主來奔，不敢復還，更封遼陽王，留宿衞；吐，從暾入聲。可，從刊入聲。先，悉薦翻。復，扶又翻。更，工衡翻。可突干立李盡忠之弟邵固爲主。車駕東巡，邵固詣行在，因從至泰山，拜左羽林大將軍、靜折軍經略大使。四年，契丹來降，置靜折軍於松漠府，以其酋長爲經略大使，言中國之兵不動而契丹自降，以靜而折遐衝也。使，疏吏翻。

18上疑吏部選試不公，時選期已迫，御史中丞宇文融密奏，請分吏部爲十銓。甲戌，以禮部尚書蘇頲等十人掌吏部選，選，須絹翻；下同。頲，他鼎翻。試判將畢，遽召入禁中決定，吏部尚書、侍郎皆不得預。左庶子吳兢上表，上，時掌翻。以爲：「陛下曲受讒言，不信有司，非居上臨人推誠感物之道。昔陳平、邴吉，漢之宰相，尚不對錢穀之數，不問鬭死之人；陳平事見十三卷漢文帝元年。邴吉事見二十六卷漢宣帝神爵三年。況大唐萬乘之君，豈得下行銓選之事乎！凡選人書判，並請委之有司，停此十銓。」上雖不卽從，明年復故。

19是歲，東都斗米十五錢，靑、齊五錢，粟三錢。

20于闐王尉遲眺陰結突厥及諸胡謀叛，尉，紆勿翻。安西副大都護杜暹發兵捕斬之，更爲立王。爲，于僞翻。

資治通鑑卷第二百一十三

端明殿學士兼翰林侍讀學士太中大夫提舉西京嵩山崇福宮上柱國河內郡開國公食邑二千二百戶食實封九百戶賜紫金魚袋臣　司馬光　奉敕編集
後　學　天　台　胡三省　音　註

唐紀二十九 起柔兆攝提格（丙寅），盡昭陽作噩（癸酉），凡八年。

玄宗至道大聖大明孝皇帝中之上

開元十四年（丙寅、七二六）

1 春，正月，癸未，更立契丹松漠王李邵固爲廣化王，奚饒樂王李魯蘇爲奉誠王。契，欺訖翻。樂，音洛。以上從甥陳氏爲東華公主，妻邵固；從，才用翻。妻，七細翻；下同。考異曰：東華出降，實錄在三月壬子；於此終言之。以成安公主之女韋氏爲東光公主，成安公主，中宗之女，下嫁韋捷。妻魯蘇。

2 張說奏：「今之五禮，貞觀、顯慶兩曾脩纂，說，讀曰悅。觀，古玩翻。前後頗有不同，其中或未折衷。衷，竹仲翻。宋均曰：折，斷也；中，當正也；若折斷其物，與度相中當也。望與學士等討論古今，删改施行。」制從之。

3 邕州封陵獠梁大海等據賓、横州反；封陵本山峒，唐世以漸開拓，乾元後始置爲縣。賓州，漢領方縣地，屬鬱林郡。梁置領方郡。隋廢郡爲縣，屬鬱州。唐初屬南方州。貞觀五年分置賓州。横州，漢廣鬱、高梁縣地。江左置寧浦郡。隋廢郡爲縣，屬鬱州。唐初分置簡州，貞觀八年改曰横州。二月，己酉，遣内侍楊思勗發兵討之。考異曰：舊紀作「庚戌朔」，今從實錄。

4 上召河南尹崔隱甫，欲用之，中書令張説薄其無文，奏擬金吾大將軍；前殿中監崔日知素與説善，説薦爲御史大夫；上不從。丙辰，以日知爲左羽林大將軍，丁巳，以隱甫爲御史大夫。隱甫由是與説有隙。

説有才智而好賄，百官白事有不合者，好面折之，至於叱罵。惡御史中丞宇文融之爲人，好，呼到翻。折，之舌翻。惡，烏路翻。且患其權重，宇文融既居風憲之地，又貳戶部，故患其權重。融所建白，多抑之。中書舍人張九齡言於説曰：「宇文融承恩用事，辯給多權數，不可不備。」説曰：「鼠輩何能爲！」夏，四月，壬子，隱甫、融及御史中丞李林甫共奏彈説「引術士占星，徇私僭侈，受納賄賂。」彈，徒丹翻。賄，呼罪翻。敕源乾曜及刑部尚書韋抗、大理少卿明【嚴：「明」改「胡」。】珪與隱甫等同於御史臺鞫之。林甫，叔良之曾孫；長平王叔良，高祖從父弟。抗，安石之從父兄子也。韋安石歷事武后、中宗，貶死於開元之初。從，才用翻。

丁巳，以戶部侍郎李元紘爲中書侍郎、同平章事。元紘以淸儉著，故上用爲相。

5 源乾曜等鞫張說，事頗有狀，上使高力士視說，力士還奏：「說蓬首垢面，席藁，食以瓦器，惶懼待罪。」上意憐之。力士因言說有功於國，上以爲然。庚申，但罷說中書令，餘如故。說，讀爲悅。

6 丁卯，太子太傅岐王範薨，贈謚惠文太子。上爲之撤膳累旬，爲，于僞翻。百官上表固請，上，時掌翻。然後復常。

7 丁亥，太原尹張孝嵩奏，「有李子嶠者，自稱皇子，云生於潞州，母曰趙妃。」上命杖殺之。

8 辛丑，於定、恆、莫、易、滄五州置軍以備突厥。定州置北平軍，恆州置恆陽軍，莫州置唐興軍，易州置高陽軍，滄州置橫海軍。恆，戶登翻。

9 上欲以武惠妃爲皇后，或上言：「武氏乃不戴天之讎，豈可以爲國母！人間盛言張說欲取立后之功，更圖入相之計。上，時掌翻。相，息亮翻。且太子非惠妃所生，惠妃復自有子，若登宸極，太子必危。」上乃止。復，扶又翻。考異曰：唐會要云：「侍御史潘好禮聞上欲以惠妃爲皇后，進疏諫曰：『臣聞禮記曰：「父母之讎不可共戴天。」公羊傳曰：「子不復父讎，不子也。」昔齊襄公復九世之讎，丁蘭報木母之怨。陛下豈得欲以武氏爲國母，當何以見天下之人乎！不亦取笑於天下乎！又，惠妃再從叔三思、再從父

〔兄〕延秀等，並干紀亂常，遞窺神器，豺狼同穴，梟獍共林。且匹夫匹婦欲結髮爲夫妻者，尚相揀擇，況陛下是累聖之貴，天子之尊乎！伏願詳察古今，鑒戒成敗，慎擇華族之女，必在禮義之家，稱神祇之心，允億兆之望。又見人間盛言，尚書右丞相張說自被停知政事之後，每諂附惠妃，欲取立后之功，更圖入相之計。伏願杜之於將漸，不可悔之於已成。且太子本非惠妃所生，惠妃復自有子，若惠妃一登宸極，則儲位實恐不安；古人所以諫其漸者，良爲是也。昔商山四皓，雖不食漢庭之祿，尚能輔翊太子，況臣愚昧，職忝憲府。」蘇冕駁曰：「此表非潘好禮所作。且好禮，先天元年爲侍御史，開元十二年爲溫州刺史致仕。表是十四年獻，而云『職忝憲府』。若題年恐錯，則武惠妃先天元年始年十四，王皇后有寵未衰，張說又未爲右丞相。竟未知此表是誰獻之。」今除其名。然宮中禮秩，一如皇后。

10 五月，癸卯，戶部奏今歲戶七百六萬九千五百六十五，口四千一百四十一萬九千七百一十二。

11 秋，七月，河南、北大水，溺死者以千計。溺，奴狄翻。

12 八月，丙午朔，魏州言河溢。

13 九月，己丑，以安西副大都護、磧西節度使杜暹同平章事。磧，七迹翻。暹，息廉翻。自王孝傑克復四鎮，復四鎮見二百五卷武后長壽元年。復於龜茲置安西都護府，復，扶又翻。龜茲，音丘慈。以唐兵三萬戍之，百姓苦其役；爲都護者，惟田楊名、郭元振、張嵩及暹皆有善政，爲人所稱。

14 冬，十月，庚申，上幸汝州廣成湯；考異曰：令狐峘代宗實錄云：「上以開元十四年十月十三日生，時玄宗幸汝州之溫湯，有望氣者云，宮中有天子氣，玄宗即日還宮，是夜代宗降誕。」按玄宗實錄，此月十六日庚申始幸溫湯，己巳乃還宮，與代宗實錄不同。舊紀云「十二月十三日生」。舊后妃傳：「章敬皇后吳氏坐父事沒入掖庭，開元二十三年，玄宗幸忠王邸，見王服御蕭然，傍無媵侍，命將軍高力士選掖庭宮人以賜之，而吳后在籍中；明年，生代宗皇帝，十八年薨。」按代宗此年生，而云二十三年以吳后賜忠王，十八年薨，蓋誤以十三年爲二十三年也。次柳氏舊聞：「肅宗在東宮爲李林甫所構，勢幾危者數矣，無何，須鬢斑白。嘗早朝，上見之，愀然曰：『汝歸第，吾當幸汝。』及上至，顧見宮庭殿宇皆不洒掃，而樂器塵埃，左右使令無有妓女。上爲之動色，使力士詔掖庭按籍閱視得三人，乃以賜太子，而章敬吳皇后在選中，生代宗。」按開元二十三年，李林甫初爲相，二十五年廢太子瑛，二十六年乃立肅宗爲太子，天寶五年李林甫始構韋堅之獄。舊聞所記，事皆虛誕，年月不合。新書后妃傳全取之，今皆不取。按漢廣成苑在唐汝州梁縣界，其地有湯泉。 己酉，【嚴：「酉」改「巳」。】還宮。

15 十二月，丁巳，上幸壽安，獵於方秀川；壬戌，還宮。

16 楊思勗討反獠，獠，魯皓翻。生擒梁大海等三千餘人，斬首二萬級而還。還，從宣翻，又如字。

17 是歲，黑水靺鞨遣使入見；黑水靺鞨在流鬼國西南，女眞即其遺種也。靺鞨，音末曷。見，賢遍翻。上以其國爲黑水州，仍爲置長史以鎮之。「長史」恐當作「長吏」。仍爲，于僞翻。勃海靺鞨王武藝曰：「黑水入唐，道由我境。往者請吐屯於突厥，突厥置吐屯以領諸附從之國。厥，九勿翻。先告我與我偕行；今不告我而請吏於唐，是必與唐合謀，欲腹背攻我也。」遣其母弟門藝與其舅任雅將兵擊黑水。將，即亮翻；下同。門藝嘗爲質子於唐，質，音致。諫曰：「黑水請吏於唐，而我以其故擊之，是叛唐也。唐，大國也。昔高麗全盛之時，強兵三十餘萬，不遵唐命，掃地無遺。掃地無遺，言國亡無遺育也；事見太宗、高宗紀。麗，力知翻。況我兵不及高麗什之一二，一旦與唐爲怨，此亡國之勢也。」武藝不從，強遣之。強，其兩翻。門藝至境上，復以書力諫。武藝怒，遣其從兄大壹夏代之將兵，召，欲殺之。門藝棄衆，間道來奔，復，扶又翻。夏，戶雅翻。從，才用翻。間，古莧翻。制以爲左驍衞將軍。武藝遣使上表罪狀門藝，請殺之。驍，堅堯翻。使，疏吏翻。上，時掌翻。上密遣門藝詣安西；留其使者，別遣報云，已流門藝於嶺南。武藝知之，上表稱「大國當示人以信，豈得爲此欺誑？」誑，居況翻。固請殺門藝。上以鴻臚少卿李道邃、源復不能督察官屬，致有漏泄，皆坐左遷。唐九寺皆有少卿二人。鴻臚掌四夷之客，故以漏泄爲罪。臚，陵如翻。少，始照翻。暫遣門藝詣嶺南以報之。

臣光曰：王者所以服四夷，威信而已。門藝以忠獲罪，自歸天子；天子當察其枉直，賞門藝而罰武藝，爲政之體也。縱不能討，猶當正以門藝之無罪告之。今明皇威不能服武藝，恩不能庇門藝，顧效小人爲欺誑之語以取困於小國，乃罪鴻臚之漏泄，不亦可羞哉！

18 杜暹爲安西都護，突騎施交河公主遣牙官以馬千匹詣安西互市。使者宣公主教，暹，息廉翻。騎，奇寄翻。使，疏吏翻；下同。暹怒曰：「阿史那女交河公主，阿史那懷道之女。何得宣敎於我！」杖其使者，留不遣；馬經雪死盡。突騎施可汗蘇祿大怒，發兵寇四鎮。會暹入朝，使，疏吏翻。朝，直遥翻；下同。趙頤貞代爲安西都護，嬰城自守；四鎮人畜儲積，皆爲蘇祿所掠，畜，許救翻。安西僅存。既而蘇祿聞暹入相，稍引退，相，息亮翻。尋遣使入貢。

十五年（丁卯、七二七）

1 春，正月，辛丑，涼州都督王君㚟破吐蕃於青海之西。㚟，丑略翻。吐，從暾入聲。

初，吐蕃自恃其強，致書用敵國禮，事見二百十一卷二年。辭指悖慢，悖，蒲内翻，又蒲沒翻。上意常怒之。返自東封，張說言於上曰：「吐蕃無禮，誠宜誅夷，但連兵十餘年，甘、涼、河、鄯，不勝其弊，鄯，時戰翻，又音善。勝，音升。雖師屢捷，所得不償所亡。聞其悔過求和，願聽其款服，以紓邊人。」上曰：「俟吾與王君㚟議之。」說退，謂源乾曜曰：「君㚟勇而無謀，常思僥幸，僥，堅堯翻。若二國和親，何以爲功！吾言必不用矣。」及君㚟入朝，果請深入討之。

去冬，吐蕃大將悉諾邏寇大斗谷，將，卽亮翻。邏，郎佐翻。進攻甘州，焚掠而去。君㚟度其兵疲，勒兵躡其後，度，徒洛翻。躡，尼輒翻。考異曰：吐蕃傳云：「君㚟畏其鋒不敢出。」今從君㚟傳。會大雪，虜凍死者甚衆，自積石軍西歸。廓州達化縣西有積石軍，本靜邊鎮，儀鳳二年爲軍，東有黃沙戍。君㚟先遣人間道入虜境，燒道旁草。悉諾邏至大非川，欲休士馬，而野草皆盡，馬死過半。君㚟與秦州都督張景順追之，及於青海之西，乘冰而度。悉諾邏已去，破其後軍，獲其輜重羊馬萬計而還。間，古莧翻。重，直用翻。考異曰：君㚟傳曰：「十六年冬，吐蕃大將悉諾邏帥衆入寇大斗谷，又移攻甘州，焚燒市里而去。君㚟襲其後，敗之於青海之西。」據實錄及吐蕃傳，入寇在十四年冬；此云十六年冬，誤也。君㚟以功遷左羽林大將軍，拜其父壽爲少府監致仕。上由是益事邊功。

2初，洛陽人劉宗器上言，請塞氾水舊汴口，更於熒澤引河入汴；隋開皇四年分滎陽置廣武縣，仁壽元年更名熒澤，屬鄭州。上，時掌翻。塞，悉則翻；下同。氾，音祀。汴，皮變翻。擢宗器爲左衞率府胄曹。率，所律翻。至是，新渠塡塞不通，貶宗器爲循州安懷戍主。命將作大匠范安及發河南、懷、鄭、汴、滑、衞三萬人疏舊渠，旬日而畢。

3御史大夫崔隱甫、中丞宇文融，恐右丞相張說復用，數奏毁之，各爲朋黨。上惡之，復，扶又翻。數，所角翻。惡，烏路翻。二月，乙巳，制說致仕，隱甫免官侍母，融出爲魏州刺史。

4乙卯，制：「諸州逃戶，先經勸農使括定按比後復有逃來者，隨到準白丁例輸當年租庸，有征役者先差。」使，疏吏翻。復，扶又翻；下不復同。差，初佳翻。

5夏，五月，癸酉，上悉以諸子慶王潭等領州牧、刺史、都督、節度大使、大都護、經略使，使，疏吏翻。實不出外。

初，太宗愛晉王，晉王治，是爲高宗。不使出閤；豫王亦以武后少子不出閤，及自皇嗣爲相王，始出閤。中宗之世，譙王失愛，謫居外州；溫王年十七，猶居禁中。譙王，重福。溫王，重茂。上卽位，附苑城爲十王宅，朱雀街東第五街有安國寺，寺東附苑城爲大宅，分處十王。十王，謂慶、忠、棣、鄂、榮、儀、台、潁、永、濟也。後盛、壽、陳、豐、常、涼六王又就封入內宅，是爲十六宅。以居皇子，宦官押之，就夾城參起居，自是不復出閤；雖開府置官屬及領藩鎭，惟侍讀時入授書，歐陽修曰，唐王府侍讀無定員。自餘王府官屬，但歲時通名起居；其藩鎭官屬，亦不通名。及諸孫浸多，又置百孫院。太子亦不居東宮，常在乘輿所幸之別院。乘，繩證翻。

6 上命妃嬪以下宮中育蠶，欲使之知女功。丁酉，夏至，賜貴近絲，人一綟。杜佑曰：唐令，緜六兩爲屯，絲五兩爲絇，麻三斤爲綟。未知絲綟輕重何如。綟，郎計翻。

7 秋，七月，戊寅，冀州河溢。

8 己卯，禮部尙書許文憲公蘇頲薨。頲，他鼎翻。

9 九月，丙子，吐蕃大將悉諾邏恭祿及燭龍莽布支攻陷瓜州，執刺史田元獻及河西節度使王君㚟之父，進攻玉門軍；按王君㚟之父壽以少府監致仕居鄉里。玉門軍在肅州之西二百里。宋白曰：肅州西門縣，漢罷玉門關屯，徙其人於此，故曰玉門縣。石門周匝山間，經二十里，衆流北入延興海。縱所虜僧【嚴：「僧」改「俘」。】使歸涼州，謂君㚟曰：「將軍常以忠勇許國，何不一戰！」君㚟登城西望而泣，竟不敢出兵。

莽布支別攻常樂縣，宋白曰：常樂縣屬瓜州，魏之宜禾郡，前涼之涼興縣地，涼武昭王於三危山東置常樂鎮，唐武德五年改置常樂縣。縣令賈師順帥衆拒守。樂，音洛。帥，讀曰率。及瓜州陷，悉諾邏悉兵會攻之。旬餘日，吐蕃力盡，不能克，使人說降之；說，式芮翻。降，戶江翻。不從。吐蕃曰：「明府既不降，宜斂城中財相贈，吾當退。」師順請脫士卒衣；悉諾邏知無財，乃引去，毀瓜州城。師順遽開門，收器械，修守備；虜果復遣精騎還，視城中，知有備，乃去。田元獻不能守瓜州而賈師順能守常樂，固圉固存乎其人也。復，扶又翻。覘，丑廉翻，又丑豔翻。師順，岐州人也。

10 初，突厥默啜之強也，迫奪鐵勒之地，故回紇、契苾、思結、渾四部度磧徙居甘、涼之間以避之。啜，叱劣翻。紇，下沒翻。契，欺訖翻。苾，毗必翻。王君㚟微時，往來四部，爲其所輕；及爲河西節度使，以法繩之。四部恥怨，密遣使詣東都自訴。君㚟遽發驛奏「四部難制，潛有叛計。」上遣中使往察之，使，疏吏翻。諸部竟不得直。於是瀚海大都督回紇承宗流瀼州，瀼，如羊翻；杜佑曰：而章翻。渾大德流吉州，賀蘭都督契苾承明流藤州，藤州，漢蒼梧、猛陵縣地，晉置永平郡，隋置藤州。盧山都督思結歸國流瓊州；以回紇伏帝難爲瀚海大都督。己卯，貶右散騎常侍李令問爲撫州別駕，舊志：撫州，京師東南三千三百一十二里。坐其子與承宗交游故也。

11 丙戌，突厥毗伽可汗遣其大臣梅錄啜入貢。吐蕃之寇瓜州也，遺毗伽書，欲與之俱入寇，遺，于季翻。毗伽幷獻其書。上嘉之，聽於西受降城爲互市，降，戶江翻。每歲齎縑帛數十萬匹就市戎馬，以助軍旅，且爲監牧之種，種，章勇翻。由是國馬益壯焉。

12 閏月，庚子，吐蕃贊普與突騎施蘇祿圍安西城，安西副大都護趙頤貞擊破之。

13 回紇承宗族子瀚海司馬護輸，糾合黨衆爲承宗報仇。會吐蕃遣使間道詣突厥，王君㚟帥精騎邀之於肅州。宋白曰：隋仁壽元年分甘州福祿縣置肅州，東南至甘州赤柳間二百里，西南至瓜州界安樂烽三百四十里。還，至甘州南鞏筆驛，爲，于僞翻。間，古莧翻。甘州張掖縣西南有鞏筆驛。護輸伏兵突起，奪君㚟旌節，先殺其判官宋貞，剖其心曰：「始謀者汝也。」君㚟帥左右數十人力戰，帥，讀曰率。自朝至晡，左右盡死。護輸殺君㚟，載其尸奔吐蕃；涼州兵追及之，護輸棄尸而走。考異曰：舊傳云：「回紇既殺君㚟，上命郭知運討逐。」按知運九年已卒，君㚟代鎮涼州；舊傳誤也。

14 庚申，車駕發東都。冬，己卯，至西京。「冬」字下逸「十月」二字。

15 辛巳，以左金吾衛大將軍信安王禕爲朔方節度等副大使。禕，恪之孫也。吳王恪，太宗之子。禕，吁韋翻。以朔方節度使蕭嵩爲河西節度等副大使。時王君㚟新敗，河、隴震駭。嵩引刑部員外郎裴寬爲判官，與君㚟判官牛仙客俱掌軍政，人心浸安。寬，漼之從弟也。漼，取猥翻。從，才用翻。仙客本鶉觚小吏，鶉觚縣，前漢屬北地郡，後漢、晉屬安定郡。後魏置趙平郡，後周廢郡，以縣屬涇州。劉昫曰：節度使置判官二人，未見品秩。鶉，如倫翻。觚，攻乎翻。以才幹軍功累遷至河西節度判官，爲君㚟腹心。

嵩又奏以建康軍使河北張守珪爲瓜州刺史，甘州西北百九十里祁連山有建康軍。河北縣屬陜州。

帥餘衆築故城。板榦裁立，詩云：縮板以載。縮板兩旁，內土其中而築之。榦，亦板也。孔安國曰：旁曰榦。帥，讀曰率。吐蕃猝至，城中相顧失色，莫有鬭志。守珪曰：「彼衆我寡，又瘡痍之餘，不可以矢刃相持，當以奇計取勝。」乃於城上置酒作樂。虜疑其有備，不敢攻而退。守珪縱兵擊之，虜敗走。守珪乃修復城市，收合流散，皆復舊業。朝廷嘉其功，以瓜州爲都督府，以守珪爲都督。

悉諾邏威名甚盛，蕭嵩縱反間於吐蕃，間，古莧翻。云與中國通謀，贊普召而誅之；吐蕃由是少衰。少，詩沼翻。

16 十二月，戊寅，制以吐蕃爲邊患，令隴右道及諸軍團兵五萬六千人，河西道及諸軍團兵四萬人，府兵廢，行一切之法團結民兵，謂之「團兵」。又徵關中兵萬人集臨洮，朔方兵萬人集會州防秋，至冬初，無寇而罷；伺虜入寇，洮，土刀翻。伺，相吏翻。互出兵腹背擊之。

17 乙亥，上幸驪山溫泉；丙戌，還宮。

十六年（戊辰、七二八）

1 春，正月，壬寅，安西副大都護趙頤貞敗吐蕃于曲子城。敗，蒲邁翻。

2 甲寅，以魏州刺史宇文融爲戶部侍郎兼魏州刺史，充河北道宣撫使。宣撫使始此。使，疏吏翻；下同。

3乙卯，春，瀧等州獠陳行範、廣州獠馮璘、何遊魯反，瀧，閭江翻。獠，魯皓翻。考異曰：本紀作「馮仁智」。今從楊思勗傳。陷四十餘城。行範稱帝，遊魯稱定國大將軍，璘稱南越王，欲據嶺表；命內侍楊思勗發桂州及嶺北近道兵討之。

4丙寅，以魏州刺史宇文融檢校汴州刺史，充河南北溝渠堤堰決九河使。校，古孝翻。汴，皮變翻。堰，於扇翻。使，疏吏翻。融請用禹貢九河故道開稻田，幷回易陸運錢，官收其利；興役不息，事多不就。

5二月，壬申，以尚書右丞相致仕張說兼集賢殿學士。說雖罷政事，專文史之任，朝廷每有大事，上常遣中使訪之。史言張說寵顧不衰。尚，辰羊翻。相，息亮翻。說，讀爲悅。使，疏吏翻。

6壬辰，改彍騎爲左右羽林軍飛騎。彍騎見上卷十三年。彍，虛郭翻，又古郭翻。騎，奇寄翻。

7秋，七月，吐蕃大將悉末朗寇瓜州，吐，從暾入聲。將，卽亮翻。都督張守珪擊走之。乙巳，河西節度使蕭嵩、隴右節度使張忠亮大破吐蕃於渴波谷；據新書吐蕃傳，渴波谷當在青海西。考異曰：實錄、唐曆、蕭嵩傳作「張志亮」。今從舊本紀、吐蕃傳。忠亮追之，拔其大莫門城，大莫門城在九曲。擒獲甚衆，焚其駱駝橋而還。還，從宣翻，又如字。

8八月，乙巳，特進張說上開元大衍曆，行之。僧一行推大衍數立術，以應氣朔及日食以造新曆，故曰大衍曆。上，時掌翻。

9 辛卯，左金吾將軍杜賓客破吐蕃于祁連城下。祁連城在甘州張掖縣祁連山。時吐蕃復入寇，復，扶又翻。蕭嵩遣賓客將強弩四千擊之。將，卽亮翻，又音如字。戰自辰至暮，吐蕃大潰，獲其大將一人；將，卽亮翻，又音如字。虜散走投山，哭聲四合。

10 冬，十月，己卯，上幸驪山溫泉；己丑，還宮。考異曰：實錄、十二月丁卯又云「幸溫泉宮」，不言其還。唐曆，「丁卯幸溫泉，丁丑還宮。」按此月已幸溫泉，恐重複，不取。

11 十一月，癸巳，以河西節度副大使蕭嵩爲兵部尙書、同平章事。

12 十二月，丙寅，敕：「長征兵無有還期，人情難堪；宜分五番，歲遣一番還家洗沐，五年酬勳五轉。」

13 是歲，制戶籍三歲一定，分爲九等。

14 楊思勗討陳行範，至瀧州，破之，擒何遊魯、馮璘。行範逃於雲際、盤遼二洞，思勗追捕，竟生擒，斬之，凡斬首六萬。思勗爲人嚴，偏裨白事者不敢仰視，故用兵所向有功。然性忍酷，所得俘虜，或生剝面皮，或以刀剺髮際，掣去頭皮；蠻夷憚之。剺，里之翻。掣，昌列翻。去，羌呂翻。

十七年（己巳、七二九）

1 春，二月，丁卯，巂州都督張守素【嚴：「守」改「審」。】破西南蠻，拔昆明及鹽城，昆明縣屬巂州，漢定莋縣地，後周置定莋鎮，武德二年改置昆明縣，以其地接昆明故也。縣有鹽有鐵，築城以衛之，故又有鹽城。嶲，音髓。殺獲萬人。

2三月，瓜州都督張守珪、沙州刺史賈師順擊吐蕃大同軍，大破之。

3甲寅，朔方節度使信安王禕攻吐蕃石堡城，拔之。初，吐蕃陷石堡城，留兵據之，侵擾河右，上命禕與河西、隴右同議攻取。諸將咸以爲石堡據險而道遠，攻之不克，將無以自還，且宜按兵觀釁。釁，許覲翻。禕不聽，引兵深入，急攻拔之，乃【章：十二行本「乃」作「仍」；乙十一行本同；孔本同；退齋校同。】分兵據守要害，令虜不得前。自是河隴諸軍遊弈，拓境千餘里。上聞，大悅，更命石堡城曰振武軍。自鄯州鄯城縣河源軍西行百二十里至白水軍，又西南六十里至定戎城，又南隔澗七里有石堡城，本吐蕃鐵仞城也。宋白曰：石堡城在龍支縣西，四面懸崖數千仞，石路盤屈，長三四里，西至赤嶺三十里。更，工衡翻。

4丙辰，國子祭酒楊瑒上言，瑒，雉杏翻，又音暢。上，時掌翻。以爲：「省司奏限天下明經、進士及第，每年不過百人。竊見流外出身，每歲二千餘人，而明經、進士不能居其什一，則是服勤道業之士不如胥史之得仕也。臣恐儒風浸墜，廉恥日衰。若以出身人太多，則應諸色裁損，不應獨抑明經、進士也。」又奏「諸【章：十二行本「諸」作「主」；乙十一行本同；孔本同；張校同。】司帖試明經，不務求述作大指，專取難知，問以孤經絕句或年月日；請自今並帖平文。」唐取士之科，有進士，有明經。凡明經，先帖文，然後口試經問大義十條，答時務策三道；以文理通粗爲上上、上中、上下、中上，凡四等爲及第。凡進士，試時務策五道，帖一大經；經策全通爲甲第，策通四、帖過四以上爲乙第。通典曰：唐制，帖經者，以所習經掩其兩端，其間惟開一行，裁紙爲帖，凡帖三字，隨時增損，可否不一，或得四、得五、得六者爲通。上甚然之。

5 夏，四月，庚午，禘于太廟。唐初，祫則序昭穆，禘則各祀於其室。昭，讀曰佋，音時遙翻。至是，太常少卿韋縚等奏「如此，禘與常饗不異；請禘祫皆序昭穆。」從之。縚，安石之兄子也。縚，土刀翻。

6 五月，壬辰，復置十道及京、都兩畿按察使。雍、同、華、商、岐、邠爲京畿，洛、汝爲都畿。十二年，停諸道按察使，今復置。復，扶又翻，又如字。

7 初，張說、張嘉貞、李元紘、杜暹相繼爲相用事，源乾曜以清謹自守，常讓事於說等，唯諾署名而已。元紘、暹議事多異同，遂有隙，更相奏列。唯，于癸翻。更，工衡翻。上不悅，六月，甲戌，貶黃門侍郎、同平章事杜暹荊州長史，中書侍郎、同平章事李元紘曹州刺史，舊志，曹州，京師東北一千四百五十三里。罷乾曜兼侍中，止爲左丞相；開元初，改尚書左、右僕射爲左、右丞相。唐初，僕射之職無所不統，是正丞相也。至中宗神龍元年豆盧欽望專爲僕射，不敢預政事，是後專拜僕射者不復知政事，雖有丞相之名，非復唐初丞相之職矣。今源乾曜止爲左丞相，是止爲尚書左僕射，不復預政事也。以戶部侍郎宇文融爲黃門侍郎，兵部侍郎裴光庭爲中書侍郎，並同平章事；蕭嵩兼中書令，遙領河西。遥領河西節度使。

8 開府王毛仲與龍武將軍葛福順爲婚。毛仲爲上所信任，言無不從，故北門諸將多附之，進退唯其指使。吏部侍郎齊澣乘間言於上曰：間，古莧翻；下離間同。「福順典禁兵，葛福順所典，萬騎也，故云然。不宜與毛仲爲婚。毛仲小人，寵過則生姦；不早爲之所，恐成後患。」上悦曰：「知卿忠誠，朕徐思其宜。」澣曰：「君不密則失臣，易大傳之言。願陛下密之。」會大理丞麻察坐事左遷興州別駕，舊志，興州至京師九百四十八里。澣素與察善，出城餞之，因道禁中諫語；察性輕險，遽奏之。上怒，召澣責之曰：「卿疑朕不密，而以語麻察，詎爲密邪？且察素無行，語，牛倨翻。邪，音耶。行，下孟翻。卿豈不知邪？」澣頓首謝。秋，七月，丁巳，下制：「澣、察交構將相，離間君臣，將，卽亮翻。相，息亮翻。間，古莧翻。澣可高州良德丞，察可潯州皇化尉。」良德亦漢合浦縣地，吳置高涼郡，陳分置務德縣，後改爲良德。潯州，漢布山、阿林之地，梁於布山地置桂平郡，隋廢郡爲縣，又於阿林地置皇化縣，隋廢入桂平，貞觀七年置潯州，治桂平，復置皇化縣屬焉。

9 八月，癸亥，上以生日宴百官於花蕚樓下。考異曰：實錄云，「癸亥朔」。按長曆，是月己未朔；癸亥，五日也。顧況歌曰：「八月五夜佳氣新，昭成太后生聖人。」實錄誤也。左丞相乾曜、右丞相說帥百官上表，帥，讀曰率。上，時掌翻。請以每歲八月五日爲千秋節，布於天下，咸令宴樂。聖節錫宴自此始。後改千秋節爲天長節。德、順、憲、穆不置節名。令，力丁翻。樂，音洛。尋又移社就千秋節。自古以來，社用戊日。

10庚辰，工部尚書張嘉貞薨。嘉貞不營家產，有勸其市田宅者，嘉貞曰：「吾貴爲將相，何憂寒餒！若其獲罪，雖有田宅，亦無所用。比見朝士廣占良田，身沒之日，適足爲無賴子弟酒色之資，尚，張羊翻。將，卽亮翻。相，息亮翻。比，毗至翻。朝，直遙翻。吾不取也。」聞者是之。

11辛巳，敕以人間多盜鑄錢，始禁私賣銅鉛錫及以銅爲器皿；其采銅鉛錫者，官爲市取。爲，于僞翻。

12宇文融性精敏，應對辯給，以治財賦得幸於上，始廣置諸使，競爲聚斂，治，直之翻。使，疏吏翻。斂，力贍翻。由是百官浸失其職而上心益侈，史言唐玄宗時，開利孔自宇文融始。百姓皆怨苦之。爲人疏躁多言，躁，則到翻。好自矜伐，好，呼到翻。在相位，謂人曰：「使吾居此數月，則海內無事矣。」相，息亮翻；下同。

信安王禕，以軍功有寵於上，以平石堡城之功也。融疾之。禕入朝，朝，直遙翻。融使御史李寅彈之，彈，徒丹翻。泄於所親。禕聞之，先以白上。明日，寅奏果入，上怒。九月，壬子，融坐貶汝州刺史，考異曰：舊傳曰：「殿中侍御史李宙驛召禕將下獄，禕旣申訴得理，融坐阿黨李宙貶。」今從唐曆。凡爲相百日而罷。六月甲戌，至九月壬子，九十九日耳。是後言財利以取貴仕者，皆祖於融。

13冬，十月，戊午朔，日有食之，不盡如鉤。

14 宇文融既得罪，國用不足，上復思之，復，扶又翻。謂裴光庭曰：「卿等皆言融之惡，朕既黜之矣，今國用不足，將若之何！卿等何以佐朕？」光庭等懼不能對。會有飛狀告融贓賄事，又貶平樂尉。平樂縣，漢蒼梧郡荔浦之地，晉置平樂縣，屬始安郡，唐分置昭州；有平樂水。樂，音洛。考異曰：唐曆云：「裴光庭等諷有司劾之，積其贓鉅萬計。」舊傳曰：「裴光庭時兼御史大夫，又彈融交遊朋黨及男受贓等事。」今從實錄、統紀。又唐曆云「十月乙未」。按長曆，十月戊午朔，無乙未。今從統紀。至嶺外歲餘，司農少卿蔣岑奏融在汴州隱沒官錢鉅萬計，制窮治其事，融坐流巖州，高宗調露二年，分橫、貴二州置巖州，以巖岡之北因名。治，直之翻。道卒。卒，子恤翻。

15 十一月，辛卯，上行謁橋、定、獻、昭、乾五陵；行謁五陵，以車駕經行近遠先後爲次。戊申，還宮；赦天下，百姓今年地稅悉蠲其半。蠲，吉玄翻。

16 十二月，辛酉，上幸新豐溫泉；壬申，還宮。新豐溫泉卽驪山溫泉，驪山在新豐縣。

十八年（庚午、七三〇）

1 春，正月，考異曰：實錄云：「癸酉，上御含元殿受朝賀。」按長曆，是月丙戌朔，無癸酉。實錄此年事與本紀、唐曆、統紀皆不同，正月甲子全差誤；疑本書闕亡，後人附益之。新紀止據舊紀，全不取此年實錄。又云：「丁巳，親迎氣於東郊，下制，『十八年正月五日以前，天下囚徒常赦所不免者，咸赦放之。』」按是月無丁巳；諸書及會要皆無十八年親迎氣事。唐曆在二十六年正月七日丙子，統紀在二十六年正月，實錄二十六年正月丁丑又載迎氣大赦，其制文推恩大略與此年相似；或者實錄誤重出於此。今不取。辛卯，以裴光庭爲侍中。

2 二月，癸酉，初令百官於春月旬休，選勝行樂，令尋選勝地行遊而宴樂也。自宰相至員外郎，凡十二筵，各賜錢五千緡；上或御花萼樓邀其歸騎留飲，迭使起舞，盡歡而去。騎，奇寄翻。

3 三月，丁酉，復給京官職田。收職田見上卷十年。

4 夏，四月，考異曰：實錄云：「乙巳，駕幸溫泉宮，丁未，至自溫泉宮。」按長曆，是月乙卯朔，無乙巳、丁未，舊紀、唐曆亦無幸溫泉事。今不取。丁卯，築西京外郭，九旬而畢。

5 乙丑，以裴光庭兼吏部尚書。先是，選司注官，惟視其人之能否，先，悉薦翻。選，須絹翻；下同。或不次超遷，或老於下位，有出身二十餘年不得祿者；又，州縣亦無等級，或自大入小，或初久【章：十二行本「久」作「近」；乙十一行本同；孔本同；張校同。】後遠，皆無定制。光庭始奏用循資格，各以罷官若干選而集，謂罷官之後，經選凡幾，各以多少爲次而集于吏部。官高者選少，少，詩沼翻。卑者選多，無問能否，選滿卽注，限年躡級，毋得踰越，非負譴者，皆有升無降；此卽後魏崔亮之停年格，循而行之，至今猶然，才俊之士，老於常調者多矣。其庸愚沈滯者皆喜，沈，持林翻。謂之「聖書」，而才俊之士無不怨歎。宋璟爭之不能得。光庭又令流外行署亦過門下省審。省，悉景翻。

6 五月，吐蕃遣使致書於境上求和。使，疏吏翻。

7 初，契丹王李邵固遣可突干入貢，同平章事李元紘不禮焉。左丞相張說謂人曰：「奚、契丹必叛。可突干狡而很，專其國政久矣，人心附之。此謂契丹國人之心也。契，欺訖翻，又音喫。很，戶墾翻。今失其心，必不來矣。」己酉，可突干弒邵固，帥其國人幷脅奚衆叛降突厥，奚王李魯蘇及其妻韋氏、邵固妻陳氏皆來奔。史言張說之言之驗。韋、陳皆中國以爲公主嫁兩蕃，事見上十四年。帥，讀曰率。降，戶江翻。厥，九勿翻。制幽州長史趙含章討之，又命中書舍人裴寬、給事中薛侃等於關內、河東、河南、北分道募勇士，六月，考異曰：唐朝年代記云：「初，裴光庭娶武三思女，高力士私焉。光庭有吏材，力士爲之推轂，因以入相，時彥鄙之，宋璟、王晙酒後舞回波樂以爲戲謔。光庭患之，乃奏：『天下三十餘州缺刺史，升平日久，人皆不樂外官，請重臣兼外官領刺史以雄其望。』於是擬璟揚州，晙魏州，陸象先荆州，凡十餘人。蕭嵩執奏：『天下務重，實賴舊臣宿德訪其得失，今盡失之，則朝廷空矣。』上乃悟，遂止。」按實錄，是歲閏六月「以太子少保陸象先兼荆州長史」，璟、晙未嘗除外官。今不取。丙子，以單于大都護忠王浚領河北道行軍元帥，單，音蟬。帥，所類翻。以御史大夫李朝隱、京兆尹裴伷先副之，帥十八總管以討奚、契丹。朝，直遥翻。伷，與胄同。帥，讀曰率。命浚與百官相見於光順門。張說退，謂學士孫逖、韋述曰：此集賢書院學士也。「吾嘗觀太宗畫像，雅類忠王，此社稷之福也。」

可突干寇平盧，先鋒使張掖烏承玼破之於捺祿山。開元初，置平盧軍於營州。玼，且禮翻，又音此。捺，奴葛翻。考異曰：韓愈烏氏先廟碑云：「尚書諱承洽，開元中管平盧先鋒軍，屢破奚、契丹，從戰捺祿，走可突干。」新傳云：「承玼，開元中與族兄承恩皆爲平盧先鋒，沈勇而決，號轅門二龍。」據此，則承玼、承洽一人也。今從新書。

8 壬午，洛水溢，溺東都千餘家。溺，奴狄翻。

9 秋，九【張：「九」作「七」。】月，丁巳，以忠王浚兼河東道元帥，然竟不行。

10 吐蕃兵數敗而懼，乃求和親。數，所角翻。忠王友皇甫惟明唐諸王友，從五品上，掌陪侍規諷。因奏事從容言和親之利。上曰：「贊普嘗遺吾書悖慢，吐蕃請用敵國禮，見二百十一卷二年。從，千容翻。遺，于季翻。悖，蒲內翻，又蒲沒翻。此何可捨！」對曰：「贊普當開元之初，年尚幼穉，武后長安三年，贊普立，方七歲，至開元初猶是幼年也。穉，直利翻。安能爲此書！殆邊將詐爲之，欲以激怒陛下耳。夫邊境有事，則將吏得以因緣盜匿官物，妄述功狀以取勳爵，將，卽亮翻；下同。此皆姦臣之利，非國家之福也。兵連不解，日費千金，兵法曰：興師十萬，日費千金。河西、隴右由茲困敝。陛下誠命一使往視公主，謂金城公主也。使，疏吏翻；下方使、遣使同。因與贊普面相約結，使之稽顙稱臣，稽，音啓。永息邊患，豈非御夷狄之長策乎！」上悅，命惟明與內侍張元方使于吐蕃。

贊普大喜，悉出貞觀以來所得敕書以示惟明。冬，十月，遣其大臣論名悉獵隨惟明入貢，考異曰：實錄，「十九年七月癸巳，吐蕃遣其大臣名悉獵來朝，請固和好之約，且獻書」云云。按長曆，十九年七月丁未朔，無癸巳。今從唐曆、舊本紀、吐蕃傳。表稱：「甥世尚公主，義同一家。中間張玄表等先興兵寇鈔，武后時，張玄表爲安西都護，與吐蕃互相侵掠。鈔，楚交翻。遂使二境交惡。甥深識尊卑，安敢失禮！正爲邊將交構，致獲罪於舅；屢遣使者入朝，朝，直遙翻。皆爲邊將所遏。今蒙遠降使臣，來視公主，甥不勝喜荷。勝，音升。荷，下可翻。儻使復脩舊好，死無所恨！」自是吐蕃復款附。復，扶又翻。好，呼到翻。

11 庚寅，上幸鳳泉湯；癸卯，還京師。岐州郿縣有鳳泉府。

12 甲寅，護密王羅眞檀入朝，留宿衞。護密或曰達摩悉鐵帝，或曰鑊侃，元魏所謂鉢和者，亦吐火羅故地，東北直京師九千里而贏，北臨烏滸河，當四鎮入吐火羅道。

13 十一月，丁卯，上幸驪山溫泉；丁丑，還宮。

14 是歲，天下奏死罪止二十四人。

15 突騎施遣使入貢，上宴之於丹鳳樓，丹鳳門樓也。東內大明宮正門曰丹鳳門。突厥使者預焉。二使爭長，突厥曰：「突騎施小國，本突厥之臣，不可居我上。」突騎施曰：「今日之宴，爲我設也，我不可以居其下。」長，知兩翻。爲，于僞翻。上乃命設東、西幕，突厥在東，突騎施在西。

16 開府儀同三司、內外閑廄監牧都使霍國公王毛仲內外十二閑、八坊、四十八監，及沙苑等監及諸牧，皆屬之，故曰都使。恃寵，驕恣日甚，上每優容之。毛仲與左領軍大將軍葛福順、左監門將軍唐地文、左武衞將軍李守德、右威衞將軍王景耀、高廣濟親善，福順等倚其勢，多爲不法。

毛仲求兵部尚書不得，怏怏形於辭色，監，古銜翻。怏，於兩翻。上由是不悅。

是時，上頗寵任宦官，往往爲三品將軍，楊思勗、高力士之徒是也。門施棨戟；棨，音啓。項安世家說曰：棨戟，殳也，以赤油韜之，亦曰油戟。奉使過諸州，官吏奉之惟恐不及，所得賂遺，少者不減千緡；使，疏吏翻。遺，于季翻。由是京城【章：十二行本「城」下有「第舍」二字；乙十一行本同；孔本同；張校同；退齋校同。】郊畿田園，參半皆在官矣。參半者，或居三分之一，或居其半。楊思勗、高力士尤貴幸，思勗屢將兵征討，楊思勗屢出征嶺南，皆有功。明皇不以閹人殿國師爲辱，而又寵秩之。將，卽亮翻。力士常居中侍衞。而毛仲視宦官貴近者若無人；甚卑品者，「甚」當作「其」。小忤意，輒詈辱如僮僕。忤，五故翻。詈，力智翻。力士等皆害其寵而未敢言。

會毛仲妻產子，三日，上命力士賜之酒饌、金帛甚厚，饌，雛戀翻，又雛晥翻。且授其兒五品官。力士還，上問：「毛仲喜乎？」對曰：「毛仲抱其襁中兒示臣曰：『此兒豈不堪作三品邪！』」襁，居兩翻。上大怒曰：「昔誅韋氏，此賊心持兩端，事見二百九卷睿宗景雲元年。朕不欲言之；今日乃敢以赤子怨我！」力士因言：「北門奴，官太盛，王毛仲、李守德皆帝奴也。又葛福順等皆出於萬騎。中宗以戶奴補萬騎，故云然。相與一心，不早除之，必生大患。」上恐其黨驚懼爲變。

十九年（辛未、七三一）

1 春，正月，壬戌，下制，但述毛仲不忠怨望，貶瀼州別駕，瀼，如羊翻，又而章翻。宋白曰：瀼州，臨潭郡，隋將劉方始開此路，貞觀十二年尋劉方故道，行達交趾，開拓夷獠，置瀼州。州在鬱林之西南，交趾之東北，有瀼水，以爲州名。考異曰：實錄：「十八年六月乙丑，王毛仲貶瀼州。」按唐曆、統紀、舊紀，毛仲貶皆在十九年正月，今從之。福順、地文、守德、景耀、廣濟皆貶遠州別駕，毛仲四子皆貶遠州參軍，連坐者數十人。毛仲行至永州，追賜死。舊志，永州，京師南三千二百七十四里。

自是宦官勢益盛。高力士尤爲上所寵信，嘗曰：「力士上直，上，時掌翻。吾寢則安。」故力士多留禁中，稀至外第。四方表奏，皆先呈力士，然後奏御；小者力士卽決之，勢傾內外。金吾大將軍程伯獻、少府監馮紹正與力士約爲兄弟；力士母麥氏卒，伯獻等被髮受弔，擗踴哭泣，過於己親。被，皮義翻。擗，毗亦翻，撫心也。力士娶瀛州呂玄晤女爲妻，擢玄晤爲少卿，子弟皆王傅。唐諸王傅，從三品，掌輔相贊導，匡其過失。呂氏卒，朝野爭致祭，朝，直遙翻。自第至墓，車馬不絕。然力士小心恭恪，故上終親任之。

2 辛未，遣鴻臚卿崔琳使于吐蕃。琳，神慶之子也。崔神慶進用於武后之時。臚，陵如翻。使，疏吏翻；下同。吐蕃使者稱公主求毛詩、春秋、禮記。正字于休烈上疏，上，時掌翻。疏，所去翻。考異曰：實錄：「十一年七月壬申，敕遣崔琳充入吐蕃使，癸未，命有司寫毛詩、禮記等賜金城公主；于休烈諫。丁亥，以崔琳爲御史大夫。八月辛卯，降書與吐蕃。」按吐蕃傳，此年十月論名悉獵至京師，本紀、唐曆皆同。十九年正月辛未，乃遣崔琳報使，二月甲午以琳爲御史大夫，三月乙酉琳享于吐蕃，金城公主因名悉獵請書，于休烈乃諫。實錄皆誤在前年七月八月。按七月癸丑朔，亦無丁亥。以爲：「東平王漢之懿親，求史記、諸子，漢猶不與。漢成帝弟東平王宇來朝，上疏求諸子及太史公書。上以問大將軍王鳳，鳳曰：「諸子書或反經術，非聖人，或明鬼神，信物怪。太史公書有戰國縱橫權譎之謀；漢興之初，謀臣奇策，天官災異，地形阨塞，皆不宜在諸侯王，不可與。」遂不與。況吐蕃，國之寇讎，今資之以書，使知用兵權略，愈生變詐，非中國之利也。」事下中書門下議之。事下，遐嫁翻。裴光庭等奏：「吐蕃聾昧頑嚚，久叛新服，因其有請，賜以詩書，庶使之漸陶聲教，化流無外。休烈徒知書有權略變詐之語，不知忠、信、禮、義，皆從書出也。」上曰：「善！」遂與之。休烈，志寧之玄孫也。于志寧事太宗、高宗，得罪於武后。

3 丙子，上躬耕於興慶宮側，盡三百步。

4 三月，突厥左賢王闕特勒卒，賜書弔之。闕特勒殺默啜之子而立毗伽，威行於其國，故賜書弔之。

5 丙申，初令兩京諸州各置太公廟，以張良配享，選古名將，以備十哲；張良配饗，齊大司馬田穰苴、吳將軍孫武、魏西河太守吳起、燕昌國君樂毅、秦武安君白起、漢淮陰侯韓信、蜀丞相諸葛亮、尚書右僕射衞國公李靖、司空英國公李勣。將，即亮翻。以二、八月上戊致祭，如孔子禮。祠武成王自此始。

臣光曰：經緯天地之謂文，戡定禍亂之謂武，自古不兼斯二者而稱聖人，未之有也。故黃帝、堯、舜、禹、湯、文、武、伊尹、周公莫不有征伐之功，孔子雖不試，猶能兵萊夷，卻費人，曰「我戰則克」，魯定公與齊會于夾谷，孔子相。齊使萊夷以兵劫魯公。孔子曰：「士兵之！兩君合好，而裔夷以兵亂之，非齊君所以命諸侯也。」齊侯聞之，遽辟之。及攝行相事，將墮三都，於是叔孫氏墮郈，季氏將墮費，公山不狃、叔孫輒帥費人以襲魯，仲尼命申句須、樂頎伐之，費人北，國人追之，敗諸姑蔑，二子奔齊，遂墮費。又孔子曰：「我戰則克，祭則受福。」費，音祕。豈孔子專文而太公專武乎？孔子所以祀於學者，禮有先聖先師故也。自生民以來，未有如孔子者，豈太公得與之抗衡哉！古者有發，則命大司徒教士以車甲，贏股肱，決射御，記王制之言。有發，謂有軍師發卒，教以乘兵車、衣甲之儀。贏股肱，決射御，謂擐衣出其臂脛，使之射御，決勝負，見勇力。贏，力果翻。受成獻馘，莫不在學。詩魯頌泮水曰：矯矯虎臣，在泮獻馘；淑問如皋陶，在泮獻囚。受成，謂受獄辭之成也。所以然者，欲其先禮義而後勇力也。先，悉薦翻。後，戶搆翻。君子有勇而無義爲亂，小人有勇而無義爲盜；論語載孔子之言。若專訓之以勇力而不使之知禮義，奚所不爲矣！自孫、吳以降，皆以勇力相勝，狙詐相高，豈足以數於聖賢之門而謂之武哉！乃復誣引以偶十哲之目，爲後世學者之師；復，扶又翻。使太公有神，必羞與之同食矣。

6 五月，壬戌，初立五嶽眞君祠。程大昌演繁露曰：開元十九年，司馬承禎言：「今五嶽神祠是山林之神，非正眞之神也。」敕各置眞君祠一所。杜佑曰：開元九年，天台道士司馬承禎言：「今五岳神祠是山林之神，非正眞之神。五岳皆有洞府，有上清眞人降任其職，山川風雨，陰陽氣序，是所理焉；冠冕服章，佐從神仙，皆有名數，請別立齋祠之所。」上奇其說，因敕五岳各置眞君祠。

7 秋，九【張：「九」作「七」。】月，辛未，吐蕃遣其相論尚它硉入見，請於赤嶺爲互市；許之。相，悉亮翻。硉，郎兀翻。見，賢遍翻。石堡城西二十里至赤嶺。

8 冬，十月，丙申，上幸東都。

9 或告巂州都督解人張審素贓汙，解縣，屬河中府。元魏分解縣置虞鄉縣，貞觀十七年省解縣併入虞鄉，二十年復置解縣省虞鄉，天授二年，復分解縣置虞鄉縣，定爲兩縣。巂，音髓。解，戶買翻。制遣監察御史楊汪按之。總管董元禮將兵七百圍汪，殺告者，監，古銜翻。將，卽亮翻。謂汪曰：「善奏審素則生，不然則死。」會救兵至，擊斬之。汪奏審素謀反，十二月【章：十二行本「月」下有「癸未」二字；乙十一行本同；退齋校同。】審素坐斬，籍沒其家。爲後審素二子復讎張本。

10 浚苑中洛水，六旬而罷。

二十年（壬申、七三二）

1 春，正月，乙卯，以朔方節度副大使信安王禕爲河東、河北行軍副大總管，將兵擊奚、契丹；壬申，以戶部侍郎裴耀卿爲副總管。

2 二月，癸酉朔，日有食之。

3 上思右驍衞將軍安金藏忠烈，金藏事見二百五卷武后長壽二年。驍，堅堯翻。三月，賜爵代國公，仍於東、西嶽立碑，以銘其功。金藏竟以壽終。

4 信安王禕帥裴耀卿及幽州節度使趙含章分道擊契【章：十二行本「契」上有「奚」字；乙十一行本同；孔本同；張校同。】丹，帥，讀曰率；下同。含章與虜遇，虜望風遁去。平盧先鋒將烏承玼言於含章曰：「二虜，劇賊也。前日遁去，非畏我，乃誘我也，將，卽亮翻。玼，且禮翻，又音此。誘，音酉。宜按兵以觀其變。」含章不從，與虜戰於白山，白山，後漢時烏桓所居，在五阮關外大荒中。果大敗。承玼別引兵出其右，擊虜，破之。己巳，禕等大破奚、契丹，俘斬甚衆，考異曰：唐曆作「庚辰」。今從實錄。可突干帥麾下遠遁，餘黨潛竄山谷。奚酋李詩瑣高帥五千餘帳來降。酋，慈由翻。降，戶江翻。禕引兵還。賜李詩爵歸義王，充歸義州都督，徙其部落置幽州境內。高宗總章中，以新羅降戶置歸義州於良鄉縣廣陽城，後廢，今復置以處李詩部落。

5 夏，四月，乙亥，宴百官於上陽東洲，上陽宮南臨洛水，引洛水爲中洲於宮之東。醉者賜以衾褥，肩輿以歸，相屬于路。屬，之欲翻。

6 六月，丁丑，加信安王禕開府儀同三司。上命裴耀卿齎絹二十萬匹分賜立功奚官，耀卿謂其徒曰：「戎狄貪婪，婪，盧含翻。今齎重貨深入其境，不可不備。」乃命先期而往，先，悉薦翻。分道並進，一日，給之俱畢。突厥、室韋果發兵邀隘道，欲掠之，比至，耀卿已還。比，必利翻。

趙含章坐贓巨萬，杖於朝堂，朝，直遙翻。流瀼州，道死。

7 秋，七月，蕭嵩奏：「自祠后土以來，屢獲豐年，宜因還京賽祠。」上從之。祠后土見上卷十一年。還京，謂還西京也。賽，先代翻。

8 敕裴光庭、蕭嵩分押左、右廂兵。此分押南牙左、右廂兵也。

9 八月，辛未朔，日有食之。

10 初，上命張說與諸學士刊定五禮。說薨，蕭嵩繼之。起居舍人王仲丘請依明慶禮，明慶卽顯慶也，避中宗諱，改曰明慶。祈穀、大雩、明堂，皆祀昊天上帝；嵩又請依上元敕，父在爲母齊衰三年，皆從之。禮，父在爲母服期；開元之初，褚無量固嘗以爲言矣。爲，于僞翻。齊，音咨。衰，倉回翻。以高祖配圜丘、方丘，太宗配雩祀及神州地祇，睿宗配明堂。九月，乙巳，新禮成，上之。上，時掌翻。號曰開元禮。

11 勃海靺鞨王武藝遣其將張文休帥海賊寇登州，靺鞨，音末曷。將，卽亮翻。帥，讀曰率。殺刺史韋俊，上命右領軍將軍葛福順發兵討之。去年春，葛福順方以黨附王毛仲貶，今則仍爲宿衞；蓋毛仲既誅，福順等復敍用也。開元九年，貶王晙梓州，已而復爲尚書，復居邊任，事亦類此。

12 壬子，河西節度使牛仙客加六階。初，蕭嵩在河西，委軍政於仙客；仙客廉勤，善於其職。嵩屢薦之，竟代嵩爲節度使。

13 冬，十月，壬午，上發東都；辛卯，幸潞州；辛丑，至北都；十一月，庚申，祀后土於汾陰，蕭嵩之言也。赦天下；十二月，辛未，還西京。

14 是歲，以幽州節度使兼河北采訪處置使增領衞、相、洺、【章：十二行本「洺」作「洛」；孔本同；

熊校同。】貝、冀、魏、深、趙、恆、定、邢、德、博、棣、營、鄚十六州及安東都護府。德州，漢安德、廣川、平昌之地，舊置平原郡，時置德州。安東都護府，時治平州。處，昌呂翻。使，疏吏翻。恆，戶登翻。鄚，音莫。

15 天下戶七百八十六萬一千二百三十六，口四千五百四十三萬一千二百六十五。

二十一年（癸酉、七三三）

1 春，正月，乙巳，祔肅明皇后于太廟，毀儀坤廟。肅明留祀儀坤，見二百十一卷四年。

2 丁巳，上幸驪山溫泉。

3 上遣大門藝詣幽州發兵，以討勃海王武藝；考異曰：新書烏承玼傳云：「可突干殺其王邵固，降突厥，而奚亦亂。是歲，奚、契丹入寇，詔承玼擊之，破於捺祿山。」又云：「勃海大武藝引兵至馬都山，屠城邑。承玼窒要路，塹以大石，亙四百里，於是流人得還土少休，脫鎧而耕，歲省度支運錢。」按韓愈爲烏重胤作廟碑，敍重胤父承洽云：「屢破奚、契丹，從戰捺祿，走可突干勃海上，至馬都山，吏民逃徙失業。尙書領所部兵塞其道，塹原累石，綿四百里，深高皆三丈。寇不得進，民還其居，歲罷錢三千萬。」疑新書約此碑作承玼傳。按新、舊帝紀及勃海傳皆無武藝入寇至馬都山事，或者韓碑云「走可突干勃海上，至馬都山」，謂破走可突干勃海上，追之至馬都山耳。二十一年，郭英傑與可突干戰都山。然則都山蓋契丹之地也。吏民逃徙失業，蓋因可突干入寇而然，與上止是一事，新書承之致誤。然未知新書承玼傳中餘事，別據何書。庚申，命太僕員外卿金思蘭使于新羅，思蘭，新羅王之侍子，留京師，官爲太僕卿，員外置。發兵擊其南鄙。會大雪丈餘，山路阻隘，士卒死者過半，無功而還。武藝怨門藝不已，密遣客刺門藝於天津橋南，不死；上命河南搜捕賊黨，盡殺之。

河南，謂河南府。刺，七亦翻。

4 二月，丁酉，金城公主請立碑於赤嶺以分唐與吐蕃之境，許之。爲後絕吐蕃和親、仆赤嶺碑張本。

5 三月，乙巳，侍中裴光庭薨。太常博士孫琬議：「光庭用循資格，失勸獎之道，請謚曰克。」其子稹訟之，稹，止忍翻。上賜謚忠獻。

上問蕭嵩可以代光庭者，嵩與右散騎常侍王丘善，將薦之；【章：十二行本「之」下有「丘聞之」三字；乙十一行本同；孔本同；張校同；退齋校同。】固讓於右丞韓休。嵩言休於上。蕭嵩既能用王丘之言而薦韓休，使能與之和衷，則丘之善乃嵩之善也。甲寅，以休爲黃門侍郎、同平章事。

休爲人峭直，峭，七肖翻，峻也。不干榮利；及爲相，甚允時望。始，嵩以休恬和，謂其易制，易，以豉翻。故引之。及與共事，休守正不阿，嵩漸惡之。宋璟歎曰：「不意韓休乃能如是！」上或宮中宴樂及後苑遊獵，小有過差，輒謂左右曰：「韓休知否？」言終，諫疏已至。上嘗臨鏡默然不樂，左右曰：「韓休爲相，陛下殊瘦於舊，何不逐之！」上歎曰：「吾貌雖瘦，天下必肥。蕭嵩奏事常順指，既退，吾寢不安。韓休常力爭，既退，吾寢乃安。吾用韓休，爲社稷耳，非爲身也。」惡，烏路翻。樂，音洛。爲，于僞翻。明皇之待韓休如此，而不能久任之，何也？

有供奉侏儒名黃𤬪，𤬪，部田翻。性警黠；黠，下八翻，慧也。上常馮之以行，謂之「肉几」，寵賜甚厚。一日晚入，上怪之。對曰：「臣曏入宮，道逢捕盜官與臣爭道，臣掀之墜馬，故晚。」掀，虛言翻。因下階叩頭。上曰：「但使外無章奏，汝亦無憂。」有頃，京兆奏其狀。上卽叱出，付有司杖殺之。

6 閏月，癸酉，幽州道副總管郭英傑與契丹戰于都山，敗死。時節度【章：十二行本「度」下有「使」字；乙十一行本同；孔本同。】薛楚玉遣英傑將精騎一萬及降奚擊契丹，屯於榆關之外。「榆」當作「渝」。此渝關在營、平之間，古所謂臨渝之險者也。漢書音義：渝，音喻。又唐勝州界有榆關。隋之榆林郡界二關，有「渝」、「榆」之異。史家傳寫混淆無別，故詳辯之。將，卽亮翻。騎，奇寄翻。降，戶江翻；下同。可突干引突厥之衆來合戰，奚持兩端，散走保險；唐兵不利，英傑戰死。餘衆六千餘人猶力戰不已，虜以英傑首示之，竟不降，盡爲虜所殺。楚玉，訥之弟也。

7 夏，六月，癸亥，制：「自今選人有才業操行，委吏部臨時擢用；流外奏用不復引過門下。」操，七到翻。行，下孟翻。復，扶又翻。雖有此制，而有司以循資格便於己，猶踵行之。史言裴光庭之弊法，後人循襲，莫之能革。是時，官自三師以下一萬七千六百八十六員，唐制，太師、太傅、太保爲三師。吏自佐史以上五萬七千四百一十六員，而入仕之塗甚多，不可勝紀。勝，音升。

8 秋，七月，乙丑朔，日有食之。

9 九月，壬午，立皇子沔爲信王，泚爲義王，漼爲陳王，澄爲豐王，潓爲恆王，漎爲梁【嚴：「梁」改「涼」。】王。沔，彌兗翻。泚，且禮翻，又音此。潓，胡桂翻。漎，徂聰翻，又徂宗翻，又將容翻，又之戎翻。恆，戶登翻。滔爲汴王。汴，皮變翻。

10 關中久雨穀貴，上將幸東都，召京兆尹裴耀卿謀之，對曰：「關中帝業所興，當百代不易；但以地狹穀少，故乘輿時幸東都以寬之。少，詩沼翻。乘，繩證翻。臣聞貞觀、永徽之際，祿廩不多，歲漕關東一二十萬石，足以周贍，贍，而豔翻。乘輿得以安居。今用度浸廣，運數倍於前，猶不能給，故使陛下數冒寒暑以恤西人。下數，所角翻。今若使司農租米悉輸東都，自都轉漕，稍實關中，苟關中有數年之儲，則不憂水旱矣。且吳人不習河漕，所在停留，日月既久，遂生隱盜。臣請於河口置倉，河口，汴水達河之口也。河口倉謂之武牢倉。使吳船至彼即輸米而去，官自雇載分入河、洛。又於三門東西各置一倉，禹鑿底柱，二石見於水中若柱然，故曰底柱。河水至此，分爲三派流出其間，故亦謂之三門。時於三門東置集津倉，西置鹽倉。至者貯納，貯，丁呂翻。水險則止，水通則下，或開山路，車運而過，時於三門旁側鑿山路十八里以陸運，以避底柱之險。則無復留滯，省費鉅萬矣。河、渭之濱，皆有漢、隋舊倉，葺之非難也。」上深然其言。

11 冬，十月，庚戌，上幸驪山溫泉；己未，還宮。

12 戊子，左丞相宋璟致仕，歸東都。

13 韓休數與蕭嵩爭論於上前，面折嵩短，數，所角翻。折，之舌翻。上頗不悅。嵩因乞骸骨，上曰：「朕未厭卿，卿何爲遽去？」對曰：「臣蒙厚恩，待罪宰相，富貴已極，及陛下未厭臣，故臣得從容引去；從，千容翻。若已厭臣，臣首領且不保，安能自遂！」因泣下。蕭嵩爲乞憐之態，既以自保寵祿，亦所以傾韓休。上爲之動容，爲，于僞翻。曰：「卿且歸，朕徐思之。」丁巳，嵩罷爲左丞相，休罷爲工部尚書。以京兆尹裴耀卿爲黃門侍郎，前中書侍郎張九齡時居母喪，起復中書侍郎，並同平章事。

14 是歲，分天下爲京畿、都畿、關內、河南、河東、河北、隴右、山南東道、山南西道、劍南、淮南、江南東道、江南西道、黔中、嶺南，凡十五道，各置采訪使，以六條檢察非法；兩畿以中丞領之，餘皆擇賢刺史領之。京畿采訪使治西京城內，都畿治東都。關內采訪使以京官領之。河南采訪使治汴州，河東治蒲州，河北治魏州，隴右治鄯州，山南東道治襄州，西道治梁州，淮南治揚州，江南東道治蘇州，西道治洪州，黔中治黔州，劍南治益州，嶺南治廣州。其後有以邊鎮節度領采訪使者，則關中道固不拘京官，而諸道采訪使治所亦難概拘以定所也。非官有遷免，則使無廢更。使，疏吏翻。更，工衡翻。惟變革舊章，乃須報可；自餘聽便宜從事，先行後聞。

15 太府卿楊崇禮，政道之子也，楊政道，隋煬帝之孫，齊王暕之子。在太府二十餘年，前後爲太府者莫能及。時承平日久，財貨山積，嘗經楊卿者，無不精美；每歲句駮省便，出錢數百萬緡。句，音鉤。句者，句考其出入或多或少。駮者，按文籍有並緣欺弊則駮異之。省者，節其宂濫之費。便者，貿遷各隨其便以取贏。駮，北角翻。是歲，以戶部尚書致仕，年九十餘矣。上問宰相：「崇禮諸子，誰能繼其父者？」對曰：「崇禮三子，慎餘、慎矜、慎名，皆廉勤有才，而慎矜爲優。」上乃擢慎矜自汝陽令爲監察御史，知太府出納，慎名攝監察御史，知含嘉倉出給，含嘉倉在東都。監，工銜翻。亦皆稱職；稱，尺證翻。上甚悅之。慎矜奏諸州所輸布帛有漬汚穿破者，漬，疾智翻。汚，烏故翻。皆下本州徵折估錢，轉市輕貨，徵調始繁矣。估，音古。下，遐嫁翻。調，徒弔翻。

齊思和標點聶崇岐覆校